高等职业教育铁道运输类新形态一体化系列教材

仓储管理实务

刘秋平　白士强◎主编

中国铁道出版社有限公司

2024年·北　京

内 容 简 介

本书为高等职业教育铁道运输类新形态一体化系列教材之一。全书基于仓储管理实际工作过程设计教学环节，结构新颖，理实一体，可操作性强，便于开展项目化教学。全书共分为仓储职业基础、仓储作业管理、特殊货物仓储作业管理、仓储商务管理 4 个模块，包括仓储认知、仓储规划、仓储安全管理、入库作业、在库作业、出库作业、冷藏/冷冻货物仓储作业管理、危险货物仓储作业管理、仓储合同与仓单业务管理、仓储成本与绩效管理等内容。

本书可作为高等职业院校现代物流管理及其他相关专业的教材，也可作为企业现代物流管理人员培训用书或参考资料使用。

图书在版编目(CIP)数据

仓储管理实务 / 刘秋平，白士强主编. -- 北京 ：
中国铁道出版社有限公司，2024. 12. --（高等职业教育
铁道运输类新形态一体化系列教材）. -- ISBN 978-7
-113-30678-6

Ⅰ. F253. 4

中国国家版本馆 CIP 数据核字第 2024792PV0 号

书　　名：仓储管理实务
作　　者：刘秋平　白士强

责任编辑：悦　彩　王佳琪　　**编辑部电话：**(010)51873206　　**电子邮箱：**2307202638@qq.com
封面设计：刘　莎
责任校对：刘　畅
责任印制：高春晓

出版发行：中国铁道出版社有限公司(100054，北京市西城区右安门西街 8 号)
网　　址：https://www.tdpress.com
印　　刷：河北燕山印务有限公司
版　　次：2024 年 12 月第 1 版　2024 年 12 月第 1 次印刷
开　　本：787 mm×1 092 mm 1/16　**印张：**23　**字数：**567 千
书　　号：ISBN 978-7-113-30678-6
定　　价：64.00 元

前　言

《国家职业教育改革实施方案》要求坚持知行合一、工学结合，倡导使用新型活页式、工作手册式教材并配套开发信息化资源。另外职业院校启动“学历证书＋若干职业技能等级证书”制度试点工作，要求“书证融通”“育训一体”，并开发课证融合的专业课程教材。本书为河北省精品在线开放课程“仓储管理”的配套教材，配有微课、动画等数字资源，并以二维码的方式呈现在教材中，供学习者即扫即用，真正实现了在线开放课程资源与新形态一体化教材的互动融合。

“仓储管理”是高等职业院校物流相关专业的核心课程。本书以对高等职业教育学生的学情分析和职业需求特点分析为基础，紧密对接职业岗位素质与能力要求，根据物流和仓储行业变化，融入仓储管理新方法、新技术，从学生的实际出发，图、表、文并茂，理实一体，着重培养学生职业能力。

本书内容实用，体系完备，以项目教学为主线，充分体现“产教融合、校企合作”理念，主要让学生掌握仓储业务和管理的知识与技能，同时提升学生管理创新能力、业务流程优化能力等综合职业素养，为将来胜任物流相关岗位打下扎实基础。

本书分为四个模块10个项目32个任务。模块一仓储职业基础包括三个项目，即仓储认知、仓储规划和仓储安全管理；模块二仓储作业管理包括三个项目，即入库作业、在库作业和出库作业；模块三特殊货物仓储作业管理包括两个项目，即冷藏/冷冻货物仓储作业管理和危险货物仓储作业管理；模块四仓储商务管理包括两个项目，即仓储合同与仓单管理和仓储成本与绩效管理。每个项目包括若干个任务，每个任务包括任务描述、任务实施、相关知识、拓展知识、素养涵育、课后测试、练习巩固、任务评价、案例阅读、学习记录单等内容。课程思政内容紧密结合课程内容，包括安全意识、遵章守规意识、成本节约意识、团结协作能力、创新意识、劳动意识、工匠精神等内容，如盐入水提升学生德育水平。

本书配有丰富的信息化课程资源，包括微课、动画、企业操作视频、课程思政视频、虚拟仿真视频等，全部视频在智慧职教 MOOC 学院的“仓储管理”课程中呈现。

本书由石家庄铁路职业技术学院组织编写，刘秋平、白士强任主编，王雪丽、高静娟、吴阿莉任副主编，王亮、勾昱、李璞、闫燕参与编写，由石家庄铁路职业技术学院刘丽娜主审。具体编写分工如下：刘秋平、白士强编写项目一、项目二，吴阿莉编写项目三，王雪丽、刘秋平编写项目四、项目五，高静娟、白士强编写项目六、项目七，王亮、勾昱编写项目八、项目九，李璞、闫燕编写项目十。

在本书编写过程中，得到了相关高职院校和物流企业的大力支持，在此表示衷心感谢！本书还参考了大量物流及仓储管理的研究文献，在此向各位专家、学者表示深深的敬意和诚挚的感谢。

我国物流业发展迅猛，新技术、新方法层出不穷，且编者的经验和水平有限，书中难免有不足之处，恳请广大读者、同行和专家批评指正，以求不断改进和完善。

编　者

2024 年 7 月

目 录

模块一 仓储职业基础

模块二 仓储作业管理

模块三　特殊货物仓储作业管理

模块四　仓储商务管理

模块一

仓储职业基础

- 仓储职业基础
  - 项目一　仓储认知
    - 任务1-1　仓库类别辨识
    - 任务1-2　仓储作业中的常用设备识别
    - 任务1-3　仓储相关岗位职责区分
  - 项目二　仓储规划
    - 任务2-1　仓库选址需考虑的关键因素分析
    - 任务2-2　库区基本布局图绘制
    - 任务2-3　库内基本布局图绘制
  - 项目三　仓储安全管理
    - 任务3-1　仓库防火
    - 任务3-2　仓库防水
    - 任务3-3　仓库防毒
    - 任务3-4　仓库防盗

项目一
仓储认知

通过对仓库类别辨识、仓储作业中的常用设备识别以及仓储相关岗位职责区分，构建对仓库、仓储设备、仓储岗位职责等知识架构，奠定仓储职业最基本的认知基础。

学习目标

素养目标

- 培养热爱仓储事业的品质
- 培养坚守本职工作岗位、奋发图强、报效祖国的意识

知识目标

- 掌握仓储的概念和功能，仓储管理的概念、内容等
- 熟悉仓库的不同分类
- 熟悉仓储作业中常见的设备
- 熟悉仓储相关岗位的基本职责

技能目标

- 能够分析并解释仓库的不同分类
- 能够识别仓储作业中常见的设施设备
- 能够根据工作职责区分仓储的相关岗位

任务 1-1　仓库类别辨识

【任务描述】

小仓是某高职院校现代物流管理专业一名大一学生。入学没多久，老师就带他们班同学到某物流中心参观学习。公司员工带着他们参观了公司的药品仓库、家电仓库、生鲜仓库等，观看了公司的基本仓储业务流程等。小仓看到各式各样的仓库，存放着非常多品种的货物，

仓库里每个人都各司其职，忙碌着不同的工作，他开始疑惑，仓储到底是什么？它有哪些功能？这么多的仓库，每一个都不一样，又是如何分类的？仓储管理都管理什么？

请给小仓同学解答这些问题。

【任务实施】

微课　仓储的概念

微课　仓储的功能与作用

微课　仓储在国外的发展以及我国古代的仓储业发展

微课　我国近代之后的仓储业发展及仓储业的发展趋势

微课　仓库的类型（上）

微课　仓库的类型（下）

微课　自动化立体库

微课　仓库控制与仓储管理

课前：学习微课资源，并完成课前测试（扫描二维码获取）。

课中：4～6 人分组，借助信息化技术手段，查资料并思考研讨，最后形成文字材料，给小仓解答。

课后：完成课后测试及练习巩固作业，并整理总结学习材料，诊断得失反思改进。

课前测试　1-1

【相关知识】

一、仓储的概念

随着生产力的发展，社会出现了剩余产品，自然就出现了仓储。随着商品流通的扩大与发展，仓储也随之扩大与发展。虽然仓储的历史久远，但是现代仓储的发展却是 20 世纪 80 年代以后出现的。

仓储是随着商品生产的发展而诞生的。产品从生产到消费，需要经过多个环节，其中仓储是必不可少的环节，它具有消除产品生产和消费时间间隔的作用，是现代物流管理的重要物流节点。有了商品的储存，社会再生产过程中的物流过程才能正常进行。另外，为了防止地震、水灾、旱灾、风灾等自然灾害，国家也需要进行一定的物资储备，这也属于仓储。

“仓”也称为仓库，是储存和保管物品的场所，可以是房屋建筑、大型容器、洞穴或其他特定的场地，具有存放和保护物品的功能。“储”是指收存以备使用，具有收存、保管、交付使用的意思。“仓储”是指通过仓库等场所对物品进行的储存和保管等活动。《物流术语》(GB/T 18354—2021)中仓储是指利用仓库及相关设施设备进行物品的入库、储存、出库的活动。仓储的对象必须是实物动产。

狭义的仓储仅指通过仓库等场所实现对在库物品的储存与保管，是一种静态仓储，是产品生产出来后不能被及时消耗掉，需要在专门场所存放时而产生的仓储。广义的仓储除了对物品的储存和保管外，还包括物品在库期间的装卸搬运、拣选配货、包装刷唛、流通加工等各项增值服务功能，是一种动态仓储，也就是对在仓库储存的物品进行保管、存放的过程。

现代社会生产制造业和运输业都已经相当发达，仓储的角色也发生了很大的变化，但是无论如何变化，储存保管都是其最基本的功能，是仓储产生的根本原因，传统的仓储将这一功能作为衡量企业效益的主要指标。仓储活动消耗了物化劳动和活劳动，因此必然会提升货物的价值，但却不改变劳动对象的功能、性质和使用价值，只是保持和延续其使用价值。例如，秋天的苹果一般售价比较低，可以将其储存起来，等第二年春天再销售，可以提高苹果的价值。另外，仓储还可以将零散的货物集结成一定的批量，调节运输能力，来降低运输成本等。

二、仓储的功能

1. 储存保管功能

储存功能是仓储活动的一项基本功能。在生产专业化和规模化的现代社会，劳动生产率极高，劳动产品的产量极大，需要对不能及时消费和流通的货物进行储存，以保证生产和消费活动的正常进行。货物在被消费之前，必须进行妥善的保护和管理，保持其使用价值，防止因变质、毁损等使其废弃，这就是仓储的保管功能。例如，茶叶在仓储期间受潮发霉，茶叶应有的使用价值丧失，仓储也就失去了它的保管功能。因此货物保管要选择合适的储存场所，采取合适的养护措施等。

2. 流通加工功能

流通加工即为了适应客户的个性化和多样化需求，货物在储存保管期间，保管人根据货物的性质或客户要求，对货物的外观、形状、成分、尺寸等方面进行简单加工，使货物发生所期望的变化。流通加工的几种形式见表 1-1-1。

表 1-1-1　流通加工的几种形式

流通加工形式	举　例
为了满足消费需求进行的加工	在家具上钻孔，将木材改制成板材、方材；将平板玻璃进行开片加工等
为提高物流效率而进行的加工	有些过大、过重产品需要进行加工分解才能装卸运输；散装水泥、粮食等进行装袋加工；将图书打包后进行运输；对生鲜食品进行冷冻保鲜处理防止腐烂变质等
为了提高加工效率和原材料利用率而进行的加工	利用先进设备，根据客户要求，对钢材进行集中加工，不但能做到量材使用，合理套裁，减少余料浪费，而且还能对余料进行综合利用，提高原材料利用率
为了销售而进行的加工	为了改变商品的外在形象吸引消费者而进行的销售包装加工，对蔬菜、肉类洗净切块分装以满足消费者的要求等

3. 整合、分类与转运功能

仓储的整合功能是指仓库将多个制造工厂送往同一个目的地的产品或原材料整合成一个单元，进行一票装运，通过规模运输降低成本，如图 1-1-1 所示。例如，仓库接收来自不同厂家的汽车零部件进行储存保管，根据汽车制造厂的需要，将零部件整合后送达制造厂用于生产。

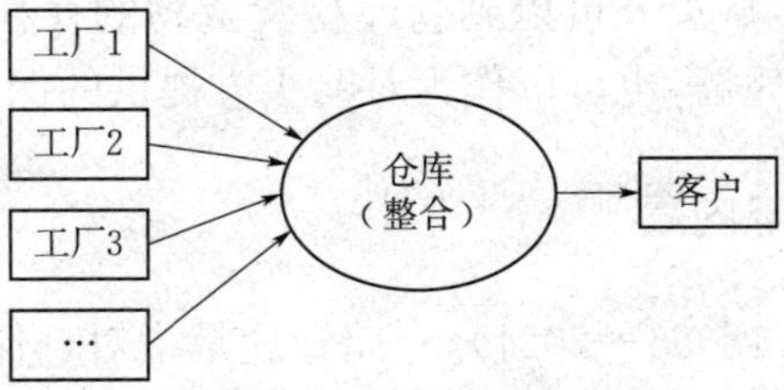

图 1-1-1　仓储的整合功能

仓储的分类功能是指将来自制造商的组合订货分类或分割成个别订货，然后安排适当的运力运送到制造商指定的个别客户处，如图 1-1-2 所示。

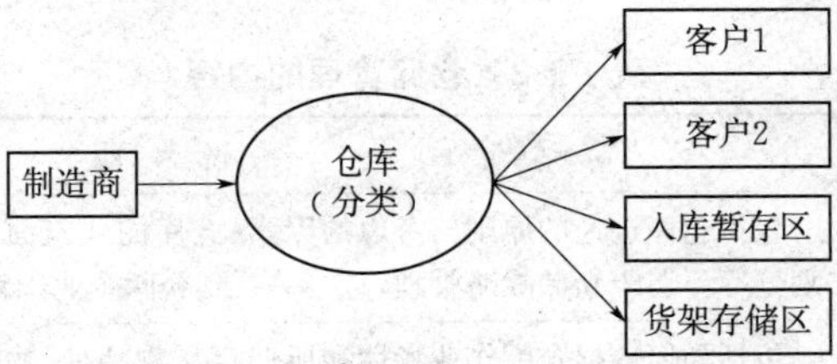

图 1-1-2　仓储的分类功能

仓储的转运功能是指将来自多个制造商的多种货物，按照客户要求和配送要求进行分类组合后，不在仓库停留而直接装车运送到指定客户处，如图 1-1-3 所示。由于货物不需要在仓库储存，因此降低了货物出入库的装卸搬运费等。

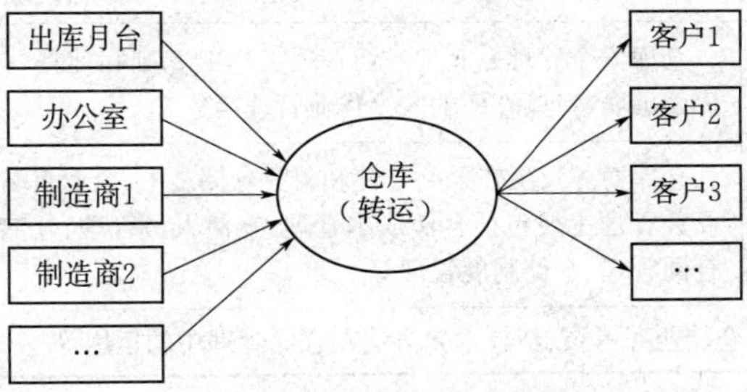

图 1-1-3　仓储的转运功能

4. 传递市场信息的功能

仓储量减少，周转量增大，表明社会需求旺盛；反之则为需求不足。企业成品库仓储量增大，表明其产品市场需求减少或者竞争力降低，或者生产规模不合适。由仓储传递的市场信息相对滞后，但却比较准确，且信息成本较低。现代企业生产重视仓储信息的收集与反馈，将仓储量的变化作为决定生产的依据之一。

5. 树立企业市场形象的功能

从满足需求的角度看，从一个距离较近的仓库供货远比从生产厂商处供货方便得多，且仓库还能提供更快捷的配送服务。因此可以看到仓库能够在供货的方便性、快捷性、对市场需求的快速反应性方面为企业树立良好的市场形象。

6. 现货交易与提供信用保证的功能

存货人转让储存在仓库的货物时，购买人可以在仓库查验货物并转让交割，因此仓库就成为现货交易的场所。国内很多批发市场既有货物存储功能，又有货物交易功能。阁楼式仓储商店就是仓储功能高度发展、仓储与商业密切结合的结果。

大批量货物的实物交易，购买方可以到仓库检验货物的存在以及品质，由仓库保管人出具货物仓单作为实物交易的凭证，也可以作为对购买方提供的保证。

三、仓储管理的概念与内容

根据《物流术语》(GB/T 18354—2021)，仓储管理是指对仓储及相关作业进行的计划、组织、协调与控制。仓储企业为了充分利用所拥有的仓储资源，通过各种经济和技术等手段对仓库及仓库内储存的货物进行经营管理的活动，既包括战略层面的管理活动，也包括作业层面的管理活动。

仓储管理的内容见表 1-1-2。

表 1-1-2　仓储管理的内容

仓储管理内容	说　明
仓库的选址与建设	包括仓库选址的原则与考虑的因素、仓库的建筑面积与结构、库内平面布置与区域划分等。属于仓储战略管理，直接关系到仓库企业未来的发展与战略优势的保持
仓库机械设备的选择与配置	包括如何依据仓库作业特性和所储存货物品种、物理化学特性等，选择机械设备的种类及应配备的数量。恰当地选择机械设备能够大大提高物流运转效率
仓储业务管理	包括如何组织货物出入库、在库保管保养等各项业务活动
存货控制管理	使库存物品的种类、数量、时间、地点等合理化所进行的管理活动，包括对库存物资的分类、库存量、进货量、进货周期等的确定，力求尽可能降低库存水平、提高物流系统的效率，以提高企业的市场竞争力
仓储安全管理	仓库安全管理是其他一切管理工作的基础和前提，包括仓库的警卫和保卫管理、仓库的消防管理、仓库的安全作业管理等
仓储商务管理	仓储商务发生在公共仓储和营业仓储之中，企业自营仓储则不发生仓储商务。仓储商务管理主要包括仓储成本管理、仓储人员管理、仓储风险管理、仓储市场管理、仓储合同管理、仓储制度管理等
此外，仓储管理的内容还包括仓储业务考核、新技术新方法在仓储管理中的运用等	

现代意义的仓储管理的基本任务是满足客户需求，科学合理地做好货物的入库、储存保管、出库等工作，为客户创造价值，为企业创造利润。因此仓储管理的原则就是要讲究效率、注重服务，将经济效益、社会效益和生态效益统一考虑，这样才能实现仓储企业与社会经济的共同发展。

四、仓库的分类

仓库是指用于储存、保管物品的建筑物和场所的总称，是整个物流活动中重要的物流节点设施，是仓储活动的主要业务载体。传统意义上，仓库的主要功能是保管，而随着企业越来越重视自身的物流状况，仓库除保管功能之外，更重视仓库的管理控制，仓储作业的合理化，仓储管理的科学化、信息化等，其中信息技术的应用是现代仓储的重要特征。

仓库的种类很多，根据不同的分类标准，可以将仓库分为不同的类型。仓库的类型既与仓库承担的任务和所处的地位相关，又与储存货物的种类、规格及性能有关。常见的仓库分类标准如下。

1. 按营运形式分类

(1)自用仓库

自用仓库是指生产或流通企业为本企业经营需要而修建的附属仓库,完全用于储存本企业的货物(原材料、燃料、半成品、产成品等)。该仓库不具有独立性,完全为企业的生产或经营活动服务,一般此类仓库规模不大,所储存货物种类和数量相对确定,但仓库内专业化程度很低,设备也很简单,一般不开展商业性仓储活动。

(2)营业仓库

营业仓库是指仓储经营人专门为了经营仓储业务而修建的仓库,以其拥有的仓储设施向社会提供商业性的仓储服务的行为。商业仓储的目的是在仓储活动中获得经济效益,实现经营利润最大化。营业仓库是一种社会化的仓库,其使用效率很高,如图 1-1-4 所示。

图 1-1-4　密集型营业仓库

(3)公用仓库

公用仓库是公共服务的配套设施,是国家或公共团体为了公共利益而建设,为社会物流服务的公共仓库。

(4)战略储备仓库

战略储备仓库是指国家根据国防安全、社会稳定的需要,对战略物资实行储备而产生的仓库。战略储备由国家政府控制,其特别重视储备品的安全性,且储备的时间很长,储备的物资主要有粮食、石油、淡水等。

2. 按仓库功能分类

(1)集货中心

将零星货物集中成批量货物称为"集货"。集货中心可设在生产点数量很多、每个生产点产量有限的地区,只要此地区某些货物的产量达到一定量,就可以设置。

(2)分货中心

将大批量运到的物品分成批量较小的物品称为"分货"。将大规模包装、集装的货物运到分货中心,然后按企业生产或销售需要进行分装。利用分货中心可以降低运输费用。

(3)转运中心

转运中心承担物品在不同运输方式之间转运的工作,有火车转运中心、卡车转运中心、综合转运中心等。

(4)加工中心

加工中心的工作主要是进行流通加工。设置在供应地的加工中心主要进行以物流为主要目的的加工;设置在消费地的加工中心主要进行以实现销售、强化服务为主要目的的加工。

(5)储调中心

储调中心以储备调节为工作内容,其功能与传统仓库基本一致。

(6)配送中心

配送中心是从事配送业务且具有完善信息网络的场所或组织。其特点有主要为特定客户或末端客户服务;配送功能健全;辐射范围小;提供高频率、小批量、多批次配送服务。

(7)物流中心

物流中心是从事物流活动且具有完善信息网络的场所或组织。其特点有主要面向社会提供公共物流服务;物流功能健全;集聚辐射范围大;存储、吞吐能力强;对下游配送中心客户提供物流服务。

3. 按仓储的对象分类

(1)普通仓库

普通仓库不需要特殊的保管条件,是综合性仓库,可以存放生产物资、生活用品、普通工具等杂货。

(2)专业仓库

专业仓库是存放具有特殊保管条件的货物的仓库,如危险品仓库、冷冻仓库等。这类仓库一般用于存放某一种或某一大类货物。几种专业仓库如图 1-1-5 所示。

(a) 冷藏库　　(b) 农业筒仓　　(c) 气调仓库

图 1-1-5　专业仓库

4. 按仓库建筑封闭程度分类

(1)封闭式仓库

封闭式仓库,也就是人们通常说的"库房",其建筑结构封闭,便于对库内的货物保管保养,一般存放保管要求高的货物。

(2)半封闭式仓库

半封闭式仓库,也就是人们通常说的"货棚",其建筑结构为半封闭式,出入库比较方便,但其保管条件不如封闭式仓库,适宜存放对仓储条件不太高且出入库不频繁的货物。

(3)露天式仓库

露天式仓库,也就是人们通常说的“货场”,该仓库没有建筑物,是全开放式的,便于装卸搬运作业,适宜存放较大型的货物。

几种建筑封闭程度不同的仓库如图 1-1-6 所示。

(a)库房(封闭式仓库)　(b)货棚(半封闭式仓库)　(c)货场(露天式仓库)

图 1-1-6　建筑封闭程度不同的仓库

5. 按建筑结构分类

(1)平房仓库

平房仓库结构比较简单,建筑只有一层,建筑成本较低,人工操作也比较方便。

(2)楼房仓库

楼房仓库是指二层以上的仓库,可以节省建筑面积,物品往楼上装卸搬运可采用机械化或半机械化手段。

(3)高层货架仓库

高层货架仓库是指库房建筑本身只有一层,但建筑很高,库内设施一般是 10 层以上的托盘仓库棚,如图 1-1-7 所示。此种仓库自动化程度比较高,作业操作基本全由电脑控制,库内多为自动化、机械化设施设备,又称为自动化仓库或无人仓库。

图 1-1-7　高层货架仓库

(4)罐式仓库

罐式仓库的外形为球形或柱形，主要用于存放特殊货物，例如天然气、石油、粮食等。

(5)简易仓库

简易仓库的构造简单，建筑成本很低，一般是在仓库不足而又不能及时建库的情况下采用的临时办法，包括一些固定或活动的简易货棚等。

6. 按库内形态分类

(1)地面型仓库

地面型仓库的建筑结构是单层的，多使用非货架型的保管设备，货物都存放于地面。

(2)货架型仓库

货架型仓库的库内多采用多层货架保管，货架上存放货物或托盘。

(3)自动化立体库

自动化立体库内货物出入库均由计算机管理控制自动化机械设备实施操作，这样可以大大节省人力、降低劳动强度，不但能确保库存作业的安全性，减少货损货差，而且能准确、迅速地完成出入库作业。但自动化立体库建设成本较高，需要有足够的资金作为保障，且对库存货物包装、体积和重量都有较高的要求。

几种库内形态不同的仓库如图 1-1-8 所示。

（a）地面型仓库　（b）货架型仓库　（c）自动化立体库

图 1-1-8　库内形态不同的仓库

【拓展知识】

1. 我国仓储的发展史

随着生产力的发展，社会出现了剩余产品，自然就出现了仓储。原始社会末期，当某个人或者某个部落已经获得充足的食物后，就把多余的食品储藏起来，同时也就产生了专门储存食品的场所，于是“窑穴”(图 1-1-9)就出现了。“积谷防饥”是我国古代的一句警世名言，意思是将丰年剩余的粮食储存起来以防歉年之虞。随着商品流通的扩大与发展，仓储也随之扩大与发展，仓储从附属型行业逐渐发展成独立行业——仓储业。

我国的仓储业是随着社会分工和专业化生产的发展而逐渐形成和扩大的，可以分为四个阶段：古代仓储业、近代仓储业、新中国成立后的仓储业以及现代化发展的仓储业。

(1)古代仓储业

我国的仓储业最早追溯到《中国通史》上记载的邸店，这可以说是商业仓库的最初形式。但由于受当时商品经济的局限，它既具有商品寄存性质，又具有旅店性质。随着社会分工的进一步发展和交换的不断扩大，专门储存商品的塌房从邸店中分离出来，成为带有企业性质的商业仓库。塌房设有专门存放货物的仓库，有的还设有马厩和存放车辆的地方。塌房大多分布在水陆交通要道以及都市之中。

图 1-1-9　窑穴

中国古代农业是决定性的生产部门，由于自然灾害多发和国防安全的需要，我国很早就有了仓储制度。商周时代武王伐商，就有“散鹿台之财，发巨桥之粟”的记载，可见当时就有了专门的仓库。在早期，仓储不仅具有防灾救灾的作用，也是国防的需要，是综合性的。西汉时建立的常平仓是我国历史上最早由国家经营的仓库。常平仓作为政府调控粮价、储备粮食的重要手段，不断改进发展。唐朝设置了管理常平仓的机构常平监，各州设立常平署，执掌仓储事宜。

(2)近代仓储业

伴随我国近代工业和商业的产生和发展，我国近代仓储业也逐步发展起来了。我国近代仓储业起源于商品流通领域。近代中国的商业性仓库也称为“堆栈”，是指堆存和保管物品的场地和设备。堆栈业与交通运输业、工商业的发展状况，以及与商品交换的深度和广度关系极为密切。我国近代工业集中在东南沿海，上海、广州、天津等东南沿海地区的“堆栈”起源最早，也最为先进。如 1929 年上海的大小仓库已有 40 多家，库房总容量达 90 万 t。堆栈业初期的业务也只限于堆存货物，主要是替商人保管货物，物品的所有权属于寄存人。随着堆栈业务的扩大及服务对象的增加，新中国成立前的堆栈业已经有码头堆栈、铁路堆栈、保管堆栈、金融堆栈和厂号堆栈等。由于当时中国处于半殖民地半封建社会，民族工业不发达，因此，堆栈业务也伴随着商品交易和交通运输业的盛衰而起落。近代堆栈业建立了明确的业务种类、经营范围、责任业务、仓储、进出手续等。散装货品、堆场货栈、私营管理是当时的仓储特点。

(3)新中国成立后的仓储业

新中国成立后，原有的旧仓库由相关部门对口接管：铁路、港口仓库由交通运输部门接管；私营仓库由商业部门对口接管改造；外商仓库按经营的性质，分别由港务、外贸、商业等有关部门接管收买；物资部门的仓库由全国物资清理委员会接管。1953 年，第一届全国仓储会议召开，明确了对接管后的仓库采用新的管理体制：国营仓库实行集中管理与分散管理相结合的仓库管理体制。1960 年，国家进一步加强对物资的计划分配和统一管理，设立物资管理部，建立起全国统一的物资管理机构和经营服务系统。1962 年，国家物资储运局成立，归属于国家物资管理总局。到 1984 年，中国物资储运总公司(现中国物资储运集团有限公司)在各地设有多个直属储运公司和仓库。

(4)现代化发展的仓储业

随着市场经济的发展，原有仓储管理体系已经不能满足需要，尤其是 20 世纪后期，中国经济快速发展，并且融入经济全球化的发展洪流中。20 世纪 60 年代，仓储的性质发生根本性变化，由静态仓储转变成动态仓储。20 世纪 70 年代，中国建造了自动化立体库，并普遍采用计算机辅助技术来进行仓储管理。中国的仓储业已经进入了自动化新阶段。经济的发展带动了物流的发展，经济的全球化、商品的多样化、消费者需求的个性化对物流提出了更高的要求。现代信息技术的发展使物流向着快速、准确、高效和综合的方向发展，在经济发达的地区和城市，现代化的仓储物流设施迅速发展起来，包括先进的库房设施、高货架系统、高货架叉车、自动货架、自动分拣系统、全封闭库房，也包括库房中信息系统、条形码、仓库管理系统（WMS）、无线射频等技术的应用。

想一想：我国仓储业未来呈何发展趋势？

2. 自动化立体库

自动化立体库（图 1-1-10）也叫自动化立体仓储，利用立体仓库设备可实现仓库高层合理化、存取自动化、操作简便化，是当前技术水平较高的一种形式，是第二次世界大战之后生产和技术发展的结果。自动化立体库就是采用高层货架存放货物，以巷道堆垛起重机为主，结合入库、出库周边设备来进行作业的一种仓库，它把计算机与信息管理和设备控制结合起来，按照控制指令自动完成货物的存取作业，并对库存货物进行管理。自动化立体库由高层货架、托盘（货箱）、巷道堆垛机、输送机系统、自动导引车（automated guided vehicle，AGV）系统、自动控制系统和库存信息管理系统等几部分组成。自动控制系统驱动自动化立体库的各个设备，库存信息管理系统，亦称为中央计算机管理系统，是全自动化立体库系统的核心。

图 1-1-10　自动化立体库

自动化立体库的发展史如图 1-1-11 所示。

自动化立体库的优点有如下：

（1）节约仓库占地面积，使仓库的空间实现了充分的利用。由于自动化立体库采用大型仓储货架的拼装，再加上自动化管理技术使得货物便于查找，因此自动化立体库就比传统仓库的占地面积小、空间利用率大。在发达国家，提高空间的利用率已经作为系统合理性和先进性的重要考核指标。在提倡节能环保的今天，自动化立体库在节约占地资源上有着很好的效果，必将是未来仓储发展的一大趋势。

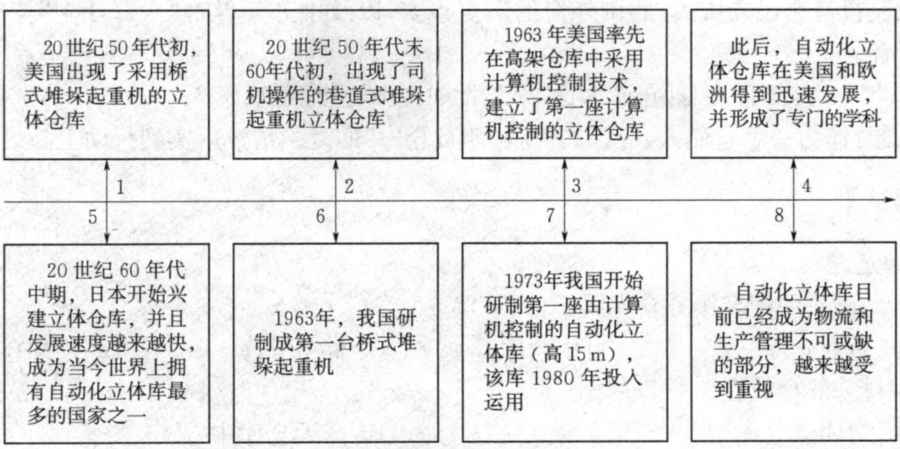

图 1-1-11　自动化立体库的发展史

(2)自动化管理提高了仓库的管理水平。自动化立体库采用计算机对货品信息进行准确无误的信息管理，减少了可能会出现的差错，提高了工作效率。同时，自动化立体库在入库出库的货品运送中实现自动化，搬运工作安全可靠，减少了货品的破损率，还能通过特殊设计使一些对环境有特殊要求的货品能有很好的保存环境，比如有毒、易爆的货品，也减少了人在搬运货品时可能会受到的伤害。

(3)可以形成先进的生产链，促进了生产力的进步。由于自动化立体库的存取效率高，因此可以有效地连接仓库外的生产环节，可以在存储中形成自动化的物流系统，从而形成有计划有编排的生产链，使生产能力得到了大幅度提升。

自动化立体库的缺点如下：

(1)结构复杂，配套设备多，需要大量的基建和设备投资。

(2)高层货架要使用大量的钢材，货架安装精度要求高，施工比较困难，且施工周期长。

(3)控制系统一旦发生故障，整个仓库将处于瘫痪状态，收发作业就会中断。

(4)储存货物的品种受到一定限制，对长大笨重货物必须单独设立储存系统。

(5)对仓库管理和技术人员的素质要求较高，必须经过专门培训方能胜任。

总之，自动化立体库有其优点，亦有其缺点，制造企业可以根据自己的需求来选择，从而在管理工作和生产工作中发挥更好的作用。

想一想：当前自动化立体库是否适合在我国大范围应用？

【素养涵育】

爱国主义教育——四行仓库（一种特殊类型的仓库）

四行仓库(joint savings bank warehouse)，全称“四行信托部沪分部仓库”，位于上海市苏州河北岸，西藏路桥西北角，是由交通银行与北四行信托部于1931年兴建的联合仓库。该建筑被用作金城、大陆、盐业、中南四个银行储蓄会的堆栈，故称“四行仓库”。

2015年8月13日，战争遗址类爱国主义教育基地——四行仓库抗战纪念馆落成开馆。四行仓库抗战纪念馆包括序厅、“血鏖淞沪”、“坚守四行”、“孤军抗争”、“不朽丰碑”及尾厅六个部分。纪念馆以一封谢晋元在赴淞沪战场前写给妻子凌维诚的家书开篇，展现了以谢晋元为首的“八百壮士”在国难当前之际，舍家为国的家国情怀，展现出对抗战必胜的坚定决心。展览运用实物、雕塑、现代科技等手段再现当年战斗场景，通过图文展板、巨幅绘画等形式展示上海人民投身全民族抗战、共御外侮的历史事实，以及中外各界对“八百壮士”英雄事迹的颂扬和缅怀。

2017 年 12 月 2 日，四行仓库入选“第二批中国 20 世纪建筑遗产”。

想一想：作为一名仓储人，应该如何将“四行仓库”的爱国情怀落实到行动上？

【课后测试】

一、单选题

1. 车站码头的配套服务仓库属于（　　）。

A. 营业仓库　　B. 自用仓库　　C. 储备仓库　　D. 公共仓库

2. 钢材一般存放在（　　）。

A. 封闭式仓库中　　B. 露天仓库中

C. 半封闭式仓库中　　D. 楼房仓库中

3. 从事配送活动且具有完善信息网络的场所或组织，是（　　）。

A. 分货仓库　　B. 物流仓库　　C. 配送仓库　　D. 加工仓库

4. 仓储经营人专门为了经营仓储业务而修建的仓库属于（　　）。

A. 自用仓库　　B. 储备仓库　　C. 营业仓库　　D. 公共仓库

二、多选题

1. 与仓储业关系最为紧密的行业有（　　）。

A. 交通运输业　　B. 矿业　　C. 工商业　　D. 造船业

2. 下列属于仓储管理内容的是（　　）。

A. 仓储设备配备　　B. 仓库库存控制

C. 仓库商务管理　　D. 仓库人事管理

三、判断题

1. 仓储能够调节生产和消费之间的差别，维持社会稳定。（　　）
2. 气调仓库是普通仓库。（　　）
3. 煤炭、钢材都可以成为仓储的对象。（　　）

【练习巩固】

位于上海嘉定的“亚洲一号”上海物流中心，作为亚洲范围内 B2C 行业内建筑规模最大、自动化程度最高的现代化物流中心之一，完美调度了自动存取系统（AS/RS）、输送线、分拣机、提升机等自动化设备，极大支撑和推动了某平台的物流运营。“亚洲一号”规划建筑面积 20 万 m^2，投入运行的一期定位为中件商品仓库，总建筑面积约为 10 万 m^2。运营支撑能力：普通客户订单处理能力日均值 10 万单；库容量方面，最大可支持 10 万中件 SKU，可支持约 430 万件商品存储需求。它分 4 个区域——立体仓库区、多层阁楼拣货区、生产作业区和出货分拣区。

某医药有限公司现代物流中心占地面积 150 亩（1 亩＝666.67 m^2），总建筑面积 30 000 m^2，可满足 26 000 多个品批，日最高出入库 40 000 箱，年吞吐量达 200 亿元。3 000 m^2 的无障碍大厅，药品分拣速度高达 5 000 箱/h，同时在国内医药行业率先使用了电子称重校验技术和语音拣选技术，确保了出入库商品的快捷、准确。信息系统的应用实现了企业内部全面信息化管理。2017 年物流出入库近 500 万件，为百姓用药提供了有力的服务保障。

请根据以上企业仓库描述，从营运形式角度分析仓库的类型。

【任务评价】

<table>
<tr><th colspan="2" rowspan="2">评价内容</th><th rowspan="2">总分值</th><th rowspan="2">分值</th><th rowspan="2">评价标准</th><th colspan="5">评价分值</th></tr>
<tr><th>教师评价</th><th>小组互评</th><th>小组自评</th><th>教学平台评价</th><th>综合评价</th></tr>
<tr><td rowspan="2">课前</td><td>知识学习</td><td rowspan="2">20</td><td>10</td><td>能完成课前学习</td><td></td><td></td><td></td><td></td><td></td></tr>
<tr><td>课前测试</td><td>10</td><td>能完成全部测试</td><td></td><td></td><td></td><td></td><td></td></tr>
<tr><td rowspan="5">课中</td><td rowspan="4">技能评价</td><td rowspan="5">60</td><td>10</td><td>能正确判断仓储的性质</td><td></td><td></td><td></td><td></td><td></td></tr>
<tr><td>10</td><td>能正确判断仓储的对象</td><td></td><td></td><td></td><td></td><td></td></tr>
<tr><td>10</td><td>能正确说出仓储管理的内容</td><td></td><td></td><td></td><td></td><td></td></tr>
<tr><td>20</td><td>能辨识仓库的类别</td><td></td><td></td><td></td><td></td><td></td></tr>
<tr><td>课堂表现</td><td>10</td><td>①课堂态度端正，积极参与活动，团队协作能力强；
②能灵活应用知识和技能、自主探究、协作完成任务；
③能熟练运用信息化技术手段和工具分析解决问题；
④出勤签到</td><td></td><td></td><td></td><td></td><td></td></tr>
<tr><td rowspan="2">课后</td><td>练习巩固</td><td rowspan="2">20</td><td>10</td><td>完成结果质量高，符合要求</td><td></td><td></td><td></td><td></td><td></td></tr>
<tr><td>课后测试</td><td>10</td><td>完成课后测试题</td><td></td><td></td><td></td><td></td><td></td></tr>
<tr><td colspan="5">合　计</td><td></td><td></td><td></td><td></td><td></td></tr>
</table>

注：“教学平台评价”栏可根据实际教学需求选用。

【案例阅读】

仓储增值服务

仓储增值服务是指仓储方除了提供传统意义上的仓储服务项目，还在努力向客户提供各种各样、符合客户需求的增值服务，以提升自己仓库的内在价值、保持竞争能力。

最常见的仓库增值服务和包装相关。通常情况下，产品是以散装形式或无标签形式装运到仓库里的，货品之间没有大的区别，但是客户订单上要求的却不是这样，仓库经营方需要按照客户要求对货品进行定制和发放。例如，一家汽车电池制造商把未做标志的产品装运到仓库中去，并向仓库经营方提供相关的商标牌号及待印图案，一旦接到要求使用特定标志的客户订单时，仓库经营方就要把标志图案印制到电池上，并用定制的盒子将产品包装起来。进入仓库的产品是无区别的，但是客户接收到的却是已经定制化了的产品和包装，这中间所经历的过程就是仓库经营者提供的增值服务。

为适应市场需要，仓储企业创新了很多增值服务形式，例如数据分析服务、质押监管、定向采购分销等。例如，某企业利用一体化的信息平台，为入驻生产、采购与销售的商家提供系统应用服务，使产销存数据与仓储配送数据同步，市场反应灵敏度大幅提升。该企业还培养了专业的数据分析员，从供应链物流角度，每月向入驻商提供“畅销品分析报告”、“滞销品分析报告”、“商品退换货分析报告”、“零售商生意分析报告”和“业务员销量及订单准确率评估报告”；每季度向零售行业协会提供“商品品类储备报告”、“生产商新品研发与发布报告”和

“商品季节丰欠报告”，向商务主管部门做“物流成本与效率监测报告”、“商品品类消费趋势报告”和“零售业采购趋势报告”，助力政府、行业和企业科学决策。

质押监管是指客户以货物作为向银行融资的担保，仓库接受银行的委托，在质押期间按银行指令对质押物进行监管的业务。

定向采购分销是指运用仓储物流企业自身的银行信誉与资金实力以及仓储管理能力，直接为下游流通企业定向采购货物，再通过仓储监管适时供给下游流通企业，收取的是货款差价。

查一查：仓储增值服务业务还有哪些？

学习记录单

<table>
<tr><th colspan="4">学生任务分配表</th></tr>
<tr><td>小组名称</td><td colspan="2"></td><td>组　　长</td></tr>
<tr><td rowspan="7">小组成员及分工</td><td>姓　　名</td><td>学　　号</td><td>任务分工</td></tr>
<tr><td></td><td></td><td></td></tr>
<tr><td></td><td></td><td></td></tr>
<tr><td></td><td></td><td></td></tr>
<tr><td></td><td></td><td></td></tr>
<tr><td></td><td></td><td></td></tr>
<tr><td></td><td></td><td></td></tr>
<tr><th colspan="4">学习过程</th></tr>
<tr><td colspan="4">课前：收集相关资料，做好预习，并完成课前测试。
1. 测试成绩：__________
2. 学习记录</td></tr>
<tr><td colspan="4">课中：按照任务实施要求，完成任务学习。
1. 任务实施记录
2. 任务实施总结</td></tr>
<tr><td colspan="4">课后：完成课后测试及练习巩固作业，诊断得失反思改进。
1. 课后测试成绩：__________
2. 课后巩固作业记录
3. 课后反思</td></tr>
</table>

任务 1-2　仓储作业中的常用设备识别

【任务描述】

小仓在网上看到了“亚洲一号”仓的视频，视频中整个仓库实现了全流程无人作业。收货存储时用的是高密度存储货架，穿梭车立库系统可同时存储商品 6 万箱；包装阶段使用全球最先进的自动打包机。在打包过程中，机器可以扫描货物的二维码，并根据二维码信息来进行包装和纸板的切割；在货物入库和打包时，使用的是机械臂；在分拣阶段，采用自动导引车(AGV)进行作业等。小仓被这些智能仓储设备震撼了，对仓储设备产生了兴趣，迫切地想了解仓储作业中的常用设备。

请帮助小仓整理一份仓储常用设备及主要功能清单，便于小仓尽快识别。

【任务实施】

微课 货架的分类

微课 常用的货架类型（上）

微课 常用的货架类型（中）

微课 常用的货架类型（下）

微课 托盘的特点及类型

微课 托盘的规格（上）

微课 托盘的规格（下）

微课 叉　车

微课 输送机、堆垛机、起重机、人工搬运车

微课 自动导引搬运车

微课 计量设备及设备管理

课前：学习微课资源，并完成课前测试(扫描二维码获取)。

课中：4～6 人分组，借助信息化技术手段，查资料并分析研讨，最后列表分类或者画出思维导图，帮助小仓尽快了解并熟悉仓储作业中的常用设备。

课后：完成课后测试及练习巩固作业，并整理总结学习材料，诊断得失反思改进。

课前测试 1–2

【相关知识】

仓库设备主要是指现代化仓库中除了仓库主体建筑外，进行仓储业务所需的一切设备、工具和用品。仓库管理离不开仓库硬件设备的配置，仓库作业人员借助各种各样的仓储设备，可以合理地组织商品正常在库转运，妥善维护商品的质量，保障人、财物的安全。

一、仓储设备的种类

仓库设备按其用途和特征可以分成装卸搬运设备、保管设备、计量设备、养护设备、检验设备、通风照明保暖设备、劳动防护设备及其他用途设备和工具等，见表1-2-1。在仓库设备的具体管理中，则应根据仓库规模的大小进行恰当地分类。

表1-2-1　仓储设备的分类

设备种类	常见的设备名称	用　途
装卸搬运设备	装卸堆垛设备：桥式起重机、轮胎式起重机、门式起重机、叉车、堆垛机、滑车、跳板以及滑板等	用于商品的出入库、库内堆码以及翻垛作业时的装卸、搬运和盛装货物。这类设备对改进仓储管理、减轻劳动强度、提高收发货效率具有重要作用
	搬运传送设备：电平搬运车、皮带输送机、流水线、生产线、电梯以及手推车等	
	成组搬运工具：托盘、集装箱等	
保管设备	苫垫用品：苫布（油布、塑料布等）、苫席、枕木、石条等	用于保护仓储商品质量的设备。苫垫用品起遮挡雨水和隔潮、通风等作用。苫布、苫席常用在露天堆场
	存货用具：各种类型的货架、货橱	存放货物，便于货物的进出，也能提高仓库容积利用率
分拣设备	自动分拣系统、分拣输送设备等	拣选和传送货物
包装设备	填充设备、罐装设备、封口设备、裹包设备、贴标设备、清洗设备、干燥设备、杀菌设备等	用于产品包装，是产品包装实现机械化、自动化的根本保证
自动识别设备	条码打印机、扫描设备等	收集货物信息
消防设备	消火栓、消防管道、烟雾报警器、灭火器、防烟面具、防护服、消防水源、砂土箱、消防云梯等	保障仓库的消防安全。消防安全是仓储工作的重中之重。必须根据存储商品的种类及性质配备相应的消防器材和设备
计量设备	电子秤、自动检重秤、地磅、电子计数器、卷尺、轨道秤、流量仪、皮带秤、天平仪等	用于商品进出库时的计量、点数，以及货存期间的盘点、检查等
养护设备	温湿度控制器、自动喷淋装置、除锈机、烘干机、排风机、空调、吸潮器、商品质量化验仪、空气调节器、风幕（设在库门处，以隔内外温差）等	对仓库产品质量的维护和监控，以及设备的维护
检验设备	度量衡、称重设备、磅秤、标尺、卡钳等量具及商品检验的各种仪器等	用于商品进入仓库验收和在库内保管测试、化验，以及防止商品变质、失效
通风照明保暖设备	抽风机、应急灯、除湿机、联动开窗机、防爆照明灯、防护隔热帘等	存储商品和仓库作业需要对物理环境进行通风、照明、保暖等保障，根据商品保管和仓储作业的需要而设置
劳动防护设备	防毒面具、安全绳等	确保作业人员的人身安全，保护仓储作业人员
信息采集与处理设备	计算机及网络、信息识别装置、传票传递装置、通信设备等	用于物流信息的采集、传输、处理等

物流仓储设备是物流技术水平高低的主要标志，现代物流仓储设备体现了现代物流仓储技术的发展。我国近年来的物流仓储设备现代化、自动化程度较高，其特点主要表现在：

（1）设备的社会化程度越来越高，设备结构越来越复杂，并且从研究、设计到生产直至报废的各环节之间相互依赖，相互制约。

(2)设备出现了“四化”趋势,即连续化、大型化、高速化、电子化,提高了生产率。

(3)能源密集型的设备居多,能源消耗大,同时现代设备投资和使用费用十分昂贵,是资金密集型的,因而提高管理的经济效益对物流企业来说非常重要。

现代化的仓库中,仓储设备的种类多、数量大、占用的资金比重大,因此其合理配置就显得尤其重要,既要满足仓库作业和管理的需求,又要合理衡量经济投入,还要充分考虑仓库的发展使用和设备寿命的结合等。

所以在选购仓储设备时要遵循以下几大原则:

(1)适应性。相关设备的选择要充分结合仓库的实际运营数据来决定。首先要确认仓库的类型,存储商品的性质、数量、储运要求,同时还要考虑仓库的日平均出入库量,配置符合相关要求的设备。

(2)经济性。仓库设备的配置必须从仓库自身的经济条件出发,在满足规模需要的情况下,以最少的资金占用来配置相对比较全面的设备,实现仓库的最大经济效益。

(3)先进性。随着物流技术的不断发展,各种设备层出不穷,特别是智能化仓储设备的出现,代替了很多人工的需求的同时也提高了劳动效率,所以在仓储设备配置时要适应现代化物流发展的需要,尽量配备新技术设备,以提高生产效率。

二、常见的仓储设备

1. 货架

货架在仓储中占有非常重要的地位,是用于储存货物的设施。货物存入货架之后,物品互不挤压,不但可以完整保证货物的安全,便于存取、计数,而且可以充分利用仓库空间,提高库容利用率。按照不同的标准,货架可分为多种,见表 1-2-2。

表 1-2-2　货架的种类

分类标准	种　类
按货架的发展分	传统货架(如层架、层格式货架、抽屉式货架、橱柜式货架等) 新型货架(如旋转式货架、移动式货架、托盘货架、重力式货架等)
按货架的适用性分	通用货架、专用货架
按货架制造材料分	钢货架、钢筋混凝土货架、钢与钢筋混凝土混合式货架、木制货架、钢木合制货架
按货架封闭程度分	敞开式货架、半封闭式货架、封闭式货架等
按货架结构分	整体式货架(货架直接支撑仓库屋顶和围棚) 分体式货架(货架与建筑物分为两个独立系统)
按货架载货方式分	悬臂式货架、橱柜式货架、棚板式货架
按货架的构造分	组合可拆卸式货架、固定式货架
按货架高度分	低层货架(高度在 5 m 以下)、中层货架(高度在 5～15 m)、高层货架(高度在 15 m 以上)
按货架载重量分	重型货架(每层货架载重量在 500 kg 以上) 中型货架(每层货架载重量在 150～500 kg) 轻型货架(每层货架载重量在 150 kg 以下)

(1)驶入式货架

驶入式货架又称为通廊型货架,它是连续性的整栋式货架,安置在支撑导轨上,托盘按深度方向一个紧接一个存放，货物都密集放在一起，如图 1-2-1 所示。因驶入式货架上的物品存取都只能从货架的同一侧进出，故货物只能先进后出，而不能先进先出。货架的支撑结构稳妥，便于滑动，搬运车辆可以驶入货架内部选取货物，单位货位载荷 200～1 000 kg。

(2)悬臂式货架

悬臂式货架是在立柱上装设外悬杆臂来构成的，托臂可以是单面的，也可以是双面的，其前伸的悬臂具有结构轻、载重能力好的特点，适合于存放钢管、型钢等长形的物品，如图 1-2-2 所示。放置圆形物品时，可在其臂端装设阻挡块以防止滑落。悬臂式货架只适用于长条状或长卷状货物存放，存取时要配合叉距较宽的搬运设备，而且悬臂式货架的高度受限，一般在 6 m 以下，空间利用率较低，为 35%～50%。因此，悬臂式货架适用于空间小、高度低的库房，这样管理方便、视野宽阔。悬臂式货架的立柱结构加固后，可以承受 2 000～3 000 kg 的重量，悬臂单臂承重 200～500 kg。

图 1-2-1　驶入式货架

图 1-2-2　悬臂式货架

(3)阁楼式货架

阁楼式货架将储存空间做上、下两层规划，利用钢架或楼板将空间间隔为两层，下层货架不但是可以保管物品的场所，而且是上层结构的支撑，如图 1-2-3 所示。现有的旧仓库可以改造成阁楼式货架，以提高仓库的利用率。阁楼式货架的储货量相对较大，适用于存放较轻的货物，尤其是二层存放货物一定要考虑货架的承载能力，且需要配装垂直输送设备。

(a) 阁楼式货架实景一

(b) 阁楼式货架实景二

图 1-2-3　阁楼式货架

(4)旋转式货架

旋转式货架由多台货架环列连接而成，一般分为两种形式，一种是水平旋转式货架，一种是垂直旋转式货架，如图 1-2-4 所示。水平旋转式货架可同时将连在一起的上下各货架层，以水平方向旋转；垂直旋转式货架旋转方向是与地面垂直，但其移动速度要比水平旋转式货架慢。旋转式货架操作简单，存取作业迅速，作业效率很高。

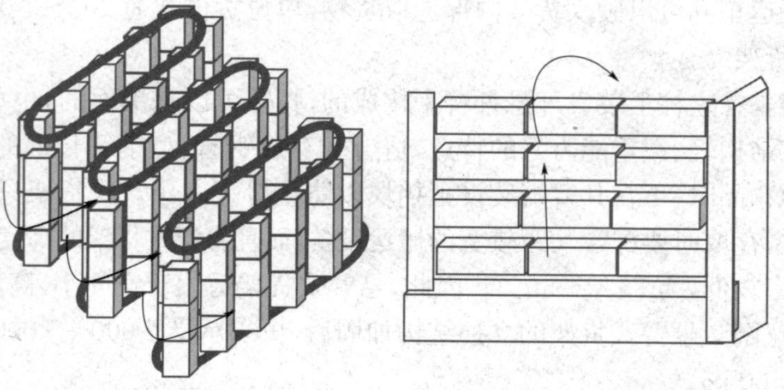

（a）水平旋转式货架　　（b）垂直旋转式货架

图 1-2-4　旋转式货架

（5）重力式货架

重力式货架的一端较高，另一端较低，倾斜布置，较高的一端作为入货口，较低的一端作为出货口。货物是放在滚轮上的，货物从货架较高的入货口送入滑道，逐个存放，取货时，在较低的出货口取货，在重力作用下，其余货物会逐一向下滑动待取，托盘货物会在每一条滑道中依次流入流出，如图 1-2-5 所示。重力式货架无须通道作业，货架可紧密排列，大大提高了仓库的利用率。但是该类货架同一排上宜存放相同货物，便于存取货物。如果通道较长，则应在轨道上设置制动装置，限制货物下滑速度。

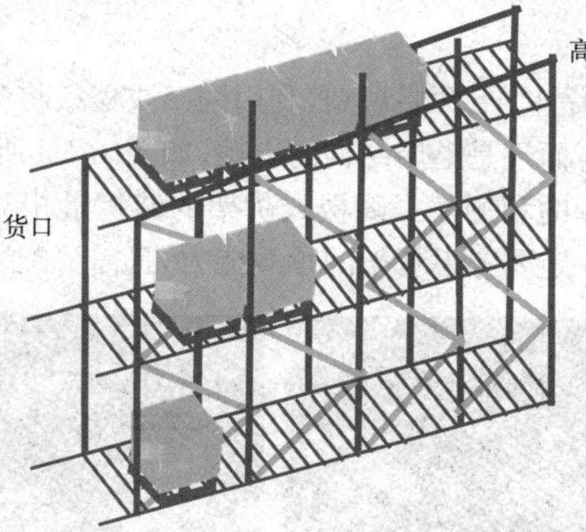

图 1-2-5　重力式货架

（6）流利式货架

流利式货架又称滑移式货架，如图 1-2-6 所示，采用辊轮铝合金、钣金等流利条，利用货物台架的自重，从一边通道存货，另一边通道取货，具有先进先出、存储方便以及一次补货多次取货的特点。流利式货架存储效率高，适合大量货物的短期存放和拣选，可配电子标签，实现货物的轻松管理，常用滑动容器有周转箱、零件盒及纸箱。流利式货架广泛应用于配送中心、装配车间，以及出货频率较高的仓库。

（7）移动式货架

移动式货架的底部安装有运行轨道或车轮，可以在地面上运行，如图 1-2-7 所示。此类货架可以只需一个作业通道，大大提高仓库面积的利用率。此类货架广泛应用于办公室、图书馆用以存放文档等。

图 1-2-6　流利式货架

图 1-2-7　移动式货架

(8)抽屉式货架

抽屉式货架存放中小型货物，抽屉板下设置有滚轮轨道，使得抽屉可以自由拉动，通常每层承载量小于 500 kg，如图 1-2-8 所示。此类货架可以充分利用空间、节省场地，且结构简单、操作简单、安全可靠。

图 1-2-8　抽屉式货架

2. 托盘

托盘是放置货物作为一个单元负荷的水平平台装置，用于集装、堆放、搬运和运输。在平台上集装一定数量的单件货物，或按要求捆扎加固，组成一个运输单位，便于运输过程中使用机械进行装卸、搬运和堆存。托盘下面有供叉车叉起托盘的入口，常见的托盘如图 1-2-9 所示。

（a）木托盘　（b）塑料平托盘　（c）金属托盘

图 1-2-9　常见的托盘

以托盘为运输单位，可使货运件数变少，体积重量变大；每个托盘所装数量相等，便于理货和点数；而且托盘造价不高，自重量小，因而搬运起来比较方便。所以托盘的使用量越来越大，被广泛应用于现代企业当中。

托盘按其适用性可分为通用托盘和专用托盘两大类；按其结构分类，可分为平托盘、箱形托盘、柱形托盘三种；按制作材料分类可分为木托盘、金属托盘、塑料托盘、纸托盘和胶合板托盘等。

托盘的选择与很多因素有关系。不同材质的托盘适合不同的仓库环境，要根据仓库环境的不同，选择不同材质的托盘。例如塑料托盘的使用温度就在$-25\sim40$ ℃之间。木托盘不能用于潮湿的环境，否则将直接影响使用寿命。污染程度高的环境适合使用耐污染、易于清洁的塑料托盘、复合塑木托盘等。要上货架的托盘，就必须要选择刚性强、不易变形的，动载较大的托盘，如钢制的托盘和木质较硬的硬杂木的木质托盘。如果托盘装载货物以后不再移动，只是起到防潮防水的作用，可选择结构简单、成本较低的托盘，如简易的塑料托盘，但是应该注意托盘的静载量。如果托盘用于装卸搬运或是运输过程，由于在此过程中托盘使用频率较高，且要与叉车配合，因此选择的托盘就必须强度高、动载大，也正因如此，此类托盘的结构都是"田"字形或者是"川"字形的。如果托盘载货后还要堆垛，那么就要选择双面托盘，这样不容易造成下层货物的损坏；如果托盘载货后不需堆垛，那么就可以选择单面托盘。

如果是在立体仓库中，因为立体仓库的货架只能从两个方向叉取货物，所以所用托盘要尽可能选用四面进叉的，这样便于叉车叉取货物，提高工作效率。这样的托盘一般选择"田"字形的结构。

托盘的标准化是物流领域的一个非常重要的问题，托盘的尺寸还涉及与运输工具尺寸的配合，因此物流界十分重视。托盘的规格是指托盘的长与宽，通常用长×宽来表示。我国托盘规格与国际标准化组织规定的通用尺寸一致，主要有两种规格：1 200 mm×1 000 mm 和 1 100 mm×1 100 mm。

3. 叉车

叉车又称铲车或叉式取货机，它以货叉作为主要取货装置，依靠起升机构升降货物，可以对货物水平搬运，具有装卸、搬运双重功能。叉车是仓储装卸搬运机械中应用最广泛的一种，主要用于仓库内货物的装卸搬运，是一种既可以做短距离水平运输，又可以堆垛、拆垛和装卸卡车、铁路平板车的机械。

叉车外形尺寸小，重量轻，机动灵活性好，可机动地与其他起重运输机械配合工作，在使用各种自动取货装置或在货叉与货板配合使用的情况下，可以实现装卸工作的完全机械化，不需要工人的辅助体力劳动。因此，叉车可以减轻装卸工人繁重的体力劳动。

叉车按照性能和功用分类，可分为平衡式叉车、插腿式叉车、侧面式叉车、前移式叉车、集装箱式叉车、高位拣选式叉车等；按照耗能方式分类，可分为燃料叉车、电力叉车、手动叉车（地牛）；按照行走方式分类，可分为电动托盘堆垛车、电瓶叉车、侧面叉车、固定平台搬运车、集装箱正面吊车、三向堆垛叉车等。常见的叉车如图 1-2-10 所示。

4. 堆垛机

堆垛机是仓库机械设备，是专门用来堆码货垛或提升物品的机械，如图 1-2-11 所示。堆垛机能在很窄的巷道内操作，且堆码或提升高度较高，作业灵活，所以在仓库内广泛使用。

5. 起重机

起重机适用于装卸大件笨重货物，也可借助于各种吊索工具装卸其他物品，同时起重机也是唯一以悬吊方式装卸搬运物品的设备，其吊运能力一般在 3～30 t。常见起重机如图 1-2-12 所示。

6. 输送机

输送机的主要任务是在仓库内部运输货物，将货物送到预先安排的目的地，常见的输送机如图 1-2-13 所示。

7. 搬运车

搬运车的主要作用是完成仓储过程中的装卸搬运活动，一般可以分为人工搬运车和自动导引搬运车。搬运车的主要特点是适用于水平装卸搬运活动、灵活性强、使用方便。

（a）前移式叉车

（b）高位拣选式叉车

（c）电力叉车

（d）手动叉车（地牛）

图 1-2-10　常见的叉车

图 1-2-11　堆垛机

(1)人工搬运车

人工搬运车又叫手推车，是一种以人力为主、在路面上水平运输物料的搬运车，其特点是轻巧灵活、易操作、回转半径小。其广泛应用于工厂、车间、仓库、站台、货场等处，是短距离输送轻型货物的一种方便而经济的输送工具，如图 1-2-14 所示。

（a）集装箱起重机

（b）桥式起重机

（c）门式起重机

（d）磁力起重机

图 1-2-12　常见起重机

（a）滚轴输送机

（b）皮带输送机

图 1-2-13　输送机

（a）单层手推车

（b）双层手推车

图 1-2-14　手推车

(2)自动导引搬运车

自动导引搬运车也称为自动导引车(AGV)，是具有电磁或光学等自动导航装置，能够沿设定的路径行驶，具有安全保护以及各种移载功能的运输车，如图 1-2-15 所示。它能够自动在一位置进行物品的装载，自动行走到另一位置完成物品的卸载。一般可通过电脑来控制其行进路径以及行为，或利用电磁轨道来设立其行进路径，电磁轨道黏贴于地板上，AGV 则依靠电磁轨道所带来的信息进行移动与动作。AGV 在 20 世纪 50 年代即得到了应用，随着应用领域的扩展，其种类和形式变得多种多样。一般以蓄电池为动力，载重量从几千克到上百吨，工作场地可以是办公室、车间，也可以是港口和码头。

（a）AGV实景一

（b）AGV实景二

图 1-2-15　自动导引搬运车

8. 自动分拣设备

自动分拣设备是自动控制的分拣装置，由接受分拣指令的控制装置、取出到达货物的搬送装置、分拣货物的装置和存放货物的暂存装置等组成，如图 1-2-16 所示。分拣作业只需通过键盘向控制装置输入分拣指令，其余全部由装置执行完成。自动分拣系统是第二次世界大战后在美国和日本的物流中心广泛采用的一种技术，目前已经成为大中型物流中心不可或缺的一部分。自动分拣系统一般由控制装置、分类装置、输送装置及分拣道口组成，一次性投资巨大，对物品外包装要求高，需要相应的大量业务支持。

9. 计量设备

计量设备是指用于商品进出时的计量和点数，以及货存期间的盘点、检查等的设备，具有稳定性、灵敏性、不变性和正确性。常见的计量设备有重量计量设备、流体容积计量设备、长度计量设备和个数计量设备等。图 1-2-17 所示为天然气计量设备。

图 1-2-16　自动分拣设备

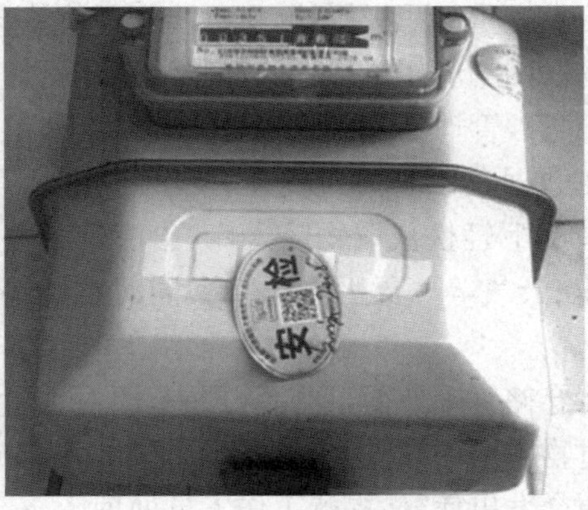

图 1-2-17　天然气计量设备

10. 其他仓库常用设备

另外,仓库常用的设备还有包装设备(包括胶带切割机、手动打包器、自动打包机等)、信息采集与处理设备[包括射频(RF)手持终端、智能穿戴设备、射频识别(RFID)阅读器、激光扫描枪等]、养护检验设备(包括温湿仪、烘干箱、吸潮器、商品质量化验仪器等)、通风照明保暖设备(包括暖风机、换气扇等)、消防设备(消防云梯、报警器、抽水器、水枪等)、劳动防护设备(包括安全帽等)等。常见的其他仓库常用设备如图 1-2-18 所示。

(a) RF手持终端　(b) 智能穿戴设备　(c) 安全帽

图 1-2-18　其他仓库常用设备

由于仓储设施设备繁杂且功能各异,所以大部分设备都是分散使用的。设备的管理方式通常是在统一管理的基础上实行分级管理、专人操作、专门管理部门负责的方式。当然企业各自情况不同,如仓库规模、设备数量、固定与流动设备比例等不同,造成管理方式也会不同,所以企业应根据自身的情况选择适合的管理方式。

【拓展知识】

物联网在仓储中的应用

物联网(Internet of things,IOT)是指通过各种信息传感器、射频识别技术、全球定位系统、红外感应器、激光扫描器等装置与技术,实时采集任何需要监控、连接、互动的物体或过程,采集其物理、化学、生物、位置等各种需要的信息,通过各类可能的网络接入,实现物与物、物与人的泛在连接,实现对物品和过程的智能化感知、识别和管理。物联网是一个基于互联网、传统电信网等的信息承载体,它让所有能够被独立寻址的普通物理对象形成互联互通的网络。

从物联网的本质上看,物联网的特征表现在三个方面:互联网特征、识别与通信特征及智能化特征。上述三大特征共同决定了物联网的高效。随着物联网技术的发展,其将为推进智慧物流发挥重大积极影响,进一步拓展物流仓储管理体系发展空间。

物联网的应用可以让仓储物流系统更加先进和智能化,通过物联网智能仓储管理信息系统(WMS),管理者就可以轻松实现物品和相关设施的管理。

在数据获取方面,物联网技术的介入,可以打造"无人工厂"。仓管人员可以在无人介入的情况下轻松获取物品入库、出库等相关数据,射频信号会自动对物品进行识别记录,不受环境、天气等外界因素干扰。同时在物品的仓储、管理、配送等过程均可使用,实现跟踪管理。

在仓储管理方面,仓储管理中,面对数量或者容积较大的物品,人为操作较为烦琐复杂,而通过物联网的介入,传感器和射频技术合成就可以实现实时监控,当监控物品达到临界状态时便会发出信号,提醒工作人员处理。

在智能操作方面,目前市面上可用于仓储物流的 AGV、自动移动机器人(AMR)等智能工业机器人产品层出不穷，软件系统也是琳琅满目，但所有产品的最终导向都是为了助力企业实现智能制造、智慧物流的转型升级，全面提升效率及价值。

物联网虽然已经在国内仓储物流行业中实现了一些应用，但依然是一个新生事物，想要真正大展宏图，还需要解决诸如技能、商业文化、政策等一系列的问题，尤其是标准化问题，这是一个新生事物能否大规模发展的一个关键因素。然而能够预见的是，物联网的加入必将会给仓储物流行业带来革命性的变化。

想一想：智慧物流未来的发展前景会如何呢？

【素养涵育】

小黄人：智能分拣机器人

近年来，电商行业迅猛发展，物流问题已经成为每年购物特惠节的一个大考。在智能化趋势下，电商巨头纷纷开始布局智慧物流系统，抢占“第一速度”之战已经从地上厮杀延伸到航空领域，无人机、机器人也迅速成为其座上宾。中国的快递业务量巨大，“爆仓”问题成为压在分拣配送员头上的一座大山。在此胶着时刻，2017 年“小黄人”应运而生，通过智能机器人分拣系统挑起了分解“爆仓”的大梁。

智能分拣机器人的外观小巧圆润，黄色的顶部托盘可以自动翻转，如图 1-2-19 所示。“小黄人”会在 1 s 内用智能扫码功能读取目的地信息，每个“小黄人”配有红外和超声波避障系统，在分拣途中，要是遇上“堵车”的情况，“小黄人”会自动停下来，还会自动改换更加便捷的路线，几百个机器人秩序井然，动作迅速，而且可以充电 5 min，奔跑 4 h，“小黄人”占地面积小，运行速度可达到 3 m/s，每小时就能完成 20 000 件包裹分拣，可以实现 24 h 不间断工作，也因此可以减少 70％的人工。

随着包装机器人、快递机器人、快递无人机的不断入局，“智慧物流”的未来图景也逐渐被勾勒出来，相信未来还会有更多的“小黄人”变身令大家耳目一新。

图 1-2-19　工作中的“小黄人”

想一想：我国智能物流技术的发展，除了给人们生活方式带来便捷外，在提升我国国际影响力方面又有哪些影响？

【课后测试】

一、单选题

1. 以下不属于按经营主体划分的仓储类别是（　　）。

A. 公共仓储　　B. 营业仓储　　C. 配送仓储　　D. 企业自营仓储

2. 下列不能作为仓储物的是(　　)。

A. 电脑　　B. 知识　　C. 插座　　D. 花瓶

3. 下列不属于仓储设备的是(　　)。

A. 输送机　　B. 货架　　C. 叉车　　D. 钢材

二、判断题

1. 仓储是物流过程中的重要环节之一。　　(　　)

2. 起重机不是仓库的设备。　　(　　)

3. 仓库最基本的功能就是储存功能。　　(　　)

三、讨论题

仓储未来的发展趋势如何？

【练习巩固】

请查询了解仓储设备的前沿科技，体会物流科技进步给行业带来的巨大变化，并制作PPT演示讲解。

【任务评价】

<table>
<tr><th colspan="2" rowspan="2">评价内容</th><th rowspan="2">总分值</th><th rowspan="2">分值</th><th rowspan="2">评价标准</th><th colspan="5">评价分值</th></tr>
<tr><th>教师评价</th><th>小组互评</th><th>小组自评</th><th>教学平台评价</th><th>综合评价</th></tr>
<tr><td rowspan="2">课前</td><td>知识学习</td><td rowspan="2">20</td><td>10</td><td>能完成课前学习</td><td></td><td></td><td></td><td></td><td></td></tr>
<tr><td>课前测试</td><td>10</td><td>能完成全部测试</td><td></td><td></td><td></td><td></td><td></td></tr>
<tr><td rowspan="5">课中</td><td rowspan="4">技能评价</td><td rowspan="5">60</td><td>10</td><td>能正确识别仓储设备</td><td></td><td></td><td></td><td></td><td></td></tr>
<tr><td>10</td><td>能正确简单操作常见的仓储设备</td><td></td><td></td><td></td><td></td><td></td></tr>
<tr><td>10</td><td>能正确说出常见仓储设备的特点</td><td></td><td></td><td></td><td></td><td></td></tr>
<tr><td>20</td><td>能根据仓库情况选择合适的仓储设备</td><td></td><td></td><td></td><td></td><td></td></tr>
<tr><td>课堂表现</td><td>10</td><td>①课堂态度端正，积极参与活动，团队协作能力强；
②能灵活应用知识和技能、自主探究、协作完成任务；
③能熟练运用信息化技术手段和工具分析解决问题；
④出勤签到</td><td></td><td></td><td></td><td></td><td></td></tr>
<tr><td rowspan="2">课后</td><td>练习巩固</td><td rowspan="2">20</td><td>10</td><td>完成结果质量高，符合要求</td><td></td><td></td><td></td><td></td><td></td></tr>
<tr><td>课后测试</td><td>10</td><td>完成课后测试题</td><td></td><td></td><td></td><td></td><td></td></tr>
<tr><td colspan="5">合　计</td><td></td><td></td><td></td><td></td><td></td></tr>
</table>

注："教学平台评价"栏可根据实际教学需求选用。

【案例阅读】

新技术助力实体经济发展

仓储行业的数字化、智能化，改变的不仅仅是几间仓库或是仓储行业，在整个实体经济链条中，仓储行业的变革会影响到制造业与物流业，并最终改变所有人的生活。

对于物流企业而言，物流时效主要由运输及分拣两大因素决定。运输效率的提升有赖于交通技术的进步，在新的交通革命到来之前，运输时效很难获得质的飞跃。而分拣则是物流企业自身可以修炼的内功，除了终端配送环节外，现代物流企业几乎所有分拣环节都发生在仓储点，仓储的智慧化水平直接决定了整个物流企业的智慧化水平。

与此同时，智能仓储改变的不仅仅是物流业。从钢铁、化工等重工业企业，到汽车、芯片等高精尖制造业，任何一家制造业企业，几乎都离不开仓储环节。即便是“零库存”概念在近年风靡制造业，企业也难以实现绝对意义上的“零库存”。特别是在国际形势日趋复杂的当下，库存正在成为许多制造业企业的生命线。实现仓储数字化、智能化，是制造业全行业躲不掉的共同命题。

比如，采用智慧仓储技术后，天津某物产公司的冷轧板钢材仓库几乎无人值守。其中，3D可视化调度平台仿真还原动态货物信息，仓库从入库、在库、到出库的全流程实现在线管控，降低了人工找货的概率，提升了仓库现场操作时效性和准确性。

例如，某汽车集团引入了混合云平台和数字化营销与用户运营平台，依托这些平台，该集团能够获得数据库、互联网中间件、混合云管理等云产品与服务，以及基础设施租赁、硬件设备托管等服务，大幅提升了该集团 IT 资源管理、协同能力，成功节约 50% IT 成本投入，业务满意度超 95%。

在兰州新区，“一带一路”沿线的大量货物都会在这个节点城市中转。当地政府利用新技术搭建了一个“多式联运平台”，以有效管理生产调度与运力匹配，实现业务协同、数据共享，联运一单、通关一体的智能作业，并基于产业融合洞察，打造一个国际精品班列，实现货物送去送回，为兰州枢纽实现了 3 年超千亿产值。

近年来，将现实世界数字化的“数字孪生”概念开始走红。要想将实体经济全面数字化，离不开两项关键能力——其一，寻找现实世界与数字世界的锚点，将实体经济映射到数字之上；其二，建立海量的计算资源，为数字经济提供支撑。

在云计算、AI、大数据、物联网及区块链等新技术的助推下，越来越多的实体经济产业及业务流程都将实现数字化转型。万物数字化的画卷，才刚刚展开。

查一查：在智能仓储方面，还有哪些前沿技术在推动仓储行业的快速变革？

学习记录单

<table>
<tr><th colspan="4">学生任务分配表</th></tr>
<tr><td>小组名称</td><td colspan="2"></td><td>组　长</td></tr>
<tr><td rowspan="7">小组成员及分工</td><td>姓　　名</td><td>学　　号</td><td>任务分工</td></tr>
<tr><td></td><td></td><td></td></tr>
<tr><td></td><td></td><td></td></tr>
<tr><td></td><td></td><td></td></tr>
<tr><td></td><td></td><td></td></tr>
<tr><td></td><td></td><td></td></tr>
<tr><td></td><td></td><td></td></tr>
<tr><th colspan="4">学习过程</th></tr>
<tr><td colspan="4">课前：收集相关资料，做好预习，并完成课前测试。
1. 测试成绩：__________
2. 学习记录</td></tr>
<tr><td colspan="4">课中：按照任务实施要求，完成任务学习。
1. 任务实施记录

2. 任务实施总结</td></tr>
<tr><td colspan="4">课后：完成课后测试及练习巩固作业，诊断得失反思改进。
1. 课后测试成绩：__________
2. 课后巩固作业记录

3. 课后反思</td></tr>
</table>

任务 1-3　仓储相关岗位职责区分

【任务描述】

小仓是某高职院校现代物流管理专业一名大一学生。入学没多久，老师就带他们班同学到某物流中心参观学习。物流公司工作人员给同学们介绍了公司的组织机构与岗位设置，并询问同学们对哪个部门和岗位感兴趣。小仓初接触公司和岗位，虽然听了公司的介绍，但是对各个部门和岗位的具体工作内容还是感觉模糊，更搞不懂自己对哪个部门和岗位更感兴趣。

如果你是小仓，该如何解决这个问题？能否给小仓详细介绍物流公司的组织结构和岗位设置具体内容？

【任务实施】

微课　仓储组织结构

微课　仓储企业的岗位

微课　仓储企业岗位职责

课前测试　1–3

课前：学习微课资源，并完成课前测试（扫描二维码获取）。

课中：4～6 人分组，借助信息化技术手段，查资料并思考研讨，最后画出典型的物流公司组织结构图，并按岗位分别列出各岗位主要工作职责。

课后：完成课后测试及练习巩固作业，并整理总结学习材料，诊断得失反思改进。

【相关知识】

一、仓储的组织结构

1. 组织结构设置原则

(1)任务目标原则：组织结构的设立应以仓储管理任务和经营目标为依据，为最终实现企业目标而服务。组织结构只是一种手段。

(2)精简原则：若机构臃肿庞大，必然造成协调困难、反应迟钝，加大管理成本。因此在完成仓储任务目标的前提下，组织结构应力求紧凑精干，越简单越好。

(3)专业分工与协作原则：仓储管理各个岗位、各个部门之间紧密联系，任何一项管理都离不开其他部门和人员配合，因此组织结构设置分工要适当，责任要明确，既要协作，又要避免发生争议。

(4)责权利相结合原则：每一个岗位上的职责、职权和经济利益统一。要围绕仓储任务建立岗位责任制，明确责权利，并与经济利益挂钩。

(5)指挥统一原则:保证行政命令与生产指挥集中统一。建立组织的合理纵向分工,一般是决策层、执行监督层和仓库作业层三级管理层次。

(6)有效管理幅度原则:管理幅度指一名上级领导者直接领导下级人员的数量。管理幅度直接关系到仓库组织设置几个管理层次。对同等规模的组织,管理幅度越大,设置的管理层次越小。

(7)稳定性和适应性相结合原则:组织结构要保持一段时间的稳定,但要随着内外界环境变化而必要调整。

2. 典型的仓储企业组织结构

(1)直线制组织结构

直线制组织结构如图 1-3-1 所示。

图 1-3-1　直线制组织结构

优点:从上到下垂直领导,组织精简,指令传达迅速,责任权限明确,仓储企业主管的管理意图能得到充分执行。

缺点:各种决策易受管理者自身能力的限制,对管理者要求较全面,在业务量大、作业复杂时,管理者会感到压力太大,力不从心。

适用:仓库规模小、人员不多、业务简单的小型仓储企业。

(2)直线职能制组织结构

直线职能制组织结构如图 1-3-2 所示。

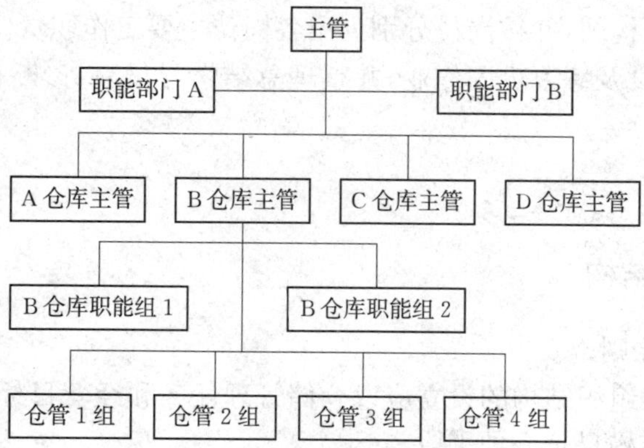

图 1-3-2　直线职能制组织结构

优点:快速、灵活、维持成本低且责任清晰;克服直线制管理模式中管理者的精力和工作时间有限的缺点;分工细密、注重专业化管理的长处,从而有助于提高管理工作的效率。

缺点:属于典型的"集权式"结构,权力集中于最高管理层,下级缺乏必要的自主权;各职能部门之间的横向联系较差,容易产生脱节和矛盾,因此需要密切配合;信息传递路线较长,反馈较慢,难以适应环境的迅速变化。

适用:大中型仓储企业。

(3)事业部制组织结构

事业部制是在总公司领导,以某项职能(或某项目)为事业部,实行统一管理、分散经营的管理方法,其组织结构如图 1-3-3 所示。

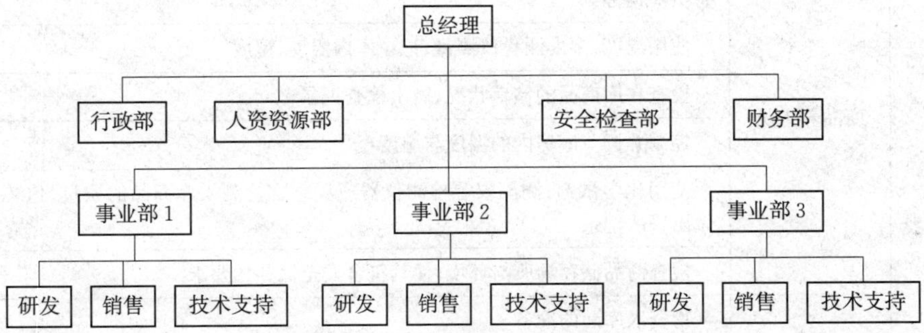

图 1-3-3　事业部制组织结构

优点:管理决策程序完善,运行效率高,各事业部内部管理权力相对集中,有独立经营管理能力。

缺点:一定程度上增加了企业的开支费用,容易形成本位主义,让企业管理工作的要求变得更高,容易产生失控状态。

适用:大型仓储企业。

二、仓储企业人员岗位职责

在仓储企业中,根据各个岗位的特点和工作内容的不同,将岗位分为保管员、理货员、商品养护员等。仓储相关岗位及职责见表 1-3-1。

表 1-3-1　仓储相关岗位及职责

职业岗位群	岗　　位	岗位职责
基层操作	保管员	定期盘点,清仓查库,向存货部门反映并催调处理积压、呆滞、残损的库存品
		安排物品的存放地点,登记保管账、卡和货位编号
		对入库物品进行数量、质量和包装验收,发现问题,做出事故记录
		核对物品的入库凭证,清点入库物品,与送货人员办理交接手续
	理货员	鉴定货运质量,分析物品残损原因,划分运输事故责任
		对物品进行搬运、整理和堆码
		办理物品交接手续
		按物品的运输方式、流向和收货地点将出库物品分类管理、分单集中、填写物品启运单,通知运输部门提货发运
		在出入库物品的外包装上设置收货人的标记
		检验物品的包装、标志,对出库待运的物品进行包装、拼装、改装或加固包装,对经拼装、改装和换装的物品填写装箱单
		对拣出的物品进行复核
		按照凭单拣选物品
		核对物品品种、数量、规格、等级、型号和重量等

续上表

职业岗位群	岗　位	岗位职责
基层操作	商品养护员	对发生异常的商品进行翻垛通风、摊开晾晒、挑选整理、药剂除虫等处理，并提醒保管员催销催调
		使用温度、湿度测量仪测量、记录库内温度、湿度
		检查在库商品的储存状况，做出检查记录
		控制并调节库房内的温度与湿度
		使用化学试剂、测潮仪等检测仪器或凭感官检测入库商品的质量、包装，发现问题，做出事故记录
		检查商品储存场所与环境，使其符合安全储存的要求
	入库管理员	物资入库前的准备
		物资的检查和验收
		货物的入库作业实施
	出库管理员	物资的验收入库
		货物的出库装车
	仓储信息员	单证制作
		日常报表和信息传递
	机务员	仓储设施设备的保养和维修
	叉车工	装卸搬运作业
	记账员	仓储部门财务报表的制定
职能管理	仓储主管	仓储作业的管理
		仓储计划的制定
		仓储业务的实施

三、仓储企业人员应该具备的知识与技能

在仓储企业中，不同职位的人员资质有不同的要求，分为仓储管理员和仓储经理。根据《仓储从业人员职业资质》规定，仓储管理员是仓库内从事与物品仓储作业管理有关的一线操作人员的统称(包括直接从事物品收发、出入库、分拣、理货等工作的人员，不含装卸工)；仓储经理是从事仓储经营管理活动，具有经营管理权或业务指挥权与生产要素调度配置权的管理者(包括公司层面的仓储、运作经理或总监，分公司的经理或库区经理等)。仓储管理员和仓储经理应具备的基本知识和基本技能见表 1-3-2～表 1-3-4。

表 1-3-2　仓储管理员应该具备的基本知识

分　类	内　容
仓储作业流程	了解物品验收规则及入、出库程序和分管库房的情况
	掌握储存分区、分类、货位编号、定量堆码、动碰复核、盘点对账等工作内容与方法
	了解气候、温湿度变化对仓储作业的影响

续上表

分　类	内　容
库存商品	具有与本岗位有关的物理、化学、商品养护学的基本知识
	了解所保管物品的性能、特点
	了解所保管物品的储存技术标准及温湿度要求
仓储工具设备	掌握计算机相关知识
	懂得常用仪器、仪表、设备、工具的使用方法和保养知识
安全防护	掌握消防安全基本知识和操作规程
	了解仓储安全的内容及要求
	懂得物品包装储运图示标志及一般消防器材的使用方法

表 1-3-3　仓储管理员应该具备的基本技能

分　类	内　容
仓储作业	按照有关规范，准确进行日常的物品收、发、保管业务；根据订单进行分拣、拆零、加工、包装、备货等作业
	准确地填表、记账和盘点对账
	合理地选择仓储设备
	合理地进行分区分类、货位编号和堆码苫垫
	用感官和其他简易方法鉴别物品的一般质量，正确记录和合理调节库房温湿度
	对库存物品进行一般性的保管和养护
设备工具的使用	会操作计算机
	正确使用一般装卸搬运、计量、保管、养护、检验、消防、监控设备与设施
管理技能	发现差错和问题，及时处理，准确办理查询、催办及报亏等手续
	熟知消防、匪盗报警等有关电话号码，消防器材的存放地点和使用方法，出现情况能迅速报警，对火灾等灾害采取有效办法及时进行扑救
	通过仓储管理信息系统（WMS）进行物品出入库、在库等信息的处理（传输、汇总、分析等）
	结合本职工作写出书面总结分析报告
	指导装卸、搬运人员安全、规范地进行作业

表 1-3-4　仓储经理应该具备的基本知识和技能

分　类	内　容
业务知识	仓储管理员应掌握的相关基本知识
	掌握仓储作业流程、操作规范与管理软件的运用
	熟悉所保管物品的质量标准、储存技术标准、包装技术标准以及物品质量鉴别方法
	掌握常用仪器、仪表以及工具、消防器械的基本性能、特点、使用和日常保养知识
	掌握计算机及仓储管理信息系统相关知识

续上表

分　类	内　容
理论知识	掌握现代仓储管理、现代仓储技术与设备等方面的知识，基本掌握供应链管理、现代物流管理、现代运输管理等知识
	掌握国家物流、仓储、运输等方面的政策、标准
	全面系统地掌握仓库消防安全各种制度、规定、措施及操作规程
	掌握仓储成本核算与控制、合理库存与绩效管理等仓储管理的基本知识
	具有一般企业管理所需的财务管理、客户关系管理、质量管理、市场营销、融资管理等方面的知识
	具有领导与管理学、公共关系管理与项目管理等知识
	掌握国内外仓储行业发展的基本情况与动态，了解国内外物流业现状与发展趋势
基本技能	仓储管理员应具有的基本技能
	组织领导能力：能够科学调度、配置生产要素资源，能理论联系实际地总结分析业务活动情况，并写出书面报告
	方案设计能力：能够根据客户需要，对仓库运作流程、客户开发方案、客户满意度提高等进行不断改造和提升，为客户量身定制个性化服务方案，能根据有关仓储信息向客户提供信息咨询
	人力资源管理能力：组织员工专业培训和人才开发，编写业务技术专业资料，对仓储管理员进行专业培训，提高仓储管理员的业务素质，改善组织内人力资源结构
	制度建设能力：能够根据业务的现实和发展需要，制定和完善相关业务运作管理、服务质量管理、安全生产管理和分配激励管理等规章制度，并有效地组织执行和实施，及时发现和指导处理各种突发性事件、异常现象和事故隐患，并能正确分析原因，提出预防和改进措施
	过程控制和质量管理能力：能够熟练掌握品质控制（QC）和 ISO 9000 质量管理体系要求，加强现场和细节管理，提升发现、分析与处理问题的能力，提高客户满意度
	运作成本核算能力：科学分析客户质量要求和运作成本的关系，保证质量，节约成本
	信息技术管理能力：运用现代信息技术手段，进行仓储经营与管理，分析、预测在整个仓储管理及保管养护活动中可能发生的各类问题，并能采取相应的预防措施
	具有一定的谈判、沟通、营销能力

【拓展知识】

仓储工作人员的“三心二意”

仓储人员在工作中应该具备“三心二意”，即细心、责任心、好奇心、成本意识和时间意识。首先分析“三心”：

1. 细心

仓库里管理的货物不得有半点差池。仓库工作涉及的环节多，而且每天重复、单调、机械，很容易让人产生厌烦的心理。工作人员稍一放松、粗心一点就很容易发生错误。所以性格粗枝大叶的人是做不好仓库管理员的，或者说要通过更大的努力才能做好。

2. 责任心

责任心在仓储工作中非常重要，需要对工作尽职尽责、勤勤恳恳。责任心最基本的表现就是把自己分内的事干好。同样是盘点商品，一个人可以从头到尾全部盘点一遍，一个个过数；也可以用眼睛瞄一下，弄个大概，其结果肯定是不同的。

3. 好奇心

仓储管理很多工作需要平时积累，例如，新进商品如何辨识编号，库存有了差异如何处理等。只有保持好奇心，才能关注这些事情，学习处理这些问题的方法途径，不断自我提高。如果没有好奇心，事事不关心，就很难在工作中有进步。

同时，仓库组织工作还要具有“二意”：

1. 成本意识

任何工作都是有成本的，包括存储空间都是成本，而且还很高，所以仓库工作要求高效，包括库存的高效和运作的高效。库存的高效是在合理规划的基础上，最大限度地利用有效的储存面积和空间，提高单位面积的储存量和面积利用率；运作的高效是在一定的货物流通下，使用尽可能少的劳动力。

对于所保管商品而言，要求质量完好，数量准确。降低成本要通过各个细小环节的努力，比如包装箱二次利用等。由于仓库里人员一般会比较多，且节约成本是在很多小事上体现出来的，不可能事事跟踪到位，所以养成成本节约的习惯，是对仓库工作人员的另一要求。

2. 时间意识

仓库的“快进”指以最快的速度完成接货、验收和入库作业；仓库的“快出”是指货物在仓库停留的时间尽可能短，保障出库作业环节的快速性。前者可以提高货物的周转率，后者可以加快仓库出库环节的运作效率，包括快速分拣、复核、出单和交割。员工必须要有较强的时间意识，当天的工作要尽量提前做完。

想一想：仓储工作人员除了“三心二意”外，还应该具备哪些素质？

【素养涵育】

爱岗敬业，共创铁路新辉煌

在铁路货运编组站线路上有这样的一群铁路人，他们手里拿着一把检车锤和照明灯，身上挂着扳手和其他检车使用工具，不停地在铁路货运列车丛中“穿插”，像是在寻找什么。他们是铁路货车检车员，是检修铁路货车的“车辆医生”。检车锤、照明灯、扳手是他们日常工作的工具，看似简单，却像是在“锤敲”着他们的青春，“叮叮当当”清脆的声音让寂静的编组站有了一丝活力。

敬业爱岗是对社会主义核心价值观的践行，是平凡而伟大的奉献精神，是每个人必须具备的奉献精神。敬业是一种态度，也是一种力量。他们在工作时，可能昼夜颠倒，可能风吹雨打，可能步履蹒跚，可能需要频繁倒出雨靴里的泥水，可能全身邋遢，毫无形象。但是正是他们勤勤恳恳、不畏艰辛、任劳任怨、吃苦耐劳的样子，让我们看到了敬业的美，看到了劳动的美，看到了劳动人民的美。没有这平凡而伟大的敬业爱岗精神，就不可能有勤勤恳恳、兢兢业业、忠于职守、尽职尽责的工作表现。只有做到从心底里热爱自己的职业，从精神出发坚定自己的信念，才能更好地投入到工作中，在铁路平凡的工作岗位上创造不平凡的业绩，才能体现自己的社会价值，才能赢得社会的尊重。

忠诚岗位职责，忠诚铁路事业，是铁路人最美的誓言，不论在哪个时代都永不过时。在我们为实现“交通强国，铁路先行”而努力奋斗的时候呼唤这种誓言，是我们每个人身体力行可以做到的，这种敬业誓言不只要融进每服务一个旅客、每一次遵章守纪的安全作业中，更融入了我们的血脉里，那是历代铁路人心底最执着的坚守。“干一行、爱一行、专一行”，千千万万身处平凡岗位的铁路人，之所以任劳任怨、无私奉献，是因为他们对铁路这份职业有近乎执着的敬意，在服务工作和安全生产中，蕴含着美好的精神、价值的取向和高尚的情操。

爱岗敬业，拼搏奉献，奋进新时代。正如雷锋同志生前在日记中所说："一滴水只有放进大海里才永远不会干涸，一个人只有当他把自己和集体事业融合在一起的时候才能最有力量。力量从团结来，智慧从劳动来，行动从思想来，荣誉从集体来。"正是由于每个铁路职工都是一颗永不生锈的螺丝钉，才能汇聚无穷的力量，才能拥有美好的幸福生活，才能共同创造铁路事业新的辉煌。

想一想：如何在平凡的工作岗位上创造不平凡的业绩？

【课后测试】

一、单选题

1.（　　）组织复杂的时候管理者会感到力不从心。

A. 直线制组织结构　　B. 直线职能制组织结构

C. 事业部制组织结构　　D. 以上三个组织结构

2.（　　）各职能部门之间的横向联系较差，容易产生脱节和矛盾。

A. 直线制组织结构　　B. 直线职能制组织结构

C. 事业部制组织结构　　D. 以上三个组织结构

3. 对存储物品进行保存，维护管理的人员是（　　）。

A. 保管员　　B. 理货员　　C. 商品养护员　　D. 出库员

4. 定期盘点清仓查库的是（　　）。

A. 保管员　　B. 理货员　　C. 商品养护员　　D. 出库员

5. 入库前的准备工作一般是（　　）的工作职责。

A. 仓库保管员　　B. 出库管理员　　C. 仓储信息员　　D. 入库管理员

二、多选题

1. 下列描述属于组织结构设置原则的有（　　）。

A. 精简原则　　B. 任务目标原则

C. 指挥统一原则　　D. 有效管理幅度原则

2. 仓储管理员要了解的知识有（　　）。

A. 仓储作业流程　　B. 库存商品

C. 仓储工具设备　　D. 安全防护

3. 仓储管理的岗位群包含的工作岗位有（　　）。

A. 保管员　　B. 理货员

C. 商品养护员　　D. 叉车工

4. 属于仓储管理员应该掌握的知识的有（　　）。

A. 常用仪器、仪表、设备、工具的使用方法和保养知识

B. 计算机相关知识

C. 消防安全基本知识和操作规程

D. 物品包装储运图示标志及一般消防器材的使用方法

三、判断题

1. 同等规模的组织管理幅度越大，设置的管理层次越大。（　　）

2. 仓储管理员是仓库内从事与物品仓储作业管理有关的一线操作人员的统称，包括直接从事物品收发、出入库、分拣、理货等工作的人员，不含装卸工。（　）

【练习巩固】

请思考并撰写文字报告，说明现代智能技术环境下，仓储工作人员应该具备的知识、技能和素质。

【任务评价】

<table>
<tr><th colspan="2" rowspan="2">评价内容</th><th rowspan="2">总分值</th><th rowspan="2">分值</th><th rowspan="2">评价标准</th><th colspan="5">评价分值</th></tr>
<tr><th>教师评价</th><th>小组互评</th><th>小组自评</th><th>教学平台评价</th><th>综合评价</th></tr>
<tr><td rowspan="2">课前</td><td>知识学习</td><td rowspan="2">20</td><td>10</td><td>能完成课前学习</td><td></td><td></td><td></td><td></td><td></td></tr>
<tr><td>课前测试</td><td>10</td><td>能完成全部测试</td><td></td><td></td><td></td><td></td><td></td></tr>
<tr><td rowspan="5">课中</td><td rowspan="4">技能评价</td><td rowspan="5">60</td><td>10</td><td>能正确说出仓储组织结构的设置原则</td><td></td><td></td><td></td><td></td><td></td></tr>
<tr><td>20</td><td>能说出仓储企业主要工作岗位</td><td></td><td></td><td></td><td></td><td></td></tr>
<tr><td>10</td><td>能根据主要工作岗位职责内容判断属于的仓储岗位</td><td></td><td></td><td></td><td></td><td></td></tr>
<tr><td>10</td><td>能说出仓储企业工作人员应该具备的基本知识和技能</td><td></td><td></td><td></td><td></td><td></td></tr>
<tr><td>课堂表现</td><td>10</td><td>①课堂态度端正，积极参与活动，团队协作能力强；
②能灵活应用知识和技能、自主探究、协作完成任务；
③能熟练运用信息化技术手段和工具分析解决问题；
④出勤签到</td><td></td><td></td><td></td><td></td><td></td></tr>
<tr><td rowspan="2">课后</td><td>练习巩固</td><td rowspan="2">20</td><td>10</td><td>完成结果质量高，符合要求</td><td></td><td></td><td></td><td></td><td></td></tr>
<tr><td>课后测试</td><td>10</td><td>完成课后测试题</td><td></td><td></td><td></td><td></td><td></td></tr>
<tr><td colspan="5">合　计</td><td></td><td></td><td></td><td></td><td></td></tr>
</table>

注："教学平台评价"栏可根据实际教学需求选用。

【案例阅读】

"新官上任三把火"

小仓年轻有为，刚 31 岁就被提拔为公司仓储总监，老板在上任之初就特别叮嘱小仓要特别关注和管理好仓库。虽然小仓感觉仓库比较乱，但现场观察一周之后才知道仓库远比自己原先想象的还要乱得多：物料员随便进出仓库，有些仓储管理员来不及补料就让物料员自己去拿，仓库的环境也像一个大市场，一大群人在里面，物料员找仓储管理员，仓储管理员找物料员，甚至还有外加工的物料员。更为让小仓吃惊的是，通过快递补发给外加工厂的物料居然没有附发料单，更谈不上签字回单了。

小仓把负责仓库的徐经理叫到办公室，就看到的这些问题询问他的看法，徐经理却满不在乎地说："仓库有那么多人，当然会显得吵一点，这个其实也很正常啊，物料员进仓库是为了领料，仓储管理员这么忙，难道还要仓储管理员拿到车间送到他们手上啊！至于外加工的物料员，我们都很熟的，不熟我们也不会让他们进去的。”小仓被徐经理的一番抢白搞得有些发愣，徐经理却没理会小仓的表情，说：“仓库很忙，如果没有什么事，我先走了。”说完，也不等小仓表态就离开了办公室。徐经理是个老员工，是公司初创阶段就加入的元老，也是老板的同乡。

那么，小仓该怎么办呢？

案例分析：

当你获得上级的提拔，担任公司仓储总监时，一方面表示上级相信你的能力；另一方面又是对你的考验，将面临如何做好该工作、工作如何开展的问题。其实，你完全不应该有顾虑，因为上级已经相信你的能力，支持你的工作，你要面对的是向员工证明你的能力，赢得他们的信任，赢得他们的认同与尊重。

上任后，肯定要做些实事，也就是我们常说的“新官上任三把火”，究竟应该做些哪方面的事情呢？

(1)必须建立信任感。

要与员工间形成畅通的沟通渠道，了解员工的需要与期望，并且肯定他们的努力。在成功的企业里，“信任”和“领导”两者之间如影随形，相辅相成，员工的信任是非常重要和关键的。

建立员工信任感的几种方法：

——缩减你的想法和行为之间的落差。

——将你的想法与他人分享，并请他们针对你的表现提供回馈。

——当问题产生时，要分析原因，实事求是，客观处理。要寻求解决的方案，而不是找人怪罪。处理问题时要对事不对人。

——对于机密的资讯要保密。

——让员工知道你的立场，你的价值观，以及你的期许是什么。

——让别人觉得和你相处，分享资讯非常安全。

——在专业上展现你的能力和投入。

——要建立态度一贯、言出必行、值得信赖的形象。

——维持高度的正直。

(2)要充实自己的专业知识与管理技能，强化自己对资讯的分析与判断的能力。

要学习控制自己的情绪，不因挫败而灰心丧气，迁怒他人，也不为胜利而得意忘形。

(3)要客观地对待事和物。处理事情要公正客观，赏罚分明，具体明确。

很多公司有量化考核、质量奖罚条例等，其执行一定要公平、公正、公开严肃。这也是赢得别人认同和尊敬的重要的一条。

注重自我能力的提升，赢得员工的信任和尊敬，从而更好地开展工作。

想一想：如果你是小仓，应该如何将这些建议落实到实际行动呢？

学习记录单

<table>
<tr><th colspan="4">学生任务分配表</th></tr>
<tr><td>小组名称</td><td></td><td>组　长</td><td></td></tr>
<tr><td rowspan="7">小组成员及分工</td><td>姓　名</td><td>学　号</td><td>任务分工</td></tr>
<tr><td></td><td></td><td></td></tr>
<tr><td></td><td></td><td></td></tr>
<tr><td></td><td></td><td></td></tr>
<tr><td></td><td></td><td></td></tr>
<tr><td></td><td></td><td></td></tr>
<tr><td></td><td></td><td></td></tr>
<tr><th colspan="4">学习过程</th></tr>
<tr><td colspan="4">课前：收集相关资料，做好预习，并完成课前测试。
1. 测试成绩：____________
2. 学习记录</td></tr>
<tr><td colspan="4">课中：按照任务实施要求，完成任务学习。
1. 任务实施记录
2. 任务实施总结</td></tr>
<tr><td colspan="4">课后：完成课后测试及练习巩固作业，诊断得失反思改进。
1. 课后测试成绩：____________
2. 课后巩固作业记录
3. 课后反思</td></tr>
</table>

项目二
仓储规划

一个好的仓储规划能够增加货物流量、改善物流质量、降低物流成本、提高物流服务水平和提供更好的工作条件。本项目通过对仓库选址需考虑的关键因素分析、库区基本布局图和库内基本布局图绘制，构建仓库选址、库区和库内规划的基本知识架构，为后续仓储作业以及仓储管理的有效实施奠定基础。

学习目标

素养目标

- 培养物流作业优化意识
- 培养吃苦耐劳的优良品质
- 树立敬业精神、安全意识、节约意识和劳动意识
- 培养精益求精的工匠精神

知识目标

- 了解仓库选址需考虑的关键因素
- 熟悉库区规划的原则、影响因素、要求及形式
- 掌握库内规划的区域划分、存储面积及平面布置等

技能目标

- 能够准确描述仓库选址的主要影响因素
- 能够准确描述库区各区域的功能和库内各区域的功能
- 能够绘制库区平面图和库内平面图
- 能够对仓库进行一般性布置与设计

任务 2-1　仓库选址需考虑的关键因素分析

【任务描述】

小仓作为现代物流管理专业的大一学生，跟随老师到仓储企业参观，结果在该企业门口发现进出的大货车非常多，且因为门口道路狭窄，还有很多小吃摊位摆在门口街面上，更是影响了大货车的进出。在企业门卫的帮助下，挪走了门口好几个摊位后，大货车才得以进入企业。小仓非常疑惑，该仓储企业每天的货运量很大，进出的大货车很多，为什么要建在这样的街面上，严重影响了作业效率。

请分析仓库选址的影响因素有哪些，并分析该仓储企业造成目前这种局面的可能原因有哪些？

【任务实施】

课前：收集相关资料，做好预习，并完成课前测试（扫描二维码获取）。

课中：4～6 人分组，借助信息化技术手段，查资料并思考研讨，最后列出仓库选址的影响因素表，并撰写任务描述中仓储企业在选址时存在的问题分析。

课后：完成课后测试及练习巩固作业，并整理总结学习材料，诊断得失反思改进。

课前测试

2-1

【相关知识】

仓库选址是指在一个具有若干供应点及若干需求点的经济区域内，选一个地址建立仓库的规划过程。较佳的仓库选址方案应该是使商品通过仓库的汇集、中转、分发直至输送到需求点的全过程的效益最优。但由于仓库拥有众多建筑物以及一些固定的机械设备，投资较大，一旦建成很难搬迁。如果选址不当，会付出长远代价，因此需要慎重。

一、仓库选址的原则

1. 适应性原则

仓库选址要与国家及地区的经济发展方针、产业发展战略相适应，与我国物流资源分布和需求分布相适应，与国民经济及社会发展相适应。

2. 协调性原则

仓库选址应将国家的物流网络作为一个大系统来考虑，即仓库的设施设备在地域分布、物流作业生产力、技术水平等方面相互协调。

3. 经济性原则

仓库选址的费用主要包括建设费用及物流费用（经营费用）两部分，如不同地点的土地费用、运输费用等，需要以总费用最低作为仓库选址的经济性原则。

4. 交通便利性原则

仓库应尽可能靠近交通枢纽、交通干道；仓库周边道路应通畅，方便机动车辆进入；仓库所在地点应有固定的停车场所，方便机动车辆停靠等。

5. 战略性原则

仓库选址要有战略眼光，一是要考虑全局，二是考虑长远。要考虑以后的发展可能。

6. 可持续发展性原则

可持续发展原则主要体现在保护环境上。应充分考虑长远利益，维护生产环境，促进城乡一体化发展。

二、仓库选址的影响因素

仓库选址的影响因素见表 2-1-1。

表 2-1-1　仓库选址的影响因素

影响因素	具体因素	说明
经济环境因素	地区产业特性	要与地区产业结构、工业布局等结合考虑
	货流量的大小	货物的目的地大多是人口聚集地，因此仓库选址相对于大都市的远近，在运输成本和操作效率上所反映出的相关性就十分显著。通过客户分布的研究可确定货流量及大量产品的流向
	货物的流向	对于供应物流来说，仓库主要为生产企业提供原材料、零部件，应当选择靠近生产企业的地点，便于降低生产企业的库存，随时为生产企业提供服务；对于销售企业来说，仓库的主要职能是将产品集结、分拣，配送到门店或用户手上，所以应选择靠近客户的地方
	服务水平	选址时，要考虑货物是否能及时送达，应保证客户在需要的时候向仓库提货的需求能够获得满足
	交通便利	仓库的位置必须交通便利，最好靠近交通枢纽，最好有两种运输方式衔接，尤其考虑公路运输的交会地。以铁路运输为重要手段的仓库，其规模应达到经济规模的要求。以公路运输为主的仓库，一般生活用品较多，应根据上下游客户的分布情况，考虑适当情况，减少服务半径。为便于物资吞吐，仓库应建于公路干线或高速公路附近
	公共设施状况	考虑道路是否顺畅，通信是否发达，是否有充足的水、电、气、热的供应能力，是否有污水和垃圾处理能力，同时还要考虑周围环境对仓储商品的安全影响
	城市的扩张与发展	要考虑城市的扩张与发展速度和方向。许多仓库 20 世纪 70 年代以前处于城乡接合部，不对城市产生交通压力，但随着城市的发展，这些仓库现处于闹市区，大型货车的进出受到管制，专用线的使用也受到限制，不得不外迁
自然环境因素	地形因素	仓库应设置在地形高的地段，容易保持物资干燥，减少物资保管费用；若邻近河海地区，必须注意当地水位，不得有地下水上溢；尽量避开山区和陡坡地区
	地质因素	主要考虑土壤的承受能力。仓库是大宗商品的集结地，货物会对地面形成较大的压力，如果地下存在着淤泥层、流沙层、松土层等不良地质环境，则不适宜建设仓库。在地震区建设仓库时，应避开断裂破碎地带和易于滑坡地段
	气候因素	规划前应详细了解当地的自然气候环境，如湿度、研粉、降雨量、风向、风力、瞬时风力、地震、山洪、泥石流等
政策环境因素		选择建设仓库的地方是否有优惠的物流产业政策对物流产业进行扶持，这将对物流业的效益产生直接影响，如果有政府政策的支持，则更有助于物流业的发展。政策环境条件包括企业优惠措施（土地提供、减税）、城市规划（土地开发、道路建设计划）、地区产业政策等。目前，很多城市建设了物流园区，其中除了提供物流用地外，也有关于赋税方面的减免，有助于降低物流业的运营成本

三、仓库选址的分类

1. 以市场定位的仓库

该类仓库通常坐落于接近主要需求市场的地点，可以获得最大的长距离的从供应商到仓库的集中运输，而向客户的第二程运输相对较短。该类仓库通常用来作为从不同货源地和不同供应商那里获取货物并集中装配货物的地点。仓库位于邻近被服务的市场，可以以最低的成本方式迅速满足客户需求。

2. 以制造定位的仓库

该类仓库通常坐落于临近生产工厂的地方，以作为装配与集运被生产的物件的地点，其存在的基本原因是便于向客户运输各类货物。该类仓库的优点在于它能跨越一个类别的全部货物而提供卓越的服务。如果一个制造商能够以单一的订货单集运的费率将所有交售的货物结合在一起，就可以获得竞争优势。

3. 中间定位的仓库

该类仓库通常坐落于客户和制造商之间，与以制造定位的仓库相似，为广泛的库存品种提供集运，从而减少物流成本。为了实现竞争或降低成本、提高效益，公司面临着地区化生产的需要。当两个或更多工厂的货物被卖给同一个客户时，从最小物流总成本的角度看，选择中间定位的仓库比较好，可以进行货物的集运和分类等。

总之，仓库选址需要根据企业的状况以及所生产货物的情况等进行科学规划，采用合适的决策方法，选择具有合理的租赁成本以及便利性的地理位置。

四、仓库选址的步骤

仓库的选址可分为两个步骤进行，第一步为分析阶段，具体有需求分析、费用分析、约束条件分析；第二步为筛选及评价阶段，根据所分析的情况，选定具体地点，并对所选地点进行评价。具体方法如下：

1. 分析阶段

第一，需求分析。需求分析指根据物流产业的发展战略和产业布局，对某一地区的顾客及潜在顾客的分布进行分析，具体包括工厂到仓库的运输量、向顾客配送的货物数量（客户需求）、仓库预计最大容量、运输路线的最大业务量等。

第二，费用分析。费用分析主要包括工厂到仓库之间的运输费、仓库到顾客之间的配送费、与设施和土地有关的费用和人工费等，如所需车辆数、作业人员数、装卸方式、装卸机械费。运输费随着距离的变化而变动，而设施费用、土地费是固定的，人工费是根据业务量的大小确定的。以上费用必须综合考虑，进行成本分析。

第三，约束条件分析。约束条件分析主要包括地理位置是否合适，是否靠近铁路货运站、港口、公路主干道，道路是否通畅，是否符合城市或地区的规划，是否符合政府的产业布局，有没有法律制度的约束以及地价情况等。

2. 筛选及评价阶段

分析活动结束后，得出综合报告，根据分析结果在本地区初选几个地址，再选用评价方法评价，确定一个可行地址，编写选址报告，报送主管领导审批。

五、仓库的选址报告

仓库选址报告应该包括以下内容：

(1)选址概述：简单扼要地阐述选址工作组的组成、选址工作进行的过程、选址的依据和原则，简单介绍可供选择的几个地点，并推荐一个最优方案。

(2)选址要求及主要指标：说明备选地点应满足的基本要求，简述各备选地址满足需求的程度；列出选址的主要指标，如仓库总占地面积、仓库存储能力、职工总数、水电需用量等。

(3)库区位置说明及平面图：说明库区的具体方位，四周距主要建筑物及大型设施的距离，附近的地形、地貌、地物等，并画出区域位置图。

(4)建设时占地及拆迁情况：说明仓库建设占地范围内的耕地情况、拆迁户数及人口数，估算征地和拆迁费用。

(5)当地地质、地震、气象和水文情况：说明备选地的地质情况、地震烈度、气温、降水量、历史洪水水位等。

(6)交通及通信条件：说明备选地的铁路、公路、水运及通信的设施条件和可利用程度。

(7)地区协作条件：说明备选地供电、供水、供暖、排水等协作关系以及职工福利设施共享的可能程度。

(8)方案对比分析：依照已确定的原则和具体指标进行对比分析，分析利弊得失后，审查通过，确定最优方案。

【拓展知识】

仓库选址的方法——因素评价法

因素评价法是常用的仓库选址方法中使用最广泛的一种，它以简单易懂的模式将各种不同因素综合起来，是一种基于多种标准进行选择的系统。运用该方法，首先是要识别出影响选择项目的若干因素，对各个因素指标赋予权重，然后就上述每一个指标对候选项目进行评分，综合分值最高的项目即为最优方案。一般企业都会规定最低得分，大于最低得分的项目才会被选择。因素评价法的具体步骤如下：

(1)决定一组相关的选址决策因素，如在选址时考虑地理位置、当地的GDP、是否接近高速公路等。

(2)对每一个因素赋予一个权重，以反映这个因素在所有权重中的重要性。每一个因素的分值根据权重来确定，而权重则要根据成本的标准差来确定，不是根据成本值来确定。

(3)对所有因素的打分设定一个共同的取值范围，通常设定的范围在0～10分。

(4)对每一个备选地址、所有因素按设定范围评分。比如选址时考虑的某个目标位置，地理位置便利9分，经济发展水平8分，劳动力成本3分。

(5)用各个因素的得分与相应的权重相乘，并把所有因素的加权值相加，得到每一个备选地址的最终得分。

(6)选择具有高总得分的地址作为最佳的地址。

想一想：应用因素评价法评价时，评价指标体系的确定对评价结果有何影响？

【素养涵育】

某生物工程有限公司办事处仓库选择的原则

(1)仓库内无任何引起发热的设施:无任何外露电源(包括灯泡、仓库内只可以使用手电筒)和电线;仓库墙外周围 1 m 以内无任何发热的设施,如做饭、烧开水等。

(2)仓库必须阴凉,保证室内平均温度不能超过 32 ℃,局部最高温度不能超过 35 ℃。

(3)仓库必须通风良好。

(4)仓库必须有人监视,保证安全,防止偷盗行为。

(5)仓库必须相对隐蔽,防止有人有意纵火。

想一想:由该公司仓库选址的原则能够看出该公司特别重视什么?

【课后测试】

一、单选题

1. 仓库选址要充分考虑建设费用和物流费用,这遵循的是仓库选址的(　　)原则。

A. 可持续发展　　B. 交通便利性　　C. 经济性　　D. 适应性

2. 公共设施状况属于仓库选址时需考虑的(　　)。

A. 经济环境因素　　B. 自然环境因素

C. 政策环境因素　　D. 人为因素

3.(　　)通常用来作为从不同货源地和不同供应商那里获取商品并集中装配商品的地点。

A. 以市场定位的仓库　　B. 以制造定位的仓库

C. 中间定位的仓库　　D. 随机定位仓库

二、判断题

1. 在地震区建设仓库时,应避开断裂破碎地带和易于滑坡地段。(　　)

2. 仓库选址需要根据企业的状况以及所生产产品的情况等进行科学规划。(　　)

【练习巩固】

某仓库选址时确定的指标体系、为每个指标赋予的权重以及各个地址对应指标的得分见表 2-1-2。请利用因素分析法计算各个地址的得分,并判断哪个地点占优势。

表 2-1-2　某仓库选址时的数据信息

因　素	比　重	得分(100 分)			
		地点 1	地点 2	地点 3	地点 4
货流量	0.25	70	80	60	90
租金	0.35	60	60	70	85
竞争	0.15	60	85	70	75
交通	0.05	80	80	70	75
场地面积	0.1	70	80	75	80
发展潜力	0.1	75	70	60	80

【任务评价】

<table>
<tr><th colspan="2" rowspan="2">评价内容</th><th rowspan="2">总分值</th><th rowspan="2">分值</th><th rowspan="2">评价标准</th><th colspan="5">评价分值</th></tr>
<tr><th>教师评价</th><th>小组互评</th><th>小组自评</th><th>教学平台评价</th><th>综合评价</th></tr>
<tr><td rowspan="2">课前</td><td>知识学习</td><td rowspan="2">20</td><td>10</td><td>能完成课前学习</td><td></td><td></td><td></td><td></td><td></td></tr>
<tr><td>课前测试</td><td>10</td><td>能完成全部测试</td><td></td><td></td><td></td><td></td><td></td></tr>
<tr><td rowspan="5">课中</td><td rowspan="4">技能评价</td><td rowspan="5">60</td><td>10</td><td>能正确说出仓库选址的原则</td><td></td><td></td><td></td><td></td><td></td></tr>
<tr><td>10</td><td>能说出仓库选址的影响因素</td><td></td><td></td><td></td><td></td><td></td></tr>
<tr><td>10</td><td>能根据实际分析仓库选址的类别</td><td></td><td></td><td></td><td></td><td></td></tr>
<tr><td>20</td><td>能撰写简单的仓库选址报告</td><td></td><td></td><td></td><td></td><td></td></tr>
<tr><td>课堂表现</td><td>10</td><td>①课堂态度端正，积极参与活动，团队协作能力强；
②能灵活应用知识和技能、自主探究、协作完成任务；
③能熟练运用信息化技术手段和工具分析解决问题；
④出勤签到</td><td></td><td></td><td></td><td></td><td></td></tr>
<tr><td rowspan="2">课后</td><td>练习巩固</td><td rowspan="2">20</td><td>10</td><td>完成结果质量高，符合要求</td><td></td><td></td><td></td><td></td><td></td></tr>
<tr><td>课后测试</td><td>10</td><td>完成课后测试题</td><td></td><td></td><td></td><td></td><td></td></tr>
<tr><td colspan="5">合　计</td><td></td><td></td><td></td><td></td><td></td></tr>
</table>

注："教学平台评价"栏可根据实际教学需求选用。

【案例阅读】

某物流公司仓库选址

某物流公司仓库的地址选在四川省成都市双流区，这就决定了交通的绝对便利性——周边为绕城高速、交通主干道，道路宽阔平坦；且从地理位置来看，离市中心 12 km，同时离双流、新都客户群距离较近，更好地满足客户货运需求的时效性；从安全问题看，位于设施、安保完善的物流园区内，货物安全性能够得到保障；从资源方面看，周边人员招聘方便，有利于仓库未来的进一步发展……

想一想：该物流公司仓库选址都考虑了哪些因素？

学习记录单

<table>
<tr><th colspan="4">学生任务分配表</th></tr>
<tr><td>小组名称</td><td colspan="2"></td><td>组　　长</td></tr>
<tr><td rowspan="7">小组成员及分工</td><td>姓　　名</td><td>学　　号</td><td>任务分工</td></tr>
<tr><td></td><td></td><td></td></tr>
<tr><td></td><td></td><td></td></tr>
<tr><td></td><td></td><td></td></tr>
<tr><td></td><td></td><td></td></tr>
<tr><td></td><td></td><td></td></tr>
<tr><td></td><td></td><td></td></tr>
<tr><th colspan="4">学习过程</th></tr>
<tr><td colspan="4">课前：收集相关资料，做好预习，并完成课前测试。
1. 测试成绩：＿＿＿＿＿＿
2. 学习记录</td></tr>
<tr><td colspan="4">课中：按照任务实施要求，完成任务学习。
1. 任务实施记录
2. 任务实施总结</td></tr>
<tr><td colspan="4">课后：完成课后测试及练习巩固作业，诊断得失反思改进。
1. 课后测试成绩：＿＿＿＿＿＿
2. 课后巩固作业记录
3. 课后反思</td></tr>
</table>

任务 2-2　库区基本布局图绘制

【任务描述】

小仓参观了一家物流公司以后，就想把在物流公司参观过的区域和路线画出来，以便对该公司有一个更直观的认识。他在绘制该公司库区平面图时发现食堂距离仓储作业区域比较远，小仓就开始疑惑为什么该物流公司要这样规划库区区域呢？为什么不能将食堂建在距离仓储作业区近一些的地方，让工作人员吃饭更方便呢？

请协助小仓绘制库区平面图并解释库区规划时为什么食堂设置较远。

【任务实施】

课前：收集相关资料，做好预习，并完成课前测试（扫描二维码获取）。

课中：4～6 人分组，借助信息化技术手段，查资料并思考研讨，最后绘制出库区平面图并解释库区规划时食堂与仓储作业区域距离较远的原因。

课后：完成课后测试及练习巩固作业，并整理总结学习材料，诊断得失反思改进。

课前测试

2–2

【相关知识】

仓库总体规划就是根据现代仓库总体设计的要求，科学地解决生产和生活两大区域的布局问题，如生产作业区、办公区、生活区等，在规定的范围内进行统筹规划、合理安排，最大限度地提高仓库的储存和作业能力，并降低各项费用。也就是说要在已选定的区域内，全面合理地布局仓库的主要建筑物，包括库房、料棚、装卸站台、料场、附属建筑物、铁路专用线和库区道路等。

一、仓库库区规划

一般情况下，仓库库区主要包括生产作业区、辅助生产区、行政生活区及其他区域。

1. 生产作业区

仓储作业的主要场所就是生产作业区，它是库区的主体部分，主要包括库房、露天货场、料棚、铁路专用线、道路和装卸站台等。库房用来存放需要隔热保温、保养条件要求较高的物资，如化工材料、机电产品等。露天货场用来存放大型或不需要在库房内存放的物资，如木料、生铁等。料棚用来存放不适合露天存放，又不需要在库房内存放或保管条件要求不太高的物资。铁路专用线并不是所有的仓库都有，如果有条件铺设铁路专用线，那么就可以享受专用线运输能力大、安全快速的优点。库区道路是货物的运输通道，要通畅、简洁，有足够的宽度。装卸站台是火车或汽车装卸货物用的建筑平台，在港口则使用码头，站台高度要与铁路货车车厢底面或汽车车厢底面高度相等，以便于叉车作业；站台的宽度和长度要根据作业方式和作业量大小而定。仓库生产作业区常见设施如图 2-2-1 所示。

仓库作业区按工作性质还可以进一步分为装卸作业区、储存作业区和货场等。储存作业区应布置在库内主要干道与装卸作业区之间，并且要考虑储存区的周转性库房与储备性库房应分组均衡布置问题，既要保证储存区的物资出入库方便顺畅，又要避免周转性库房过分集中造成车辆阻塞和相互干扰。

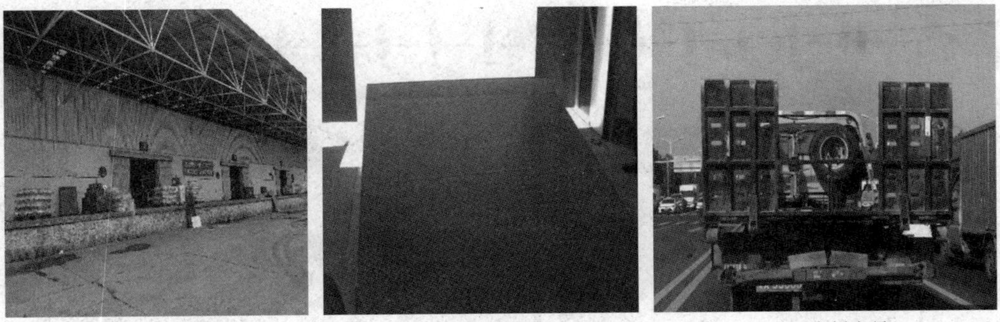

（a）仓库月台实景　　（b）登车桥实景一　　（c）登车桥实景二

图 2-2-1　仓库生产作业区设施

2. 辅助生产区

辅助生产区虽然不直接参与仓储作业，却是完成仓储作业所必需的，它包括机修车间、车库、包装间、配电室等。辅助生产区在保证仓库安全的前提下应尽量减少占地面积，其位置一般在生产作业区与行政生活区之间的一角，以便为生产作业区服务。

3. 行政生活区

行政生活区一般设在仓库入库口附近，便于业务接洽和管理，它包括办公区、食堂、值班宿舍等。为了保证仓库的安全及行政办公和居民生活的安静，行政生活区应与生产作业区和辅助生产区隔开，并保持一定距离。

4. 其他区域

建筑物的间距在符合防火规定的前提下，力求紧凑合理。库区要设置消防水管、排水系统，在多雨和沿江、沿海地区，要有防汛、防涝设施；办公生活区及建筑物间要有绿化带；围墙的高度要满足防盗要求，同时应设实体围墙。

仓库各区域的主要功能见表 2-2-1。

表 2-2-1　仓库各区域功能

功能区	主要功能
生产作业区	进行仓储相关作业活动，包括货物的收货验收作业、储存作业、装卸搬运作业、加工作业、发货作业等
辅助生产区	为生产作业区进行服务的区域，包括机修车间、车库、包装间、配电室等
行政生活区	处理业务接洽和管理事务
其他区域	仓库的服务设施，包括绿化带、消防管道、排水系统等

仓库库区布局样例如图 2-2-2 所示。

二、仓库库区规划的原则

1. 应有利于货物储存保管

储存保管是仓库的基本功能，库区规划要为货物的储存保管创造良好的环境，提供适宜的条件，合理确定库房的位置和朝向。

2. 应有利于实现作业的优化

仓库库区的规划要有利于实现仓储作业的优化，例如缩短搬运距离，提高装卸搬运的机械化、自动化程度等。

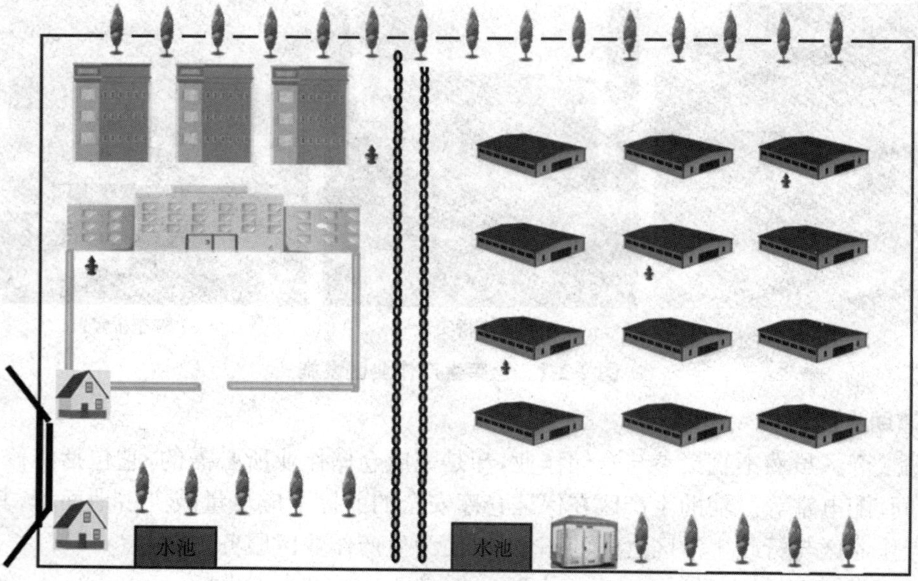

图 2-2-2 仓库布局样例

3. 应有利于仓库安全

仓库布局要符合消防规定，要有防火、防盗、防水、防爆设施，同时要为发生意外险情时创造便利的援救条件。

4. 应有利于节省投资

在保证能够实现仓库全部功能的基础上，尽量节省资金。另外，辅助设施如专用线和道路、供电、供水、供暖、排水、通信等，要合理布局。

5. 应有利于将来发展

在节约用地的同时，要预留一定的备用地，以备日后扩大规模的需要。

三、影响仓库库区规划的主要因素

1. 周围环境

仓库布局时还要考虑仓库周围的环境，包括附近的地质情况、交通条件、供应商及客户的分布等，这些对仓库的布局可能会产生影响。

2. 货物种类

仓库将要储存的货物种类及其理化特性、数量等会影响到仓库的布局，例如储存普通货物和储存危险品货物的仓库布局要求就不同。

3. 作业方式

仓库的布局还需要考虑仓储作业是机械化、自动化还是人工作业等作业方式，不同的作业方式对仓库的布局都有某些方面不同的要求。

【拓展知识】

集装箱货场布局

某企业集装箱货场功能区布局如图 2-2-3 所示。

一般情况下，集装箱货场有以下功能区：

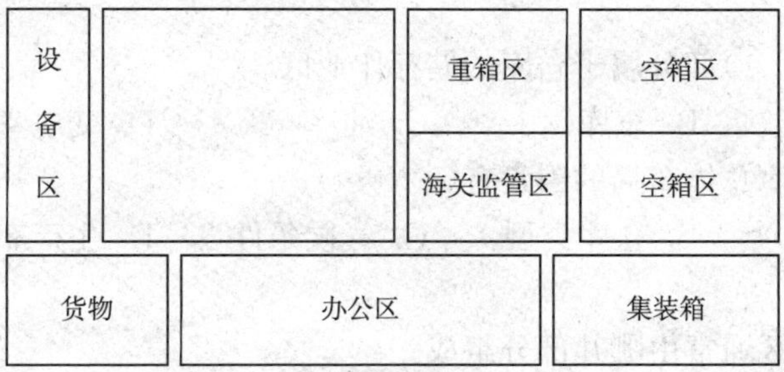

图 2-2-3　某企业集装箱货场功能区布局

1. 重箱区

重箱是指已装货物的集装箱，与空箱相对。集装箱港口为了避免集装箱在港区大量积压，一般规定各班轮装运的重箱应在指定的入港开始时间和截止时间内将重箱运至区内指定的场地堆存。

2. 空箱区

空箱区是指存放空箱的区域，对于存储型的集装箱堆场，空箱区的面积相对较大，堆场企业主要靠收取集装箱存储费来获得利润，一般按每箱每天的费用来计算。而流通型集装箱货场企业的空箱区面积不是很大，集装箱周转率非常高。

3. 海关监管区

进口货物在海关监管下装箱后直接放到海关监管区，等待报关、报检等通关操作，最后实现货物的集港、装船作业。

4. 装、拆箱区

装箱区是指将出口货物科学合理地装进集装箱的作业区域。拆箱区是指进口重箱在货场进行拆箱作业的区域。

5. 设备区

设备区是指存放集装箱的船运、拆箱、装箱的机械设备（如轮胎式龙门起重机）的区域。

想一想：图 2-2-3 中，集装箱货物功能区如此布局的好处有哪些？

【素养涵育】

仓库火灾事故警示

广东某企业的生产厂房曾发生一起火灾，共造成 3 人死亡，3 人受伤。起火建筑为一栋四层建筑，主体为钢筋混凝土结构，顶层加建一层铁皮房。起火原因是工厂首层东面外墙电线槽内生产用电的电线短路，喷溅高温熔珠，引燃下方海绵等生产原材料引发火灾。经调查发现，起火建筑违章搭建严重，起火建筑首层外围、中部搭建铁皮棚，且作为废料储存区、生产车间及货物堆放使用，占用了建筑防火间距和火场逃生路径，增加了建筑火灾负荷，加大了火灾扑救难度。另外，外墙电线短路后，因违章搭建铁皮棚，火灾形成的烟气无法向外扩散，导致迅速向建筑内部蔓延，造成人员逃生自救困难。

想一想：仓库布局对仓储安全有何重要性？

【课后测试】

一、填空题

________、________和________是构成仓库库区规划的主要区域。

二、选择题

1.(单选)下列(　　)部分属于仓库的储存作业区。

A. 装卸台　　B. 车库　　C. 油库　　D. 变电室

2.(多选)影响仓库总体布局的因素有(　　　)。

A. 存货特点　　B. 仓库类型　　C. 气候条件　　D. 生产布局

三、问答题

仓库的生产作业区通常由哪几部分组成?

【练习巩固】

某仓储企业占地面积500亩(1亩=666.67 m^2),计划设置十个仓库(其中一个是危险品库)、一座行政大楼、两座员工宿舍楼、一个食堂、两个消防水池、两个变电箱、两个大门、若干库区道路、若干绿化带等。

请根据上述资料,为该企业绘制合理的平面图。

【任务评价】

评价内容		总分值	分值	评价标准	评价分值				
					教师评价	小组互评	小组自评	教学平台评价	综合评价
课前	知识学习	20	10	能完成课前学习					
	课前测试		10	能完成全部测试					
课中	技能评价	60	10	能正确说出仓库库区包括的主要功能区域及各个区域的功能					
			10	能说出仓库库区规划的原则					
			10	能分析库区规划的主要影响因素					
			20	能根据信息绘制库区平面图					
	课堂表现		10	①课堂态度端正,积极参与活动,团队协作能力强; ②能灵活应用知识和技能、自主探究、协作完成任务; ③能熟练运用信息化技术手段和工具分析解决问题; ④出勤签到					
课后	练习巩固	20	10	完成结果质量高,符合要求					
	课后测试		10	完成课后测试题					
合　计									

注:“教学平台评价”栏可根据实际教学需求选用。

【案例阅读】

仓库布局改造

某油田物资供销公司是承担油田生产建设和生活物资供应以及从事社会物资营销的综合性物资企业。公司拥有中心库区、铁路库区、A库区、B库区、C库区、D库区、E库区、F库区、G 库区、门市部库区，共 10 个库区，由于缺乏统一规划，库区布局极不合理，致使综合仓储能力大幅下降，严重阻碍着物资供应服务水平和质量的进一步提高，对物资供应保障能力的影响非常突出，根本不能满足建设大油田的物流服务需求，更不能满足物资集中采购和代储代销的要求。因此，公司决定对仓库布局进行改造。

按照统一管理、体现专业、细化分工、协调配合、节省成本、方便生产的原则，对现有资源进行整合，公司重点打造两个库区，即中心库区、铁路库区。将 A、B、C、D 四个库区与原有的中心库区合并成为中心库区；保留 E、F 和 G 库区；撤销门市部库区。中心库区主要服务港内的生产单位，负责装卸、存储通过公路运输的物资，该类物资体积相对小，使用数量少，使用频率高；铁路库区主要服务于油田各单位及油田工业区，其服务业务主要依托于铁路资源，以转运库的现有库房、场地为基础，对现有设备设施进行维修改造，主要负责装卸、存储通过铁路运输的大宗物资；E 库区主要存放抽油杆及油管等物资，由于存储量基本满足所服务单位生产需求，因此该库区维持现有功能及存储能力，不再投资改造；F、G 库区维持现有功能及存储能力，不再改造。改造后，各个库区各司其职，运转效率大幅提高。

想一想：本案例中物资供销公司的仓库布局改造是否有必要？

学习记录单

<table>
<tr><th colspan="4">学生任务分配表</th></tr>
<tr><td>小组名称</td><td></td><td>组　长</td><td></td></tr>
<tr><td rowspan="7">小组成员及分工</td><td>姓　名</td><td>学　号</td><td>任务分工</td></tr>
<tr><td></td><td></td><td></td></tr>
<tr><td></td><td></td><td></td></tr>
<tr><td></td><td></td><td></td></tr>
<tr><td></td><td></td><td></td></tr>
<tr><td></td><td></td><td></td></tr>
<tr><td></td><td></td><td></td></tr>
<tr><th colspan="4">学习过程</th></tr>
<tr><td colspan="4">课前：收集相关资料，做好预习，并完成课前测试。
1. 测试成绩：____________
2. 学习记录</td></tr>
<tr><td colspan="4">课中：按照任务实施要求，完成任务学习。
1. 任务实施记录
2. 任务实施总结</td></tr>
<tr><td colspan="4">课后：完成课后测试及练习巩固作业，诊断得失反思改进。
1. 课后测试成绩：____________
2. 课后巩固作业记录
3. 课后反思</td></tr>
</table>

任务 2-3　库内基本布局图绘制

【任务描述】

小仓参观了一家物流公司的仓库，发现仓库地面上有很多标识，写着包装加工区、不合格品暂存区、设备存储区、理货区等字样，他仔细观察后发现不同的仓库这些区域的布局、面积、颜色标识等并不是完全一样的。参观完后，老师让小仓绘制简单的库内基本布局图。

请你帮助小仓绘制仓库库内布局图。

【任务实施】

课前：收集相关资料，做好预习，并完成课前测试(扫描二维码获取)。

课中：4～6 人分组，借助信息化技术手段，查资料并思考研讨，最后绘制出物流公司仓库典型的仓库库内布局图。

课后：完成课后测试及练习巩固作业，并整理总结学习材料，诊断得失反思改进。

课前测试

2-3

【相关知识】

在保证货物储存需要的前提下，仓库内部规划应充分考虑到库内作业的合理组织、协调、储存和其他作业的不同需要，合理地利用库内空间，以便提高仓库作业的灵活性。仓库内部规划的原则是在满足总体规划原则的基础上，最大限度地利用空间，充分利用仓库面积，减少作业距离，力求最短的作业线路，为货物的先进先出提供条件，有效地利用时间。此外，布局还要考虑到通风和日照的要求，同时还要注意工人作业的安全。

一、仓库内部规划的特点

仓库按功能基本上可以分为两大类，即储备型仓库和流通型仓库，这两种不同类型的仓库在规划上有它们各自的特点。

1. 储备型仓库的规划特点

储备型仓库以货物保管为主，保管的货物一般周转较慢，以整进整出为主，如战略储备仓库等，这类仓库的主要任务是增加货物储存量。所以在规划时，储备型仓库的规划重点应该是如何增加储存面积，提高仓库的利用率：一方面要提高储存面积占仓库总面积的比例，严格核定非储存区域的占用面积；另一方面要合理安排作业通道的线路，适当减少作业通道的数量和长度，在保证机械设备使用的前提下，合理确定通道宽度。

2. 流通型仓库的规划特点

流通型仓库与储备型仓库不同，它以货物收发为主，储存的货物周转较快，频繁地进行入出库作业，例如批发零售仓库、中转仓库等。这类仓库布局时要充分考虑提高出入库作业的效率，以便满足大量货物经常进行入出库作业的需要。此类仓库应缩小储存面积，增加拣货及出库作业区的面积。通过合理确定仓库的面积，可以避免出库场地过于狭小，作业拥挤，降低作业效率，同时要为货物及时补充到出货区创造条件，以相对增加储存面积。

二、货物分区分类储存的意义

仓库货物的分区分类储存是根据“四一致”的原则(性能一致、养护措施一致、作业手段一致、消防方法一致),把仓库划分为若干保管区域;把储存货物划分为若干类别,以便统一规划储存和保管。分区分类储存货物的作用有:(1)可缩短货物拣选及收、发作业的时间;(2)能合理使用仓容,提高仓容利用率;(3)有利于保管员熟悉货物的性能,提高保管养护的技术水平;(4)可合理配置和使用机械设施,有效提高机械化、自动化操作程度;(5)有利于仓储货物的安全,减少损耗。

三、仓库存储区域划分

按货物质量对仓库存储区域划分的具体内容见表 2-3-1,仓库库内区域划分示例如图 2-3-1 所示,仓库库内分区实景如图 2-3-2 所示,按物品特殊属性分区、按物品自然属性分区和按物品流向分区的仓库存储区域划分的具体内容见表 2-3-2,库房内货位号及货位标识卡如图 2-3-3 所示。

表 2-3-1　按货物质量进行仓库存储区域划分

仓库区域	标识颜色	作　用	位置要求	备　注
待检区	黄色标识	暂时存放处于检验过程中的商品	在仓库入口附近,便于商品的卸载及检验	基本区域
待处理区	白色标识	暂时存放不具备验收条件或质量暂时不能够确认的商品	在仓库入口附近与待检区附件,以方便对其进行检验	
合格商品储存区	绿色标识	保存合格的商品	仓库的主要存储区域	
不合格商品隔离区	红色标识	暂时存放质量不合格的商品	在仓库的出口附近,便于商品搬运	
卸货作业区	未规定	暂时存放卸下的货物	仓库入口附近	根据需要设置
流通加工区	未规定	对需要加工的货物进行处理	便于加工完后出库的区域	
出库备货区	未规定	暂时存放拣选出的货物等待出库	仓库出口附近	
…	…	…	…	

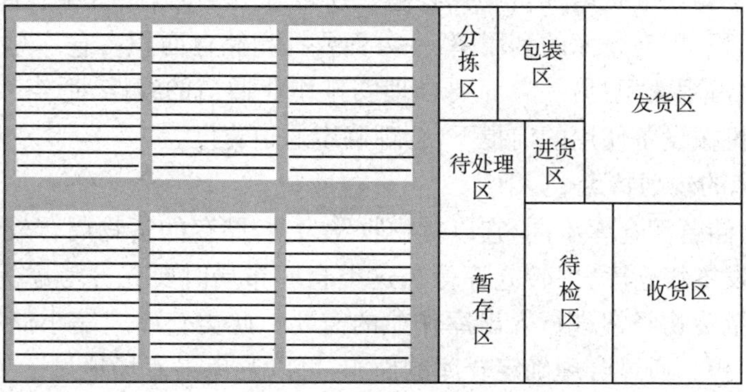

图 2-3-1　仓库库内区域划分(示例)

（a）集货发货区　　　（b）待处理区

图 2-3-2　仓库库内分区

表 2-3-2　其他仓库存储区域划分方法

仓库区域	特　点
按物品特殊属性分区	主要适用于特种仓库，是根据危险品本身具有不同程度的易燃易爆毒害等特性进行分区分类储存，以免互相接触发生燃烧、爆炸等
按物品自然属性分区	普通仓库采用的分区分类方法，把性质相似、性能互不影响的物品，在仓库划定的同一区域里集中储存。此分区方法适应性强，且便于管理，有的也应以不同包装等属性细分，再划分若干小区储存，以提高效率
按物品流向分区	普遍应用在以物流运输为主的仓库中，具体做法是：货物按运输方式划分为公路、水路、铁路、航空等类别，同类别集中储存，不同类别相互分开，减少中间环节，以加快提货、备货效率等

（a）货位号　　　（b）货位标识卡

图 2-3-3　货位号和货位标识卡

四、仓库存储面积规划

库区划分时，仓管人员首先需要正确计算并规划出仓库中可以使用的，能够用于保存商品的面积。一般来说，仓库面积可以分为建筑面积、使用面积和有效面积三种。只有有效面积是真正能够用来存放商品的存储面积。

仓库面积的计算方法见表 2-3-3。

表 2-3-3　仓库面积的计算方法

仓库面积	定　义	计算方法
建筑面积	库房所占用的土地面积	库房外墙线所围的水平面积

续上表

仓库面积	定 义	计算方法
使用面积	库房内可供使用的面积	库房内墙线所围成的面积，并除去库房内立柱、电梯、消防设施、办公设施等所占的面积
有效面积	实际用来存放物资的面积，即货位和货架等多占的面积	使用面积除去过道、垛距、墙距及进行验收备料等区域后所剩的面积

在对仓库面积进行规划时，因为仓库已经建成，仓库内立柱、电梯等都已经完工，无法对其更改，因此仓管人员就需要对仓库过道及其他各种设施的设置进行合理规划，从而扩大仓库的有效面积。

仓库内的通道是除了货物存储面积外所占面积最大的部分，其设计要求货物能够有效地存取，搬运和装卸设备能够正常地运作，电梯、放货设施及服务区的设备能够便于使用。库内通道的类型及设计见表 2-3-4。

表 2-3-4 库内通道的类型及设计

通道类型	作用说明	设计要点	设计顺序
工作通道	货物放入或移出存储区的通道，可分为主要通道和交叉通道	主要通道通过库房中央，且尽可能直通，使其两端在出入口，同时连接主要交叉通道	首先设计
电梯通道	提供货物出入电梯的通道	根据电梯位置，距离工作通道 3～4.5 m	其次设计
设施通道	为公共设施、防火设备等所设的进出通道	根据公共设施及消防设施位置设置	
人行通道	便于仓库管理人员及装卸人员进出特殊的区域	在必要的情况下设计，尽量减少所占面积及其对主要通道的影响	最后设计
服务通道	为存货或检验提供大量物品进出的通道	尽量维持最小数目及占用面积，减少对主要通道的影响	

虽然减少通道面积就会增加保管面积，但是过于狭窄的通道会影响作业车辆的通行及回转。在规划时，一定要充分考虑作业设施运行需要的最小宽度，并设置一些供其回转的空间。

五、仓库存储区域平面布置

1. 影响仓库平面布置的因素

(1)仓库的专业化程度。仓库专业化程度主要与库存货物的种类有关。库存货物种类越多，仓库的专业化程度越低，仓库平面布置的难度越大；反之难度越小。库存货物种类越多，各种货物的理化性质就会差异越大，需要采用的储存保管方法及装卸搬运方法也会差异越大，从而影响到仓库的专业化程度。

(2)仓库的规模和功能。仓库的规模越大，功能越多，则需要的设施设备就越多，设施设备之间的配套衔接将成为平面布置中的重要问题，增加了布置难度；反之则减少了布置难度。

2. 仓库平面布置的要求

(1)要适应作业过程要求，有利于作业顺利进行。仓库平面布置的物品流向，应该是单一的；仓储货物作业要做到最短的搬运距离、最少的装卸环节、最大限度地利用仓库空间。

(2)要有利于提高仓储经济效益。要因地制宜，充分考虑地形、地质条件，利用现有资源和外部协作条件，根据设计规划和库存物品的性质更好地选择和配置设施设备，以便最大限度地发挥效能。

(3)要有利于保证安全和职工健康。仓库建设时要严格执行建设设计防火规定的要求，留有一定的防火间距，并设置防火、防盗等安全设施；作业环境的安全卫生标准要符合国家的有关规定，有利于职工的身体健康。

3. 单层仓库平面布置原则

(1)易燃的物品，应尽量靠外面布置，以便管理。

(2)重、大件物品，周转量大和出入库频繁的物品，宜靠近出入库位置布置，以缩短搬运距离，提高出入库效率。

(3)仓库内设置管理室和生活间时，应该用墙与库房隔开，其位置应靠近道路一侧的入口处。

(4)要充分利用面积和空间，使布置紧凑。

(5)仓库出入口附近一般留有收发作业用的区域。

(6)仓库内部主要运输通道一般采用双行道。

4. 多层仓库平面布置原则

(1)多层仓库要符合单层仓库的布置原则

(2)一层多层库房占地面积小于 300 m^2 时，可设一个疏散楼梯，面积小于 100 m^2 的防火隔间，可设置一个门。

(3)多层仓库最大占地面积、防火隔间面积、层数，根据储存物品类别和建筑耐火等级遵照现行建筑设计防火规定来确定。

(4)多层仓库建筑高度超过 24 m 时，应按高层库房处理。

(5)多层仓库存放物品时遵守上轻下重的物品放置原则，周转快的物品分布在低层。

(6)楼板载荷控制在 2 t/m^2 左右为宜。

(7)当设地下室时，地下室净空高度不宜小于 2.2 m。

六、仓库动线

仓库管理中主要的工作包括货物验收入库、储存保管、流通加工、备货拣选、出库发货等，而安排这些工序的位置，决定了一件货物在仓库的运动路线，这就是所谓的仓库物流动线，即仓库动线。仓库动线的设计是整个仓储物流中心运行的基础，合理的动线设计才能让仓储系统运转得更加有效。

1. 仓库区域动线优化的原则

(1)不迂回：防止无效搬运。

(2)不交叉：避免动线冲突，搬运不安全。

(3)动线最佳化：一般通过行走距离最小原则来进行精确的计算，但是由于方法复杂而且缺乏准确、充分的数据，所以在实际操作中往往根据货物整体的进出货特性选择合适的动线模式。

现代仓库从运输周转、储存方式和建筑设施上都重视通道的合理布置、货物的分布方式和堆积的最大高度，并配置经济有效的机械化、自动化存取设施，以提高储存能力和工作效率。

2. 仓库动线设计分析

仓库动线设计时主要分析两个对象，一个是执行的动作，一个是行走的路径。针对不同的货物，执行的动作和行走的路径有很大不同，所以要先区分货物。货物区分的目的，主要是要判断以下几个问题，见表 2-3-5。

表 2-3-5 仓库动线设计分析

<table>
<tr><th>分析角度</th><th colspan="2">分析内容</th></tr>
<tr><td>距离出入口的远近</td><td colspan="2">正常来说，仓库现场的路线安排只会留一个入口和一个出口，货物从入库口进入，出库口出去，如果出入口都在同一个方向，仓库中的货物布置，就有靠近或远离出入口的安排问题。有些仓库由于条件限制，出入口都是同一个，那么货物靠近或者远离出入口会造成的不同的影响就更大了
也有可能出现某种货物货量很大，为了不影响其他货物的操作，专门设立单独的出入口的情况</td></tr>
<tr><td>距离主要过道的远近</td><td colspan="2">出于节约面积考虑，仓库现场的过道有主次之分，主过道是比较宽敞的，正常会保证仓库运载车辆或其他工具的双向通过，次要过道的待遇会差一些，一般只保证单向通过，甚至根据现实情况，只允许更小型的运载工具单向通过
主过道和栈板存储区的次要过道都是按栈板宽度设计的，轻型货架区域却只允许小型拣货车单向通过，甚至只允许拣货人员正身或侧身通过。显然，靠近或远离主过道对操作的影响还是比较大的，不论是入库还是出库，靠近主过道都要省时省力一些</td></tr>
<tr><td>在库区中的存储和运载工具</td><td colspan="2">存储在栈板上、货架上，或者其他容器中的存储工具
在库区中转移，或者拣货时需要使用的运载工具</td></tr>
<tr><td>在货架上的高低位置</td><td colspan="2">对于需要核实信息或者辨别清点的货物，一般会放在目光水平线以下，而操作频率最高的货物则尽量集中在操作舒适高度</td></tr>
<tr><td rowspan="6">货物</td><td>根据轻重</td><td>一般情况下，越重的货物当然以更接近出入口，更接近主要过道，放在货架上较低的区域为好；而较轻的货物则可以远一些，高一些。如果重货很多，轻货很少，低层空间不够用，而较高的货架上很空，此时，就只能视周转速度或操作频率来决定</td></tr>
<tr><td>根据大小</td><td>同等重量下，越大的东西越适合往高处放，主要有两个因素：①低层空间比高层空间宝贵，越占空间的东西，放到高处去，就能给其他东西腾出更多位置；②越大的东西操作起来越方便，拣货的时候一望而知，不需要核对信息，也容易辨别清点，拿出来也比拿小件物品更容易一些</td></tr>
<tr><td>根据库存量</td><td>一般来说，小批量货物放置在货架之类的小型存储空间中，而较大批量的货物以栈板存储为主，至于非常大批量的货物，则可以规划特定的存储区域，同批次同种货物之间不留过道，从而最大化地利用仓库面积</td></tr>
<tr><td>根据周转速度</td><td>周转越快的货物，自然以接近出入口和主过道为好，在货架上的高度也要调整至比较舒适的区域</td></tr>
<tr><td>根据货值</td><td>贵重物品存储时，有条件的库区可设置专门的贵重物品区域并单独上锁，指定专门的操作人员；对于批次小的，也可以采用特殊物料柜，在一个上锁的柜子中专门存放贵重物品和其他需要特殊操作的货物
另外，各种登记措施和监控设备也应重点关照</td></tr>
<tr><td>根据整散</td><td>一种是批量入库，单件出库的货物。对于大批量货物，以靠近出入口为主。对于批量进、批量出的货物，靠近入库口或出库口没有区别，因为在仓库里面的操作动作和行走路径是一致的，大多以栈板为单位进行操作。而对于批量进、单件出的货物，则以靠近出库口为宜，因为这样可以最大程度地节约拣货出库时搬运的路径
一种是整件入库、拆零出库的货物。在实际操作中，货箱往往被保持在关闭的状态，拣货人需要先打开箱子，再拿出货物，这样既不便单手操作，也不便点取数量，对于操作效率的影响比较大。需根据仓库实际情况选择合适的动作路径</td></tr>
</table>

动线设计需要综合考虑各种因素，很难有一个绝对的判断。事实上，这是一种资源分配问题，在仓库中，不同的存储位置适合不同的货物，而将不同种类的库位优先分配给哪种货

物，就需要仔细地考量。

3. 仓库常见的几种物流动线

仓库常见的几种物流动线有U形、L形、I形、S形。

(1)U形

U形布局模式是仓库设计的首选模式。如图2-3-4所示，入库区和出库区在仓库的同一侧，货物“进—存—出”形成了类型“U”字形的移动线路，即U形布局模式。

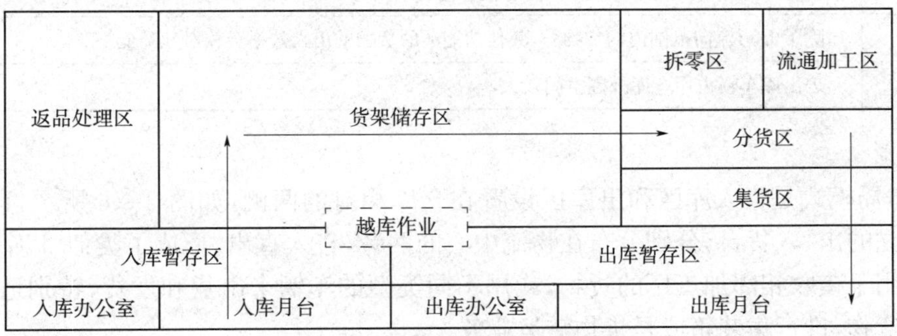

图2-3-4　U形布局模式

U形仓库动线的优缺点见表2-3-6。

表2-3-6　U形仓库动线的优缺点

优　点	存储区比较集中，可以充分利用空间
	便于越库作业
	易于控制和安全防范
	可以向建筑物三个方向进行空间扩张
	使用同一通道供车辆出入，可节省物流通道空间，便于监控管理
缺　点	货物行走路线复杂，拣货效率不高
	同一车道供车辆出入，进出货高峰期容易拥堵
	由于在同一个货台上进行收发，容易造成混淆，特别是在繁忙时段及处理类似货物的情况下，会降低运作效率

(2)L形

L形布局模式是指货物的入库区和出库区设置在仓库相邻的两侧，如图2-3-5所示，货物形成“L”字形的移动路线。L形布局模式拥有两个独立月台、较少碰撞交叉点，适合处理快速流转的货物，所以需要处理快速货物的仓库通常采用L形动线，它把货物出入仓库的途径缩至最短。

图2-3-5　L形布局模式

L形仓库动线的优缺点见表2-3-7。

表2-3-7 L形仓库动线的优缺点

优　点	进出库作业不在同一侧,可以应对进出货高峰同时发生的情况
	适合越库作业的进行
	可同时处理"快流"及"慢流"的货物
	适合存储保管和流通加工同时并存的作业
缺　点	除了L形流向范围内的货物外,其他功能区的货物的出入效率会相对地降低
	进出库车辆占用仓库外围空间较大

(3)I形

I形布局模式是指入库区和出库区设置在仓库相对的两侧,如图2-3-6所示,I形布局模式拥有独立的出、入货台,分别分布在物流中心的两旁,直入直出,形成了类似"I"字形的移动路线。常用于接收相邻加工厂的货物,或用不同类型的车辆来出货和发货,特别适合一些快速流转的货物,进行集装箱或是货物转运业务。

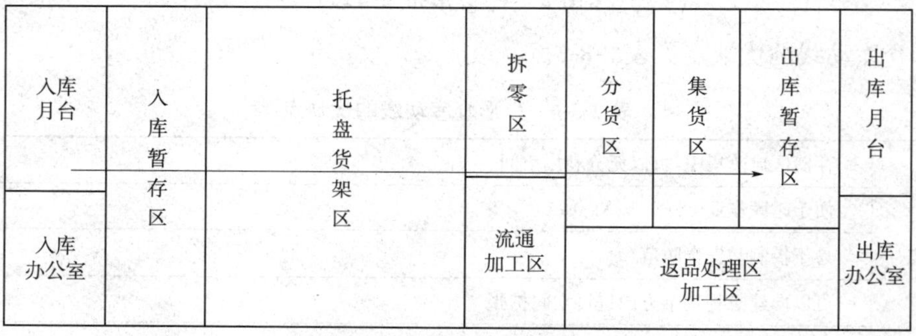

图2-3-6 I形布局模式

I形仓库动线的优缺点见表2-3-8。

表2-3-8 I形仓库动线的优缺点

优　点	各运作动线平行进行,因此无论是人流还是物流,相互的碰撞交叉点相对来说是最少的,可降低操作人员和物流搬运车相撞的可能性,货物中转效率高
	可以应对进出库高峰期同时发生的情况
缺　点	货物流动性强,不利于存储时间较长的物品
	进出库车辆占用仓库外围空间大
	出、入货台相距甚远,增加了货物的整体运输路线,降低效率
	出、入货台分布在物流中心的两旁,需要最少两队保安小组负责两个货台的监管,增加了人员投入及运作成本

(4)S形

S形布局模式是指入库区和出库区设置在仓库相对的两侧,如图2-3-7所示。货物可以在仓库里完成流通加工等作业,货物物流形成了"S"字形的移动路线,需要经过多步骤处理的货品一般采取此种动线,可与I形动线结合在一起使用。

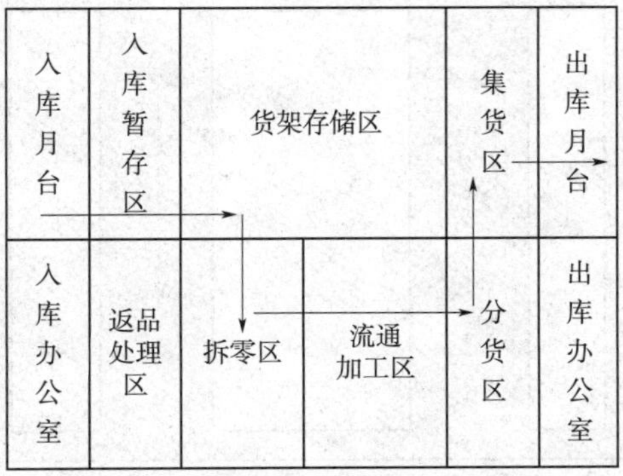

图 2-3-7　S 形布局模式

S 形仓库动线的优缺点见表 2-3-9。

表 2-3-9　S 形仓库动线的优缺点

优　点	可以满足多种流通加工等处理作业的需要，且可在宽度不足的仓库中作业
	存储保管作业和流通加工作业并存
缺　点	货物行走路线复杂，拣货效率不高
	仓库内存储区域较小

有些货物不必一定按以上仓库布局的常用标准来储存，比如发货量大的特别贵重的商品，发货量虽大，但应该放到仓库的最深处，允许稍有迂回，安全第一。

【拓展知识】

货区布局基本形式

1. 横列式布局

横列式布局就是指货位、货架或垛架与库房的宽向平行排列布置的一种布局形式。此种方式存取方便，通风良好，但是仓容利用率较低，如图 2-3-8 所示。

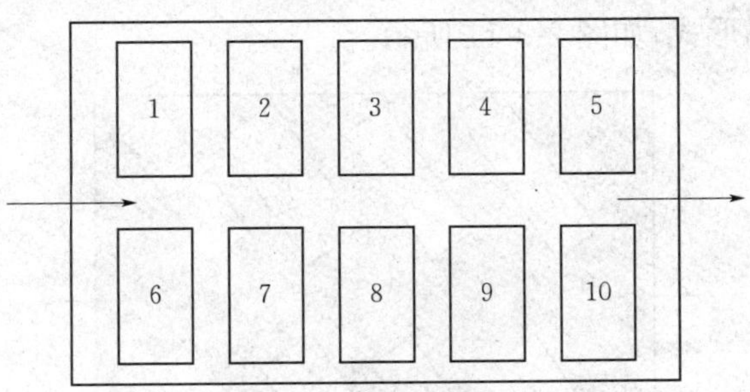

图 2-3-8　横列式布局

2. 纵列式布局

纵列式布局就是指货位、货架或垛架与库房的宽向垂直排列布置的一种布局形式。此种方式不利于通风采用，但是仓容利用率较高，如图 2-3-9 所示。

3. 纵横式布局

纵横式布局是指横列式和纵列式在同一库房内混合布置货位或货架的一种布局形式。此种方式兼有横列式布局和纵列式布局的特点，是最常用的一种形式，如图 2-3-10 所示。

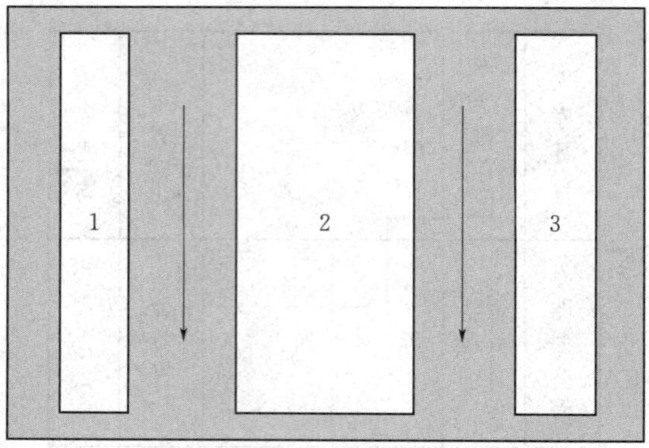

图 2-3-9　纵列式布局

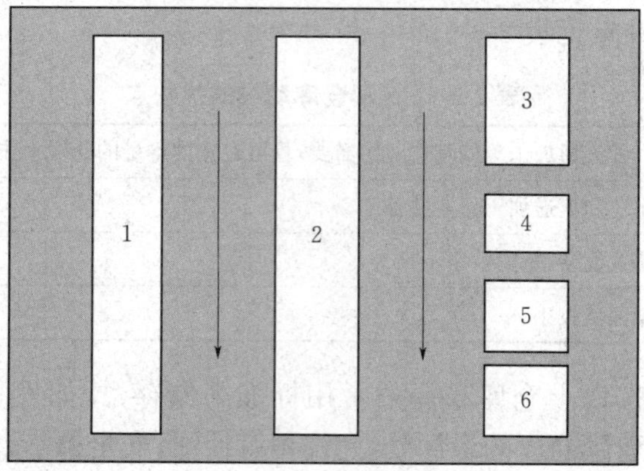

图 2-3-10　纵横式布局

4. 倾斜式布局

倾斜式布局是指货垛或货架与仓库侧墙或主通道成 60°、45°、30°夹角的一种布局形式。具体包括货垛倾斜式布局和通道倾斜式布局。

(1)货垛倾斜式布局

货垛倾斜式布局是横列式布局的变形，是为了便于叉车作业、缩小叉车的回转角度、提高作业效率而采用的布局形式，如图 2-3-11 所示。

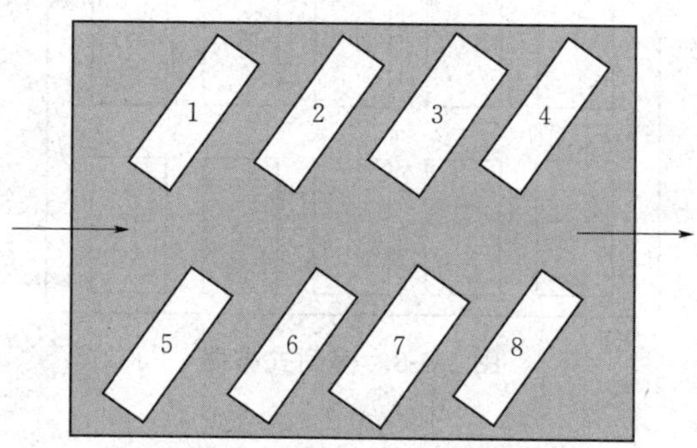

图 2-3-11　货垛倾斜式布局

(2)通道倾斜式布局

通道倾斜式布局是仓库的通道斜穿保管区，把仓库划分为具有不同作业特点如大量存储和少量存储的保管区等，以便进行综合利用的一种布局形式。这种布局形式的特点是仓库内形式复杂、货位和进出库路径较多，如图 2-3-12 所示。

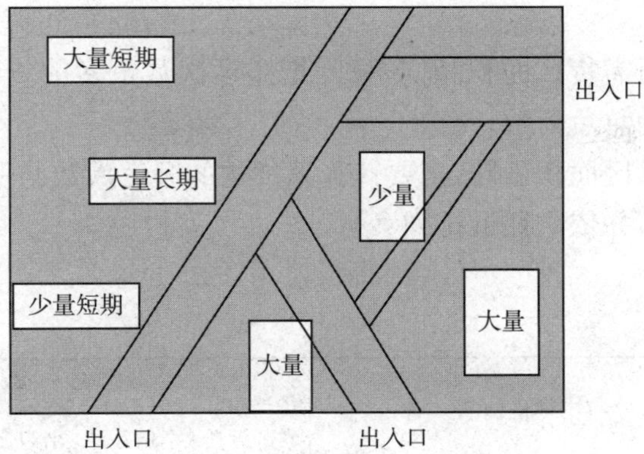

图 2-3-12　通道倾斜式布局

想一想:选择货区布局的形式时需要考虑哪些因素?

【素养涵育】

仓库内布局混乱的危害

H 公司仓库管理的主要工作是日常的收发货和根据订单计划进行物料的发放,但是仓库的物料摆放十分混乱,平时进货不但没有摆放到原来的位置,而且随处乱放,发料时经常会出现找不到物料的情况,从而导致备料时间过长,不能按计划生产,严重影响了公司生产效率。并且该公司仓库不过五六百平方米,却摆放了近五千种物料,仓库日常的习惯是将平时收取数量很大的货物和质量有问题的货物各处乱放,不但使仓库存储空间得不到较好利用,还占用了通道等空间。

想一想:该公司仓库存在什么问题,是否考虑了仓库利用的经济性?(提示:物料摆放、空间利用率。)

【练习巩固】

T 仓库主要用于存储家电产品,共有 10 个货区,分别储存 5 种家电。仓库只有一个出入口,进出仓库的货物都要经过该出入口,仓库的布局如图 2-3-13 所示。假设该仓库每种货物每周的存取次数见表 2-3-10,应该如何布置不同货物的货区,使搬运量最小?

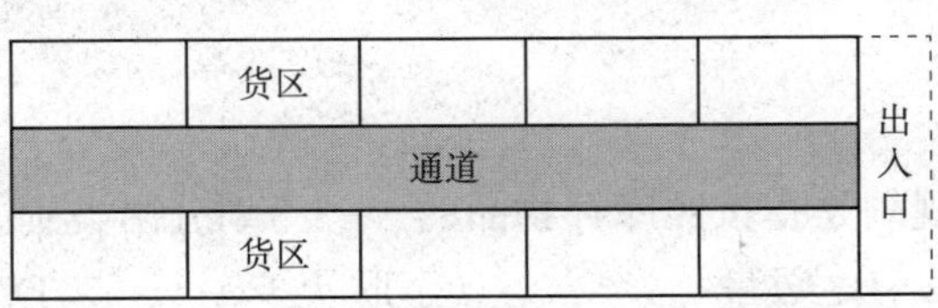

图 2-3-13　T 仓库布局

表 2-3-10　库内货物每周的存取情况

货物名称	搬运次数/次	所占库区/个
空调	80	2
冰箱	310	1
微波炉	240	2
烤箱	860	2
豆浆机	540	3

提示：

(1)假设各种货物所需货区面积相同，只需把搬运次数最多的货物的货区布置在靠近出入口处，即可得到最小的总负荷数。

(2)假设货物所需货区面积不同，需要计算某货物的搬运次数与所需货区数量之比，取该比值最大者靠近出入口，并依次往下排列。

【任务评价】

评价内容		总分值	分值	评价标准	评价分值				
					教师评价	小组互评	小组自评	教学平台评价	综合评价
课前	知识学习	20	10	能完成课前学习					
	课前测试		10	能完成全部测试					
课中	技能评价	60	10	能正确说出仓库库区包括的主要功能区域及各个区域的功能					
			10	能说出仓库库区规划的原则					
			10	能分析库区规划的主要影响因素					
			20	能根据信息绘制库区平面图					
	课堂表现		10	①课堂态度端正，积极参与活动，团队协作能力强； ②能灵活应用知识和技能、自主探究、协作完成任务； ③能熟练运用信息化技术手段和工具分析解决问题； ④出勤签到					
课后	练习巩固	20	10	完成结果质量高，符合要求					
	课后测试		10	完成课后测试题					
合计									

注："教学平台评价"栏可根据实际教学需求选用。

【课后测试】

一、选择题

1. (单选)分区分类规划是指按照库存物品的(　　)划分出类别。

A. 性质　　B. 数量　　C. 形状　　D. 规格

2. (单选)(　　)仓库是以货物保管为主，保管的货物一般周转较慢，以整进整出为主。

A. 储备型　　B. 流通型　　C. 安全型　　D. 作业型

二、判断题

1. 储存货品的空间叫作储存空间，储存是仓库的核心功能和关键环节，储存区域规划合理与否直接影响到仓库的作业效率和储存能力。(　　)

2. 储存空间指的是仓库中所有的空间。(　　)

3. 在规划仓库布局的过程中，必须在空间、人力、设备等因素之间进行权衡比较。宽敞的空间总是有利的。(　　)

三、问答题

1. 采取U形布局模式的仓库内部布局模式的优缺点是什么？

2. 分区分类储存货物的作用是什么？

【案例阅读】

某物流中心仓库货位优化管理方法

某物流中心仓库以前一直沿用传统的仓库作业管理方法，常常把货物放在货物到达时最近的可用空间，不考虑货物动态变化的需求和变化了的客户需求模式，沿袭多年习惯和经验来放置货物。这种传统型仓库货物布局造成流程速度慢、效率低以及空间利用不足。

后来该物流中心仓储管理者提出了仓库关键业绩指标（warehouse key performance indicator），即生产率、运送精度、库存周转、入库时间、订单履行时间和存储密度紧密关联的货位优化管理（slotting optimization）。货位优化管理用来确定每一品类货物的恰当储存方式及在恰当的储存方式下的空间储位分配。货位优化管理追求不同设备和货架类型特征、货物分组、货位规划、人工成本内置等因素以实现最佳的货位布局，能有效掌握货物变化，将成本节约最大化。

实施货位优化过程中，该物流中心收集了很多的原始数据和资料，包括每种货物的品类编号、品类描述、材料类型、储存环境、保质期、尺寸、重量、每箱件数、每托盘箱数等，甚至包括客户订单信息，最终确定了以下规则：

规则一：以周转率为基础法则，即将货物按周转率由大到小排序，再按照此排序将货物分为若干段（通常分为三至五段），同属于一段中的货物列为同一级，依照定位或分类存储法的原则，指定存储区域给每一级货物，周转率越高应离出入口越近。

规则二：产品相关性法则。产品相关性是指产品间的相互关系，包括替代关系和互补关系。具有相关性的货物放在相邻区域，可以减短提取路程，减少工作人员疲劳，简化清点工作。产品的相关性大小可以利用历史订单数据做分析。

规则三：产品同一性法则。产品同一性法则即把同一货物储放于同一保管位置的原则。采用产品同一性法则储放货物，有利于作业人员熟知货物储放位置，从而减少货物的存取时间，提高存取效率。否则货物储放到多个不同的位置，非常不利于存取作业，且会给盘点作业带来很多麻烦。

规则四：产品互补性法则。互补性高的货物应存放于邻近位置，以便缺货时可迅速以另一品项替代。

规则五：产品相容性法则。相容性低的货物不可放置在一起，以免损害货物品质。

规则六：产品尺寸法则。在仓库布局时，需要考虑货物单位大小、整垛或整堆形状及大小，便于满足货物的空间需求。存储货物时，要根据货物的单位大小、货垛或货堆的形状及大小，提供能够容纳该货物的合适位置。此法则可以使货物存储数量和位置适当，使得拨发迅速，搬运工作量及搬运时间减少。一旦未考虑存储货物单位大小，将可能造成存储空间太大而浪费空间，或存储空间太小而无法存放；未考虑存储货物整批形状亦可能造成整批形状太大无法同处存放。

规则七：重量特性法则。重量特性的原则指按照货物重量不同来决定储放货物于货位的高低位置。一般而言，重物应保管于地面上或料架的下层位置，而重量轻的物品则保管于料架的上层位置;以人手进行搬运作业时,人腰部以下的高度用于保管重物或大型货物,而腰部以上的高度则用来保管重量轻的货物或小型货物。

规则八:产品特性法则。不同货物具有不同的特性,有些货物本身具有腐蚀性等危险特性。因此存储货物时,不仅要考虑货物本身的特性,还要考虑它对其他货物的影响。

想一想:物流中心仓库货位优化管理的关键之处是什么?

学习记录单

学生任务分配表			
小组名称		组　　长	
小组成员及分工	姓　　名	学　　号	任务分工
学习过程			

课前：收集相关资料，做好预习，并完成课前测试。

1. 测试成绩：____________

2. 学习记录

课中：按照任务实施要求，完成任务学习。

1. 任务实施记录

2. 任务实施总结

课后：完成课后测试及练习巩固作业，诊断得失反思改进。

1. 课后测试成绩：____________

2. 课后巩固作业记录

3. 课后反思

项目三
仓储安全管理

仓储安全是仓储作业管理的前提和第一要务。仓储安全直接关系到企业的生存与发展，是仓储工作的首要任务，也是每个仓储工作人员的基本职责。本项目通过对仓库防火、防水、防毒、防盗的学习，构建对仓储安全的基本知识架构，为仓储企业正常开展业务提供安全保障。

学习目标

素养目标

- 培养仓储作业安全意识
- 培养遵章守规的优良品质

知识目标

- 掌握火灾产生的条件及仓库防火的基本知识与要求等
- 掌握仓库防水要求及防水的主要措施
- 掌握仓库防毒要求及防毒的主要措施
- 掌握仓库防盗要求及防盗的主要措施

技能目标

- 能够严格遵守仓库日常防火要求，并采取相应的防火措施等
- 能够严格遵守仓库日常防水要求，并采取相应的防水措施等
- 能够严格遵守仓库日常防毒要求，并采取相应的防毒措施等
- 能够严格遵守仓库日常防盗要求，并采取相应的防盗措施等

任务 3-1　仓库防火

【任务描述】

某天一家连锁酒店仓库起火，该仓库处于酒店九楼，仓库面积 20 多平方米，由烟头引起

浓烟，并未出现明火。事故发生后，酒店工作人员把住宿在九楼的旅客和人员迅速疏散到安全地带，确保旅客的人身财产安全。消防人员赶到后，利用室内灭火器将火扑灭。由于消防部门及时出动消防车辆和消防人员开展有效的扑灭工作，该场火警事故在 1 h 内就得到有效的控制，浓烟被完全消除，浓烟也没有蔓延到酒店的其他地方，更没有引起明火和任何人员伤亡。这次事故虽然没有造成严重危害，但是足以引起大家的重视和警觉。

请阐述仓库防火的意义，并制定仓库防火的具体管理措施。

【任务实施】

课前：收集相关资料，做好预习，并完成课前测试（扫描二维码获取）。

课中：4～6 人分组，借助信息化技术手段，查资料并思考研讨，最后撰写仓库防火的意义，并制订出仓库防火的具体管理措施。

课后：完成课后测试及练习巩固作业，并整理总结学习材料，诊断得失反思改进。

课前测试

3–1

【相关知识】

火灾的严重危害性是人所共知的，火灾的发生除了造成人员伤亡外，还会给仓库建筑、储存的商品和周围的单位带来巨大损失。因此，仓库的防火管理工作必须做到位，必须加强防火管理，保护仓库免受火灾危害，必须贯彻“预防为主，防消结合”的方针，实行“谁主管，谁负责”的原则。

一、常见的火灾隐患分类

对常见的火灾隐患进行分类是为了有效地防止火灾和灭火。防火工作中对火源的分类非常重视，一般将火源分为直接火源和间接火源两种，如明火源、化学火源、电火源、自燃等。也可从灭火的方法角度对火灾进行分类。

在仓储管理中，常见的火灾隐患见表 3-1-1。

表 3-1-1 常见的火灾隐患

名　称	内　容
普通火灾	指普通可燃固体所发生的火灾，如木料、化纤、棉花、煤炭等。普通火灾虽然燃烧扩散较慢，但会深入燃烧物内部，灭火后重燃的可能性极高，普通火灾应使用水进行灭火
电气火灾	指电器、供电系统漏电所引起的火灾，包括具有供电的仓库发生火灾，其特征是在火场中还有供电存在，有可能使员工触电 由于供电系统的传导，还会在电路的其他地方产生电火源。因此在发生火灾时，要迅速切断供电，采用其他安全方式照明
油类火灾	指各种油类、油脂发生燃烧而引起的火灾。油类属于易燃品，且具有流动性，燃着火的油，会迅速扩大着火范围 由于油类轻于水，会漂浮在水面，随水流动，因此不能用水灭火，只能采用干粉、泡沫等灭火物质
爆炸性火灾	常见于容易引发爆炸的货物发生火灾，或者火场内有爆炸性物品，如可发生化学爆炸的危险品、物理爆炸的密闭容器等。爆炸不仅会加剧火势，扩大燃烧范围，更危险的是直接造成人身安全的危害 发生这类火灾首要的工作是保证人身安全，迅速撤离人员

二、防火方法

燃烧三要素中，可燃物、助燃物、着火源(温度)共同作用才能燃烧，缺少一个要素都不能形成火灾。防火工作就是使三者分离，不会互相发生作用，常见的防火方法见表 3-1-2。

表 3-1-2 防火方法

方 法	说 明
控制可燃物	通过减少、不使用可燃物或将可燃物质进行难燃处理来防止火灾。如仓库建筑采用不燃材料建设，使用难燃电气材料；易燃货物使用难燃包装，用难燃材料覆盖可燃物；通过通风的方式使可燃气体及时排除，洒水减少可燃物扬尘等措施
隔绝助燃物	对于易燃品采取封闭、抽真空、充惰性气体、浸泡的方法，用不燃涂料喷易燃品的方式使易燃物不与空气直接接触来防止燃烧
消除着火源	通过使得发生火灾的着火源不在仓库内出现来实现防火的目的。由于仓库不可避免地会储藏可燃物，而隔绝空气的操作需要较高的成本，因此仓库防火的核心即防止着火源。消除着火源也是灭火的基本方法

三、防火设施

防火设施一般是指一些固定的、特殊的建筑物或构筑物。当仓库的某一部分由于不慎引起火灾，这些特殊的建筑物或构筑物可将火势限制在一定的范围内、不使其蔓延危及整个仓库。防火设施主要有以下几种，见表 3-1-3。

表 3-1-3 主要的防火设施

方 法	说 明
防火墙	防火墙是在建造仓库库房时设计的。防火墙直接建筑在房屋的基础上，其厚度一般应考虑发生火灾时的烘烤时间而定，其高度应超出屋顶。如果顶棚是采用可燃材料构建的，则防火墙高出顶棚的高度应不少于 70 cm，若顶棚是难燃材料或不燃材料构建的，则防火墙只需高出顶棚 40 cm
防火隔离带	仓库的防火隔离带有两种，一种是在建筑时就考虑的，比如在用可燃材料构建的屋顶中间，建筑宽度不小于 5 m 的有耐火屋顶的地段，其高度略高出屋顶；另一种是在库房、料棚和货场内以及它们之间留出足够的防火隔离带，尤其是储存可燃性材料和设备的，其防火隔离带必须保证
防火门	防火门由耐火材料制成，万一库房起火，扑救不及，关闭防火密封门，可阻止火势蔓延到另一间库房

四、仓库防火存在的问题

随着物流业的发展，我国的库房建设也日益增多，由于种种条件限制，目前我国还有相当数量的库房存在较为严重的火灾隐患，主要表现在以下几个方面：

1. 防火意识不强

很多仓库在日常使用过程中管理混乱，防火意识比较淡薄，表现在一是很多仓库管理人员及新职工没有经过消防安全专门培训就直接上岗；二是仓储区域与生活区、办公区不分，擅自改变建筑物的使用性质，破坏原有的防火间距，人为增加了火灾隐患；三是仓库的电气设备、线路等不符合国家的消防法规技术标准和规范要求，许多仓库的电气线路直接敷设在建筑的吊顶、屋面、墙面和屋架上，未设置防雷、防静电等设施，容易引起电气火灾；四是库房堆放货物超量，且堆放不规范，没有留出足够的防火间距，如果发生火灾，容易造成火势的迅速蔓延，不利于火灾的扑救工作。

2. 建筑物违章建设

建筑物违章建设会导致建筑物防火间距不足，如私自改建或搭建临时天棚、私自占用和阻塞消防通道及疏散走道等行为，不符合《仓库防火安全管理规则》和《建筑设计防火规范》的要求。一旦发生火灾，容易酿成重大事故，且不利于火灾的扑救。

3. 建筑材料的耐火等级较低

很多的仓库都是由原来的老建筑物改建而成的，其屋顶大部分为木质结构，建筑耐火等级普遍为三级，相对较低。

4. 消防水源不易得

分布在郊县的仓库，由于距离市区较远，市政消火栓系统不能及时铺设到位，导致仓库的消防水源不易得到。

五、仓库防火管理措施

仓库集中储存着大量的货物，从仓库不安全因素及危害程度来看，火灾造成的损失最大，它可以在很短的时间内，使整个仓库变成一片废墟，对国家财产和人民生命安全造成极大的损失。根据《仓库防火安全管理规则》的规定，具体要求如下：

视频

仓储安全管理之仓库防火管理

1. 储存管理

(1)依据国家标准《建筑设计防火规范》的规定，按照仓库储存物品的火灾危险程度分为甲、乙、丙、丁、戊五类。

(2)露天存放物品应当分类、分堆、分组和分垛，并留出必要的防火间距。堆场的总储量以及与建筑物等之间的防火距离，必须符合建筑设计防火规范的规定。

(3)甲、乙类桶装液体，不宜露天存放，必须露天存放时，在炎热季节必须采取降温措施。

(4)库存物品应当分类、分垛储存，每垛占地面积不宜大于 100 m^2，垛与垛间距不小于 1 m，垛与墙间距不小于 0.5 m，垛与梁、柱的间距不小于 0.3 m，主要通道的宽度不小于 2 m。

(5)甲、乙类物品和一般物品以及容易相互发生化学反应或者灭火方法不同的物品，必须分间、分库储存，并在醒目处标明储存物品的名称、性质和灭火方法。

(6)易自燃或者遇水分解的物品，必须在温度较低、通风良好和空气干燥的场所储存，并安装专用仪器定时检测，严格控制湿度与温度。

(7)物品入库前应当有专人负责检查，确定无火种等隐患后，方准入库。

(8)甲、乙类物品的包装容器应当牢固、密封，发现破损、残缺，变形和物品变质、分解等情况时，应当及时进行安全处理，严防跑、冒、滴、漏。

(9)使用过的油棉纱、油手套等沾油纤维物品以及可燃包装，应当存放在安全地点，定期处理。

(10)库房内因物品防冻必须采暖时，应当采用水暖，其散热器、供暖管道与储存物品的距离不小于 0.3 m。

(11)甲、乙类物品库房内不准设办公室、休息室。其他库房必须设办公室时，可以贴邻库房一角设置无孔洞的一、二级耐火等级的建筑，其门窗直通库外，具体实施应当征得当地公安消防监督机构的同意。

(12)储存甲、乙、丙类物品的库房布局、储存类别不得擅自改变,如确需改变的,应当报经当地公安消防监督机构同意。

2. 装卸管理

(1)进入库区的所有机动车辆,必须安装防火罩。

(2)蒸汽机车驶入库区时,应当关闭灰箱和送风器,并不得在库区清炉。仓库应当派专人负责监护。

(3)汽车、拖拉机不准进入甲、乙、丙类物品库房。

(4)进入甲、乙类物品库房的电瓶车、铲车必须是防爆型的;进入丙类物品库房的电瓶车、铲车,必须装有防止火花溅出的安全装置。

(5)各种机动车辆装卸物品后,不准在库区、库房、货场内停放和修理。

(6)库区内不得搭建临时建筑和构筑物,因装卸作业确需搭建时,必须经单位防火负责人批准,装卸作业结束后立即拆除。

(7)装卸甲、乙类物品时,操作人员不得穿戴易产生静电的工作服、帽和使用易产生火花的工具,严防震动、撞击、重压、摩擦和倒置。对易产生静电的装卸设备要采取消除静电的措施。

(8)库房内固定的吊装设备需要维修时,应当采取防火安全措施,经防火负责人批准后,方可进行。

(9)装卸作业结束后,应当对库区、库房进行检查,确认安全后,方可离人。

3. 电器管理

仓库的电气装置必须符合国家现行的有关电气设计和施工安装验收标准规范的规定。

(1)甲、乙类物品库房和丙类液体库房的电气装置,必须符合国家现行的有关爆炸危险场所的电气安全规定。

(2)储存丙类固体物品的库房,不准使用碘钨灯和超过 60 W 以上的白炽灯等高温照明灯具。当使用日光灯等低温照明灯具和其他防燃型照明灯具时,应当对镇流器采取隔热、散热等防火保护措施,确保安全。

(3)库房内不准设置移动式照明灯具。照明灯具下方不准堆放物品,其垂直下方与储存物品水平间距不得小于 0.5 m。

(4)库房内敷设的配电线路,需穿金属管或用非燃硬塑料管保护。

(5)库区的每个库房应当在库房外单独安装开关箱,保管人员离库时,必须拉闸断电。禁止使用不合规格的保险装置。

(6)库房内不准使用电炉、电烙铁、电熨斗等电热器具和电视机、电冰箱等家用电器。

(7)仓库电器设备的周围和架空线路的下方严禁堆放物品。对提升、码垛等机械设备易产生火花的部位,要设置防护罩。

(8)仓库必须按照国家有关防雷设计安装规范的规定,设置防雷装置,并定期检测,保证有效。

(9)仓库的电器设备,必须由持合格证的电工进行安装、检查和维修保养。电工应当严格遵守各项电器操作规程。

4. 火源管理

(1)仓库应当设置醒目的防火标志。进入甲、乙类物品库区的人员,必须登记,并交出携带的火种。

(2)库房内严禁使用明火。库房外动用明火作业时,必须办理动火证,经仓库或单位防火负责人批准,并采取严格的安全措施。动火证应当注明动火地点、时间、动火人、现场监护人、批准人和防火措施等内容。

(3)库房内不准使用火炉取暖。在库区使用时,应当经防火负责人批准。

(4)防火负责人在审批火炉的使用地点时,必须根据储存物品的分类,按照有关防火间距的规定审批,并制定防火安全管理制度,落实到人。

(5)库区以及周围 50 m 内,严禁燃放烟花爆竹。

5. 器材管理

(1)仓库应当按照国家有关消防技术规范,设置、配备消防设施和器材。

(2)消防器材应当设置在明显和便于取用的地点,周围不准堆放物品和杂物。

(3)仓库的消防设施、器材,应当由专人管理,负责检查、维修、保养、更换和添置,保证完好有效,严禁圈占、埋压和挪用。

(4)甲、乙、丙类物品国家储备库、专业性仓库以及其他大型物资仓库,应当按照国家有关技术规范的规定安装相应的报警装置,附近有公安消防队的宜设置与其直通的报警电话。

(5)对消防水池、消火栓、灭火器等消防设施、器材,应当经常进行检查,保持完整好用。地处寒区的仓库,寒冷季节要采取防冻措施。

(6)库区的消防车道和仓库的安全出口、疏散楼梯等消防通道,严禁堆放物品。

六、仓库安全防火工作要点

(1)仓库的安全消防工作要依法办事,根据企业法人是第一责任人的规定,遵循“谁主管谁负责”的原则,成立安全消防委员会(领导小组),全面负责仓库的消防安全工作。

(2)建立以岗位责任制为中心的三级防火责任制,把安全消防工作具体落实到各级组织和责任人。

(3)建立健全各工种的安全操作制度和安全操作规程,特别是各种用电设备的安全作业规程,经常进行安全教育,坚持做到职工考核合格、持证上岗。

(4)定期开展防火灭火的消防安全检查,消除各种火灾隐患,落实各项消防措施,及时处理各类事故。

【拓展知识】

1. 常规的灭火方法

(1)抑制灭火法

抑制灭火法就是灭火剂参与到燃烧反应过程中去,使燃烧过程中产生的游离基消失,而形成稳定分子或低活性的游离基,使燃烧反应因缺少游离基而停止的一种灭火方法。

(2)冷却灭火法

冷却灭火法就是将灭火剂直接喷射到燃烧物上,以增加散热量,降低燃烧物的温度于燃点以下,使燃烧停止;或者将灭火剂喷洒在火源附近的物体上,使其不受火焰辐射热的威胁,避免形成新的火焰的一种灭火方法。

(3)隔离灭火法

隔离灭火法就是将火源处或其周围的可燃物质隔离或移开,导致燃烧因缺少可燃物而停止的一种灭火方法。具体如将火源附近的可燃、易燃、易爆和助燃物品搬走；关闭可燃气体、液体管路的阀门；设法阻拦流散的液体；拆除与火源毗连的易燃建筑物等。

(4)窒息灭火法

窒息灭火法就是阻止空气流入燃烧区或用不燃物质冲淡空气，使燃烧物质得不到足够的氧气而熄灭的一种灭火方式。如用不燃或难燃物捂盖燃烧物，将水蒸气或惰性气体灌注容器设备，封闭起火的建筑、设备的孔洞等。

想一想：遇到不同形式火灾时，应该如何正确选择灭火方法？

2. 仓储安全事故

仓储安全事故是指仓储企业在仓储作业中，因违反仓储管理规范(制度)、技术规范(规程)，或因责任心不强、管理不善，发生的仓储品损失、财产损失和人身伤害事故。

(1)仓储安全事故的特点

①多因违反制度、规程，或责任心不强、管理不善造成。

②因事故大小不同，补救难度、时间及经济损失都有所不同。

③危险物品仓库火灾危害大，施救难度大，极易造成伤害事故。

④仓库安全事故同经济社会发展有密切关系。

(2)常见的仓储安全事故及处理方法

常见的仓储安全事故包括火灾、洪涝灾害、地震灾害、仓库被盗、停电、安全防范设备故障、农药泄漏、雷击灾害、库存商品发生霉变等，各种安全事故的处理方法要根据安全事故的具体情况而定。

【素养涵育】

致敬灭火英雄　感受中国力量

2022年8月，重庆由于高温干旱，多地发生山火。各方力量共同努力，最终重庆仅用了9天就扑灭全部火场明火。这次重庆山火救援，被网友称为“史诗般的救火”——在山火肆虐的危难时刻，灭火英雄们逆行而上，来自甘肃、四川、云南的森林消防队员以及武警官兵、民兵等各方救援力量，共计2万多人协同作战；重庆2 000多名“摩托骑士”飞奔在陡峭山路，那些平日里人们眼中少不经事的毛头小伙、“重庆崽儿”背着背篓一路疾驰，协助运送人员、物资，成为不可或缺的救火力量；不能上前线的市民在后方做好热粥、肉菜、饺子，一分钱不收地送给山上最需要的人……每个人都义无反顾，众志成城，汇聚起感动整座城市的温暖和力量。

一首老歌唱道“灿烂星空，谁是真的英雄？平凡的人们给我最多感动。”面对无情山火、面对洪水肆虐、面对疫情来袭，从没有人是“孤勇者”，万众一心、众志成城，不畏艰难、守望相助的伟大精神，一直并将继续在中国大地绵延。这就是伟大的、无坚不摧的中国力量。

上下同心者胜，同舟共济者赢。前进的征程上，无论遇到什么样的风险和挑战，只要把亿万人民的智慧和力量凝聚在一起，我们的力量将无坚不摧，我们的事业将无往不胜！

想一想：什么是中国力量？

【课后测试】

一、填空题

1. 火的发生必须具备________、________、________三个要素。

2. 一般仓库内火势蔓延均经历________、________、________、________四个阶段。
3. 将可燃物减少、隔离的方法，称为________灭火法。
4. 仓库的防火设施主要为________、________、________。
5. 消防组织主要包括________、________、________三类。

二、简答题

1. 常见的火灾隐患有何分类？
2. 仓库安全防火工作要点有哪些？
3. 仓库储存有哪些防火注意事项？

【练习巩固】

请认真学习《仓储场所消防安全管理通则》(XF 1131—2014)，并回答该行业标准对实现仓储科学管理和提高仓储管理效率的作用。

【任务评价】

<table>
<tr><th colspan="2" rowspan="2">评价内容</th><th rowspan="2">总分值</th><th rowspan="2">分值</th><th rowspan="2">评价标准</th><th colspan="5">评价分值</th></tr>
<tr><th>教师评价</th><th>小组互评</th><th>小组自评</th><th>教学平台评价</th><th>综合评价</th></tr>
<tr><td rowspan="2">课前</td><td>知识学习</td><td rowspan="2">20</td><td>10</td><td>能完成课前学习</td><td></td><td></td><td></td><td></td><td></td></tr>
<tr><td>课前测试</td><td>10</td><td>能完成全部测试</td><td></td><td></td><td></td><td></td><td></td></tr>
<tr><td rowspan="5">课中</td><td rowspan="4">技能评价</td><td rowspan="5">60</td><td>10</td><td>能正确说出仓库防火管理的主要措施</td><td></td><td></td><td></td><td></td><td></td></tr>
<tr><td>10</td><td>能正确说出仓库防火常用设施</td><td></td><td></td><td></td><td></td><td></td></tr>
<tr><td>10</td><td>能分析仓库防火存在的问题</td><td></td><td></td><td></td><td></td><td></td></tr>
<tr><td>20</td><td>能制订仓库防火的具体措施</td><td></td><td></td><td></td><td></td><td></td></tr>
<tr><td>课堂表现</td><td>10</td><td>①课堂态度端正，积极参与活动，团队协作能力强；
②能灵活应用知识和技能、自主探究、协作完成任务；
③能熟练运用信息化技术手段和工具分析解决问题；
④出勤签到</td><td></td><td></td><td></td><td></td><td></td></tr>
<tr><td rowspan="2">课后</td><td>练习巩固</td><td rowspan="2">20</td><td>10</td><td>完成结果质量高，符合要求</td><td></td><td></td><td></td><td></td><td></td></tr>
<tr><td>课后测试</td><td>10</td><td>完成课后测试题</td><td></td><td></td><td></td><td></td><td></td></tr>
<tr><td colspan="5">合　计</td><td></td><td></td><td></td><td></td><td></td></tr>
</table>

注：“教学平台评价”栏可根据实际教学需求选用。

【案例阅读】

仓库火灾警示

20××年7月，吉林省某仓库发生火灾，造成15人死亡、25人受伤，建筑物过火面积6 200 m^2，直接经济损失3 700万元左右。

事故起火原因：仓库上部照明线路漏电击穿其穿线蛇皮金属管，引燃周围可燃材料。

火灾蔓延扩大原因:该仓库违规进行改扩建及采用可燃材料装修屋顶。

该仓库顶棚内保温工程材料提供者及施工负责人违反相关法律法规,无防水防腐保温工程专业承包资质承揽该仓库顶棚内保温工程,在施工过程中,违反国家工程建设消防技术标准强制性条款,采用违规材料作为保温材料,未核查其燃烧性能等级,同时未做防火保护层,致使火灾发生后火势迅速蔓延,涉嫌重大责任事故罪,建议由公安机关调查处理。

想一想:仓库防火与遵章守规有何关系?

学习记录单

学生任务分配表			
小组名称		组　　长	
小组成员及分工	姓　　名	学　　号	任务分工

学习过程
课前：收集相关资料，做好预习，并完成课前测试。 1. 测试成绩：________ 2. 学习记录
课中：按照任务实施要求，完成任务学习。 1. 任务实施记录 2. 任务实施总结
课后：完成课后测试及练习巩固作业，诊断得失反思改进。 1. 课后测试成绩：________ 2. 课后巩固作业记录 3. 课后反思

任务 3-2 仓库防水

【任务描述】

我国是世界上洪涝灾害多发的国家之一，大约 2/3 的国土面积上可能发生不同类型和不同程度的洪涝灾害。从古至今，人类都在防灾减灾的道路上探索着，自然灾害虽不能根治，但是通过防御，可以尽可能地减轻灾害的影响和损失。因此，每年夏季汛期来临之前，各个企业都会做好仓库的防水工作。

请制订一份普通仓库防水工作方案，以便指导企业做好汛期前的防水工作。

【任务实施】

课前：收集相关资料，做好预习，并完成课前测试（扫描二维码获取）。

课中：4～6 人分组，借助信息化技术手段，查资料并思考研讨，针对普通仓库制订一份仓库防水工作方案。

课后：完成课后测试及练习巩固作业，并整理总结学习材料，诊断得失反思改进。

课前测试

3–2

【相关知识】

仓库防水管理主要是防雨水和洪水两个方面。雨水和洪水虽然是自然现象，但是常会对货物的安全仓储带来不利影响。

一、仓库防雨

雨水是造成仓库货物损害的一个重要原因。在我国的南方地区、长江流域，雨水较为充沛，防雨水危害是一项常年的安全工作。华北和东北虽然雨水较少，但也不能放松。下雨后，仓库经常会因为建立仓库时选址有问题，或者仓库周围和库内没有合格的排水、防水设施，而仓库屋顶又多处有漏洞，导致雨水下灌，令仓库在排水、防雨上发生严重的问题，导致货物大量受损。通过迅速排水，可以消除或减少库区货物浸湿损失。

视频

仓库防雨管理

仓库的防雨工作，主要体现在以下几个方面：

1. 仓库要具有良好的排水能力

仓库建筑、货场场地都应该具有良好的排水能力，不能积水。整个库区要具有良好的、足够能力的排水沟渠网络，能保证具有一定余量的正常排水需要。同时应加强日常对排水系统的管理，随时保证排水沟渠不堵塞、不淤积。暗渠入水口一定范围内不能堆放货物和杂物。

2. 保证有足够的防雨仓库

仓库设计时就要根据仓库的定位预计所储存货物的防雨需要，建设足够的室内仓库、货棚等防雨建筑，保证怕水湿货物都能在室内仓储。

3. 做好货垛衬垫

货场堆放货物时，低洼地的仓库或者地面较低的仓库室内、雨季时仓库入口的货位，都要采用防水湿垫垛。垫垛要有足够的高度，场地垫垛为 30～50 cm，仓库垫垛为 10～30 cm。建设时应尽可能将货场建设成平台货位，高出地面 30～50 cm。

4. 及时苫盖货物

如果在货场存放需防湿的货物，在入库作业开始就要在现场准备好苫盖物料。在作业过程中出现下雨、天气不稳定等情况需停工时，作业人员离开前，都要用苫盖材料盖好货物，已堆好的货垛端头也要及时苫盖。货垛堆好后，必须苫盖妥当，堆垛作业人员才能离开。无论天气好坏，怕水湿货物都不能露天过夜。

5. 检查防水湿设施设备的完好程度

检查所有仓库库顶、装卸雨篷以往的漏雨点是否已经被有效密封；检查仓库门窗关闭后密封性是否完整；检查仓库通风设备运作是否正常；检查仓库抹布、拖把、除湿材料、防雨薄膜等工具准备是否齐全等。

6. 要有防水湿的制度和方案

要对仓库全体员工进行防雨防潮动员大会，并进行仓库防雨防潮措施方法的培训。仓库负责人要根据仓库具体情况有针对性地制定“仓库防雨防潮检查表”，每日定时安排人员检查；必须向员工通报紧急行动预案，明确分工；必须关注最新天气预报，并通报给全体员工，做好应对措施。出现较严重水湿、潮湿现象时必须及时上报。

二、仓库防洪

视频

仓储安全管理之仓库防洪管理

我国南方地区降雨量非常多，土壤多处于饱和状态，容易遇暴雨形成洪水，每年的 6、7、8 月是洪水多发期。洪水来势凶猛，破坏力非常强。因此，防止洪水灾害，确保仓库安全非常重要，具体措施如下：

1. 储备防洪物资，并积极防范

雨季应准备充足的防洪物资，例如沙子、黏土、麻袋、编织袋、木材、块石、抽水泵、照明工具、通信工具等。日常应经常性地进行防洪教育，汛期应加强值班工作。

2. 建立企业内防洪组织

仓库要有企业内部的防洪小组，实行责任制。对仓库防洪重点部位，由各单位具体负责、明确职责，使各项任务落实到人。特别是在汛期来临之前，要适时进行防洪安全教育，加强全库人员的防洪责任心。

3. 关注天气预报，多掌握信息

及时收听当地天气预报，发生异常气候时做到早预报、早准备、早防治，减少防洪措施的盲目性，减少仓库损失。

4. 防洪设施的检查与维修

每年春季当洪水到来以前，要全面检查、整治、维修、疏浚防洪设施，防洪以排为主，防排结合。库区场地和排水系统应该是重点检查对象，检查露天堆场排水明沟、雨水井是否排水畅通；检查库外排水是否畅通；检查库房防雨性能；沿海、江、河低洼地区的仓库，还应检查防洪墙、防潮门、闸门及泵站是否完好等。总之，保证排水网络能排泄暴雨，雨水可自流排出库区以外。

三、仓库防雷

下雨时，很多时候会有雷电出现。雷电是伴有闪电和雷鸣的一种放电现象。雷电一般产生于对流发展旺盛的积雨云中，因此常伴有强烈的阵风和暴雨，有时还伴有冰雹和龙卷风。雷害是仓库灾害性事故之一，仓库一旦受到雷击会造成重大损失。为避免仓库雷害发生，仓库建筑物应合理地确定其防雷类别，采取相应的防雷措施，确保仓库建筑物的安全。

视频

仓储安全管理之防雷电、防盗、防毒管理

1. 雷电的分类

雷电按传播方式分为直击雷、感应雷和雷电侵入波三种。

(1)直击雷

直击雷是云层与地面凸出物之间的放电形成的。直击雷可在瞬间击伤击毙人畜。

(2)感应雷

感应雷也称间接雷电感应或感应过电压，也可以叫做雷电的二次作用。感应雷分为静电感应雷和电磁感应雷。静电感应雷是由于雷云接近地面，在地面凸出物顶部感应出大量异性电荷所致。电磁感应雷是由于雷击后，巨大雷电流在周围空间产生迅速变化的强大磁场所致，这种电磁感应雷对建筑物内的电子设备造成干扰、破坏，又或者使周围的金属构件产生感应电流，从而产生大量的热而引起火灾。在建筑物上设置的避雷针、避雷网、避雷带只能应付直击雷，对感应雷不起作用。

(3)雷电侵入波

雷电侵入波是雷击发生时，雷电直接击中架空或埋地较浅的金属管道、线缆，强大的电流沿着这些管线迅速传播，侵入室内的雷电波。雷电侵入波可毁坏电气设备的绝缘体，易造成严重的触电事故。雷雨天室内电气设备突然爆炸或损坏，人在屋内使用电器或打电话时突遭电击身亡都属于这类事故。

2. 仓库防雷措施

(1)防直击雷

防直击雷的主要措施是在建筑物上装设独立避雷针、架空避雷线或架空避雷网，使被保护的建筑物和突出屋面的物体均处于接闪器的保护范围之内。接闪器是利用其高出被保护物的凸出地位，把雷电引向自身，然后通过引入线和接地装置把雷电流泄入大地，以此保护被保护物免遭雷击。接闪器截面锈蚀30%以上时应予更换。如果引入线断了或接地装置接触电阻太大，避雷器不但起不到防雷作用，还能吸引雷电，增大建筑物遭雷击的几率。因此，引入线应满足机械强度大、耐腐蚀和热稳定的要求，应取最短的途径，尽量避免弯曲。不得用铝线做防雷引入线。防雷接地装置电阻不得大于10 Ω。为了防止反击，必须保证接闪器(包括引入线、接地装置)与邻近的导体之间有足够的安全距离(5～10 cm)。接地装置距建筑物的出入口和人行道的距离不应小于3 m。

(2)防感应雷

为了防止静电感应雷产生的高压，应将建筑物的金属设备、金属管道结构钢筋等接地，建筑物屋顶也应接地。钢筋混凝土屋顶，应将屋面钢筋焊成6～12 m网络，连成通路，予以接地；对于非金属屋顶，应在屋顶加装边长6～12 m金属网络，并予以接地。为防止电磁感应雷，平行管道相距不到0.1 m时，每20～30 m须用金属线跨接；交叉管道相距不到0.1 m时，也应用金属线跨接；管道与金属设备之间距离小于 0.1 m 时，亦应用金属线跨接。其接地装置也可以与其他接地装置共用，接地电阻不得大于 10 Ω。

(3)防雷电侵入波

为了防雷电侵入波沿低压电线进入室内，低压线路最好采用地下电缆供电，并将电缆的金属外皮接地。采用架空线供电时，在户外装设一组低压阀型避雷器，电缆外皮并与绝缘子铁脚一起接地，冲击接地电阻不应大于 10 Ω。

为了防雷，世界各国专家都在研究消除雷击的新技术。经过多年努力，发明了一些新型装置，如高脉冲避雷针、激光避雷针等。这些新型的避雷针仍需要实践的验证。

【拓展知识】

1. 防御暴雨洪涝灾害的要点

(1)居家一族

①检查房屋，如果是危旧房屋或处于地势低洼的地方，应及时转移。

②检查电路、炉火等设施是否安全，关闭电源总开关。

③室外积水漫入室内时，应立即切断电源，防止积水带电伤人。

④提前收、盖露天晾晒物品，收拾家中贵重物品放到高处。

⑤预防居民住房发生小内涝，可因地制宜，在家门口放置挡水板或堆置沙袋。

⑥注意夜间的暴雨，提防旧房屋倒塌伤人。

⑦打雷时，要关好门窗，离开进户的金属水管和与屋顶相连的下水管等。

⑧尽量不要拨打、接听电话，或使用电话上网，应拔掉电源和电话线及电视天线等可能将雷击引入的金属导线。稳妥科学的办法是在电源线上安装避雷器并做好接地。

⑨在雷雨天气不要使用太阳能热水器洗澡。

(2)外出人群

①遇到突然的雷雨，可以蹲下，降低自己的高度，同时将双脚并拢，以减少跨步电压带来的危害。

②不要在大树底下避雨。

③不要在水体边(江、河、湖、海、塘、渠等)、洼地及山顶、楼顶上停留。

④不要手持金属物品及接打手机。

⑤不要触摸或者靠近防雷接地线，自来水管、用电器的接地线。

⑥在户外空旷的自然水域钓鱼时如遇雷雨天气，应尽快收好鱼竿到安全地带避雨，防止因鱼竿过长遭到雷电袭击。

⑦当发生溺水时，若不熟悉水性，可采取自救法：除呼救外，取仰卧位，头部向后，使鼻部露出水面呼吸，呼气要浅，吸气要深。此时不要慌张，不要将手臂上举扑动，而使身体下沉更快。

⑧在水中发生抽筋时，不要惊慌，保持镇静，停止游动，仰面浮于水面，使身体呈仰卧姿势，用手握住抽筋腿的脚趾，用力向上拉，使抽筋腿伸直，并用另一腿踩水，另一手划水，帮助身体上浮。

想一想：如何让更多的人熟知防御暴雨洪涝灾害的要点？

2. 仓储安全检查

(1)检查思想。首先，检查仓库、班组领导的安全作业的观念，是否牢固树立全体职工“安全第一”的思想；其次，检查领导是否关心职工、设备、库存商品的安全，是否坚决贯彻安全生产方针、政策和法规，是否贯彻安全教育制度；最后，检查领导是否把安全生产放到议事日程上来。

(2)检查隐患。深入仓库生产作业现场，检查生产工人的劳动条件是否符合作业规定，操作程序是否符合相应规程；各种机械设备和电气设备是否符合安全标准；商品堆放是否稳固，有无倒塌，是否符合作业要求；储油库、化工储罐、剧毒品、放射性商品是否严格管理等。

(3)检查管理。主要检查仓库作业各岗位的安全操作制度和规程是否都已建立、健全，贯彻落实的情况如何；劳动防护用品是否按规定发放，员工是否按照规定使用；各级安全生产责任制度贯彻落实的情况如何；对仓库事故、伤亡的报告、统计和处理是否按规定认真执行等。

想一想：仓库安全检查有何重要意义？

【素养涵育】

危险品仓库的防雷设计

某烟花爆竹仓库属于一类防雷建筑物，需要进行防雷设计。该仓库长 67 m，宽 22 m，高度 6.8 m。按照《建筑物防雷设计规范》滚球法，确定接闪器的保护范围最低点的高度应为 14.8 m，避雷针架设位置离开仓库外墙距离大于 3 m。为避免直击雷落到避雷针上产生高电压，减少雷电波泄放时电压升高的雷电波侧击，设计了避雷针独立接地。沿仓库外围埋设环形接地网，使所有需要接地的金属物统一进行可靠接地，因此沿建筑物外围挖不小于 0.5 m 的深沟，其距墙不小于 1 m，垂直接地体的间距设计为 5 m。根据实际情况可适当调整并避开人员出入口。为了防止雷击电磁脉冲，仓库的所有门窗都采用金属门窗进行防护。根据实际情况，窗户、通风口、铁门沿仓库外围就近与环形地网连接。为了防接触电压、跨步电压，尽量利用避雷针明敷镀锌扁铁作为防雷引下线，对外露引下线应采用穿绝缘套管方式敷设。防直击雷的人工接地体距仓库出入口或人行道不小于 3 m，当小于 3 m 时应采取防止跨步电压的防护措施之一：水平接地体水平深埋不小于 1 m，水平接地体局部应包绝缘物等。各防雷引下线处设置具有防雷标识的测试口，并在其附近树立防止行人靠近的警示牌。

想一想：危险品仓库除了在设计时做好防雷保护外，还需要采取哪些防雷措施？

【课后测试】

一、填空题

1. 雷电按传播方式分为________、________和________三种。
2. 仓库防水主要是防________、防________、防________等方面。
3. 垫垛要有足够的高度，场地垫垛为________cm，仓库防水湿垫垛也要有________cm。
4. 接闪器截面锈蚀________%以上时应予更换。

二、简答题

1. 仓库防雨工作的内容有哪些？
2. 仓库防洪工作的具体措施有哪些？

【练习巩固】

1. 每年四月份开始，南方的浙江、江苏、安徽等地便进入了梅雨季节，潮湿的空气很有可能会对仓库内的货品甚至设施设备造成破坏，如果仓管人员不及时采取措施，严重情况下可能会造成货品报废。请针对梅雨季节，制定一些仓库防潮湿的有效措施。

2. 某地三个村民在野外空旷田间地带劳作，忽遇雷暴、大雨，到一简陋的仓库避雨。仓库周围没有任何用电设施。下雨期间三人闲来无事，两人开始打电话与人聊天，结果三人同时遭遇雷击，其中两人死亡，一人脚部受轻伤。案例中三人遭雷击的原因是什么？

【任务评价】

<table>
<tr><th colspan="2" rowspan="2">评价内容</th><th rowspan="2">总分值</th><th rowspan="2">分值</th><th rowspan="2">评价标准</th><th colspan="5">评价分值</th></tr>
<tr><th>教师评价</th><th>小组互评</th><th>小组自评</th><th>教学平台评价</th><th>综合评价</th></tr>
<tr><td rowspan="2">课前</td><td>知识学习</td><td rowspan="2">20</td><td>10</td><td>能完成课前学习</td><td></td><td></td><td></td><td></td><td></td></tr>
<tr><td>课前测试</td><td>10</td><td>能完成全部测试</td><td></td><td></td><td></td><td></td><td></td></tr>
<tr><td rowspan="5">课中</td><td rowspan="4">技能评价</td><td rowspan="5">60</td><td>10</td><td>能正确说出仓库防水包括哪些方面</td><td></td><td></td><td></td><td></td><td></td></tr>
<tr><td>10</td><td>能制订仓库防雨的具体措施</td><td></td><td></td><td></td><td></td><td></td></tr>
<tr><td>10</td><td>能制订仓库防洪的具体措施</td><td></td><td></td><td></td><td></td><td></td></tr>
<tr><td>20</td><td>能制订仓库防雷的具体措施</td><td></td><td></td><td></td><td></td><td></td></tr>
<tr><td>课堂表现</td><td>10</td><td>①课堂态度端正，积极参与活动，团队协作能力强；
②能灵活应用知识和技能、自主探究、协作完成任务；
③能熟练运用信息化技术手段和工具分析解决问题；
④出勤签到</td><td></td><td></td><td></td><td></td><td></td></tr>
<tr><td rowspan="2">课后</td><td>练习巩固</td><td rowspan="2">20</td><td>10</td><td>完成结果质量高，符合要求</td><td></td><td></td><td></td><td></td><td></td></tr>
<tr><td>课后测试</td><td>10</td><td>完成课后测试题</td><td></td><td></td><td></td><td></td><td></td></tr>
<tr><td colspan="5">合　计</td><td></td><td></td><td></td><td></td><td></td></tr>
</table>

注："教学平台评价"栏可根据实际教学需求选用。

【案例阅读】

仓库防汛安全隐患排查手段

"换"：对照明设施、防汛设施、防雷设施等进行检查，发现问题及时更换。

"疏"：检查建筑物下水管道、落水管道等是否有堵塞现象，并于汛前及时组织疏通。

"挡"：对于地势明显低洼的库区，可在四周修筑挡水堤，在排水通道上修筑挡水阀，防止倒灌。

"垫"：将仓库中对水有较高敏感性的物资及纸质包装箱物资进行垫高，保证不被水浸。

"封"：将易受潮的物资进行包装密封存放。

"抽"：建议配备抽水设备，并做好排涝应急准备。

"转"：对于价值较高的物资，若本仓库地理条件或基础设施设备确实不利，建议转移到其他安全仓库进行存储，但要做好台账记录。

想一想：仓库防汛安全隐患排查有何重要意义？

学习记录单

<table>
<tr><th colspan="4">学生任务分配表</th></tr>
<tr><td>小组名称</td><td colspan="2"></td><td>组　长</td></tr>
<tr><td rowspan="7">小组成员及分工</td><td>姓　名</td><td>学　号</td><td>任务分工</td></tr>
<tr><td></td><td></td><td></td></tr>
<tr><td></td><td></td><td></td></tr>
<tr><td></td><td></td><td></td></tr>
<tr><td></td><td></td><td></td></tr>
<tr><td></td><td></td><td></td></tr>
<tr><td></td><td></td><td></td></tr>
<tr><th colspan="4">学习过程</th></tr>
<tr><td colspan="4">课前:收集相关资料,做好预习,并完成课前测试。
1. 测试成绩:______
2. 学习记录</td></tr>
<tr><td colspan="4">课中:按照任务实施要求,完成任务学习。
1. 任务实施记录
2. 任务实施总结</td></tr>
<tr><td colspan="4">课后:完成课后测试及练习巩固作业,诊断得失反思改进。
1. 课后测试成绩:______
2. 课后巩固作业记录
3. 课后反思</td></tr>
</table>

任务 3-3　仓库防毒

【任务描述】

一名仓库员工要到储存甲基苯胺的仓库做库管员。因为知道甲基苯胺受热会释放有毒气体，该名员工一直非常担心。（注：甲基苯胺是一种危险性化学品，受高热分解放出有毒气体。）

若你是该名员工的朋友，请你为他提供一些合理的仓库防毒建议。

【任务实施】

课前：收集相关资料，做好预习，并完成课前测试（扫描二维码获取）。

课中：4～6 人分组，借助信息化技术手段，查资料并思考研讨，制订一份仓库防毒的合理建议。

课后：完成课后测试及练习巩固作业，并整理总结学习材料，诊断得失反思改进。

课前测试

3–3

【相关知识】

仓库的防毒管理工作主要是指仓库储存一些危险化学品时，为了保证人员、货物等安全所做的防毒管理工作。

某些化学品因化学结构，蒸发速度和所含添加剂性质、加入量等因素的不同而具有不同程度的毒害性，一般认为芳香烃、环烷烃毒性较大；各种添加剂，如抗爆剂（四乙基铅）、防锈剂、抗腐剂等都具有较大的毒性。这些有毒物质主要通过呼吸道、消化道和皮肤侵入人体，造成人身中毒。因此，要严格遵守操作规程，避免中毒事故发生。实践证明，只要掌握各种化学品的性质，采取必要的预防措施，中毒事故是完全可以避免的。

一、尽量减少化学品蒸气的吸入量

（1）化学品库房要保持良好的通风。进入库房作业前，应先打开门窗，让化学品蒸气尽量逸散后才进入库房工作。对特殊的有毒化学品，要戴上防毒面具或穿上防毒衣服才能进入库房进行作业。

（2）存储化学品的罐、箱等设备要保持严密不漏，如发现渗漏现象应及时维修，并彻底收集和清除漏洒的化学品，避免化学品产生蒸气，加重作业区的空气污染。

（3）进入化学品罐作业时，必须事先打开入口通风，并穿戴有通风装置的防毒装备，还要配上保险带和信号绳。操作时，在罐外要有专人值班，以便随时与罐内操作人员联系，并轮换作业。

（4）清扫化学品运输罐和其他小型容器的剩余化学品时，严禁工作人员进入罐内操作；在清扫其他化学品剩余物资必须进罐时，应采取有效的安全措施。

（5）在化工品仓库刺激性气味气体扑面而来时，可用毛巾或其他针织品浸湿后捂住口鼻，最大限度地保护呼吸系统不被灼伤；应在统一指挥下进行疏散，疏散的安全点应该处于上风口，居民应逆风逃生。

二、避免口腔及皮肤与化学品接触

(1)严禁用嘴、手等直接接触有毒化学品;作业完毕后,要用碱水或肥皂洗手,未经洗手、洗脸、漱口不要吸烟、饮水和进食。

(2)不要将沾有有毒化学品的工作服、手套等带进食堂和宿舍,应放于指定的地点,并定期清洗。

三、严格按照规章制度操作

(1)对于有毒气体钢瓶和压力容器,应严格按规定存放于专门地点,用后关闭阀门开关,严禁违章操作。

(2)领取化学品时,一定要严格按照有关规定审批,对用余的化学品应及时交专门的仓库暂存。化学品领、用、剩、废、耗的数量必须做到详细记录,专人负责管理,出入库台账登记清楚、全面、准确。

四、仓库要做好防毒安全教育工作

许多中毒事故都是由于作业人员缺乏安全知识,不遵守安全操作规程和安全规章制度等造成的。因此,消除人的不安全行为,必须要加强防毒的安全教育工作。

五、仓库企业要有应急救援措施

仓库要结合实际情况,制定中毒事故应急救援预案,成立事故应急救援专业队伍,并定期组织员工进行预案的演练,提高员工的防毒意识。

【拓展知识】

1. 仓储作业防毒

《仓储业防尘防毒技术规范》(WS 712—2012)中关于仓储作业防毒的要求如下:

(1)有毒物品应仓储在阴凉、通风、干燥的场所,不得露天堆放。

(2)有毒物品仓库严禁存放其他物品,以免发生化学反应生成其他有毒有害气体。

(3)不同种类的有毒物品应当分类分项分垛存放,不得超量储存。危险程度和灭火方法不同的要分开存放,性质相抵的禁止同库混存。

(4)有毒物品的包装应当符合 GB 13690、GB 190 的规定,包装完整无损,无水湿、污染;包装材料、容器衬垫等应符合 GB 12463 的要求。

(5)有毒物品的包装应有醒目的警示标识和中文警示说明。剧毒化学品包装内应附有与剧毒化学品完全一致的化学品安全技术说明书,并在包装(包括外包装件)上加贴或者拴挂与包装内剧毒化学品完全一致的化学品安全标签。

(6)剧毒物品严禁在仓库分装,应移至毒品投料室分装,分装后再交仓库核实。分装时,作业人员必须穿戴专用服装和使用专用用具,并派专人监护;分装完毕后,一切用具必须彻底处理,作业人员必须经浴室冲洗干净后,方可离开现场。

(7)有毒物品入库后应采取适当的养护措施,在储存期内,定期检查,发现其品质变化、包装破损、渗漏、稳定剂短缺等，应及时处理。

(8)泄漏或渗漏有毒物品的储罐应及时堵漏，或迅速移至安全区域。

想一想：在仓储作业过程中，发现有毒物品有泄漏，应该如何做？

2. 仓储安全设备检查

在仓库中用于消除和监测设备不稳定的因素、保护设备及人身安全的所有设备装置称为仓库安全设备。常见的仓库安全设备主要包括火灾自动报警设备、防盗报警设备、消防器材、安全生产装备、人体防护装置等。仓库安全设备管理包括以下几个方面：

(1)合理使用设备

合理使用设备是设备安全管理中的一个重要环节。购置设备的目的是使用，机械设备只有在使用过程中才能发挥作用。机械设备使用期限的长短、生产效率和工作精度的高低，固然决定于机械设备本身的结构和性能的好坏，但在很大程度上也取决于机械设备的操作和保养情况。同样一台机械设备，如果使用合理，操作正确，就能减轻磨损，延长寿命，保持应有的精度，发挥应有的工作效率。为此在设备使用方面，应注意做好以下几个方面的工作，见表3-3-1。

表3-3-1　合理使用仓储安全设备的注意事项

项　目	注意事项
加强对操作人员的技术训练，严格考核制度	设备使用的合理与否与设备的操作者有直接的关系。要正确使用机械设备，首先必须对操作工人进行技术训练，令其会使用、会保养、会排除故障，且熟悉设备的性能。操作人员要经考核合格后，方能上岗进行单独操作，在设备作业过程中，必须严格遵守安全操作规程，并使人、机相对固定
合理安排设备工作量负荷	在安排设备工作量时，应根据设备本身的技术操作要求和任务量，经过科学计算，合理确定工作量负荷。不同的设备，其性能、结构、精度、使用范围、工作条件和能力都不相同，所以在安排工作量时，需按照设备的不同技术条件分别确定，既要充分发挥设备的效能，提高设备利用率，又要防止设备的过度疲劳和磨损，更不允许超负荷使用
建立健全设备使用与维护保养规程和制度	设备的使用和维护保养是密切相关的，合理地使用设备，实质上就是对设备的维护。要健全设备使用和维护保养规程与制度，让设备的使用和维护有制可依

(2)例行保养

设备的使用和维护保养规程是正确使用和保养好设备的重要技术措施，主要包括技术操作规程、设备维护保养制度、定人定机制度、交接班制度等。仓储安全设备维护保养项要求见表3-3-2。

表3-3-2　仓储安全设备维护保养项要求

项　目	要　求
齐备	工具、工件、附件要齐备，放置整齐；安全防护装置齐全，线路管道完整、畅通
润滑	按照规定加油、换油，润滑剂性能应符合要求
清洁	工作场所、设备内外清洁，各滑动面、齿轮、齿条等处于无尘、无油垢、无碰伤和划痕状态。设备各部分无漏油、漏水、漏气等现象
安全	实践证明，设备的寿命在很大程度上取决于维护保养的好坏。应严格按照设备操作规程使用，不允许超载运行，各种测量仪器、保护装置、机电设备和动力设备应定期进行检查固定，符合要求才能继续使用。设备的维护保养是设备自身运行的客观要求。设备在使用过程中，由于设备的物质运动，必然会产生变化，如零件磨损、零部件松动等，这些是设备的隐患，如不及时处理，就会造成设备过早损坏，甚至发生严重事故。因此，应做好设备的维护保养工作，及时地处理故障，随时改善设备的技术状况，把事故消灭在发生之前，做到防患于未然

(3)定期检修

设备的检查是对机器设备的运行情况、工作状况、磨损程度进行检查和校验。检查是设备维修中的一个重要环节。通过检查可以全面地掌握机器设备的技术状况变化和磨损情况,及时地查明和消除设备的隐患;针对检查发现的问题,提出改进设备维护的措施,有目的地做好修理前的各项准备工作,以提高修理质量,相应缩短修理时间。

设备诊断技术是设备维修和管理方面的新兴工程技术。该技术运用科学的仪器仪表和科学的方法进行检测,能够全面、准确地把握设备的磨损、老化、裂化、腐蚀的部位和程度以及其他情况。这样,就可以把设备的定期维护保养制度改为针对性很强的预防性维护保养,也就是把事后检查改为事前预防。这样做不但可以避免盲目拆卸设备而带来的损伤,还可以减少设备检修时期的经济损失。

(4)中修、大修

中修是恢复机械设备的技术性能的修理。中修需要拆卸机械设备的主要组成部分,检查、修理或更换磨损较严重的零部件。大修是彻底恢复机械设备技术性能的修理,将机械设备全部解体,彻底检查、修理和调整。此外,还有临时性修理和事故性修理。临时性修理和事故性修理是指在机械设备发生故障和事故时的修理,修理的内容和范围根据实际情况而定。

(5)设备改造与更新

设备的改造是指把科学技术的新成果应用于现有设备,以提高现有设备的现代化水平。设备的更新是指用技术上先进、经济上合理的新设备来替换不能继续使用或是经济上不宜继续使用的旧设备。在设备的更新过程中,要把购置新设备与原有旧设备结合起来。对旧设备的改造、更新,要充分利用企业设备的修理基础和力量,充分挖掘内部潜力,承担部分或全部设备的改造任务,力求少花钱、多办事,取得最大实效。同时,注意有关技术改造和设备来源,合理使用资金。

想一想:如果仓库没有仓储安全设备检查制度,可能会有什么样的后果?

【素养涵育】

安全生产勿轻视

某市夏季某日降雨达 220 mm,某生物科技有限公司原料仓库出现积水,仓库内存放的近 3 t 三氯异氰尿酸部分与水发生反应,产生氯化氢等有刺激性气味的气体。

事件发生后,该市相关领导迅速赶赴现场,与市环保局、安监局、消防支队等领导及专家组成临时指挥部调度指挥,及时启动应急预案,紧急疏散周边企业员工及居民,开展现场环境监测监控,积极组织人员科学处理仓库中的原料。由于措施得当,未发生人员伤亡及中毒事故,且后续现场监测的结果显示,下风向 150 m 以外基本无影响。相关部门最后对受潮原料进行了无害化处理。

小提示:

泄漏应急处置方法:隔离泄漏污染区,限制出入。建议应急处理人员戴防尘口罩,穿一般作业工作服,不要直接接触泄漏物。若为小量泄漏,应避免扬尘,用洁净的铲子收集于干燥、洁净、有盖的容器中;若为大量泄漏,应收集回收或运至废物处理场所处置。

想一想:仓库关于危险货物泄漏的安全措施有哪些?

【课后测试】

判断题

1. 有毒物品可以在仓库进行分装。（　　）
2. 有毒物品可以露天存放。（　　）
3. 接触有毒物品后，未经洗手、洗脸、漱口不要吸烟、饮水和进食。（　　）
4. 可以穿着沾有有毒化学品的工作服、手套等进入食堂和宿舍。（　　）

【练习巩固】

假设某仓库酒精泄漏，应该采取何种措施进行处理？

【任务评价】

<table>
<tr><th colspan="2" rowspan="2">评价内容</th><th rowspan="2">总分值</th><th rowspan="2">分值</th><th rowspan="2">评价标准</th><th colspan="5">评价分值</th></tr>
<tr><th>教师评价</th><th>小组互评</th><th>小组自评</th><th>教学平台评价</th><th>综合评价</th></tr>
<tr><td rowspan="2">课前</td><td>知识学习</td><td rowspan="2">20</td><td>10</td><td>能完成课前学习</td><td></td><td></td><td></td><td></td><td></td></tr>
<tr><td>课前测试</td><td>10</td><td>能完成全部测试</td><td></td><td></td><td></td><td></td><td></td></tr>
<tr><td rowspan="5">课中</td><td rowspan="4">技能评价</td><td rowspan="5">60</td><td>10</td><td>能正确说出仓库防毒的主要管理措施</td><td></td><td></td><td></td><td></td><td></td></tr>
<tr><td>10</td><td>能说出有毒气体泄漏后的应急措施</td><td></td><td></td><td></td><td></td><td></td></tr>
<tr><td>10</td><td>能说出仓库减少有毒气体吸入的主要措施</td><td></td><td></td><td></td><td></td><td></td></tr>
<tr><td>20</td><td>能制订简单的仓库防毒措施</td><td></td><td></td><td></td><td></td><td></td></tr>
<tr><td>课堂表现</td><td>10</td><td>①课堂态度端正，积极参与活动，团队协作能力强；
②能灵活应用知识和技能、自主探究、协作完成任务；
③能熟练运用信息化技术手段和工具分析解决问题；
④出勤签到</td><td></td><td></td><td></td><td></td><td></td></tr>
<tr><td rowspan="2">课后</td><td>练习巩固</td><td rowspan="2">20</td><td>10</td><td>完成结果质量高，符合要求</td><td></td><td></td><td></td><td></td><td></td></tr>
<tr><td>课后测试</td><td>10</td><td>完成课后测试题</td><td></td><td></td><td></td><td></td><td></td></tr>
<tr><td colspan="5">合　计</td><td></td><td></td><td></td><td></td><td></td></tr>
</table>

注：“教学平台评价”栏可根据实际教学需求选用。

【案例阅读】

危险货物泄漏

某日下午1:30左右，某村某化学科技开发中心助剂厂的车间内，输送三氧化硫的管道突然断裂，造成100多千克三氧化硫泄漏。事故发生后，该厂工人迅速从车间跑出，并赶快报警。助剂厂上空笼罩着浓重的白色烟雾，随着风缓慢地向东北方向移动，空气里充满刺鼻的味道。附近村民逆风向南走了一段距离，感觉味道不那么重了，才停下来。

想一想：案例中采取了哪些正确的防毒措施？

学习记录单

<table>
<tr><th colspan="4">学生任务分配表</th></tr>
<tr><td>小组名称</td><td colspan="2"></td><td>组　　长</td></tr>
<tr><td rowspan="7">小组成员及分工</td><td>姓　　名</td><td>学　　号</td><td>任务分工</td></tr>
<tr><td></td><td></td><td></td></tr>
<tr><td></td><td></td><td></td></tr>
<tr><td></td><td></td><td></td></tr>
<tr><td></td><td></td><td></td></tr>
<tr><td></td><td></td><td></td></tr>
<tr><td></td><td></td><td></td></tr>
<tr><th colspan="4">学习过程</th></tr>
<tr><td colspan="4">课前:收集相关资料,做好预习,并完成课前测试。
1. 测试成绩:____________
2. 学习记录</td></tr>
<tr><td colspan="4">课中:按照任务实施要求,完成任务学习。
1. 任务实施记录
2. 任务实施总结</td></tr>
<tr><td colspan="4">课后:完成课后测试及练习巩固作业,诊断得失反思改进。
1. 课后测试成绩:____________
2. 课后巩固作业记录
3. 课后反思</td></tr>
</table>

任务 3-4　仓库防盗

【任务描述】

一家仓储型物流企业刚刚成立，正在建立和完善各项规章制度。该物流企业经理非常关注企业仓库的治安保卫管理工作，担心储存物品尤其是价值高的物品被盗，给企业和客户带来损失，影响企业的声誉等。

假定你是该物流企业的经理，应该从哪些方面入手去采取措施防盗？

【任务实施】

课前：收集相关资料，做好预习，并完成课前测试（扫描二维码获取）。

课中：4～6 人分组，借助信息化技术手段，查资料并思考研讨，制订出仓库具体的防盗措施。

课后：完成课后测试及练习巩固作业，并整理总结学习材料，诊断得失反思改进。

课前测试

3–4

【相关知识】

仓库的防盗管理一般是和仓库的治安保卫工作结合在一起进行的，是仓库治安保卫工作的一部分，也是仓库的一项重要的长期性工作。仓库治安保卫管理的原则为坚持预防为主、确保重点、严格管理、保障安全和谁主管谁负责。

一、治安保卫管理组织

仓库的治安保卫管理机构由仓库的整个管理机构组成，高层领导对整个仓库的安全负全责；各部门、机构的领导是本部门的治安负责人，负责本部门的治安保卫管理工作，对本部门的治安保卫工作负责。治安保卫的职能机构协助领导管理、指导各部门的安全保卫工作，领导其执行机构。仓库的治安保卫执行机构采用由专职保卫机构和兼职安全员相结合的组织方式。仓库治安保卫组织机构如图 3-4-1 所示。

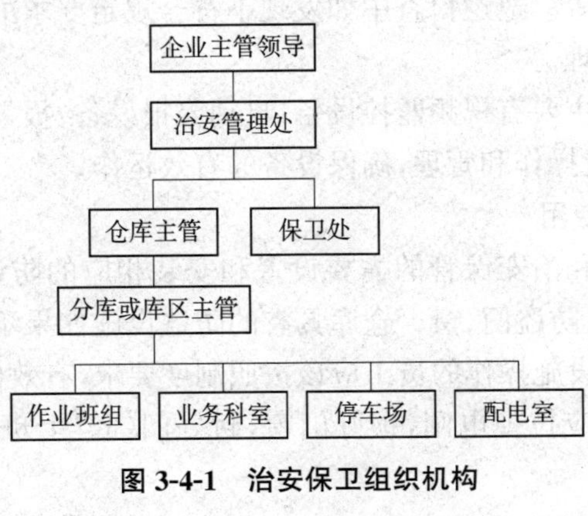

图 3-4-1　治安保卫组织机构

1. 专职保卫机构

专职保卫机构既执行整个仓库的保卫工作，同时也负责治安管理。专职保卫机构根据仓库规模的大小、人员的多少、任务的繁重程度、仓库所在地的社会环境确定机构设置、人员配备。一般设置保卫部、保卫队、门卫队等。专职保卫机构在仓库高层领导的领导下，制定仓库治安保卫规章制度、工作计划；督促各部门领导的治安保卫工作，组织全员的治安保卫学习和宣传；做好仓库内的治安管理活动，管理治安保卫的器具，管理专职保卫员工。

2. 兼职保卫机构

兼职保安员主要承担所在部门和组织的治安保卫工作，协助部门领导的管理工作，督促部门执行仓库治安保卫管理制度，组织治安保卫学习、组织各项检查工作。

二、仓库防盗措施

仓库防盗管理工作仓库需要采取强有力的措施管理防盗工作。具体的措施有：

1. 建立库区门卫制度

仓库需要通过围墙或其他物理设施隔离，设置一至两个大门。仓库大门是仓库与外界的连接门，是仓库地域范围的象征，也是仓储承担货物保管责任的分界线。大门守卫是仓库防盗的关键。仓库必须做好防盗工作，根据仓库大小设置警卫人员，负责门卫值勤工作，对出入库区的人员、车辆、商品要进行检查、验证和登记。外来人员、车辆需经相关领导或有关部门批准，并由本库人员陪同方可进入库区。夜间值班人员要做好巡逻，严防商品被破坏或被偷盗。

2. 制定仓库保密规则

对仓库工作人员应定期进行保密教育，严禁向无关人员泄露仓库性质、位置、面积、隶属关系、人员编制、储存商品的品种和供应范围等机密。仓库的各种文件、单据等应妥善保管，以防丢失。严禁在私人通信、电话或公共场所谈论仓库相关事宜。外来办公或访友人员必须在规定的范围内活动，严禁在库区内乱转。

3. 建立巡逻检查制度

巡逻检查是由专职保安员不定时、不定线、经常地巡视整个仓库区每一个位置的安全保卫工作。巡逻检查一般安排两名保安员同时进行，携带保安器械和强力手电筒。

巡逻员的主要职责是：查问可疑人员；检查各部门的防卫工作；关闭确实无人的办公室、仓库门窗、电源；制止消防器材挪作他用；检查仓库内有无发生异常现象；检查停留在仓库内过夜的车辆是否符合规定等。巡逻检查中如发现不符合规定要求的情况，应采取相应的措施处理或者通知相关部门处理。

仓库使用的防盗设施主要有视频监控设备、自动警报设备、报警设备，仓库应按照规定使用所配置的设施，专人负责操作和管理，确保设备的有效运作。

4. 防盗设施、设备的使用

仓库应根据法规规定和治安保管的需要设置和安装相应的防盗措施。仓库的防盗设施大至围墙、大门，小到门锁、防盗门、窗。仓库具有的防盗设施如果不加以有效使用，就不能实现防盗的目的。承担安全设施操作的员工应该按照制度要求，有效使用配置的防盗设施。

仓库保管人员下班时应拉掉电闸，锁好门窗，封好门锁。上班时，检查门、窗、锁有无异样，无异样方可开锁进库。

5. 实施防盗监控电子化

仓储防盗管理必须采用计算机技术和电子技术促进仓储防盗管理的科学化和现代化，依靠科技手段，提高仓库防盗水平。有条件的仓库可以建立智能防盗系统，通过防盗报警和监控系统等来实施电子化的防盗管理。

如防盗报警系统将现场视频图像或险情信号传送至主控制中心及分控室，值班管理人员在不亲临现场的情况下即可对各监察地区进行集中监视，发现情况统一调动，节省大量巡逻人员，有了良好的环境，全方位的安全保障，才能创造良好的社会效益和经济效益。

【拓展知识】

门卫安全管理制度

(1)门卫值班人员必须坚守工作岗位，文明执勤，礼貌待人。

(2)检查员工着装整齐，佩戴上岗证进入公司，不符合公司有关规定的员工一律不准进厂。

(3)门卫人员要切实做好交接班工作，制定交接班轮换制度，实行谁上班，谁负责原则。

(4)门卫人员要认真做好外来人员的查询、登记工作，若值班人员因失职行为而造成盗窃或其他案件，视情节轻重给予批评教育、扣发奖金，甚至追究行政责任。

(5)外来人员提货出厂，值班人员必须检查物资出库单或其他证明，对手续不完备者，值班人员有权拒绝出厂。

(6)当天值班人员必须自觉打扫传达室、各自哨位及周围公共场所的环境卫生，保持周围整洁，负责电话传达、信函、报刊等收发工作，做到准确、及时、不失误。

(7)生产作业时间谢绝会客，如有特殊情况，应通知本人到厂门口传达室会客。

(8)厂门口严禁设摊和乱停车辆，严禁无关人员纠集，如有以上现象应及时劝阻，对无理取闹、故意寻衅者，及时报告保卫科和有关领导予以处理。

(9)门卫人员必须时刻提高警惕，切实做好“六防”(即防爆炸、防盗抢、防火、防破坏、防诈骗、防窃密)。

(10)一旦厂区发生意外事故，门卫人员必须时刻保持大门畅通，以应急变。

想一想：仓储企业门卫工作如此重要，门卫应该具备的素质有哪些？

【素养涵育】

粮油店仓库被“两只硕鼠”偷盗30余次

20××年3月22日上午，钟女士发现粮油店仓库里的食用油明显变少了，钟女士经过清点，发现共被盗44箱花生油和部分大米、菜籽油，损失近3万元。派出所接到报警后，立即介入调查。

据调查，嫌疑人魏某几年前开始在这家粮油店工作。某一天，魏某偶然发现一把放在角落的崭新钥匙，没想到这把钥匙竟能打开仓库门。因为缺钱，魏某打起了盗窃仓库的主意，并实施了第一次盗窃。由于没人发现，魏某的胆子也越来越大，盗窃的数量和频率逐步增加，甚至叫上好友刘某共同作案。该店员里应外合，在一年内，共盗窃仓库粮油30余次，涉案金额超过40万元。

直到警方破案后，老板才知是一名店员监守自盗。得知店里出现内鬼，老板钟女士不敢相信魏某竟会做出这种事来，因为魏某是她的远房亲戚。她更没想到，由于没有具体的进出账单，一年里仓库被盗这么多次，自己却浑然不知。

想一想：该粮油店在管理上存在什么问题，作为店员，应该具备什么素质？

【课后测试】

填空题

1. 仓库的治安保卫执行机构采用由________和________相结合的组织方式。
2. 专职保卫机构一般设置________、________、________等。
3. 仓库的防盗设施大到________和________，小到________、________、________。

【练习巩固】

请为你熟知的一家仓库制订一份简单的防盗工作方案。

【任务评价】

<table>
<tr><th colspan="2" rowspan="2">评价内容</th><th rowspan="2">总分值</th><th rowspan="2">分值</th><th rowspan="2">评价标准</th><th colspan="5">评价分值</th></tr>
<tr><th>教师评价</th><th>小组互评</th><th>小组自评</th><th>教学平台评价</th><th>综合评价</th></tr>
<tr><td rowspan="2">课前</td><td>知识学习</td><td rowspan="2">20</td><td>10</td><td>能完成课前学习</td><td></td><td></td><td></td><td></td><td></td></tr>
<tr><td>课前测试</td><td>10</td><td>能完成全部测试</td><td></td><td></td><td></td><td></td><td></td></tr>
<tr><td rowspan="5">课中</td><td rowspan="4">技能评价</td><td rowspan="5">60</td><td>10</td><td>能正确说出仓储企业保卫管理组织机构</td><td></td><td></td><td></td><td></td><td></td></tr>
<tr><td>10</td><td>能画出保卫组织机构图</td><td></td><td></td><td></td><td></td><td></td></tr>
<tr><td>10</td><td>能说出仓库防盗常用的措施</td><td></td><td></td><td></td><td></td><td></td></tr>
<tr><td>20</td><td>能制订一份基本的仓库防盗工作方案</td><td></td><td></td><td></td><td></td><td></td></tr>
<tr><td>课堂表现</td><td>10</td><td>①课堂态度端正，积极参与活动，团队协作能力强；
②能灵活应用知识和技能、自主探究、协作完成任务；
③能熟练运用信息化技术手段和工具分析解决问题；
④出勤签到</td><td></td><td></td><td></td><td></td><td></td></tr>
<tr><td rowspan="2">课后</td><td>练习巩固</td><td rowspan="2">20</td><td>10</td><td>完成结果质量高，符合要求</td><td></td><td></td><td></td><td></td><td></td></tr>
<tr><td>课后测试</td><td>10</td><td>完成课后测试题</td><td></td><td></td><td></td><td></td><td></td></tr>
<tr><td colspan="5">合　计</td><td></td><td></td><td></td><td></td><td></td></tr>
</table>

注："教学平台评价"栏可根据实际教学需求选用。

【案例阅读】

仓库管理混乱

某企业在年底盘点仓库时发现，原材料仓库的铜制品大量被盗。该企业报警后，经调查发现，该仓库是一个开放型的场所，里面没有任何的防盗措施，并且在休假的时候处于无人看守状态，工厂也没有保安值班。所以，什么时候丢失的铜都不知道。

想一想：该仓库在防盗管理上有何缺陷？

学习记录单

学生任务分配表					
小组名称				组　长	
小组成员及分工	姓　名	学　号	任务分工		

学习过程

课前:收集相关资料,做好预习,并完成课前测试。

1. 测试成绩:____________

2. 学习记录

课中:按照任务实施要求,完成任务学习。

1. 任务实施记录

2. 任务实施总结

课后:完成课后测试及练习巩固作业,诊断得失反思改进。

1. 课后测试成绩:____________

2. 课后巩固作业记录

3. 课后反思

模块二

仓储作业管理

- 仓储作业管理
  - 项目四　入库作业
    - 任务4-1　入库准备
    - 任务4-2　入库接运
    - 任务4-3　入库验收
    - 任务4-4　入库上架
  - 项目五　在库作业
    - 任务5-1　货物堆码与苫垫
    - 任务5-2　货物保管保养
    - 任务5-3　货物盘点
    - 任务5-4　库存控制
    - 任务5-5　流通加工
  - 项目六　出库作业
    - 任务6-1　出库流程及订单确认
    - 任务6-2　拣选及补货作业
    - 任务6-3　退货及出库问题处理

项目四
入库作业

仓储管理对于企业的正常运行、物资利用、物资保管等有非常重要的作用，因此做好仓储管理工作，对企业的正常运作起到不可低估的决定性作用。入库作业是仓储作业管理的第一步，通过学习入库作业管理，构建对入库作业管理的认知结构和技能基础。

学习目标

素养目标

- 培养敬业精神、安全意识、节约意识和劳动意识
- 培养团队协作能力和沟通意识
- 培养分析问题、解决问题的能力
- 培养精益求精的工匠精神
- 培养吃苦耐劳的优良品质

知识目标

- 掌握入库作业的准备知识
- 掌握入库作业的接运知识
- 掌握入库作业的堆码卸货知识
- 掌握入库作业的验收知识
- 掌握入库作业的上架知识

技能目标

- 能够完成货物的入库准备工作
- 能够完成货物的入库接运工作
- 能够完成货物的入库堆码卸货工作
- 能够完成货物的入库验收工作
- 能够完成货物的入库上架工作

任务 4-1　入库准备

【任务描述】

M 仓储公司是一家民营大型仓储公司，主营业务为仓储服务，经营范围覆盖全国大部分地区。目前 M 仓储公司在河北省各地设立物流中心，该物流中心主要开展除易燃易爆危险品、有毒物品、生鲜货品外的普通商品的存储、保管、装卸搬运、市内配送、市内接货和物流信息处理等业务。

20××年 4 月 1 日，Q 公司有一批空调需要仓储服务，该批空调型号为 KFR-35GW/NhPaB1W，外机 900 mm×575 mm×350 mm，挂机 900 mm×290 mm×202 mm，共计 1 000 套，纸箱包装，外机质量 32 kg，挂机质量 11 kg，堆码极限为外机 5 层，挂机 5 层。Q 公司计划直接将货送到 M 仓储公司仓储，预计入库时间为 20××年 4 月 8 日 13:30。空调的货品编码为 202019780001，批号为 2020050000。

请为该批货物做好入库准备工作。

【任务实施】

课前：收集相关资料，做好预习，并完成课前测试（扫描二维码获取）。

课前测试

4-1

课中：4～6 人分组，借助信息化技术手段，查资料并思考研讨，编制入库作业计划方案。

课后：完成课后测试及练习巩固作业，并整理总结学习材料，诊断得失反思改进。

【相关知识】

一、入库作业流程

视频

入库作业流程（上篇）

入库作业也叫收货作业，它是仓储作业的开始。入库作业是指从货物被运送到仓储中心开始，经过验单、装卸搬运、分类、编码、验收等环节，确认货物后按预定的货位储存完成入库任务的工作过程。

入库作业的主要任务是清点货物的数量、检查货物的质量、合理组织各种收货手续与程序，分清厂家、运输部门及仓储部门之间的责任。入库的工作质量，直接影响到货物的储存保管以及出库作业等工作的顺利进行。

入库作业的基本流程如图 4-1-1 所示。

二、入库申请

视频

入库作业流程（下篇）

1. 入库申请流程

入库申请是存货人对仓储服务产生需求，并向仓储企业发出的需求通知。书面入库申请就是填制入库通知单。当仓储业务部门收到存货人的入库通知单后，要对此项业务进行分析评估，包括到货日期、物品属性、包装、数量、存储时间及本企业的接卸货能力、存储空间等。当分析评估后认为此业务本企业难以承担，业务部门可与存货人就存在的问题进行协商，如协商难以达成一致，则可拒绝此项业务；

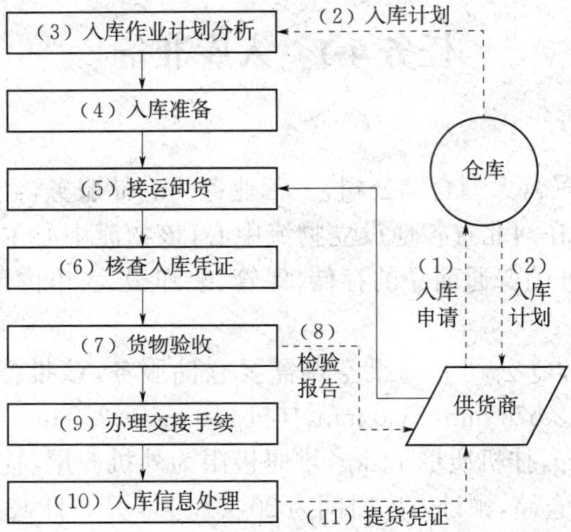

图 4-1-1　入库作业的基本流程

当分析评估后认为此业务完全符合本企业的业务范畴，则业务部门根据入库通知单制定入库作业计划，分别发给存货人和本企业仓储部门。发给存货人的入库作业计划作为存货人入库申请的确认，发给本企业仓储部门的入库作业计划作为生产计划，仓储部门按照计划依次进行生产准备。

入库申请流程如图 4-1-2 所示。

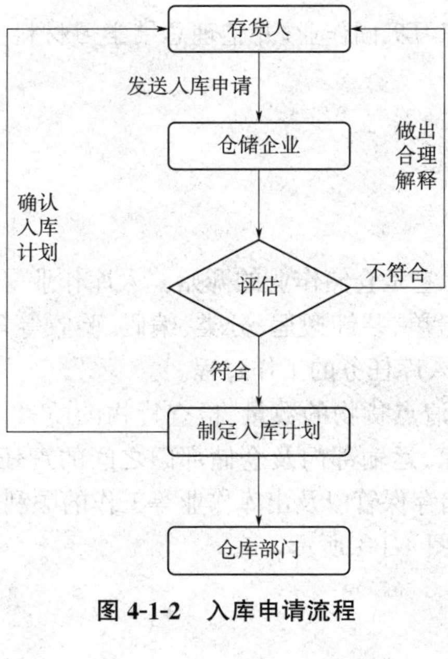

图 4-1-2　入库申请流程

2. 入库通知单

书面入库申请为入库通知单，它是存货人（客户）给仓储企业的一个客户委托，即向仓储企业提出入库申请的书面形式。一般入库通知单是客户或客户委托方为入库任务下达单位，根据仓储协议，在一批货物由司机送达仓库前下达给仓库，其仅仅起到预报入库信息的作用。入库通知单的内容主要包括物品名称、属性、包装材质及规格、单价、数量、重量、申请入库时间、存储时间、存放要求等信息。

存货人入库申请的形式有多种，主要有向仓储公司打电话申请、到仓储公司相应网络平台申请、应用仓储公司软件申请等。如果电话申请，仓储公司业务受理人员要根据存货人电话内容填制入库通知单；如果其他形式申请，存货人按要求自行填制入库通知单。

3. 评估入库通知单

收到入库通知单后，仓储公司要评估入库通知单，并做出决策：

（1）如果不能满足存货人的仓储需求，那就拒绝提供仓储服务，并向存货人做出合理解释。

（2）如果能满足存货人的仓储需求，就要填制入库计划单，确认入库计划，告知存货人，并同时通知仓库业务部门，准备制定入库作业计划方案。

需要说明的是，如果入库通知单上个别条件不能满足，可以与存货人协商，如果能达成一致意见，同样可以评估通过，接着制定入库计划。如入库通知单要求20××年3月5日到货入库，但是仓储公司评估后发现，3月7日后才能有空余货位储存该批货物，此外其他条件均能满足。经过与存货人协商，入库时间延后2 d。所以，填制入库计划表时，预计入库时间填写3月7日。

因此，评估入库通知单的结果如下：

（1）做出合理解释，拒绝提供仓储服务。

（2）接收入库通知单，根据与存货人协商结果，填制入库计划表。如果无须协商，入库计划表内容与入库通知单内容一致；如果需要协商，按照达成一致的结果填制入库计划。

【例4-1-1】 入库申请案例

根据有关仓储合同，A物流公司将为客户B商贸公司存储一批物资，请编制入库通知单。

【解】 编制入库通知单见表4-1-1。

表4-1-1　入库通知单

入库通知单编号：R20220401078			计划入库时间：2022年4月15日		
序号	商品名称	包装规格（长×宽×高）/mm	单价/（元·箱$^{-1}$）	重量/kg	入库箱数/箱
1	××油炸花生	395×245×265	180	30	10
2	××奶粉	325×245×125	890	40	25
3	X饼干	245×235×145	245	2	18
4	Y饼干	455×245×200	324	3	36
5	××方便面	595×320×320	80	3	60
6	××瓜子	595×395×375	195	10	32
7	××板栗	330×235×265	268	15	50
存货人：					

第一步：评估入库通知单。当A物流公司业务部门收到B商贸公司的入库通知单后，要对入库商品进行分析评估，包括到货日期、物品属性（本案例中主要是食品）、包装规格、入库数量、存储时间以及本企业的接卸货能力、存储空间、温湿度控制能力等方面。

第二步：制定入库作业计划。结合入库通知单的商品详情与本企业的存储现状分配储位，进行入库任务的人力资源安排，并将计划一式两份，分别发送给B商贸公司和本企业的仓储作业部门。

第三步：发给存货人B商贸公司的入库作业计划是作为对存货人入库申请的确认，发给本企业仓储作业部门的入库作业计划作为仓储作业部门的入库准备依据。

三、入库作业计划的编制

1. 影响入库作业的因素分析

货物入库作业是仓储作业管理的第一步，也是仓储作业管理关键的环节，直接关系到后面的在库、卸货、分类、物品点验、签发入库凭证、入库堆码、登记入账、产生提货凭证等环节。对这些作业活动必须进行合理的安排和组织。

在进行入库作业组织与计划时，应首先了解影响入库作业的主要因素。

(1)供应商的送货方式

仓储作业的入库组织与计划需要考虑供应商的送货方式，需考虑供应商的以下信息：

①平均每天送货的供应商数量及最大数量。

对仓库入库作业影响最大的就是平均每天送货的供应商数量和一天中来送货的供应商的最大数量。每天送货的供应商越多，入库物品的数量和品种就越多越复杂，这样入库作业的其他环节工作量就会相应增加。如果每天送货的供应量数量非常不稳定，入库作业人员以及设备、设施、器具的安排则不能单纯以平均数为依据，否则会造成不平衡的状况，即忙时仓库服务水平降低(如送货车辆排队等货时间过长)，闲时人员设备的劳动生产率降低(如部分人员设备的闲置)。所以，入库作业要充分考虑到每天送货的供应商的数量和均衡性，以做到资源配置的合理性与经济性。

②送货的车型及车辆台数。

送货的车型主要影响卸货站台的合理安排与利用及卸货方式，车辆台数直接影响作业人员的配置和作业设备、作业方式的选择。

③每台车平均卸货的时间。

每台车平均卸货的时间关系到入库作业的效率，每台车平均卸货的时间越短，服务水平就越高，而设施设备的自动化、机械化的程度要求就越高。

④物品到达的高峰时间。

作业人员轮班轮岗要根据物品到达的高峰时间来制定，要根据不同班次的作业人数来合理安排作业人员的作业量和劳动强度的均衡性，这样可以降低成本，保证服务水平。

⑤货物的装车方式。

货物的装车方式主要影响卸货的方式和方法。如果货物散装形式，在卸车时要充分利用货物自身的重力；如果是经过配装的件杂货形式，卸车时主要以人工为主，采用不落地的装卸搬运方式，以降低作业强度；如果货物是单元形式，则尽可能选择机械作业方式。

⑥中转运输的转运方式。

直达转运、储存分拣转运、流通加工转运、投机转运等方式都属于中转运输的转运方式，不同的转运方式入库作业量和作业方式有很大的不同。

直达转运即物品不经过卸车入库等环节，留在运输工具上按客户要求的时间、地点直送客户手中的转运方式。

直通转运即在仓库的站台上卸货不经入库环节，而直接转换运输方式或运输工具送达客户手中的转运方式。

储存分拣转运即货物抵达仓库时货物的去向信息不明，要先经过验收、装卸搬运、入库堆存、理货等作业，等候客户下达指令（出库单、订单等），然后按客户要求经过分拣环节送抵客户的转运方式。这是一种最典型的转运方式，工作量较大且涉及的设施、设备复杂。

流通加工转运即货物抵达仓库后，经过卸货、验收、搬运、分拣（按加工工艺）、加工、再分拣（按客户、流向、理化性质）等作业环节后送到客户手中的转运方式。

投机转运即囤积货物待货物价格达到期望目标时再经过验收、装卸搬运、入库堆存、理货等作业，根据客户下达的指令（出库单、订单等），按客户要求送到目的地的转运方式。这种转运方式虽然货物的去向不明，但目的明确，就是要通过囤积来获取超额利润。

不同中转运输方式的特点见表 4-1-2。

表 4-1-2　不同中转运输方式的特点

中转方式	特　点
直达转运	不卸车　不入库
直通转运	卸车　不入库
储存分拣转运	卸车　入库　存储　分拣　出库
流通加工转运	卸车　分拣　加工　出库
投机转运	去向信息不明　待价而沽 卸车　入库　存储　分拣　出库

(2)物品的种类、特性与数量

不同的货物入库时其接货方式、装卸搬运机械、仓储设施设备的配备、库区货物的安排、苫垫材料等都不同。物品的种类、特性与数量将直接影响到入库作业。

①每天平均送达的物品品种数。

货物的品种不同，其物理、化学性质就不同，其入库作业方式就不同。货物的品种越多，其物理化学性质差异就越大。所以平均每天送达的货物品种会对接货方式、装卸设备机械、仓储设施设备的配备、库区货位的确定与分配、苫垫材料的选择等作业环节产生较大的影响。

②单位货物的尺寸及重量。

单位货物的尺寸小，重量轻且未单元化，入库时一般采用人工作业或人工辅助机械作业，上架储存；单位物品的尺寸大、重量高，则宜采用机械化装卸作业，堆码存储；若货物之间的尺寸重量差异过大，势必会对库区货位的确定造成影响。因此，单位货物的尺寸及重量对装卸搬运、堆码上架、库区货位的确定等作业都会产生很大的影响。

③货物包装形态。

货物的包装可以是散装形式、件杂货形式，也可以是单元化形式（托盘化、集装化），不同的包装形式对装卸搬运工具与方式、库区货位的确定、堆存状态等有不同的要求。箱装货物如图 4-1-3 所示。

④货物的保质期。

货物的保质期不同,在库能够保存的日期就不同,保质期短的货物入库存储宜选用重力式货架,以严格保证“先进先出”,以延长货物后续的销售周期和消费周期。

⑤装卸搬运方式。

不同的装卸搬运方式会影响到入库作业的效率,应该根据货物的情况经济合理地选择适合的装卸搬运方式,提高入库作业效率。

图 4-1-3　箱装货物

(3)仓库设备及存储方式

仓库设备先进,就可以实现机械化、自动化,并使用仓库利用率较高的货架存储货物,从而使仓储作业效率提高;仓储设备落后,就只能是人工操作,基本不能利用过多的货架存储货物,因此仓储的利用率会降低,作业效率也会降低。仓储设备(叉车、传送带、货架等)会影响货物的存储方式,从而影响到仓储作业的效率。

2. 编制入库作业计划

(1)计划内容

存货人在储存货物之前,会以仓储合同或保管合同的形式将其存放货物的种类、规格、数量、性质、入库时间、保管时间、保管条件等信息明确告知仓储部门。随后,仓库计划人员对其进行分析,编制具体的入库作业计划,说明作业程序与内容,并及时通知各部门做好相应的准备工作,以保证入库的顺利进行。

入库作业计划是存货人发货和仓库部门进行入库前准备的依据,它是指仓库部门根据本部门和存货人等外部实际情况,权衡存货人的需求和仓库存储的可能性,通过科学预测,提出在未来一定时期内仓库要达到的目标和实现目标的方法。入库作业计划内容主要包括:

①货物名称、品种、规格、数量、包装形式。

②货物入库的时间。

③预测车辆到达时间及送货车型。

④计划车辆停靠位置。

⑤计划货物临时停放地点。

⑥接运方式、包装单元与状态、存储时间。

⑦单件体积与重量、物理、化学、生物等特性。

⑧确定入库作业的相关部门等详细信息。

因此入库作业计划是将信息进行分解,把相关信息下达到各部门,再由各部门做好入库的具体准备工作。

(2)计划编制流程

编制入库作业计划的流程如图 4-1-4 所示。

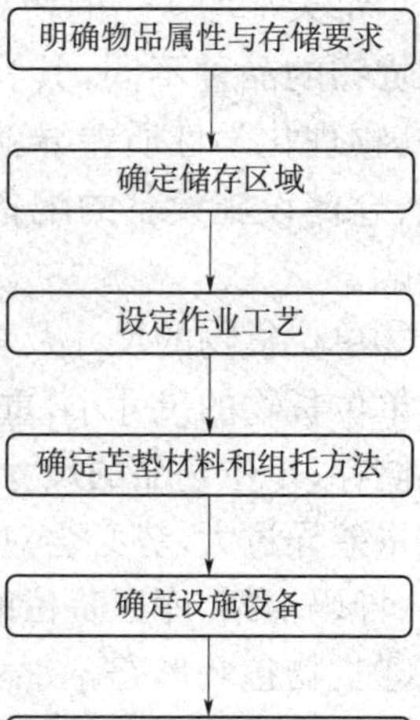

图 4-1-4　编制入库作业计划的流程

①明确物品属性及存储要求。

明确入库货物的品种、规格、数量、包装状态、单件体积、理化特性、货物到货具体时间、存期、保管要求等。货物物品属性分类见表 4-1-3。

表 4-1-3　物品属性分类

分类标准	类别名称	内　　容
货物的装运方式	散装货物 （散货）	指以重量承运，无标志、无包装、不易计算件数的货物。一般批量较大，种类较少。散装货物按其形态可分为如下两类： ①散装固体货，如化肥、水泥、矿石、煤等 ②散装液体货，如石油以及油制品、动植物油等
	件装货物 （件货）	指以件数和重量承运，一般批量较小，票数较多，包装、标志不一，性质各异的货物。按包装特点可分为包装货物和裸装货物： ①包装货物，即装入各种材料制成的容器或捆扎的货物，如袋装货物、桶装货物、捆装货物等 ②裸装货物，即在运输中不加包装（或简易捆束），而在形态上却自成件数的货物，如汽车、电线杆等
清洁程度	清洁货物	指在运输中本身不易变质，外观清洁干燥，对其他货物无污染，且本身不能被污染的货物，如茶叶、棉毛织品等
	污秽货物	又称污染货、脏货，指在装卸运输中因本身无包装或包装不良，受损时对其他货物容易造成污染损害的货物，包括： ①易扬尘货物，如水泥、矿粉等 ②易潮解货物，如糖、盐、化肥等 ③易融化货物，如松香、石蜡、肥皂等 ④易渗油货物，如煤油、豆饼、小五金等 ⑤易渗漏货物，如酒、蜂蜜等 ⑥散发强烈异味货物，如氨水、油漆等 ⑦带病虫害货物，如未经消毒的生牛羊皮、破布、废纸等
装运要求	普通货物	指除危险货物、鲜活货物以及其他因本身性质，而在装卸和积载方面有特殊要求的特殊货物外的一般货物的统称
	特殊货物	也称特种货物，指货物的本身性质、体积、重量和价值等方面具有特别之处，在积载和装卸保管中需要采取特殊设备和措施的各类货物，包括： ①危险货物：指具有燃烧、爆炸、腐蚀、毒害和放射射线等性质，在运输中能引起人身伤亡、财产毁损的货物，如黄磷、硝酸、氰化钠等 ②贵重货物：指本身价值很高的货物，如金银、玉器首饰、历史文物、名贵药材、高级仪器和电器等 ③笨重长大货物：指单件重量、长度超过一定限量的货物，如机车头、成套设备、钢轨等 ④易腐货物：又称鲜货，是指在常温条件下，容易腐败变质的货物，如新鲜的肉、鱼、乳、果、菜等 ⑤冷藏货物：指使用冷藏船、舱、箱、车在指定的低温条件下运输的货物，主要是易腐货物 ⑥有生动植物货物：又称活货，是指在运输过程中，仍需不断照料，维持其生命和生长机能，不使其发生枯萎、患病或死亡的动植物货物，如蜜蜂、禽畜、鱼苗以及树苗、盆景、花卉等 ⑦涉外货物：是指外交用品，如外国驻华使领馆、团体和个人的物品，以及国际礼品、展览品等物资的统称 ⑧拖带运输货物：是指不便于装载在船舶上运输，较适于经编扎在水上推载运输的货物，例如竹、木排、浮物、船坞等

续上表

分类标准	类别名称	内　　容
成组装货物类	托盘货物	指若干包件货物集合放在一个货盘上，用塑料薄膜等材料连同货盘一起形成一个装运单元进行运输的货物。托盘货物种类广泛，凡件货都可以归类于托盘货物
	网络货物	指使用宗绳或尼龙绳、钢丝绳等编制的网络所承装的货物，以一网络为运输单元。货类有散装货、件装货等，如生铁、大米等
	集装袋货物	指装入可折叠的涂胶布、树脂加工布等软材料所制成的大型袋子的货物。集装袋货类广泛，尤其适于粉粒体货物，如矿砂、水泥、纯碱等
	集装箱货物	指装入集装箱内进行运输的货物。集装箱货类有散装货、件装货。按货物性质和形态，可选用通用集装箱或特种集装箱装运。按装运方式可采用整箱货和拼箱货装运
货物自然特性	吸湿性货物	指能吸收空气中水蒸气或水分的货物，如茶叶、香烟、糖等
	热变性货物	指环境超过一定温度时会引起形态变化的货物，如石蜡、松香、橡胶等
	锈蚀性货物	指在环境中易于生锈而毁损的金属类货物，如金属罐头食品、铁桶货、钢材等
	自热性货物	指在不受外来热源影响下会自行发热的货物，如油纸、棉花、煤炭等
	染尘性货物	指容易吸收周围环境中灰尘的货物，如纤维货物、液体货物、食品等
	扬尘性货物	指极易飞扬尘埃的货物，如矿粉、炭黑、染料等
	易碎性货物	指机械强度低，质脆易破的货物，如玻璃及其制品、陶瓷器、精密仪器等
	吸味性货物	指容易吸附外界异味的货物，如茶叶、香烟、大米等。有些吸味性货物本身还具有散味性，如烟叶、糖、咖啡等
	危险性货物	即危险货物
	冻结性货物	指在低温条件下，含有水分，易于冻结成为整块或产生沉淀的货物，如墨汁、液体西药，其受冻后会沉淀影响质量，煤炭、散盐、矿石低温时冻结成大块，造成装卸货物困难
货物储存场所	舱内货物	指装入船舱内进行运输的货物，如茶叶、食糖、棉布等
	舱底货物	又称压载货物，是指装在船舱底进行运输的货物，一般是比重较大或有污染性且都不怕压的货物，如钢材、桐油、矿石等
	衬垫货物	指耐压，可以用作衬垫的货物，如旧轮胎、板条、旧麻袋等
	填空货物	指体积小、不怕挤压，可用作填补舱内空当的货物，如藤、成捆木柴、耐火砖等
	舱面货物	又称甲板货物，是指装载在船舶没有遮蔽的甲板上的货物，一般具有不怕湿、不怕晒、不怕冻等特性，一般为经客户同意置于舱面或不适宜装在船舱内的货物，如原木、汽车、有生动植物等
	深舱货物	指装入船舶吃水最深的舱内进行运输的货物。一般为流质货物、扬尘货物，如散装货油、动植物油、水泥等
	房间货物	指装入保险房或其他小舱室内（邮件房、行李房等）进行运输的货物，如贵重货物、邮件、行李等
	冷藏舱货物	指装入冷藏舱（箱）内进行运输的货物，如冻肉、冻鱼、果蔬等
	非一船货舱货物	指装入杂货船的油柜、水柜及过道、穿堂等非舱室场所的货物，以及冷藏舱装运的非冷藏货物

②确定存储区域。

a. 选择储存方法。

物品的存放方式主要有固定货物货位储存(专仓专储)、不固定货物货位储存与分区分类储存三种,不同物品的存放方法见表4-1-4。

表4-1-4　仓库物品的存放方法

存储方式	定　义	主要区别	存储物品类型
专仓专储(固定货物货位)	在仓库中划分出专门的空间,用于专门储存、保管某一种物品。严格地区分使用,绝不混用、串用	a. 通常为专用性仓库 b. 储存物品种类少,但其数量一般较多 c. 储存的物品性质一般较特殊,不宜与其他物品混存 d. 货物的安全性高	a. 粮食、烟酒、香料等 b. 易燃、易爆、有毒的物品 c. 保存条件特殊的物品 d. 特别贵重的物品 e. 一般货源长期稳定的货物
不固定货物货位	可存放任意的货物,只要货位空闲,就可以不加分类地存放任何货物	a. 一般周转极快的专业流通仓库 b. 货物保管时间短 c. 货位杂乱存放,查找、拣选货物较麻烦,但利用计算机配合管理能充分利用仓容	a. 季节性货物,如农副产品、夏凉商品、冬令商品等 b. 物流量波动较大的货物
分区分类储存	将仓库划分为若干个保管区,在其中存放性质相近的物品,以便集中保管及养护	a. 通常为通用性仓库 b. 储存物品种类多,但某一类物品数量较少 c. 存储的物品具有互容性	a. 保存条件一般的物品,如纺织品、家电等 b. 保存时不会互相影响的物品,如饮料与食品、肥皂与洗发水等

根据物品的性质确定其存放方式后对于需要专仓专储的物品应该在专用仓库中为其整理出一定的区域进行存放。而对于可以分区分类存储的物品则需要根据物品的具体情况在仓库中划分出相应的区域对其进行存放。

b. 划分存储位置。

对于分区分类的储存方法,仓库管理人员需要根据物品的实际情况进行分区分类,常见的方法有以下几种,见表4-1-5。

表4-1-5　常见的分区分类方法

分类标准	内容说明
按物品的种类和性质分类储存	大多数仓库所采用的分区分类储存法。按照物品的种类及性质,将其分类存放,以便于物品的保养。将存储、保养方式相同的物品放置在同一区域,而将互相影响或保管条件相抵触的物品分开储存
按物品的危险性质分类储存	主要用于储存危险品的特种仓库。它按照物品的危险性质,对易燃、易爆、易氧化、有腐蚀性、有毒害性、有放射性的物品进行分开存放,避免互相接触,防止燃烧、爆炸、腐蚀、毒害等事故的发生
按物品的归属单位分类储存	主要用于专门从事保管业务的仓库。根据物品所属的单位对其进行分区保存,可以提高物品出入库的作业效率,同时减少差错的发生
按物品的运输方式分类储存	主要用于储存期短,而进出量较大的中转仓库或待运仓库。依据物品的发运地及运输方式进行分类保存,具体做法是先按运输方式把物品划分为公路运输的物品、铁路运输的物品,水路运输的物品,再按到达车站、港口的路线分别储存

续上表

分类标准	内容说明
按物品储存作业特点分类储存	根据物品储存作业时具体的操作方法将物品分类储存。例如，将进出库频繁、需严格按照“先进先出”的规律储存的物品存放在车辆进出方便、装卸搬运容易、靠近库门的区域；将储存期较长、不需严格按照“先进先出”的规律储存的物品储存在库房深处或多层仓库的楼上

c. 整理存储区域。

仓库管理人员要根据入库物品的品种、数量等，结合物品的存放方式，计算出该批物品占用货位的面积或空间，并在仓库中提前腾出足够的仓储面积，以便于物品的摆放。根据物品计量方法的不同，存储空间计算可以分别采用以下方法来估计，见表 4-1-6。

表 4-1-6　存储空间的计算方法

<table>
<tr><th>类　别</th><th colspan="3">存储空间计算方法</th></tr>
<tr><td rowspan="3">平置库</td><td>计重物品</td><td colspan="2">根据仓储定额计算，其计算公式为
堆码商品占用面积(m^2)＝商品到货重量(t)/该种货物的仓储定额(t/m^2)</td></tr>
<tr><td rowspan="2">计件物品
(有外包装)</td><td>货物是首次入库仓储</td><td>按照货物性质，确定货物分类，再结合平置库平面布局、物品在库时间等因素，确定存储空间</td></tr>
<tr><td>货物非首次入库仓储</td><td>要与仓库内其他货物一起进行物动量分析计算，再结合平置库平面布局、物品在库时间等因素，确定存储空间。高物动量的物品，在库时间一般较短，所以应放在离通道或库门较近的地方，如图 4-1-5 所示
货物物动量计算、存储面积计算见后续详细内容</td></tr>
<tr><td>货架库</td><td>计件物品
(有外包装)</td><td colspan="2">需明确存储位置和所需货位数量以及准备相应数量的托盘或空间
货物物动量计算、货位数量计算见后续详细内容</td></tr>
</table>

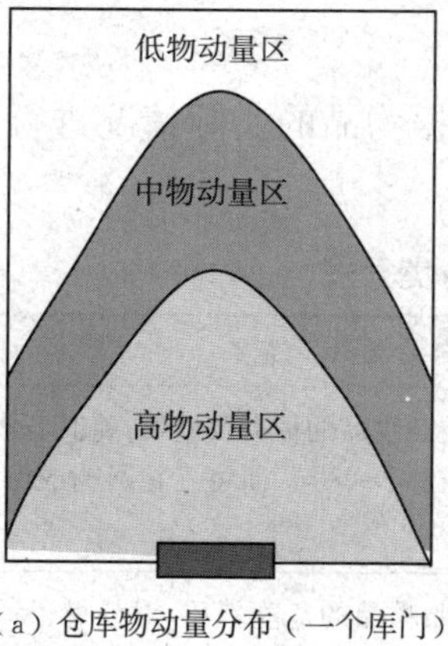

(a) 仓库物动量分布（一个库门）

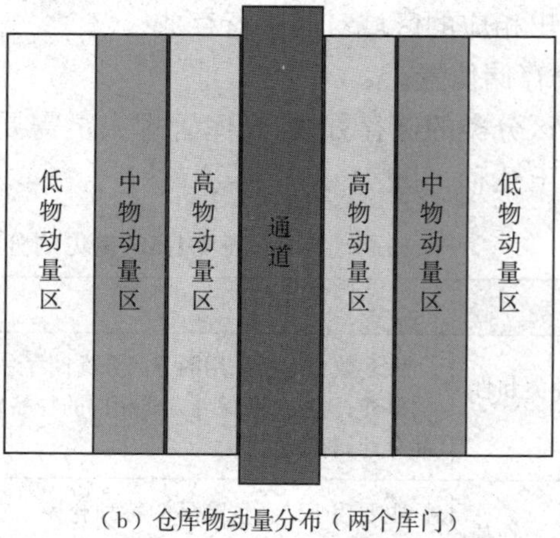

(b) 仓库物动量分布（两个库门）

图 4-1-5　仓库内根据物动量高低确定货物存储位置

(a)货物物动量(周转比例)。

货物物动量计算公式如下：

$$货物物动量＝货物周转量/周转总量$$

【例 4-1-2】 货物物动量计算

假设某公司仓储货物见表 4-1-7，请计算其所有货物的物动量，并进行 ABC 分类。(注：

根据物动量ABC分类法，令X=周转量(箱)累计百分比，当$X \leqslant 70\%$时为A类；当$70\% < X < 90\%$为B类；当$X \geqslant 90\%$为C类。)

表4-1-7 货物详情

序　　号	货物名称	品种占比	累计品种占比	周转量/箱
1	鼠标	3.70%	3.70%	4 856
2	空调	3.70%	7.4%	2 200
3	空调压缩机	3.70%	11.10%	1 863
4	路由器	3.70%	14.80%	1 540
5	沐浴露A	3.70%	18.50%	942
6	矿泉水	3.70%	22.20%	940
7	辣椒酱	3.70%	25.90%	931
8	烟	3.70%	29.60%	650
9	沐浴露B	3.70%	33.30%	625
10	汽水	3.70%	37.00%	620
11	八宝粥	3.70%	40.70%	589
12	酱油	3.70%	44.40%	569
13	电饭锅	3.70%	48.10%	560
14	插座	3.70%	51.80%	540
15	台灯	3.70%	55.50%	520
16	洗碗布	3.70%	59.20%	485
17	奶茶	3.70%	62.90%	416
18	键盘	3.70%	66.60%	400
19	酒	3.70%	70.30%	335
20	电熨斗	3.70%	74.00%	324
21	豆浆机	3.70%	77.70%	276
22	衬衫	3.70%	81.40%	269
23	剃须刀	3.70%	85.10%	265
24	毛巾	3.70%	88.80%	257
25	吹风机	3.70%	92.50%	230
26	被罩	3.70%	96.20%	185
27	枕巾	3.70%	100.00%	152
合计(周转量降序排列)		100%	—	21 539

【解】 货物物动量ABC分类结果见表4-1-8。

计算举例：

序号1，鼠标的物动量计算：

$$货物物动量=货物周转量/周转总量=4\ 856/21\ 539=22.55\%$$

序号1至序号3，鼠标、空调、空调压缩机的累计物动量计算：

$$前三行物动量之和=22.55\%+10.21\%+8.65\%=41.41\%$$

表 4-1-8　物动量 ABC 分类

序号	货物名称	品种占比	累计品种占比	周转量/箱	物动量	累计物动量	物动量 ABC 分类
1	鼠标	3.70%	3.70%	4 856	22.55%	22.55%	A
2	空调	3.70%	7.4%	2 200	10.21%	32.76%	A
3	空调压缩机	3.70%	11.10%	1 863	8.65%	41.41%	A
4	路由器	3.70%	14.80%	1 540	7.15%	48.56%	A
5	沐浴露 A	3.70%	18.50%	942	4.37%	52.93%	A
6	矿泉水	3.70%	22.20%	940	4.36%	57.30%	A
7	辣椒酱	3.70%	25.90%	931	4.32%	61.62%	A
8	烟	3.70%	29.60%	650	3.02%	64.64%	A
9	沐浴露 B	3.70%	33.30%	625	2.90%	67.54%	A
10	汽水	3.70%	37.00%	620	2.88%	70.42%	B
11	八宝粥	3.70%	40.70%	589	2.73%	73.15%	B
12	酱油	3.70%	44.40%	569	2.64%	75.79%	B
13	电饭锅	3.70%	48.10%	560	2.60%	78.39%	B
14	插座	3.70%	51.80%	540	2.51%	80.90%	B
15	台灯	3.70%	55.50%	520	2.41%	83.31%	B
16	洗碗布	3.70%	59.20%	485	2.25%	85.57%	B
17	奶茶	3.70%	62.90%	416	1.93%	87.50%	B
18	键盘	3.70%	66.60%	400	1.86%	89.35%	B
19	酒	3.70%	70.30%	335	1.56%	90.91%	C
20	电熨斗	3.70%	74.00%	324	1.50%	92.41%	C
21	豆浆机	3.70%	77.70%	276	1.28%	93.70%	C
22	衬衫	3.70%	81.40%	269	1.25%	94.94%	C
23	剃须刀	3.70%	85.10%	265	1.23%	96.17%	C
24	毛巾	3.70%	88.80%	257	1.19%	97.37%	C
25	吹风机	3.70%	92.50%	230	1.07%	98.44%	C
26	被罩	3.70%	96.20%	185	0.86%	99.29%	C
27	枕巾	3.70%	100.00%	152	0.71%	100.00%	C
合计(周转量降序排列)		100%	—	21 539	100%	—	—

(b)平置库货物存储面积。

确定物品在平置库堆码的占地面积，需要考虑仓库的可用高度，仓库地面荷载，包装物所允许的堆码层数，包装物的长、宽、高等因素，具体的计算公式如下：

ⓐ单位包装物底面积＝长×宽。

ⓑ单位面积质量＝单位商品毛重÷单位包装物底面积。

ⓒ可堆层数计算。

从净高考虑可堆层数 a：层数 a＝库高÷箱高。

从地坪载荷考虑可堆层数 b：层数 b＝地坪单位面积最高载荷量÷单位面积质量。

设物品包装物所允许的堆码层数为 c，则该批货物

$$可堆层数=\min\{层数\ a，层数\ b，层数\ c\}$$

ⓓ占地面积＝总件数÷可堆层数×单位包装物底面积。

【例 4-1-3】 平置库货物存储面积计算

某仓库建筑面积为 10 000 m^2，地坪载荷为 2 000 kg/m^2，库高 4.8 m。现该库收到入库通知单，见表 4-1-9。

表 4-1-9　入库货物基本信息

入库编号	品　名	包装规格/mm	包装材料	单位毛重/kg	包装标志限高/层	入库总量/箱
9222	五金工具	400×250×320	杨木	48	5	2 400

(1)如果该批货物入库后码垛堆存，请计算至少需要多大面积的储位？

(2)如果仓库可用宽度上限仅为 5 m，请计算出计划堆成重叠堆码的平台货垛的垛宽、垛长、垛高各为多少箱？

【解】 (1)储位面积计算过程如下：

第一步：单位包装物面积＝400×250＝0.1(m^2)

第二步：单位面积质量＝48÷0.1＝480(kg)

第三步：可堆层数计算

从净高考虑：层数 a＝4.8÷0.32＝15(层)

从地坪载荷考虑：层数 b＝2 000÷480≈4.17≈4(层)

物品包装物所允许的堆码层数 c＝5 层

可堆层数＝min{15，4，5}＝4(层)

第四步：占地面积＝2 400÷4×0.1＝60(m^2)

至少需要 60 m^2 的储位。

(2)垛宽、垛长、垛高的计算如下：

垛宽＝仓库可用宽度÷单位包装物的宽度＝5÷0.25＝20(箱)

垛长＝储位占地总面积÷仓库宽度÷单位包装物的长＝60÷5÷0.4＝30(箱)

垛高＝可堆高层数＝4 箱

如果仓库宽度上限仅为 5 m，堆成重叠堆码的平台货垛垛长 30 箱，垛宽 20 箱，垛高 4 箱。

(c)货架库货位数。

决定物品存储位置的关键因素是物动量分类的结果，高物动量物品一般应该选择首层货物，中物动量物品应选择中间层货物，低物动量物品则应选择在上层货位，如图 4-1-6 所示。

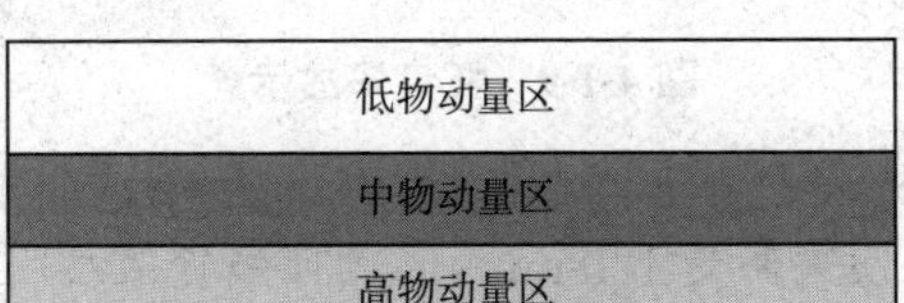

图 4-1-6　货架物动量分布示意

为保证计划入库物品能顺利入库，仓管人员应在入库前腾出足够的货位和上架所需的托盘。在确定货位和托盘数量时应考虑的因素主要包括物品种类与包装规格、货架货位的设计规格、托盘规格、叉车作业要求、作业人员的熟练程度与技巧等。

货架仓库与平置库不同的地方还包括货位净高的要求以及叉车作业空间的预留，一般预留空间≥90 mm。

【例 4-1-4】 货架库货位数计算

某物流公司收到一份入库通知单，计划入库物品为干红葡萄酒，包装规格为 460 mm×260 mm×252 mm，堆码层限为 6 层，共 536 箱。该公司托盘式货架和托盘信息如图 4-1-7 和图 4-1-8 所示。该批货物入库前需准备多少个托盘？

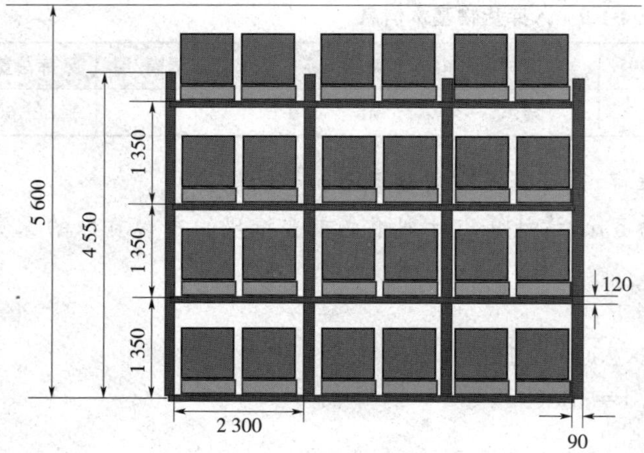

图 4-1-7 货架规格示意(单位:mm)

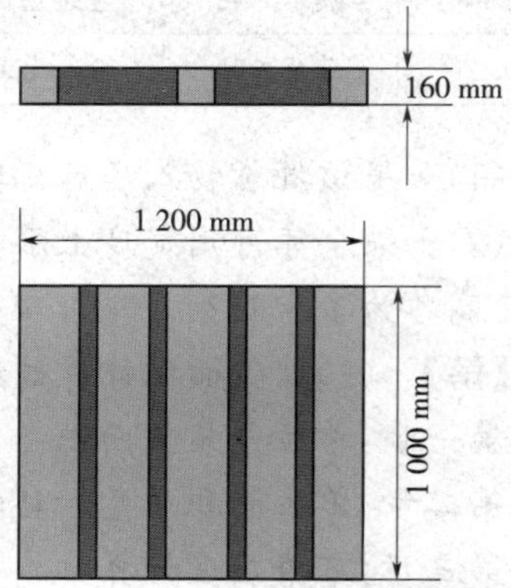

图 4-1-8 托盘规格示意

【解】 第一步:码放规则的确定。

经过分析可知，物品码放最佳规则为旋转交错式码放，每层可码放 9 箱，实现托盘利用率最大化，并可实现奇偶层间的压缝，做到整齐、牢固、美观。托盘码放方式如图 4-1-9 所示。

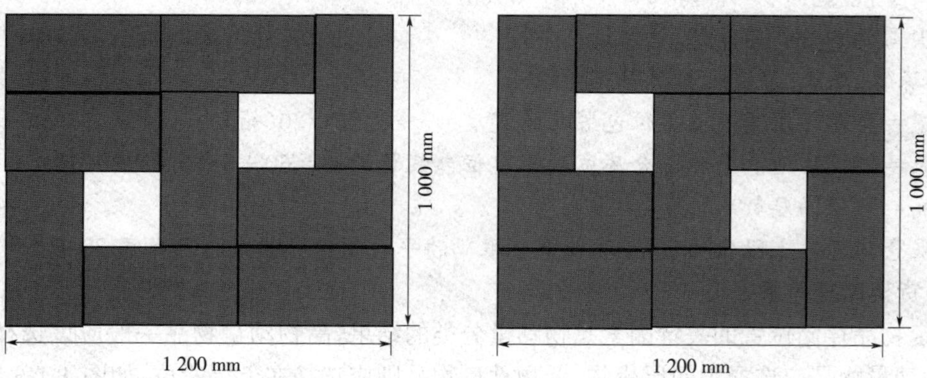

(a) 奇数层　　(b) 偶数层

图 4-1-9 托盘码放示意

第二步:码放层数的确定。

货架层高为 1 350 mm，横梁高为 120 mm，依次可知货架层间净高为 1 230 mm，物品上架时还要考虑托盘的厚度(160 mm)和叉车上架时的作业空间(≥90 mm)。综上考虑，托盘码放层数计算公式为

码放层数＝(货架每层高度－货架横梁高度－托盘厚度－叉车上架作业空间)÷物品高度

＝(1 350－120－160－90)÷252≈3.89≈3(层)

鉴于此，该物品每个托盘码放应不超过 3 层。

第三步：货位数量及所需托盘数量的计算。

每个托盘码放3层，每层码放9箱货，每个托盘(货位)可码放27箱货，则该批货物所需托盘的数量计算公式为

$$该批物品所需托盘数=物品总量\div单位托盘码放数量$$

即有

$$536\div27\approx19.85\approx20(个)$$

即该批货物入库前需准备20个托盘。

③设计作业工艺。

a. 接运：确定入库计划单的接运方式，安排接运人员和相关的接运设施设备等。

b. 核对凭证：物资到库，接运人员与库管人员交接，库管人员首先核对入库通知单(或订货合同副本)与运单内容是否相符，如果完全相符，同意入库，安排后续验收工作；如果存在问题，要及时处理，待问题解决后再安排入库。

c. 卸货待验：根据货物特性，入库作业人员利用叉车等工具卸货到待验区。如果是托盘单元化货物，直接卸货到待验区；如果是单件未单元化货物，就要边卸货边码盘，然后放到待验区。

d. 检验：仓管人员按制定的验收方法，到待验区执行验收工作，主要检查材料的数量(重量)、外观质量、包装、应具备资料(送货单、运单、入库通知单或采购合同副本等)等方面。验收合格在送货单上签字确认，验收不合格的拒绝收货，放入不合格商品区等待处理。

e. 上架：验收合格的商品，安排叉车司机等入库，存入预先安排的存储货位。

④确定苫垫和组托方法。

货物苫垫是指防止各种自然条件对储存货物的质量影响的一项安全措施。苫垫可分为苫盖和垫底。苫盖、垫底都要根据货物的性能、堆放场所、保管期限以及季节、温湿度、光照、日晒、风吹雨淋等情况合理选择。货物苫垫是否合理，直接关系到商品的安全，在选取适宜的苫垫方法和形式时，必须考虑如下要求：一是要适应商品性能；二是要适应季节气候；三是要适应商品管理的要求。

a. 苫盖。

苫盖的目的是防止货物直接受到风吹、雨打、日晒、冰冻的侵蚀，存放在露天货场的货物一般都需苫盖。货物在堆垛时须堆成易苫盖的垛形，如屋脊形、方形等，并选择适当的苫盖物。

b. 垫垛。

垫垛就是在货物堆垛前，根据货垛的形状、底面积大小、货物保管养护的需要、负载重量等要求，预先铺好货垛物的作业。垫垛使货垛底部货物与地面垫隔并垫高，可隔离地面潮湿，便于通风，避免潮气侵入货物而受损，使垛底通风透气，提高储存货物的保管养护质量，是仓储保管作业的重要环节。垫垛材料通常采用枕木、石墩、水泥墩、木板、防潮纸等，根据不同的储存条件和物品的不同要求，应采用不同的垫垛材料。常用的垫垛方法主要有码架式、垫木式、防潮纸式等。

c. 组托方法。

入库时，如果送货车上的货物没有单元化，卸货时就要先组托，再搬运入库。货物组托是把小件的或不规则的货物拼放在一个标准的托盘上，以提高货物装卸、运输的速度。常见的货物组托方式有以下三种：旋转式、交错式、平行式，如图4-1-10所示。

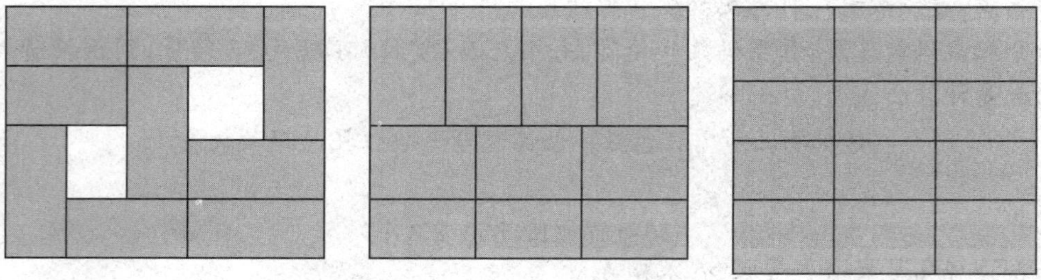

（a）旋转式　　（b）交错式　　（c）平行式

图 4-1-10　常见的货物组托方式

组托操作时的要求如下：

(a)堆码整齐，货物堆码后四个角成一条直线。

(b)货物品种不混堆，规格型号不混堆，生产厂家不混堆，批号不混堆。

(c)堆码合理性、牢固性。要求奇偶压缝、旋转交错、缺口留中，整齐牢固。

(d)不能超出货架规定的高度。

(e)货物包装物边缘不允许超出托盘边缘 20 mm。

(f)货物不允许出现倒置情况。

⑤确定设施设备。

因为货物的物理性质、化学性质以及外部形状和包装千差万别，有大小、轻重之分，有固体、液体之分，有散装、成件之分，所以确定入库作业设施设备时，要根据货物实际情况以及仓储管理制度确定合适的设施设备，主要包括装卸搬运设施设备、验收设施设备、储存上架设施设备等。

装卸搬运设施设备主要包括各种类型的叉车、输送机、AGV、吊车、起重机等，其中叉车是仓储装卸搬运机械中应用最广泛的一种。

验收设施设备主要包括计件、检斤、开箱、装箱、丈量、移动、照明等器具，例如各种量具（磅秤、卷尺、流量计）。

储存上架设施设备主要包括各种类型的叉车、自动化立体库的堆垛机、起重机等。

⑥确定作业人员。

仓库管理人员根据入库计划单货物规格、数量、性质等内容，确定接运人员、卸货人员、验收人员、仓储上架人员、使用单位的专业技术人员等。

【拓展知识】

选择货位的原则

1. 保证先进先出、缓不围急

不同的货物能够在仓库存放的时间不同，在货位安排时要考虑到货物的存放期，存期较长的货物不能围堵存期较短的货物，保证货物的先进先出。

2. 根据货物的性质选择货位

货位安排时，要考虑到货物的性质、货位的容量、货位的尺寸的因素，一定要把合适的货物放在合适的货位上，尤其是容易发生污染的货物要避免放在相近的货位等。

3. 方便操作，均匀作业

货位安排要考率多种因素，包括出入库频率、储存期的长短、货位是否方便作业等。因此,所安排的货位要使出入库频率高的货物安排在靠近出口的货位,流动性差的货物可以离出入口较远;存期短的货物安排在出入口附近;货位要有足够的机动作业场地,方便装卸搬运等作业等。并且,安排货位时应尽可能避免仓库内或者同作业线路上同时有多项作业进行,以免相互妨碍。

4. 小票集中,重近轻远

小批量货物要尽量放在同一个货位或集中在一个货位区域,要避免夹存在大批量货物的空隙货位中,不利于拣选和查找等作业。重货应距离装卸作业区近的区域,如果使用货架,重货应放在货架下层,尤其是需要人力搬运的重货,要存放在货架下层,这样可以减少搬运作业的难度,便于堆垛作业。

想一想:你熟悉的仓库中,货物是否按照以上原则选择货位?

【素养涵育】

某公司现代化的入库作业

一个完整的入库操作包括收货、验收、上架等操作。某公司在全国有近200家供应商,根据供应商提供的条码对入库的原材料进行识别和分类。通过条形码进行标识,确保系统可以记录每个单体的信息,进行单体跟踪。仓库收货员接到供应商的送货单之后,扫描即将入库的各种原材料的条码,并扫描送货单上的条码号,通过无线局域网络传送到仓库数据中心,在系统中检索出订单,实时查询该入库产品的订单状态,确认是否可以收货,提交给该公司的企业资源计划(ERP)系统。收货后,该公司的ERP系统会自动记录产品的验收状态,同时将订单信息发送到收货员的手持终端,并指导操作人员将该产品放置到系统指定的库位上,然后扫描库位条码,系统自动记录该物品存放库位并修改系统库存,记录该配件的入库时间。通过这些步骤,该公司的仓库管理人员可以在系统中追踪到每一个产品的库存状态,实现实时监控。

想一想:新技术的应用,为该公司的入库作业带来哪些好处?

【课后测试】

简答题

1. 影响入库的因素主要有哪些?
2. 请画出入库作业的基本流程图。

【练习巩固】

请根据下列客户入库通知单(表4-1-10),编制入库作业计划。

Y仓储有限公司:

根据双方签署的仓储保管合同,我公司现有一批货物委托H货运有限公司在20××年6月12日运至贵公司储存,请安排接收,具体情况见表4-1-10。

表4-1-10　入库通知单

品　名	规　格	单　位	数　量	包　装
矿泉水	1.8 L	瓶	180瓶	10瓶/箱
洗洁精	1 L	桶	240桶	24桶/箱
饼干	180 g	盒	400盒	100盒/箱

请编制入库作业计划，填制表4-1-11。

表4-1-11　入库作业计划表

计划内容	具体事项	负责部门	人　员	备　注
基本信息	入库时间：＿＿＿＿＿			
明确物品分类即存储要求	物品类别：＿＿＿＿＿ 存储要求：＿＿＿＿＿			
确定存储位置	根据仓储公司实际情况计算并确定存储位置： 康师傅矿泉水入＿＿库＿＿区＿＿＿＿货位 威力洗洁精入＿＿库＿＿区＿＿＿＿货位 娃哈哈饼干水入＿＿库＿＿区＿＿＿＿货位			
设计作业工艺				
确定垫垛材料和方法				
确定所需设施设备				
确定作业人员				

【任务评价】

评价内容		总分值	分值	评价标准	评价分值				
					教师评价	小组互评	小组自评	教学平台评价	综合评价
课前	知识学习	20	10	能完成课前学习					
	课前测试		10	能完成全部测试					
课中	技能评价	60	10	能正确说出货物入库作业流程					
			10	能评估入库申请					
			10	能编制入库作业计划					
			20	能与其他部门沟通协调，做好入库准备工作					
	课堂表现		10	①课堂态度端正，积极参与活动，团队协作能力强； ②能灵活应用知识和技能、自主探究、协作完成任务； ③能熟练运用信息化技术手段和工具分析解决问题； ④出勤签到					
课后	练习巩固	20	10	完成结果质量高，符合要求					
	课后测试		10	完成课后测试题					
合　计									

注："教学平台评价"栏可根据实际教学需求选用。

【案例阅读】

某物流公司入库作业分析

河北某物流中心是由原来的三家仓库单位经区域整合后组建的一级物流运营实体。物流中心下设新华物流、富华物流、裕华物流、汽修厂(包括汽修厂和设备厂)和新华市场五个分中心,形成南、中、北纵贯城市的分布格局;是从事仓储配送,货运代理,分拣加工,信息服务,汽车修理、配件销售,物流设备制造、维修,市场经营和钢材经销为主的综合性现代物流企业;物流网络正逐渐向省内其他城市拓展,已在A市建立仓储配送基地,并不断创新运营模式,使城市之间形成互动的网络一体化运营格局。物流中心适应市场发展的新形势,不断改革,锐意进取,形成全方位、全过程、全天候、一体化的多功能物流服务体系,全心致力于为客户提供第三方物流服务。利用自身强大的供应链管理体系、末端物流支撑力和先进的信息技术、设施设备、管理手段以及强大的网络,竭诚为客户定制服务,帮助客户设计或改进物流方案,降低物流成本,精心为客户创造价值。现已与国内多家大型知名企业建立了稳固、良好的战略合作伙伴关系,受到越来越多的赞誉。

它的客户涉及全国各地的各个行业和企业,面对复杂和多行业的客户,如何分解和处理好每日的入库作业,就显得很关键,而且每一类商品入库的要求和操作又不尽相同,盘点库位,准备货位以及苫垫材料就成为入库前工作的重要组成部分。

想一想:如何才能熟练做好入库前的准备工作?

学习记录单

<table>
<tr><th colspan="4">学生任务分配表</th></tr>
<tr><td>小组名称</td><td colspan="2"></td><td>组　长</td></tr>
<tr><td rowspan="7">小组成员及分工</td><td>姓　名</td><td>学　号</td><td>任务分工</td></tr>
<tr><td></td><td></td><td></td></tr>
<tr><td></td><td></td><td></td></tr>
<tr><td></td><td></td><td></td></tr>
<tr><td></td><td></td><td></td></tr>
<tr><td></td><td></td><td></td></tr>
<tr><td></td><td></td><td></td></tr>
<tr><th colspan="4">学习过程</th></tr>
<tr><td colspan="4">课前:收集相关资料,做好预习,并完成课前测试。
1. 测试成绩:__________
2. 学习记录</td></tr>
<tr><td colspan="4">课中:按照任务实施要求,完成任务学习。
1. 任务实施记录
2. 任务实施总结</td></tr>
<tr><td colspan="4">课后:完成课后测试及练习巩固作业,诊断得失反思改进。
1. 课后测试成绩:__________
2. 课后巩固作业记录
3. 课后反思</td></tr>
</table>

任务 4-2　入库接运

【任务描述】

20××年 5 月 2 日，Y 仓储公司收到铁路货运站到货通知，有一批面粉，共计 2 000 袋，通过铁路运输至石家庄。要求三天内取货。Y 仓储公司需要接运人员到铁路货运站接运货物。如果你是 Y 公司接运员，你该如何做？如果接运时，发现有 5 袋面粉袋有水渍污染，怀疑是运输过程中漏雨所致，请现场处理。托盘规格为 1 200 mm×1 000 mm×160 mm，面粉规格为 25 kg/袋，480 mm×87 mm×100 mm，25 t，货车（厢式/板车）尺寸为 9.6 m×2.3 m×2.7 m，实际载重量为 25 t/60 m^3。

作为接运员，请编制该批货物的接运方案并处理现场问题。（提示：写出接运准备、接运作业、接运问题处理的具体内容。）

【任务实施】

课前：收集相关资料，做好预习，并完成课前测试（扫描二维码获取）。

课中：4～6 人分组，借助信息化技术手段，查资料并思考研讨，针对案例内容编制货物的接运方案及问题处理方法等。

课后：完成课后测试及练习巩固作业，并整理总结学习材料，诊断得失反思改进。

课前测试

4–2

【相关知识】

一、物资接运概述

物品入库除了一小部分是由供货商直接运到仓库交货外，大部分要经过铁路、公路、航运、空运和短途运输等转运。凡经过交通运输部门转运的物品，均需经过仓库接运后，才能进入入库验收等环节。物品的接运实际上是物品入库业务流程的第一道作业环节，也是仓库直接与外部发生的经济联系。

接运卸货的主要任务为及时而准确地向交通运输部门提取物品，要求手续清楚，责任分明，为仓库验收工作创造有利条件。

接运卸货的要求为熟悉交通运输部门的要求和制度。如发货人与交通运输部门责任划分，交通运输部门在运输中应该担负的责任，交通运输部门索赔的手续和必要的证件等。

做好接运业务管理的主要意义为防止把在运输过程中或运输之前已经发生的物品损害和各种差错带入仓库，减少或避免经济损失，为验收和保养创造良好的条件。不论哪种接运方式，都要初步检查验收，以界定责任。初步检查验收时，应对物品的总数量、外观、标志进行检查；查看有无破包拆包水渍外溢污染短缺；查看标志标签是否完整是否与物品相符；若有问题应拆包检查，查清原因分清责任，征得存货委托人同意后采取补救措施。初步验收合格后，才能卸货。

入库接运时很多时候需要对货物组托，即把散件的货物或不规则的货物拼放在一个标准的托盘上。货物组托后能够大大提高货物装卸，运输的速度。具体货物组托的方法以及组托后的加固、堆垛等内容见在库作业的货物堆码内容，这里主要讲货物接运的方式以及注意事项。

二、货物接运方式

货物接运方式大致上有四种，即到承运单位接货、铁路专用线接货、仓库自行接货、库内接货。

1. 到承运单位接货

到承运单位接货一般指仓储企业受存货人委托或合同约束到车站、码头、航空货运站、邮政货运网点等地接运货物到储存地。承运单位包括车站、码头、民航、邮政等。一般零担托运和小批量货物采用此方法。

到承运单位接货的步骤及内容见表 4-2-1。

表 4-2-1　到承运单位接货的步骤及内容

序　号	步　骤	内　容
1	安排接运工具	接货人员去车站、码头等地接货时，应提前与承运单位联系，以了解货物的特性、单位质量、外形尺寸等情况，并据此安排好接货工具
2	前往承运单位	准备好接货工具后，接货人员应带领相关人员一同前往承运单位，准备接货
3	出示领货凭证	1. 接货人员到达车站后，应向车站出示预先收到的由发货人寄来的“领货凭证”。如果未收到“领货凭证”，也可凭单位证明或在货票存查联上加盖单位接货专用章，将货物提回 2. 到码头接货与到车站接货的手续稍有不同。接货人员须在收到的接货单上签名并加盖单位公章或附上单位接货证明，到港口货运处取得货物运单，并到指定的库房接货 3. 到机场接货时，因机场工作人员卸货，配货，再运到机场仓库大概需要 2～3 h 不等，所以一般航班到达目的地之后，不能立即完成接货，必须晚 2～3 h 才能接货。到机场自提货物时必须携带收件人本人有效身份证件，且需付机场接货费，费用由航空公司收取。如果货物超大、超重，需提供必要的装卸设备和装卸人员。到付款客户只能到代理仓库接货，不能到机场接货，所以接货时间再晚 1 h 左右。现付款客户，可以到机场自提，可以节约接货时间和机场接货费
4	检查货物状况	在接货时，接货人员首先应根据运单和有关资料认真核对物资的名称、规格、数量、收货单位等信息，然后再对物资进行外观检查，注意其包装是否铅封完好，有无水渍、油渍、受潮、污损、锈蚀、短件、破损等情况 如果发现问题或出现与运单记载不相符合的情况，接货人员应当与承运部门当场检查确认，并让其开具文字证明 对短缺损坏情况，凡属于铁路部门责任的，应作出商务记录；属于其他方面责任的需要铁路部门证明的，做出普通记录，由铁路运输员签字，并注意记录内容和实际情况要相符合
5	装载并运回货物	对于检查无误的货物，接货人员应该安排装卸人员对其进行装卸，并将货物安全运到仓库
6	办理内部交接	货物运到仓库后，接货员应与仓储管理员密切配合，尽量做到接货、运输、验收、入库、堆码一条龙作业，从而缩短入库验收时间，并办理内部交接手续

接货人员应了解所提取货物的品名、型号、特性和一般保管知识、装卸搬运注意事项等。接货前做好准备工作，如准备装卸运输工具，存入物品的场地等。接货人员在到货前应主动了解到货时间和交货情况，根据到货多少，组织装卸人员、机具、车辆，按时前往接货。在短途运输时，要做到不混乱，避免碰坏损失，危险品按搬运规定办理。

2. 铁路专用线接货

所谓专用线就是专门为某企业修建或使用的铁路专用线，一般为支线。通过专用线接车，指铁路部门将转运的物资直接运送到仓库内部专用线，仓储企业在企业的专用线上接货。大批整车货物接运时常采用此方法。

接货人员在接到车站到货的通知后，接货步骤见表4-2-2。

表4-2-2　铁路专用线接货的步骤及内容

序　号	步　骤	内　容
1	接车卸货准备	接到专用线到货通知后，应立即确定卸货位置，力求缩短场内搬运距离，并准备好卸车所需要的机械、人员、资料等，确保能够按时完成卸车作业 接货人员在接到车到站的确切报告后，应及时赶到现场，引导货车停靠在预定的位置
2	卸车前的检查	在进行卸货作业前，接货人员首先对车中的货物进行大致检查，防止误卸，并划清商品运输事故的责任。检查内容主要包括查看车皮封闭情况是否良好(即车厢、车窗、铅封、苫布等有无异状)；根据运单和有关资料核对到货品名、规格、标志和清点件数；检查货物外观质量和包装是否损坏或有无散包；检查货物是否有进水、受潮、污染或其他损坏现象 若在检查中发现异常情况，应及时请铁路在库值班的司检人员当场复查确认，当场编制详细的记录，记录内容应与实际情况相符，以便留作日后处理的依据
3	卸车作业	检查无误后，接货人员应及时安排相关人员进行卸车作业。卸车时做到安全、快速、准确、方便。货物要分清品名、规格，分别堆码，并标明车号和卸车日期 卸货时要注意货物外包装上的指示性标识，做到正确钩挂、铲兜、升起、下放，不碰坏，不压伤，更不得自行打开包装
4	卸车后的清理	货物卸完后，接货人员要组织人员对卸货现场进行清理，检查车内货物是否卸尽，关好车门、车窗等，及时通知车站取车，并将通知时间和取车时间记录下来备查
5	填写到货台账	货物卸完并清理干净后，接货人员要根据货物的情况填写到货台账。到货台账中应该包括货物名称、规格、数量、到货日期、货物发站、发货单位、送货车皮号，货物有无异状等信息
6	办理内部交接	接货工作完成后，接货人员应将到货台账及其他相关资料与收到的货物一并给仓库管理员，并让仓库管理员为货物办理入库手续

3. 仓库自行接货

仓库自行接货是指仓储企业直接到存货委托人指定的企业(生产企业或流通企业)接货的一种方式。接货的运输工具可以是仓库的，也可以是租用的。仓库自行接货的步骤见表4-2-3。

表4-2-3　仓库自行接货的步骤及内容

序　号	步　骤	内　容
1	做好接货准备	接货人员在收到接货通知后，应根据接货通知，事先了解所提物品的性能、规格、数量及入库验收的有关注意事项，准备好接货及验收所需的设备、工具和人员，准备接货与初验工作结合起来同时进行
2	前往供货单位	做好接货准备后，接货人员应将检验人员及设备、工具一同带往供货单位。在前往供货单位前，可以先电话联系供货单位，让其先做好产品出库的准备
3	现场检验	到供货单位后，接货人员和验收人员应当场检验货物，清点数量、查看外观质量，并做好验收记录

续上表

序　号	步　骤	内　容
4	办理收货手续	验收合格后，接货人员应该与供货单位办理好货物的交接手续，填写收货单
5	装卸并运回	对于检查无误的货物，接货人员应该组织装卸人员进行装卸作业，并将货物安全地运到企业仓库
6	进行质量复检	对于需要进一步质量检验的货物，接货人员应通知质量检验部门进行质量检验，并提交报告
7	办理入库手续	对验收合格的货物，接货人员通知仓管人员办理入库手续，并放入仓库妥善保管

4. 库内接货

库内接货是指仓储企业在仓库内接到存货委托人送来的物品。一般仓库和供货单位在同城。

货物到库时，仓库的保管员或验收人员要直接与送货人员办理交接手续，凭送货单或订货合同、订货协议等当面点验所送货物的品名、规格、型号、重量、数量及有关单证、资料，并查看货物的外观质量，当面做好验收和记录。如果无法当面完成全部验收项目的，要在送货单位回执联内注明具体待验内容。另外，如果验收时发现货物有短缺、损坏等问题，一定要分清责任，即会同送货人员查实，由送货人员出具书面证明，签章确认，留作处理问题的依据。入库卸货作业如图 4-2-1 所示。

（a）入库单箱卸货　　（b）集装单元卸货

图 4-2-1　入库卸货

三、接运过程中的事故处理

1. 责任划分的一般原则

货物运输涉及发货单位、收货单位（或中转单位）和承运单位，这些单位共同协作来完成货物从发货单位到收货单位的运输，所以这三方面都会承担各自的职责，都具有一定的职责范围。这三个单位都是独立的经济实体，只有划清三方面的责任界限，才能确保各方分工的工作质量。尤其是当运输事故发生时，需要分清由哪方来承担经济赔偿。责任划分的一般原则见表 4-2-4。

表 4-2-4　接运事故处理时责任划分原则

损　失	负责单位
货物在交给运输部门前和承运前发生的损失 由于发货单位工作差错、处理不当发生的损失	发货单位

续上表

损 失	负责单位
从接收中转货物起，到交付铁路、交通运输部门转运时止发生的损失 由于接收中转商品单位工作处理不善造成的损失	中转单位
货物运到收货地，收货单位与交通运输部门办好交接手续后，发生的损失 由于收货单位工作问题发生的损失	收货单位
自承运货物时起[承运前保管的货物，车站(港口)从接收货物时起]，至货物交付给收货单位或依据规定移交其他单位时止发生的损失	承运单位
由于自然灾害，货物本身性质和发、收、中转单位的责任造成的损失	承运单位不予负责

2. 货损货差的处理

(1)货损货差形式及原因

货物运输中，会由于各种原因不可避免地造成货物的短缺、破损、受潮及其他差错事故，不管什么原因，都应该保护好现场，做好事故记录，划清责任界限，并以此作为事故处理和索赔的依据。在处理事故时要实事求是，客观反映真实情况，事故各方要互相协作，认真、妥善地处理事故。货损货差形式及原因见表 4-2-5。

表 4-2-5 货损货差形式及原因

货损货差形式	原 因	做 法
破损	物资本身的破损会影响其价值或使用价值，甚至导致物资报废 包装的破损会影响物资的储存保管	破损责任如属于生产厂商、发货单位或承运单位，提运员或接运员应向承运部门索取有关的事故记录并交给保管员，作为向供应商或承运单位进行索赔的依据 破损责任如属于接运过程中装卸不当等原因造成的破损，签收时应写明原因、数量等，报仓库主管处理，一般由责任方负责赔偿
短少	接运前短少	提运员或接运员应进行相关记录，并向供应商核查。相关记录交给保管员，作为向供应商或承运单位索赔的依据
	接运中的装载不牢而导致物资丢失或被窃	在签收时应报告保卫部门进行追查处理
变质	生产或保管不善、存期过长等原因导致物资变质	责任在供货方，可退货、换货或索赔。保管员在签收时应详细说明数量和变质程度
	承运中因受污染、水渍等原因导致物资变质	责任在承运方。保管员在签收时应索取有关记录，交客户处理
	提运中因物资混放、雨淋等原因造成变质	责任在接货人员
错到	因发运方的责任，由错发错装等导致错到	应通知发运方处理
	因提运、接运中的责任，由错卸、错装等导致错到	保管员在签收时应详细注明，并报仓库主管赴现场追查处理
	因承运方责任，由错运、错送等导致错到	应索取承运方记录，交客户交涉处理
	对于无合同、无计划的到货	应及时通知客户查询，经批准后，才能办理交接手续。同时客户要及时将订货合同、到货计划送交仓库

(2)货物损失记录

①货运记录

运输是由发货单位、收货单位(或中转单位)、承运单位共同协作来完成的,要完成货物从发货单位到收货单位的运输,就需要三方的密切配合,三方都有各自的职责范围和责任范围,都存在各自独立的经济利益,只有划清三方的责任界限,才能确保各方分工的工作质量。正确分析事故发生的原因和处理方法的依据是事故记录,因此事故记录非常重要,在事故发生时,必须要把事故详细情况记载下来。

a. 根据《铁路货物损失处理规则》(铁总货〔2018〕182 号)规定:货运记录(包括商务记录)为货物发生损失时的证明。凡是货物在铁路运输过程中发生货物损失的,车站均应在发现损失次日内按批(车)编制货运记录。遇有下列情况时也应编制货运记录:

(a)发生《货规》《管规》及其引申规则办法中所规定需要编制的情况时。

(b)自备篷布、自备集装箱运输发生损失时。

(c)一批货物中的部分货物补送或损失货物及误运送、误办理及其他情况货物需要回送时。

(d)发现无标记、无法交付货物,公安机关查获铁路运输中被盗、被诈骗的货物以及公安机关缴回的赃款移交车站,沿途拾得的铁路运输货物交给车站处理时。

(e)托运人组织装车,收货人组织卸车,货车施封良好,篷布苫盖和敞车、平车、砂石车货物装载外观无异状,收货人提出货物有损失经承运人确认时。

(f)集装箱运输的货物,箱体完整、施封良好,交付完毕次日内,收货人提出货物有损失经承运人确认时。

b. 根据《货规》,以下情况应该编制货运记录:

(a)货物在铁路运输过程中(包括承运前保管和交付完毕后点回保管)发生货损、货差、有货无票、有票无货或其他情况需要证明铁路同托运人或收货人间责任时,都应在当日按批编制货运记录。

(b)货物重量超过使用的货车容许载重量时,应进行换装或将超载部分卸下。对卸下的货物,处理站应编制货运记录,凭记录将货物补送到站;到站应按规定核收运输费用和违约金。但对超载卸下的不易计算件数的货物,按零担运输有困难时,应电告发站转告托运人提出处理办法。如从发站发出通知的次日起,经过 10 d,未接到答复时,该项货物可按无法交付货物处理。

(c)货物的运到期限满期后经过 15 d,或鲜活货物超过运到期限仍不能在到站交付货物时,车站应于当日编制货运记录交给收货人。

(d)因承运人责任,将货物误运到站或误交付,承运人应编制货运记录将货物运到正当到站交给收货人。

(e)承运人对无法交付货物,应建立台账,在发生或发现无法交付货物的当日,进行登记,编制货运记录,妥善保管,不得动用。在保管期间要千方百计寻找线索,采取互通情报,交换资料等办法,力使物归原主。

c. 根据《铁路集装箱运输规则》规定,以下情况需要编制货运记录:

自备箱损坏、丢失时,车站应编制货运记录,按《铁路货物损失处理规则》的规定处理。

d. 根据《货车篷布管理规则》规定，以下情况需要编制货运记录：

自备篷布由于承运人责任造成损坏、丢失时，车站应编制货运记录，由承运人负责赔偿。

②普通记录

a. 根据《铁路货物损失处理规则》(铁总货〔2018〕182号)规定：

普通记录作为现状交接证明。遇有下列情况之一，须在当日按批(车)编制普通记录：

(a)发生《货规》《管规》及其引申规则办法中所规定需要编制的情况时。

(b)货物损失涉及车辆技术状态时。

(c)货车发生换装整理时。

(d)集装箱封印失效、丢失或封印站名、号码与票据信息不一致或未按规定使用施封锁时。

(e)卸车(换装)发现货物件数或重量较票据记载信息多出时。

(f)依据其他有关规定，需要证明时。

在办理货运检查交接作业时发现问题，按规定拍发的交接电报应视为普通记录。

b. 根据《铁路货物运输规程》规定：

(a)承运人对托运人委托代递的证明文件或单据，在代递过程中要注意保管，遇有遗失时，到站应编制普通记录，予以证明。

(b)发站由托运人组织装车，到站由承运人组织卸车的货物，如托运人在货物运单内声明，或收货人事先向到站提出要求办理交接手续时，到站应于卸车前通知收货人到场按规定办理交接，并会同卸车。从承运人发出卸车通知时起，超过2 h收货人未到场，或托运人、收货人未要求办理交接手续，到站应编制普通记录证明封印状况或货车现状后，以收货人责任拆封、卸车。

(c)整车货物途中需要换装或整理，而货物本身未发生损失以及其他情况需要证明责任时，应在当日按批编制普通记录。

c. 根据《铁路危险货物运输管理规则》规定：

运输时发现押运备品不符合要求，押运员身份与携带证件不符或押运员缺乘、漏乘时应及时甩车，做好登记，并通知发站或到站联系托运人、收货人补齐押运员或押运备品，编制普通记录后方可继运。

d. 根据《铁路集装箱运输规则》规定：

托运人有违约责任时，承运人应按合同约定或有关规定向托运人或收货人核收违约金和因检查产生的作业费用。可继续运输的，车站应会同托运人补封，编制普通记录。

e. 根据《货车篷布管理规则》规定：

(a)车站对运输途中的货车补苫篷布的，应在货物运单、货运票据封套、列车编组顺序表作相应修改，同时编制普通记录。

(b)使用铁路篷布，货物运输票据记载的号码与实际不符时，发现单位应按实际在铁路货车篷布管理信息系统中更正，编制普通记录。

③公路运输交接单(或三联单)

公路运输交接单是指在公路运输过程中发生损失或差错事故，并确定其责任属于承运单位时所编写的书面凭证，是收(发)货方向承运单位提出索赔的依据，见表4-2-6。

表 4-2-6 公路运输交接单

编号：

收货单位			送货地点	
运输单位			送货车号	
货物明细	品名	规格	数量	单价
服务质量	满意	不满意	批评与建议	
	备注：不填意见，视同满意			
制单：		收货人：		年 月 日

【拓展知识】

接货人员与设备的安排

在收到入库通知单时，仓储中心要安排人员去接货，但是在商品入库的高峰期，因每天都会有大量的商品运到，这时仓储中心应合理安排接货的顺序、时间、仓库接货人员、装卸人员等。

如果不能按照接运通知单收到的顺序依次接货，应该综合考虑以下三个因素合理安排接货顺序。

1. 商品的紧急程度

对生产急需、周转速度快、库存量已经很少的商品，仓库管理人员应该优先安排接货；对不是很紧急的商品，则可以暂缓安排。

2. 商品在承运单位的保存期限

承运单位发出接运通知后，在一定时期（铁路运输、公路运输一般皆为 3 d）内，可以对商品进行免费保存。仓库管理人员在安排接运时间时，可以根据承运单位免费保管期的长短及超过免费保管期后的存储费用，合理安排接货时间。

3. 仓库人力、物力资源

仓库管理人员在安排接货时间时，还要考虑仓库作业人员及设施的工作效率，确保货物到仓库后有暂时存放的地点，有相应的人力和物力对其进行装卸、检查及入库作业，具体见表 4-2-7。

表 4-2-7 装卸方法及设备的选择

场所		装卸方式	装卸用具	装卸对象
仓库内	高站台	人力装卸	无	少量货物
		利于手动装卸的机器装卸	手推车、搬运车、平板车、带轮的箱式托盘等	一般货物、托盘货物
	低站台	输送机装卸	动力式输送机	箱式货物、瓦楞纸箱
		叉车装卸	叉车＋侧面开门的车身	托盘货物
			叉车＋托盘带移动装置的车体	

续上表

场　所	装卸方式	装卸用具	装卸对象
仓库外	机械装卸	卡车携带小型吊车	机械类托盘货物、建筑材料
		自动升降板装置	桶罐、依据小型搬运车或带轮箱式托盘货物和推平板车的组合

【素养涵育】

熟知特殊情况的作业流程

2022 年 7 月，某超市收货平台供应商的送货车辆排起长龙。收货员冒着酷暑，紧张作业，仍然无法应付所有排队等候的送货车辆。此时，一名供货商冲到收货窗口说："我是 R 食品公司的，我已经等了半个小时，你们能赶快给我收货吗？"收货员回答："你是 25 号，请排队等候。"该供应商非常着急地说："我送来的是冷冻水饺，不能久等，是你们超市叫我赶快送货的，你们超市已经断货了。"结果，收货员还是说："不行，请到后面排队。"供应商没办法，赶紧打电话给采购员帮忙解决问题。等采购员赶来与收货部主管协商好，同意先收货时，时间已经又过去了 1 h。结果当验货人员打开货物验货检查时，发现有些水饺已经解冻了……

想一想：如果收货员能够熟悉岗位工作流程，是否就可以避免案例中事故的发生？

【课后测试】

简答题

1. 接运的四种方式是什么？
2. 做好货物接运业务管理的主要意义是什么？
3. 货物接运过程中事故处理的一般原则是什么？

【练习巩固】

请为贵重药品仓库制定一份防盗措施。

【任务评价】

评价内容		总分值	分值	评价标准	评价分值				
					教师评价	小组互评	小组自评	教学平台评价	综合评价
课前	知识学习	20	10	能完成课前学习					
	课前测试		10	能完成全部测试					
课中	技能评价	60	10	能正确说出四种货物接运方式					
			10	能正确辨析四种接运方式的不同					
			10	能简单处理接运过程中的事故					
			20	能完成货运接运作业					

续上表

<table>
<tr><th colspan="2" rowspan="2">评价内容</th><th rowspan="2">总分值</th><th rowspan="2">分值</th><th rowspan="2">评价标准</th><th colspan="5">评价分值</th></tr>
<tr><th>教师评价</th><th>小组互评</th><th>小组自评</th><th>教学平台评价</th><th>综合评价</th></tr>
<tr><td>课中</td><td>课堂表现</td><td>60</td><td>10</td><td>①课堂态度端正，积极参与活动，团队协作能力强；
②能灵活应用知识和技能、自主探究、协作完成任务；
③能熟练运用信息化技术手段和工具分析解决问题；
④出勤签到</td><td></td><td></td><td></td><td></td><td></td></tr>
<tr><td rowspan="2">课后</td><td>练习巩固</td><td rowspan="2">20</td><td>10</td><td>完成结果质量高，符合要求</td><td></td><td></td><td></td><td></td><td></td></tr>
<tr><td>课后测试</td><td>10</td><td>完成课后测试题</td><td></td><td></td><td></td><td></td><td></td></tr>
<tr><td colspan="5">合　计</td><td></td><td></td><td></td><td></td><td></td></tr>
</table>

注："教学平台评价"栏可根据实际教学需求选用。

【案例阅读】

铁路专用线接货

T物流公司有专用接线车，接到专用线到货通知后，立即确定卸货货位，力求缩短厂内搬运距离；组织好卸车所需要的机械、人员以及有关资料，做好卸车准备。车皮到达后，引导对位，进行检查，看车皮封闭情况是否良好，根据运单和有关资料核对到货品名、规格、标志和清点件数，检查包装是否有损坏或散包，检查是否有进水、受潮或其他损坏现象。在检查中若发现异常情况，应请铁路部门派员复查，并制作记录，记录内容应与实际情况相符，以便交涉。

卸车时要注意为货物验收和入库保管提供便利条件，分清车号、品名、规格，不混乱；保证包装完好，不碰坏，不压伤，更不得自行打开包装，应根据货物的性质合理堆放，以免混淆。T物流公司卸车后在货物上应标明车号和卸车日期。编制卸车记录，记明卸车货位规格、数量，连同有关证件和资料，尽快向保管员交代清楚，办好内容交接手续。存货单位或供货单位将货物直接运送到仓库储存时，应由保管员或验收人员直接与送货人员办理交接手续，当面验收并做好记录。若有差错，应填写记录，由送货人员签字证明，据此向有关部门提出索赔。

T物流公司货物接运的主要任务是及时而准确地向交通运输部门提取入库货物，要求手续清楚、责任分明，为仓库验收工作创造有利条件。因为接运工作是仓库业务活动的开始，是货物入库和保管的前提，所以接运工作好坏直接影响货物的验收和入库后的保管保养。因此，在接运由交通运输部门转运的货物时，必须认真检查，分清责任，取得必要的证件。T物流公司此举能避免将一些在运输过程中或运输前就已经损坏的货物带入仓库，否则易造成验收中责任不清和在保管工作中的困难或损失。

想一想：接货应注意哪些具体的问题？

学习记录单

<table>
<tr><th colspan="4">学生任务分配表</th></tr>
<tr><td>小组名称</td><td colspan="2"></td><td>组　　长</td></tr>
<tr><td rowspan="7">小组成员及分工</td><td>姓　　名</td><td>学　　号</td><td>任务分工</td></tr>
<tr><td></td><td></td><td></td></tr>
<tr><td></td><td></td><td></td></tr>
<tr><td></td><td></td><td></td></tr>
<tr><td></td><td></td><td></td></tr>
<tr><td></td><td></td><td></td></tr>
<tr><td></td><td></td><td></td></tr>
<tr><th colspan="4">学习过程</th></tr>
<tr><td colspan="4">课前：收集相关资料，做好预习，并完成课前测试。
1. 测试成绩：＿＿＿＿＿＿
2. 学习记录</td></tr>
<tr><td colspan="4">课中：按照任务实施要求，完成任务学习。
1. 任务实施记录
2. 任务实施总结</td></tr>
<tr><td colspan="4">课后：完成课后测试及练习巩固作业，诊断得失反思改进。
1. 课后测试成绩：＿＿＿＿＿＿
2. 课后巩固作业记录
3. 课后反思</td></tr>
</table>

任务 4-3　入库验收

【任务描述】

供货商 E 公司为 L 仓储公司供货商，20××年 2 月 4 日 E 公司委托物流公司运输一批货物到达 L 仓储公司，货物明细见表 4-3-1。

表 4-3-1　物流送货单

接收单位：L 仓储公司　　　　日期：20××年 2 月 4 日

序　号	货物名称	包装及规格	单　位	数　量	备　注
1	××葡萄酒	纸箱　460 mm×250 mm×252 mm	箱	400	易碎
2	××奶糖	纸箱　360 mm×350 mm×250 mm	箱	300	
3	××大米	袋装　5 kg/袋	kg	500	

送货单位：(盖章)　　送货员：　　收货单位：(盖章)　　收货员：

如果是你是货物验收员，请按照相关标准做好货物验收工作，制定好货物验收工作方案。

【任务实施】

课前：收集相关资料，做好预习，并完成课前测试(扫描二维码获取)。

课中：4～6 人分组，借助信息化技术手段，查资料并思考研讨，制定货物验收工作方案。

课后：完成课后测试及练习巩固作业，并整理总结学习材料，诊断得失反思改进。

课前测试

4–3

【相关知识】

入库验收是根据合同或标准的规定要求，对货物的品质、数量、包装等进行检验查收的总称。凡是货物进入仓库储存，必须经过检查验收，只有验收后的货物方可入库保管。

一、货物验收的基本要求

货物入库不能离开验收作业，因为入库的货物是经过不同的进货渠道、运输方式运来的，中间经过了不同的生产厂商或中间商，每一个环节都有可能给货物的数量和质量带来影响。因此，需要严格做好入库验收工作，确保入库货物数量准确、质量完好。在进行货物验收时，必须“及时、准确、严格、经济”。

1. 及时

货物到库后必须在规定的时间期限内及时完成验收入库工作，未经验收的货物不能入账，不算入库，不能供应给用料单位。如果验收时发现货物不符合规定的要求，一定要在货物的托收承付和索赔期限内提出退货、换货或者索赔等要求，否则供方或责任方不再承担责任，银行也将办理拒付手续。因此一定要及时验收货物，做好验收入库工作。

2. 准确

货物验收工作一定要细心准确，以货物入库凭证为依据，准确查验并在书面材料上准确反映。只有准确验收，才能提高账货相符率，降低收货差错率。

3. 严格

货物入库验收必须严格按照验收入库的业务操作程序办事，才能保证验收的货物不出差错。

4. 经济

验收工作要提高经济性，合理安排所需的人员和设备，避免破坏原来的货物包装，以节省费用。

二、货物验收的标准规范

一般情况下，普通货物的验收须严格执行五项基本规范，具体包括凭证手续不全不收，品种和规格不符不收，品质不符合要求不收，超采购数量不收，逾期不收。几种常见货物的验收标准规范见表 4-3-2。

表 4-3-2　几种货物的验收标准规范

货物类别	验收标准规范
电器	1. 电器在入库前必须进行验收，合格后方能办理入库手续 2. 对大件电器货物进行全检，包括检查外包装有无破损、受潮、变形，同时需检查质量合格证明是否齐全、型号/规格是否正确、标识是否完好 3. 对小件电器货物抽样检查，检查内容同大件电器货物 4. 如有必要，应要求供应商现场安装调试，工作一切正常后办理交接手续
包装食品	1. 对食品外观包装进行检查，查看有无破损、变质、污染、异味 2. 检查食品标签内容是否真实，包括名称，配料表，净含量，固形物含量，制造者、经销者的名称和地址，日期标注和储藏指南，质量等级，产品标准号，其他特殊标注内容等
服装类货物	1. 检查外观有无破损、污染、褶皱 2. 检查货物标签内容是否正确，包括名称、厂名、厂址、执行标准、编号、尺寸、成分、洗涤和熨烫标识等
化妆品类货物	1. 产品名称 2. 制造者名称、地址 3. 内装物量，净含量或净容量 4. 日期标准，如生产日期、保质期、生产批号 5. 生产许可证号、卫生许可证号、产品标准号 6. 进口化妆品应标明进口化妆品卫生许可证标准文号 7. 特殊用途化妆品还应标注特殊用途化妆品卫生批准文号 8. 必要时注明安全警告和使用指南 9. 必要时应注明满足保质期和安全性要求的储存条件
其他货物	1. 对小百货、文具等货物进行抽样检查，检查内容包括外观检查和标识检查，确保其符合相应的产品要求 2. 对于国家规定进行强制认证和按照生产许可证进行生产的货物，必须按照国家规定对有关证件进行检查、核对，检查内容包括认证证书、认证标志、生产许可证、卫生许可证、质量证明书、企业合法性证明文件等

三、货物验收的基本流程

货物验收的基本流程如图 4-3-1 所示。

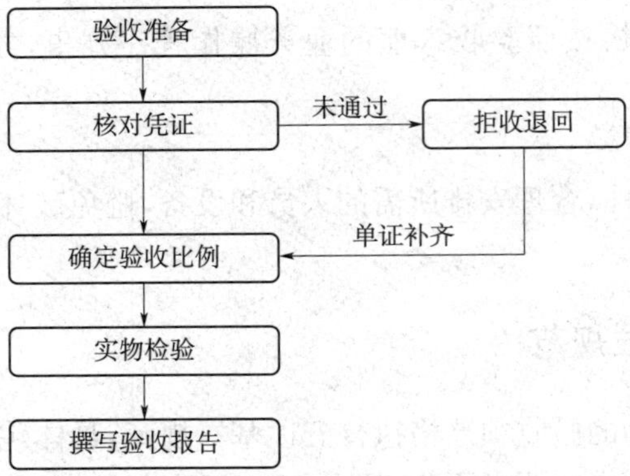

图 4-3-1　货物验收的基本流程

1. 验收准备

仓库接到到货通知后，应根据货物的性质和批量提前做好验收前的准备工作。大致包括以下内容：

(1)人员准备。

验收需要仓库专门的验收技术人员或用料单位的专业技术人员、仓库调度人员，以及装卸搬运人员等的相互配合，因此要提前协调这些人员的工作时间，安排好验收工作。

(2)资料准备。

验收前要收集并熟悉待验货物的有关文件和要求，包括仓储合同、订货合同、技术标准、合同未涉及但有惯例资料等，或向供货方索取验收技术资料，有利于验收工作的顺利开展。

(3)器具准备。

准备好验收用的检验工具，例如衡具、量具等，并检验其准确性。

(4)货位准备。

确定验收入库时存放货位，计算和准备堆码苫垫材料、货架等。

(5)设备、防护用品的准备。

大批量货物的数量验收，必须要有装卸机械的配合，应进行设备的申请调用。此外，对于有些特殊货物的验收，例如有毒物品、腐蚀品、放射品等，还要准备相应的防护用品。

2. 核对凭证

验收人员开展实物检验前，必须核对凭证：

(1)入库通知单和订货合同副本。这是仓库接收货物的凭证。

(2)供货单位提供的材质证明书、装箱单、磅码单、发货明细表、说明书、保修卡、合格证等。

(3)货物承运单位提供的运单，若物品在入库前发现残损情况，还要由承运部门提供的货运记录或普通记录，作为向责任方交涉的依据。

(4)核对凭证。将上述凭证加以整理全面核对。入库通知单、订货合同要与供货单位提供的所有凭证逐一核对，相符后，才可进行下一步实物验收。如果发现有证件不齐或不符等情况，要与存货、供货单位、承运单位及有关业务部门及时联系解决。

为了保证入库货物的相关单证齐全，必须要核查以上入库凭证，做到无差错、无短缺，这是实物验收所必需的。

3. 确定验收比例

（1）验收方式。

货物验收方式分为全验和抽验。全验需要大量的人力、物力和时间，但是可以保证验收的质量。一般货物批量小、规格复杂，包装整齐或要求严格验收时可以采用全验。抽验的方式一般是在存货单位的信誉较高、人工验收条件有限、货物的批量大、规格和包装整齐的情况下应用的验收方式。货物验收方式和有关程序应该由存货方和保管方共同协商，并于合同中明确规定。

（2）验收的原则。

入库货物一般批量到达且品种规格复杂，所以在较短时间内全验的困难很大，而且实际工作中，全验的必要性一般不大，一般货物验收的重点都放在货物外包装是否有异状、包装标识与入库凭证是否相符等方面，以便能及时做好验收工作。对于货物包装内部的细数和质量的验收，通常是根据货物的不同特点、客户或业务部门的要求，以及仓库设备条件和人力的可能而定。这样做的主要原因是很多产品都是整批生产，每批货物的质量标准一般都比较统一，故无须全验，只要抽验一定数量具有代表性的货物即可。且仓库的资源有限，如果入库货物数量大，每件都开箱、拆包验收，则仓库的验收人员、保管人员以及设施设备能力可能都不能满足需要。有些真空压缩包装或机械打包的货物拆包后会接触外界自然因素（如空气、水分、阳光等），会影响货物的质量，故验收数量不宜过多，甚至不开箱更利于安全储存。所以不能全部拆包验收，抽验一定数量的货物即可。

（3）验收的比例。

由上文分析可见，全部拆包验收所有入库货物不合适，也不实际。若采取抽验的方式，则需研究确定合理的验收比例。抽验的比例应首先以合同规定为准，合同没有规定的，一般考虑以下因素：

①货物性质。

各种货物都有一定的特点，例如玻璃器皿、保温瓶胆、瓷器等容易破碎；皮革制品、副食品、海产品、水产品易霉烂变质；香精、香水易挥发减量；化工品易失效等。这些货物入库时，验收比例应较大；反之外包装完好，内容物不易损坏的物品，验收比例可以定得小些。

②货物的价值。

贵重货物，例如精密仪器、贵重金属及其制品、工艺品等，入库时最好全验，如果不能全验，验收比例也应较大。一般价值较低、数量又大的货物，可少验。

③生产技术条件。

货物的质量会随着生产厂的技术条件、工艺水平高低的不同而不同。对于生产技术条件好，工艺水平较高，货物质量好并稳定的厂商的货物可以少验；而生产技术水平低，或手工操作，货物质量较差又不稳定的厂商的货物需要多验。

④厂商信誉。

信誉好的供应商，一旦货物质量或数量出现问题，都能积极承担赔偿或补换货，可少验。对货物质量稳定的供应商可少验甚至免验。

⑤包装情况。

包装材料、包装技术、包装方式都会直接影响货物的质量安全和运输安全。如果包装材料使用不当、包装技术过低或是包装方式不合适，均会造成货物损坏或散失。因此收货时，对包装外在质量完好、内部垫衬密实的货物可以适当少验，反之则需多验。

⑥运输条件。

运输过程容易对货物造成损害，运输路线的长短、时间的长短、使用何种运输工具以及中转环节多少等因素，对货物质量都有不同程度的影响。如果是水路运输，因其安全性能好、对货物的损耗少，可以少验；如果是公路运输，因其振动大、损耗多，对货物要多验；怕潮货物（如家电、金属制品、食品、洗衣粉等）经水路运输的货物应多验，而由陆路运输的货物可少验；对于直线直达而来的货物可少验，中转、分运环节多的货物，应适当多验。可见，入库验收要根据具体情况具体分析。

⑦气候变化。

我国各省、市气候存在较大差异，长途转运的货物质量可能由于气候变化而受影响，即使就一地而言，一年四季气候变化对货物质量也有影响。所以，对怕热、易熔化的货物，夏季应多验；对怕潮、易溶解的货物，在雨季、霉天、南方潮湿地区应该多验；怕干裂、怕冻的货物，冬季应多验。

上述各种条件因素是互相联系的，在确定验收比例时要全面考虑各种因素加以判断。

4. 实物检验

实物检验是指根据入库单和有关技术资料，对实物进行数量和质量检验。

(1)数量检验。

数量检验的目的是确保货物的数量正确，不多不少。数量检验一般在质量验收前进行，由仓库保管职能机构组织安排仓储管理员进行。按物品性质和包装情况，数量检验分为三种形式，即计件、检斤、检尺求积。

①计件(即计件物资数量验收)。

计件是按件数供货或以件数为计量单位的物品做数量验收时的清点件数。一般情况下，计件物品应全部逐一点清，一般运输包装(外包装)完好、销售包装(内包装)数量固定，一般不拆包，只清点大包装，特殊情况可拆包抽查，若有问题可以扩大抽查范围，甚至全查。固定包装物的小件货物，如果包装完好，打开包装可能对保管不力，则可不拆。国内物品一般只检查外包装，不拆包检查。进口商品按合同或惯例办理。

计件货物数量验收时，需根据货物的特性，选择适当的验收方法。企业中计件货物的数量验收方法主要包括逐件点数法、集中堆码点数法、抽检法及重量换算法等，具体内容见表 4-3-3。

表 4-3-3 计件货物常用验收方法

方法名称	具体内容	适用物资
逐件点数法	采用人工或简易计数器逐一计数，累计以得出总数	一般适用于散装的非定量包装的货物
集中堆码点数法	将货物按照每行、每层件数一致的原则，堆成固定的垛形，然后通过计算得出总数	花色品种单一、包装大小一致、数量大或体积较小的货物
抽检法	按一定比例对货物进行开箱点数	批量大、采用定量包装的货物
重量换算法	通过过磅称得货物的重量，然后换算该货物的数量	包装标准，且货物标准、重量一致

②检斤(即计重货物数量验收)。

检斤是按重量供货或以重量为计量单位的物品做数量验收时的称重。货物的重量一般有毛重、皮重、净重之分。毛重是指货物重量包括包装重量在内的实重。净重是指货物本身的重量，即毛重减去皮重。通常所说的货物重量是指货物的净重。金属材料、某些化工产品多半是检斤验收。仓储管理员在确定重量验收是否合格时，可以根据验收的磅差率和允许磅差率的比较进行判断，见表4-3-4。若验收的磅差率未超过允许的磅差率范围，则说明该批货物合格；若验收的磅差率超过允许的磅差率，则说明该批货物不合格。磅差是指由于不同地区的地心引力差异、磅秤精度差异及运输装卸损耗的因素造成的重量过磅数值的差异。

表4-3-4　金属允许磅差率范围表

品　种	有色金属	钢铁制品	钢　材	生铁、废钢	贵金属
允许磅差率	±1‰	±2‰	±3‰	±5‰	±0‰

仓库重量验收过程中，要根据合同规定的方法进行，为防止人为因素造成磅差，一旦验收方法确定后，出库时必须用同样的方法检验货物，这就是进出库货物检验方法的一致性原则。

检斤（即计重物资数量验收）时常用方法有：

a. 称重法。

称重法又称为检斤验收法。称重是指对非定量包装的、无码单的货物进行打捆、编号、过磅和填制磅码单的一种验收方法。磅码单见表4-3-5。

表4-3-5　磅码单

供货单位＿＿＿＿＿＿＿＿　品　名＿＿＿＿＿＿＿＿

合同编号＿＿＿＿＿＿＿＿　型号规格＿＿＿＿＿＿＿＿

序　号	重　量	序　号	重　量	序　号	重　量
1		6		11	
2		7		12	
3		8		13	
4		9		14	
5		10		合计	

实际磅差率可按下式计算：

$$实际磅差率=(实际重量-应收重量)/应收重量\times 1\,000‰$$

$$索赔重量=应收重量-实收重量$$

b. 抄码复衡抽验法。

抄码复衡是指对定量包装、附有码单的货物（如机电产品），按合同规定的比例抽取一定数量货物过磅的验收方法。抽验磅差率可按下式计算：

$$抽验磅差率=\left(\sum 抽验重量-\sum 抄码重量\right)/\sum 抄码重量\times 1\,000‰$$

$$索赔重量=抽验磅差率\times 应收总重量$$

c. 扣除平均皮重法。

扣除平均皮重是指以一定的比例将包装拆下过磅，求得包装物的平均重量，然后再将未拆除包装的货物过磅，从而求得该批货物的全部皮重和毛重。使用这种方法时，应合理选择应拆包装物，使净重更趋准确。

d. 除皮核实法。

除皮核实是指选择部分货物分开过磅，分别求得货物的毛重和净重，再与包装上标记的重量进行核对。核对结果不超过允许差率，即可依其数值计算净重。

e. 约定重量法。

约定重量是指存货单位和保管单位在签订《仓储保管合同》时，若双方对货物的皮重按习惯数值有所约定，则可遵从其约定净重。

f. 整车复衡方法。

整车复衡是指大宗无包装的货物，如生铁、煤、砂石等，检验时要将整车引入专用地磅，然后扣除空车重量，即可求得货物的净重。

g. 理论换算法。

理论换算适合于定尺长度的金属材料等，见表 4-3-6。

表 4-3-6　常用钢材每米重量计算表

材料名称	理论重量 $W/(\mathrm{kg\cdot m^{-1}})$	备　注
扁钢、钢材、钢带	W=0.007 85×宽×厚	1. 角钢、工字钢和槽钢的准确计算公式较复杂，表列简式仅用于计算近似值 2. f 值：一般型号及钢材型号中带 a 的为 3.34，钢材型号中带 b 的为 2.65，钢材型号中带 c 的为 2.26 3. e 值：一般型号及钢材型号中带 a 的为 3.26，钢材型号中带 b 的为 2.44，钢材型号中带 c 的为 2.24 4. 各长度单位均为 mm
方钢	W=0.007 85×边长^2	
圆钢、线材	W=0.006 17×直径^2	
六角钢	W=0.006 8×对边距离^2	
八角钢	W=0.006 5×对边距离^2	
钢管	W=0.024 66×壁厚(外径－壁厚)	
等边角钢	W=0.007 85×边厚(2 边宽－边厚)	
不等边角钢	W=0.007 85×边厚(长边宽＋短边宽－边厚)	
工字钢	W=0.007 85×腰厚[高＋f(腿宽－腿厚)]	
槽钢	W=0.007 85×腰厚[高＋e(腿宽－腿厚)]	

③检尺求积。

检尺求积是对以体积为计量单位的货物(如材、竹材、砂石等)，先检尺、后求体积所做的数量验收。一般情况下，按重量供货的要全部检斤，理论上重量供货要全部检尺，再换算成重量，以实际检验结果的数量为实收数。

(2)质量检验。

质量检验包括外观检验、尺寸检验、机械物理性能检验和化学成分检验四种形式。仓库一般只做外观检验和尺寸精度检验，后两种检验如果有必要，则由仓库技术管理职能机构取样，委托专门检验机构检验。

①货物的外观检验。

外观检验是指通过人的感觉器官，通过看、听、摸、嗅等动作，检验货物的包装外形或装饰有无缺陷；检查货物包装的牢固程度；检查货物有无撞击、变形、破碎等损伤；检查货物是否被雨、雪、油污等污染，有无潮湿、霉腐、生虫等现象。这种通过直接观察货物包装或货物外观质量来判别货物质量的检验方法，即通常所说的仓库检验，这样可以大大简化仓库的验收工作，从而节省大量的人力、物力和时间。如果货物的外观有缺陷，应该填写"检验报告"。

货物包装的完整程度及干湿状况与内装货物的质量有直接关系，通过对包装的检验，能够发现在储存、运输货物过程中可能发生的意外，并据此推断出物资的受损情况。因此，在验收物资时，仓储管理员需要首先对包装进行严格地验收。货物包装检验注意事项见表 4-3-7。

表 4-3-7　货物包装检验注意事项

问题现象	说　明	解决办法
发现货物包装上有人为的挖洞、开缝现象	货物在运输的过程中有被盗窃的可能	对货物的数量仔细核对
发现货物包装上有水渍、潮湿	货物在运输的过程中有被雨淋、水湿或货物本身出现潮解、渗漏的现象	对货物开箱检验
发现货物包装上有被污染的痕迹	可能由于配装不当引起了货物的泄漏，并导致货物之间相互沾污	将货物送交质量检验部门检验，以确定货物的质量是否产生了变化
发现货物包装破损	货物包装结构不良、材质不当或装卸过程中有乱摔、乱扔、碰撞等情况	开箱检验货物有无损坏

②货物的尺寸检验。

需要进行尺寸精度检验的货物主要是金属材料中的型材、部分机电产品和少数建筑材料。尺寸精度检验是一项技术性强、很费时间的工作，如果所有货物都全部检验，那么工作量会很大，并且有些物品质量的特性只有通过破坏性的检验才能测到，所以一般采用抽验方式进行。不同的货物其检验方法不同，要根据货物的特点去选择合适的方法，例如，板材主要检验厚度及其均匀度，管材主要检验壁厚和内径，椭圆材主要检验直径和圆度，而部分机电产品的检验，一般请用料单位派员进行。

③理化检验。

理化检验是对物品内在质量和物理化学性质所进行的检验，一般主要是对进口货物进行理化检验。因为一般仓库不具备对货物进行理化检验的条件，所以一般由专门的技术检验部门进行。如羊毛含水量的检测、药粉含药量的检测、花生含黄曲霉的检测等。

交货时的入库检验是很必要的，虽然供货单位检验过货物，但是可能会因为运输条件不好，或因为货物本身质量不稳定等原因，导致货物质量发生变化，因此在某些特殊情况下，需方可以派员到供货单位检验货物。

5. 撰写验收报告

验收人员验收时要认真填写仓库货物验收的相关记录，并做出书面验收报告，见表 4-3-8，并及时向主管部门及存货单位反映，以便查询处理。

表 4-3-8　仓库货物验收报告

编号：

<table>
<tr><td>供货商</td><td colspan="2"></td><td colspan="2">订单号或合同号</td><td colspan="2"></td><td colspan="2">验收员</td><td></td></tr>
<tr><td>运单号</td><td colspan="2"></td><td colspan="2">车号</td><td colspan="2"></td><td colspan="2">验收日期</td><td></td></tr>
<tr><td>发货日期</td><td colspan="2"></td><td colspan="2">到货日期</td><td colspan="2"></td><td colspan="2">复核员（日期）</td><td></td></tr>
<tr><td>序号</td><td>储位号</td><td>物品名称</td><td colspan="2">规格型号</td><td>物品标号</td><td>包装单位</td><td>应收数量</td><td>实收数量</td><td>盈亏</td></tr>
<tr><td></td><td></td><td></td><td colspan="2"></td><td></td><td></td><td></td><td></td><td></td></tr>
<tr><td></td><td></td><td></td><td colspan="2"></td><td></td><td></td><td></td><td></td><td></td></tr>
<tr><td></td><td></td><td></td><td colspan="2"></td><td></td><td></td><td></td><td></td><td></td></tr>
<tr><td></td><td></td><td></td><td colspan="2"></td><td></td><td></td><td></td><td></td><td></td></tr>
</table>

四、验收问题处理

货物验收中，可能会发现诸如单证不齐、数量短缺、质量不符合要求等问题，应区别不同情况，及时处理。可能遇到的问题以及处理办法如下。

1. 货物破损问题

货物破损是指货物包装或货物本身因碰撞、刮擦、挤压、水浸、暴晒等导致变形、掉漆、弯曲、污染、失去使用价值等不同程度的损害。仓库管理员在执行货物入库验收工作前，应熟练掌握和运用货物破损等级标准。货物破损等级标准及处理对策说明见表 4-3-9。

表 4-3-9　货物破损等级标准及处理对策说明

等　级	破损程度描述	处理对策
A级	货物外包装破损程度高于 40%，货物本身受到损坏，有关技术性能达不到质量标准	按实际情况填写验收单，通知采购负责人员货损情况，采购人员联系供应商办理退货或换货
B级	货物外包装破损程度高于 40%，货物外观受到一定程度的损害，但不影响货物使用价值	按实际情况填写验收单，通知采购负责人员货损情况，采购人员联系供应商协商解决或换货，或按降价接收
C级	货物外包装破损程度低于 40%，不影响货物性能及美观价值	按实际情况填写验收单，准予入库

货物验收时，如出现货物破损问题，则有关人员应按照以下流程进行处理：

第一步，收集破损证据并保存，包括原始运单和复印件、破损交接、破损或无照片（多角度）、仓库装卸或操作录像。

第二步，确定破损等级，通知采购部门负责人，告知破损程度，并出具货物验收报告，为其拟定处理对策提供依据和凭证。

第三步，采购部根据货物验收报告，结合货物破损等级标准及相对应的建议处理方式拟定处理对策，同供应商协商一致后予以处理。

2. 数量问题

入库货物验收时出现数量不符，其原因有可能是发货方在发货过程中出现了差错，误发了货物，或在运输过程中漏装或丢失了货物等。不论是何原因造成的数量不符，均应由收货人与相关人员在凭证上做好详细记录并签字，按实际数量签收，并通知发货人，具体的处理对策见表 4-3-10。

表 4-3-10　货物数量不符的处理对策

<table>
<tr><th colspan="2">数量不符具体情况</th><th>处理对策</th></tr>
<tr><td>数量相符</td><td rowspan="3">在合同中规定的误差范围内</td><td rowspan="3">应按实际验收数量填写验收记录，并予以入库</td></tr>
<tr><td>数量短缺</td></tr>
<tr><td>数量溢余</td></tr>
<tr><td>数量不符</td><td>误差超出规定范围</td><td>应查对核实，填写完整验收记录和磅码单后，交主管部门向供货单位办理交涉</td></tr>
<tr><td colspan="2">数量溢余较大的情况</td><td>可选择货物退回或补发货款的方式解决</td></tr>
<tr><td colspan="2">数量短缺较大的情况</td><td>可选择按实际签收并及时通知供货单位退回货款或及时补货的方式解决</td></tr>
<tr><td colspan="2">属承运部门造成的物品数量短少或外观包装严重残损等</td><td>应凭接运提货时索取的货运记录向承运部门索赔</td></tr>
</table>

3. 质量问题

仓储管理人员在货物质量验收完成后，计算货物质量合格率，并通过合格率的大小判定该批货物的验收结果。质量问题划分标准见表 4-3-11。

表 4-3-11　货物质量问题划分标准

质量验收合格	质量验收不合格
该批货物的质量合格率达到____%（在误差范围内）以上的，填写“验收记录单”合格项，准予入库，通知仓库管理人员办理入库手续	该批货物的质量合格率低于____%，则确定该批货物不符合入库标准，填写“验收记录单”不合格项，及时通知有关主管人员进行协调解决，并通知仓管人员对不合格品暂时隔离，为采购部提供残次品样本和质量检验报告

验收后，货物质量不符合验收标准，质量验收人员判定验收结果为不合格时，需要采取相应的解决对策。质量不达标情况的处理对策见表 4-3-12。

表 4-3-12　货物质量不达标情况的处理对策

质量不符问题	处理对策
货物质量不符合规定要求，同质量标准相差较大，有关技术性能完全不达标	仓储管理员及时向供货单位交涉，办理退货、换货，填写退（换）货单，见表 4-3-13
货物质量不符合规定要求，但不影响使用及最终产品质量时	可以采取执行特采，征得供货单位同意代为修理，在不影响使用前提下降价处理或凭“货运记录”向相关单位索赔等方式
货物规格不符或错发	先将规格对的予以入库，规格不对的详细做好验收记录并交给主管部门处理
在与铁路、交通运输部门初步验收时发现质量问题	会同承运方清查点验，并由承运方编制商务记录或出具证明书，作为索赔的依据
在拆包进一步验收时发现质量问题	将有问题的物品单独存放，并在入库单上分别签收，同时通知供货方，以划清责任
质量不符合规定、确认责任不在承运方	会同有关人员当场做出详细记录，交接双方应在记录上签字，以便作为向供货方联系处理的依据

表 4-3-13　退（换）货单

厂商：　　　　　　　　　　　　年　月　日　　　　　　　　　　　　编号：

货物条码	名　称	规　格	数　量	备　注	签　章
退（换）货理由					

主管：　　　　　　　　　　　　填表人：

4. 证件问题

仓库管理员在核对过程中发现证件不齐或不符等情况时，需与客户、供货单位、承运单位和有关业务部门及时联系并加以解决。证件核对差错处理措施见表 4-3-14。

表 4-3-14 证件核对差错处理措施

差错类别	处理措施
必要的证件不齐全	仓库管理员需将货物作为待检品处理，堆放在待检区，待证件到齐后再进行验收，单证未到之前，不能验收，不能入库，更不能发料
无进货合同及任何进货依据，但运输单据上却标明本仓库为货物收货人	仓库管理员再收到货物后应立即与采购部门或发货人联系，问清具体情况，并将该批货物置于待处理区，依实际情况做好记录，待查清后再对其做出处理
供货单位提供的质量保证书与仓库的进货单、合同不符	仓库管理员应将货物放在待处理区，通知采购部门或存货单位，并根据其提出的办法进行处理
有关证件已到库，但在规定时间内货物尚未到库	仓库管理员应及时向采购部门或存货单位反映，在处理问题时，应及时填写“问题物品处理记录单”(表 4-3-15)，以便查询处理

表 4-3-15 问题物品处理记录单

常见问题处理	数量溢于	数量短少	品质不合格	包装不合格	规格品类不符	单证与实物不符
通知供货方						
按实数签收						
维修整理						
查询等候处理						
改单签收						
拒绝收货						
退单、退货						

【拓展知识】

不同类别商品的感官鉴别

不同类别商品的感官鉴别方法见表 4-3-16。

表 4-3-16 不同类别商品的感官鉴别

商品种类	感官鉴别
家用电器	判断噪声和杂音，查验机器外壳的外观、影像和伴音
铁制品	查验表面是否存在缺陷、锈蚀，查验表面粗糙度等
纺织品	查验面料的瑕疵点、污染、缺陷、颜色和手感
食用油	查验透明度、颜色和气味
药品	查验色、味、黏度、干湿度，针剂注射的疼痛感等
粮食	查验外观、黏度、干湿度、夹杂物、保鲜程度
饮料、酒类	查验色、味
烹调制品	查验色、香、味
罐头食品	查验外观、味道、保鲜程度等
洗涤用品及化妆品	查验颜色、黏度、是否有漏出
工农工业化学用品	查验颜色
颜料、染料和防腐制品	查验颜色、干湿度
其他医用制剂	查验颜色、透明度、是否过期
医疗器械及用品	查验表面、听声音
纸、纸制品和办公用品	查验是否潮湿

续上表

商品种类	感官鉴别
塑料制品	查验是否老化、是否潮湿
皮革、人造皮草	查验是否老化、是否潮湿
肉类食品、蔬菜及其他园艺食品	查验保鲜程度、颜色、外观

【素养涵育】

货物验收要遵规守纪

某医院采购某机械有限公司洗衣房的洗衣设备、燃气锅炉，双方签订了购买合同，约定了洗衣设备的型号、名称等。该公司按合同约定交付了涉案货物，但几年过去了，该医院未支付设备款。该公司遂将其起诉至法院。经查，被告称原告提供的设备型号与合同约定的不符，提供的设备有质量问题，因此不予支付设备款。

法院经审理后认为，合同履行应遵循诚实信用原则，积极行使合同权利、履行合同义务。被告主张原告交付的洗涤设备与合同约定的型号不符，根据《中华人民共和国民法典》(以下简称《民法典》)第六百二十一条规定："当事人约定检验期限的，买受人应当在检验期限内将标的物的数量或者质量不符合约定的情形通知出卖人。买受人怠于通知的，视为标的物的数量或者质量符合约定。当事人没有约定检验期限的，买受人应当在发现或者应当发现标的物的数量或者质量不符合约定的合理期限内通知出卖人。买受人在合理期限内未通知或者自收到标的物之日起二年内未通知出卖人的，视为标的物的数量或者质量符合约定；但是，对标的物有质量保证期的，适用质量保证期，不适用该二年的规定。出卖人知道或者应当知道提供的标的物不符合约定的，买受人不受前两款规定的通知时间的限制。"

《最高人民法院关于审理买卖合同纠纷案件适用法律问题的解释》第十四条规定："民法典第六百二十一条规定的检验期限、合理期限、二年期限经过后，买受人主张标的物的数量或者质量不符合约定的，人民法院不予支持。出卖人自愿承担违约责任后，又以上述期限经过为由翻悔的，人民法院不予支持。"

本案中，医院于洗涤设备送到后未即时检验，在逾两年后提出设备与约定不符，且其与原告已办理了书面的交接。因此，法院依法不予支持被告主张，判决被告及时支付货物款项。

想一想：货物验收工作要遵守法律和规章制度的重要性。

【课后测试】

1. 某牛奶公司 2024 年 1 月 30 日送来一批牛奶，送货单上数量为 50 件，规格为 250 mL×12 袋，单价 2 元/袋，金额 24 元/件，生产日期是 2024 年 1 月 20 日，保质期为 21 d。作为超市收货员，这批货物能不能收？为什么？

2. H 公司 20××年 5 月 20 日送来一批方便面到 A 仓储公司仓库。但是 A 仓储公司仓库没有收到该批货物的送货单、产品合格证。作为 A 公司收货员，你应该如何处理这批货物？

【练习巩固】

某供应商于 2024 年 4 月 21 日送来一车矿泉水，送货单上数量为 600 箱，规格为 535 mL×24 瓶，单价 1 元/瓶，金额为 24 元/箱，生产日期为 2024 年 4 月 15 日，保质期为 12 个月。作为某仓储公司收货员，应该如何验收这批货物？

【任务评价】

<table>
<tr><th colspan="2" rowspan="2">评价内容</th><th rowspan="2">总分值</th><th rowspan="2">分值</th><th rowspan="2">评价标准</th><th colspan="5">评价分值</th></tr>
<tr><th>教师评价</th><th>小组互评</th><th>小组自评</th><th>教学平台评价</th><th>综合评价</th></tr>
<tr><td rowspan="2">课前</td><td>知识学习</td><td rowspan="2">20</td><td>10</td><td>能完成课前学习</td><td></td><td></td><td></td><td></td><td></td></tr>
<tr><td>课前测试</td><td>10</td><td>能完成全部测试</td><td></td><td></td><td></td><td></td><td></td></tr>
<tr><td rowspan="5">课中</td><td rowspan="4">技能评价</td><td rowspan="5">60</td><td>10</td><td>能正确售出货物验收的基本要求</td><td></td><td></td><td></td><td></td><td></td></tr>
<tr><td>10</td><td>能正确完成验收准备工作</td><td></td><td></td><td></td><td></td><td></td></tr>
<tr><td>10</td><td>能正确完成核对凭证工作</td><td></td><td></td><td></td><td></td><td></td></tr>
<tr><td>20</td><td>能对货物实施正确的实物检验</td><td></td><td></td><td></td><td></td><td></td></tr>
<tr><td>课堂表现</td><td>10</td><td>①课堂态度端正,积极参与活动,团队协作能力强;
②能灵活应用知识和技能、自主探究、协作完成任务;
③能熟练运用信息化技术手段和工具分析解决问题;
④出勤签到</td><td></td><td></td><td></td><td></td><td></td></tr>
<tr><td rowspan="2">课后</td><td>练习巩固</td><td rowspan="2">20</td><td>10</td><td>完成结果质量高,符合要求</td><td></td><td></td><td></td><td></td><td></td></tr>
<tr><td>课后测试</td><td>10</td><td>完成课后测试题</td><td></td><td></td><td></td><td></td><td></td></tr>
<tr><td colspan="5">合　计</td><td></td><td></td><td></td><td></td><td></td></tr>
</table>

注:"教学平台评价"栏可根据实际教学需求选用。

【案例阅读】

单证填写

物资验收记录单样例见表 4-3-17。

表 4-3-17　物资验收记录单

供货单位:××机械厂　　验收单号:23098

车号及货票号:冀 A×××××　　到库日期:20××年 2 月 17 日

物资类别:52　　验收日期:20××年 2 月 18 日

<table>
<tr><th rowspan="2">物资名称
及型号规格</th><th rowspan="2">计量
单位</th><th colspan="3">包装</th><th colspan="3">数量</th><th colspan="2">外观及
尺寸</th><th colspan="2">资料</th><th>计量
方法</th><th rowspan="2">生产厂</th><th rowspan="2">标准
代号
及图
号</th><th rowspan="2">备注</th></tr>
<tr><th>类</th><th>件</th><th>状况</th><th>应收</th><th>实收</th><th>差溢</th><th>合格</th><th>不合格</th><th>名称</th><th>分数</th><th>点数</th></tr>
<tr><td>弯头L245NB90°
L-50-PN10</td><td>只</td><td>裸</td><td>10</td><td>良</td><td>10</td><td>0</td><td>—10</td><td>0</td><td>10</td><td>合格证</td><td>10</td><td></td><td>××
机械厂</td><td>SY/T
0510-1998</td><td></td></tr>
<tr><td></td><td></td><td></td><td></td><td></td><td></td><td></td><td></td><td></td><td></td><td></td><td></td><td></td><td></td><td></td><td></td></tr>
<tr><td></td><td></td><td></td><td></td><td></td><td></td><td></td><td></td><td></td><td></td><td></td><td></td><td></td><td></td><td></td><td></td></tr>
<tr><td colspan="6">说明:该批弯头壁厚偏薄,超过规定误差。</td><td colspan="5">处理意见:已向生产办反映,生产办通知厂家换货。不合格品处理单号为:48765</td><td colspan="5">结案情况:于 20××年 2 月 22 日补回,验收单位为:09823</td></tr>
</table>

验收人:________　　制单人:________

不合格物品处理单样例见表 4-3-18。

表 4-3-18　不合格物品处理单

物资大类：52	物资名称规格型号：弯头 L245NB90°L-50-PN10
编　　号：48765	采购部门：××物资公司生产办
到库日期：20××.2.17	入库地点：××
供货单位：××机械厂	不合格数量及金额：10 只，7 800 元
不合格事实： 该批弯头合同规定壁厚(6.5±0.2)mm，实际检测壁厚 10 只，每只壁厚不足 6.3 mm，壁厚偏薄。 填表人签字：　王×　　日期：20××.02.18 仓储负责人签字：赵×　　日期：20××.02.18	
处理情况： 已通知供应商本周内换货。 采购部门负责人签字：刘×× 日期：20××.02.20	
备注：	

说明：本表用于不合格物资处理情况的记录：一式两份，仓库一份，计划采购部门一份。

想一想：单证填写时有何注意事项？

学习记录单

<table>
<tr><th colspan="4">学生任务分配表</th></tr>
<tr><td>小组名称</td><td colspan="2"></td><td>组　长</td><td></td></tr>
<tr><td rowspan="7">小组成员及分工</td><td>姓　名</td><td>学　号</td><td colspan="2">任务分工</td></tr>
<tr><td></td><td></td><td colspan="2"></td></tr>
<tr><td></td><td></td><td colspan="2"></td></tr>
<tr><td></td><td></td><td colspan="2"></td></tr>
<tr><td></td><td></td><td colspan="2"></td></tr>
<tr><td></td><td></td><td colspan="2"></td></tr>
<tr><td></td><td></td><td colspan="2"></td></tr>
<tr><th colspan="5">学习过程</th></tr>
</table>

课前：收集相关资料，做好预习，并完成课前测试。

1. 测试成绩：________

2. 学习记录

课中：按照任务实施要求，完成任务学习。

1. 任务实施记录

2. 任务实施总结

课后：完成课后测试及练习巩固作业，诊断得失反思改进。

1. 课后测试成绩：________

2. 课后巩固作业记录

3. 课后反思

任务 4-4　入库上架

【任务描述】

20××年 2 月 4 日，Y 仓储公司收到一批货物，该批货物由葡萄酒、奶糖、袋装大米组成。且该批货物已经通过验收，需要上架存储到重型托盘货架库区。操作员小仓收到储位分配单，要利用手持终端，将该批货物上架至重型托盘货架库区。具体的储位分配单见表 4-4-1。

表 4-4-1　储位分配单

操作编码：0000046327

作业单号	0000023346			库房	2 号库			
货品明细								
位置	货品编码	货品名称	规格	批次	应放	实放	单位	备注
B1103	452082457	葡萄酒	纸箱 460 mm×250 mm×252 mm	14008	10		箱	
B1233-B1234	322042431	奶糖	纸箱 360 mm×350 mm×250 mm	13907	20		箱	
B1401-B1409	126082558	大米	袋装 5 kg/袋	14765	180		袋	

请制定货物上架流程，并完成货物的上架作业。

【任务实施】

课前：收集相关资料，做好预习，并完成课前测试（扫描二维码获取）。

课中：4～6 人分组，借助信息化技术手段，查资料并思考研讨，制定出科学合理的货物入库上架流程。

课后：完成课后测试及练习巩固作业，并整理总结学习材料，诊断得失反思改进。

课前测试

4-4

【相关知识】

一、商品编码

仓库储存货物时，为了方便识别货物，必须要对货物进行编码和分类，将货物按一定的标准进行有序编排，并用简明文字、符号或数字来代替货物的“名称”“类别”等。对货物的分类与编码有利于仓库信息化的实施。

货物编码的方法很多，在仓库管理中可以采用以下几种编码方法。

1. 顺序编码法

顺序编码法是将阿拉伯数字或英文字母按顺序往下编排，该方法简单易懂，使用方便，而且没有过多的特殊要求，但是使用该法编写的代码本身不带有任何货物的信息，见表 4-4-2。

表 4-4-2　顺序编码法

代　　码	货物名称
1	彩电

续上表

代　码	货物名称
2	手机
3	插头
…	…
N	冰箱

2. 分组编码法

分组编码法是将货物按其特性进行分组，然后用数字表示各组的特性。该方法简单易懂，且便于计算机管理，故在仓库管理中使用较广，见表 4-4-3。

表 4-4-3　分组编码法

货物编码	类　别	供应商	颜　色	尺　寸	内　容
0601908012	06	—	—	—	布料
	—	019	—	—	五四厂家
	—	—	08	—	橙色
	—	—	—	012	100 mm×400 mm

3. 数字分段法

数字分段法使用也比较广泛，它将每一段数字代表某一类具有共同特性的货物，见表 4-4-4。

表 4-4-4　数字分段法

代　码	名　称
1～10	国内供应商
51～100	国外供应商

4. 后数位编码法

后位数编码法就是在将货物分类编码的基础上，再在同类货物后面进一步分类编码的方法，见表 4-4-5。

表 4-4-5　后数位编码法

代　码	含　义
12.22	国内供应商(12)·钢材(2)·型材(2)
12.23	国内供应商(12)·钢材(2)·板材(3)

5. 实际意义编码法

实际意义编码法就是根据货物的特性对货物进行编码，根据实际意义的编码可以直接看出货物的相关信息，见表 4-4-6。

表 4-4-6　实际意义编码法

代　码	含　义
SDQZ165C3	顺达公司(SD)·裙子(QZ)·尺寸(165)·货架(C)·层数(3)

6. 暗示编码法

暗示编码法是指由编码可以暗示出货物的内容等相关信息，此法可以防止信息外泄，见表 4-4-7。

表 4-4-7　暗示编码法

代　码	含　义
BYWB12	自行车(BY)·白色(WB)·型号(12)

二、货位编码

1. 货位编码的作用

货位编码是指将仓库范围的房、棚、场以及库房的楼层、仓间、货架、走道、支道等按地点、位置顺序编列号码，并作出明显标示，以便商品进出库可按号存取。货位编码不仅能够指示入库或出库时货物的存放位置，还具备很多其他的作用，主要包括：

(1)确定货位资料的正确性。

(2)提供与仓储管理信息系统中对应的位置，便于查询识别。

(3)提供进出货、拣货、补货等作业时存取货物的位置依据，便于仓储作业及查询，节省重复寻找货物的时间，提高工作效率。

(4)提高调库、移库的工作效率。

(5)可以利用信息系统进行处理分析。

(6)方便盘点。

(7)可让仓储及采购管理人员了解掌握储存空间，以控制货物存量。

(8)可避免货物乱放堆置导致过期而报废，并能有效掌握库存而降低库存量。

2. 货位编码的方法

货位编码的方法一般有以下四种：

(1)区段方式。

区段方式即把保管区域分割成几个区段，再对每个区段编码，如图 4-4-1 所示。此种编码方式是以区段为单位，每个号码所标注代表的货位区域将会很大，因此适用于容易单位化的货物以及大量或保管周期短的货物。在 ABC 分类中的 A、B 类货物也很适合这种编码方式。货物以物流量大小来决定其所占的区段大小，以进出货频率次数来决定其配置顺序。

(2)品类群类别方式。

品类群类别方式即把一些相关性货物经过集合以后，区分成好几个品类群，再对每个品类群进行编码。这种编码方式适用于比较容易的商品群类别保管及品牌差距大的货物，如服饰、五金方面的货物。

(3)地址式。

地址式即利用保管区域中的现成参考单位，例如库场的第几栋、第几保管区、排、行、层、格等，依照其相关顺序来进行编码。这些种编码方式由于所标注代表的区域通常以一个货位为限，且有相对顺序可依循，使用起来容易明了又方便，是目前仓储中心使用最多的编码方式。由于货位体积所限，适合一些量少或单价高的货物储存使用，例如 ABC 分类中 C 类的货物。

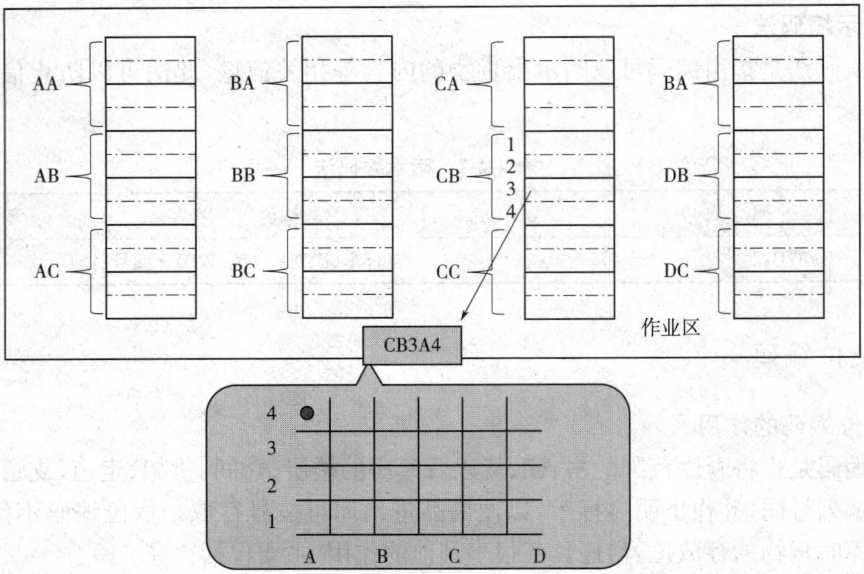

图 4-4-1　区段方式编码

我国仓库原来常用的三号定位法、四号定位法、六号定位法就是这种方法的体现。四号定位是由库房号、料架(垛)号、料架(垛)层号和料位顺序号四个号数来表示一个货位。只要知道了这个编号,就知道某种商品存放在几号库房、多少号料架、料架的第几层以及该层的哪一个货位,查寻料位非常方便。如“5-3-2-11”即指 5 号库房(货场)、3 号货架(货区)、第 2 层(排)、11 号货位(垛位)。编号时,为防止出错,可在第一位数字后加上拼音母“K”、“C”或“P”来表示,这三个字母分别代表库房、货场、货棚。如 13K-15-2-26,即为 13 号库,15 号货架,第二层,第 26 号。

三号定位法是以排位单位的货架货位编号。将库房内所有的货架以进入库门的方向自左至右安排编号,继而对每排货架的夹层或格眼在排的范围内按自上至下、自前至后的顺序编号。如 5 号库存设置 8 排货架,每排上下 4 层,共 16 个格眼,其中第 8 排货架,第 7 号格眼用“5-8-7”表示。

货位编码示例见表 4-4-8 和图 4-4-2。

表 4-4-8　货位编码示例

CW-03-22-57-05	CW	03	22	57	05	
常温仓-03 拣货区-22 巷道-57 排-05 库位	仓库类别 常温仓(汉语首字母)	拣货区	巷道	货架所在的列(排)	货位	
CP-04-23-35-21	CP	04	23	35	21	
残品货位-04 批量地堆区-23 巷道-35 排-21 库位	仓库类别 残品货位(汉语首字母)	批量地堆区	巷道	货架所在的列(排)	货位	
SAS01A001-2-018	SAS	01	A	001	2	018
SAS 仓库编码-01 库别-A 库区-001 货架排数-2 层数-018 库位	仓库编码	库别	库区	货架排数	层数	库位

(4)坐标式。

坐标式指利用空间概念来编排货位的方式。这种编排方式由于对每个货位定位切割细

图 4-4-2　地址式编码

小，在管理上比较复杂，对于流通率很小、需要长时间存放的货物，即一些生命周期较长的货物比较适用。

一般而言，由于储存货物特性不同，所适合采用的货位编码方式也不同，如何选择编码方式就需按照保管货物的储存量、流动率，保管空间布置及所使用的保管设备来选择。不同的编码方法对于管理容易与否也有影响。必须综合考虑上述因素及信息管理设备，才能适宜地选用编码方法。如果采用计算机管理，货位的编码可相对简单一些。

3. 货位编码注意事项

(1)尽量提高仓储空间利用率。

仓储空间的规划，首要先分类，了解使用方向，接着评估其在各方面的权重取舍，评估有了权重之比后再设计布置。如果仓库空间受限，无法进行规划变更，就要寻找方法把现有的仓储空间利用率发挥到极限。

(2)多从物品存放的安全性角度考虑。

为防止破损，保证安全，应使用合适的仓储货架。仓库内物资存放必须符合消防安全规定，配置足够的消防灭火器材。

(3)给作业工具留足操作空间。

货位分配时要考虑物流工具(液压车、叉车、升降机等)的作业空间，较一般物流设备作业宽度多 0.5 m。

(4)明白货架存放标准。

需要从货架受力恒荷载、受力活载荷、竖向冲击荷载、风载、抗震裂度等方面进行考虑，按照货架可承受能力进行。

三、货物入库上架流程

应用半电动堆高车、手持终端等设备完成货物入库上架作业，上架流程见表 4-4-9。

表 4-4-9　货物入库上架流程

步　骤	步骤说明
1. 选择装卸搬运工具	到设备区取可用于操作的半电动堆高车，对车进行检查。检查完毕后，将车推到入库货物托盘前，踩下制动踏板，制动停运
2. 扫描托盘条码查看信息	打开手持终端，点击“入库上架”，扫描托盘条码，显示上架储位等信息

续上表

步　　骤	步骤说明
3. 上架操作	(1)操作半电动堆高车,叉起需要入库上架的货物托盘,操作操纵杆,升起货叉(一般不高于地面 30 cm),推动半电动堆高车至指定货位前,踩下制动踏板,制动停运 (2)操作操纵杆,升起货叉至手持终端上显示的储位前,双目注视前方货叉升起情况,当货物到达足够高度时,解除脚刹制动,推入相应的货位货格内,踩下制动踏板,制动停运,操作操纵杆,降下货叉,将货物稳稳放置于货架上 (3)解除脚刹制动,拉动半电动堆高车,使货叉离开货架,降下货叉,踩脚刹制动
4. 确认上架	打开手持终端,扫描货架上货位条码,点击“确认上架”
5. 设备归位	解除半自动堆高车脚刹制动,推动并将其归位,放置到设备区

【拓展知识】

货位编码的标识

在货物储存作业中,必须经由标识的指引才能把货物迅速放入正确的货位。其中最重要的就是要协助引导取货作业,正确无误地取得该取的货物及数量。在了解货位编码及货物编号方法后,在灵活应用编码编号原则的基础上,实际应用中还需要注意货位编码的标识问题,以取得好的应用效果。

1. 一般标识

一般情况下,必须配合整理整顿来进行货位分类的标识,在每个货位(货架)上以大字明确地写上品名、货号、货位、条码等,以便查找货物放在哪里。同时,保管空间的灯光是否明亮也是很重要的。若是货位编号或品名货号写得太小,或所写的品名、货号相似,只是前后或中间稍有不同的话,就会很容易看错,影响到货物上架及拣(补)货、下架的准确率。对于这种品名货号非常接近的情形,可采用统一在每个货位(货架)的上方或下方横板上以大字写满这个货位(货架)的编号、品名、货号。对于类似的品名货号,在其不同处以红色标注,来达到醒目的目的。以加重区分的方式来强调差异点,不仅可避免在货物指派时放错位置,同时也能提高取货效率并防止错误的发生。若货位(货架)上下方没有横杆可标注这些品名货号,也可以采用 10 cm^2 左右的纸板,以大字把品名、货号、储码等写于上方,再将其贴于货位(货架)的角落,只要该标注不妨碍货物的存取,这些都是现场很容易采用且很有效的标注方式。

2. 暂存区标识

在储存货物时,通常应尽量避免在相同的货位编码中放置不同商品。如果由于空间限制不得不混用货位的话,在相同的货位编码中,应放置相类似的货物,这需要标识非常清楚。一种特殊的情况是在进出货暂存区,由于储存时间较短,为了更好地利用空间,其货位编码可以采用区段式。先依照历史资料,分析每批进出货的量,求取一个估计量,再按照这个量,把暂存区分隔成数个区段,每个区段以有颜色的线标识区分,并在每个区段前方标上储区编号。由于货物在暂存区上均属于短时间存放,因此这个储区无法标上其品名货号。所以除了在每托盘货物上方贴上这些货物的品名、货号、数量等资料外,还应在暂存区前方最醒目处准备一块足够大的看板,看板上依照暂存区的储区分隔布置方式,划分成相等比例的区域,并标上相应的储区编号。一旦有货物放入暂存区,便在看板货位对应位置写上品名、货号、数量,而货物取出时便擦除,这样从看板上便可明确目前暂存区的存放情况,作为相关作业的参考依据。

3. 动管区标识

仓库内有时设置动管区,主要是为拣选方便设置的,普遍采用流动货架。货架货物的供给方式是从货架前面取货，货架后面补货。虽然流动货架前面都会贴上明确的货位、品名、货号等标识，但补给货物的流动货架后方却未贴有任何标识，即使有时有一些简单指示，但是对补货时的指派仍然帮助有限。因此动管储区的编码及品名、货号的标识，必须考虑补货的方便，应在流动货架后方粘贴标识，甚至附上条码，供补货时用条码读取机扫描确认。

【素养涵育】

堆高车安全注意事项

(1)堆高车操作员不准酒后开车、超重、超高、超速行驶，禁止急刹车、急转弯。禁止堆高车进入存放溶剂及可燃性气体之场所。

(2)堆高车安全装置必须齐全完好，各部件灵敏有效，技术性能良好，严禁堆高车带病行驶。

(3)保持堆高车标准行驶状态，货叉离开地面行驶时，离地 10～20 cm，堆高车停止时降至地面左右行驶，在较差道路情况下作业时，其重量适当减轻，并应降低堆高车行驶速度。

(4)堆高车行驶中，如电控器失控，则及时断开总电源。

(5)使用电动堆高车时，特别应注意及时对蓄电池充电和蓄电池的正确维护。蓄电池充电时要注意方法，既要使蓄电池充足电，又不能造成蓄电池过量充电。

(6)在电动堆高车操作中，尽量少使用长时间长距离加速，当堆高车起步，速度提升后，稳住加速踏板，如路况较好，堆高车会继续加速。堆高车需减速时，放松加速踏板，轻踏制动踏板，这样可充分利用减速的能量，如果堆高车具有再生制动功能，即可使减速时的动能得以回收。车辆在坡道下行时，不要断开堆高车驱动电动机的电路，轻轻踩下制动踏板，使堆高车运行于再生制动状态，利用车辆下行的动能，减少蓄电池的能量消耗。

(7)堆高车运行中，切勿将“前进、倒退”的方向开关误当作转向开关。除非需要紧急减速，否则不要直接将制动踏板踏到底。车辆运用过程中，发现电池电量不足时(可通过电量表、电源亏电指示灯或其他报警装置得知)，应尽快对蓄电池进行充电，防止蓄电池过量放电。

(8)堆高车运行中时，切勿在高速行驶的过程中经常采取紧急制动，否则会对刹车总成、驱动轮造成巨大的摩擦，缩短刹车总成、驱动轮的使用寿命，甚至导致损坏。

想一想：学习并严格执行安全作业操作要求有何重要性?

【课后测试】

一、填空题

1. ________编码方式是以区段为单位，每个号码所标注代表的货位区域将会很大，因此适用于容易单位化的货物，以及大量或保管周期短的货物。

2. ________编码方式是把一些相关性货物经过集合以后，区分成好几个品类群，再对每个品类群进行编码。

3. 四号定位法属于________编码方式。

二、判断题

1. 仓库内物资存放必须符合消防安全规定，配置足够的消防灭火器材。 ( )

2. 货位编码时要给作业工具留足操作空间。 ( )

3. 暗示编码法是将阿拉伯数字或英文字母按顺序往下编排。 ( )

4. 堆高车允许带小病行驶。 （　　）

5. 动管储区的编码及品名、货号的标识，必须考虑补货的方便。 （　　）

【练习巩固】

20××年 7 月 10 日，某仓库已经将 Z 公司电器的电饭锅做完验收工作，通知入库上架操作员刘某，将该批货物上架至托盘货架区的 B03211 货位上。

请帮助刘某完成该批货物的入库上架操作。

【任务评价】

<table>
<tr><th colspan="2" rowspan="2">评价内容</th><th rowspan="2">总分值</th><th rowspan="2">分值</th><th rowspan="2">评价标准</th><th colspan="5">评价分值</th></tr>
<tr><th>教师评价</th><th>小组互评</th><th>小组自评</th><th>教学平台评价</th><th>综合评价</th></tr>
<tr><td rowspan="2">课前</td><td>知识学习</td><td rowspan="2">20</td><td>10</td><td>能完成课前学习</td><td></td><td></td><td></td><td></td><td></td></tr>
<tr><td>课前测试</td><td>10</td><td>能完成全部测试</td><td></td><td></td><td></td><td></td><td></td></tr>
<tr><td rowspan="5">课中</td><td rowspan="4">技能评价</td><td rowspan="5">60</td><td>10</td><td>能正确分析商品编码和货位编码</td><td></td><td></td><td></td><td></td><td></td></tr>
<tr><td>10</td><td>能熟练操作半自动堆高车</td><td></td><td></td><td></td><td></td><td></td></tr>
<tr><td>10</td><td>能熟练操作手持终端</td><td></td><td></td><td></td><td></td><td></td></tr>
<tr><td>20</td><td>能安全操作半自动堆高车完成入库上架作业</td><td></td><td></td><td></td><td></td><td></td></tr>
<tr><td>课堂表现</td><td>10</td><td>①课堂态度端正，积极参与活动，团队协作能力强；
②能灵活应用知识和技能、自主探究、协作完成任务；
③能熟练运用信息化技术手段和工具分析解决问题；
④出勤签到</td><td></td><td></td><td></td><td></td><td></td></tr>
<tr><td rowspan="2">课后</td><td>练习巩固</td><td rowspan="2">20</td><td>10</td><td>完成结果质量高，符合要求</td><td></td><td></td><td></td><td></td><td></td></tr>
<tr><td>课后测试</td><td>10</td><td>完成课后测试题</td><td></td><td></td><td></td><td></td><td></td></tr>
<tr><td colspan="5">合　计</td><td></td><td></td><td></td><td></td><td></td></tr>
</table>

注："教学平台评价"栏可根据实际教学需求选用。

【案例阅读】

提高仓库运营效率的首要任务：优化上架流程

优化仓库操作时，仓库管理员通常会忽略上架过程，但这是提高仓库运营效率的关键步骤。因为货物的初始放置直接影响后续所有的仓库流程，尤其对拣配的效率起到决定性作用。如果未将货物存储在最佳位置，则会增加时间成本，导致拣选和包装货物所花费的时间增加。因此，优化上架流程是提高仓库运营效率的首要任务。

1. 优化上架流程的目标

仓库货物上架的主要目标是实现将货物放在最理想的仓库存储位置，以此确保能够快速高效地存储货物，最大限度地利用仓库空间，易于在仓库内查找和跟踪，减少货物从接收区到存储地点的行程时间，确保货物安全和仓库员工的安全，提高仓库运营效率。

2. 优化上架流程的方式

(1)收集数据实时分析。数据是优化仓库运营和改善上架流程的有效依据。为了找到最佳的存储位置,货物上架必须提供有关货物大小、重量、高度、接收和运输频率、货物类型(例如危险品、易腐烂、高价值等)、订单或销售量以及保质期等数据,通过仓库管理系统(WMS)进行准确地收集和持续的数据分析,这将使仓库能够降低错误率并节约成本。

(2)注意货架容量和空间可用性。优化仓库运营流程和提高效率的另一个环节是通过实时监控仓库容量和空间利用率,在货架空缺时及时补货上架,从而节约运输时间。仓库可以使用条形码扫描仪和箱位来跟踪整个仓库区域中已使用及未使用的空间,例如使用 RFID 自动记录任务,结合先进的解决方案(如传感器),实时跟踪仓库中的容量和空间。这将成为仓储生态系统技术的一部分。

(3)减少货物运输时间。通常,在优化上架流程和仓库操作时,减少货物从接收区到存储地点的运输时间是重要环节之一。为此,仓库经理可以通过 ABC 分析法更好地了解高容量和高频率的货物,根据实际情况适时调整仓库布局,将大容量/高频率的货物移至更靠近运输区域的位置,从而减少运输时间。ABC 分析法具体如下。

首先,必须确定目录中货物的重要性程度,将货物分为 3 组。

A 组:最重要的货物(最常用的物品,最畅销的货物或在必要时最需要获得的货物)。在商店中,这些货物通常是给公司带来最大利润的货物。

B 组:较少使用或具有次要重要性的货物。

C 组:最不重要的物品但又不可处理掉的货物。

分类完成后,将 A 组货物放置在仓库中最容易接近的区域(如仓库入口、货架前面),然后放置 B 组货物,最后,将 C 组货物放置在剩余空间中。ABC 分析法可有效提高仓库和商店的运营效率。

(4)将固定和动态位置相结合。如果条件允许,仓库还可以将固定位置和动态位置适当组合,在固定位置放置特定的产品类别,使仓库人员可以记住货物的特定位置分配。动态位置可以放置大批量的季节性物品,根据客户需求进行替换,动态位置可以提供更大的灵活性。使用动态位置时,采用一个可靠的库存管理系统来跟踪货物和位置至关重要。

(5)保持仓库整洁有序。

混乱和组织不善的设施将直接影响货物的取放速度,甚至增加员工的安全隐患以及损害货物完整性的风险。而一个干净而有条理的仓库或配送中心可以提高仓库的运营效率。没有干净整洁的仓库,再先进的仓库管理系统或者再精简仓库流都将无济于事。

想一想:遵守并优化作业流程对仓储上架作业有何重要性?

学习记录单

<table>
<tr><th colspan="4">学生任务分配表</th></tr>
<tr><td>小组名称</td><td></td><td>组　长</td><td></td></tr>
<tr><td rowspan="7">小组成员及分工</td><td>姓　名</td><td>学　号</td><td>任务分工</td></tr>
<tr><td></td><td></td><td></td></tr>
<tr><td></td><td></td><td></td></tr>
<tr><td></td><td></td><td></td></tr>
<tr><td></td><td></td><td></td></tr>
<tr><td></td><td></td><td></td></tr>
<tr><td></td><td></td><td></td></tr>
<tr><th colspan="4">学习过程</th></tr>
<tr><td colspan="4">课前:收集相关资料,做好预习,并完成课前测试。
1. 测试成绩:____________
2. 学习记录</td></tr>
<tr><td colspan="4">课中:按照任务实施要求,完成任务学习。
1. 任务实施记录

2. 任务实施总结</td></tr>
<tr><td colspan="4">课后:完成课后测试及练习巩固作业,诊断得失反思改进。
1. 课后测试成绩:____________
2. 课后巩固作业记录

3. 课后反思</td></tr>
</table>

项目五
在库作业

货物经过入库作业后即进入在库作业环节，它是仓储作业的中间环节。在库作业关乎货物质量的安全，做好在库作业管理更是订单能够及时履行的关键所在。在库作业的主要任务是妥善保存货物，合理利用仓储空间，对存货进行科学管理等。通过学习货物在库作业管理，构建对货物在库作业管理的认知结构和技能基础。

学习目标

素养目标

- 培养严谨认真、安全意识、成本意识和劳动意识
- 培养团队协作能力和沟通意识
- 培养分析问题、解决问题的能力
- 培养精益求精的工匠精神和吃苦耐劳的优良品质
- 培养作业优化意识

知识目标

- 掌握货物在库保管保养知识
- 掌握货物在库盘点知识
- 掌握货物在库堆码和苫垫知识
- 掌握货物库存控制知识
- 掌握货物在库流通加工知识

技能目标

- 能够完成普通仓库中温湿度的调节、霉虫防治、金属防锈等在库作业
- 能够完成普通货物的盘点工作，并对盘点结果进行处理
- 能够根据货物特性，对货物进行正确的堆码和苫垫作业

• 能够利用 ABC 分析法、定量订货法、定期订货法等方法科学合理地对普通货物进行库存控制

• 能够对典型的钢材等普通货物进行库内流通加工的分析设计

任务 5-1　货物堆码与苫垫

【任务描述】

20××年 3 月 5 日，M 仓储配送中心仓库管理员小仓刚上班就接到两个任务需要完成。一是矿泉水的入库作业，二是为货垛制定苫垫方案。矿泉水要存入 1 号库内，小仓需要将货物从货车上卸货并码放到托盘上，才能利用叉车进行入库作业。托盘规格为 1 200 mm×1 000 mm×150 mm，矿泉水的信息见表 5-1-1。

表 5-1-1　货物信息表

货物信息				托盘信息
货物名称	数量/箱	包装箱规格/mm	层高标识/层	1 200 mm×1 000 mm 厚度：150 mm
×××矿泉水	20	380×255×234	4	

二是玉米秸存放在露天货场，单位以捆来计，存储时间为 3 个月，主要作为牲畜的饲料，期间按照牲畜的食量逐批配送给饲养场。货垛的基本信息见表 5-1-2。

表 5-1-2　玉米秸货垛的基本信息

品　名	规　格	数量/捆	单位质量	备　注
玉米秸	半径 40 cm，长度 2 m	2 000	10 kg	堆码层数不超过 15 层，防止雨淋、潮湿

(1)小仓该如何完成矿泉水的卸货堆码操作呢？

(2)请根据该货物特性，确定垫垛方法，选择垫垛材料，制定垫垛要求；确定苫盖方法，选择苫盖材料，制定苫盖要求。

【任务实施】

课前：收集相关资料，做好预习，并完成课前测试(扫描二维码获取)。

课中：4～6 人分组，借助信息化技术手段，查资料并思考研讨，确定矿泉水的卸货堆码方法及注意事项，以及玉米秸垛的垫垛方法、垫垛材料、苫盖方法、苫盖材料和相关注意事项。

课后：完成课后测试及练习巩固作业，并整理总结学习材料，诊断得失反思改进。

课前测试

5–1

【相关知识】

货物堆码是根据货物的特性、形状、规格、重量及包装质量等情况，同时综合考虑地面的负荷、储存的要求，将货物分别叠堆成各种码垛。科学的货物堆码技术、合理地码垛，对提高入库货物的储存保管质量，提高仓容利用率，提高收发作业及养护工作的效率，都有着不可低估的作用。

视频

货物堆码的要求

一、货物堆码的要求

1. 对堆码场地的要求

堆码场地可分为三种：库房内堆码场地、货棚内堆码场地、露天堆码场地。不同类型的堆码场地进行堆码作业时会有不同的要求，见表5-1-3。

表5-1-3　堆码作业要求

场　地	要　求
库房内堆码场地	用于承受货物堆码的库房地坪，要求平坦、坚固、耐摩擦，一般要求1 m^2的地面承载能力为5～10 t 堆码时货垛应在墙基线和柱基线以外，垛底须适当垫高
货棚内堆码场地	货棚是一种半封闭式的建筑，为防止雨雪渗漏、积聚，货棚堆码场地四周必须有良好的排水系统，如排水沟、排水管道等 货棚内堆码场地的地坪应高于棚外场地，并做到平整、坚实。堆码时，货垛一般应垫高20～40 cm
露天堆码场地	露天货场的地坪材料可根据堆存货物对地面的承载要求，采用夯实泥地、铺砂石、块石地或钢筋水泥地等 应坚实、平坦、干燥、无积水、无杂草，四周同样应有排水设施，堆码场地必须高于四周地面，货垛必须垫高40 cm

2. 对堆码货物的要求

货物在正式堆码前，须达到以下要求：

(1)货物的名称、规格、数量、重量已全部查清。

(2)货物已根据物流的需要进行编码。

(3)货物外包装完好、清洁、标志清楚。

(4)部分受潮、锈蚀以及发生重量变化的不合格货物，已加工恢复或已剔除。

(5)为便于机械化作业，准备堆码的货物已进行集装单元化。

3. 堆码操作的要求

货物堆码操作要求安全、合理、方便、整齐、节约，具体见表5-1-4及图5-1-1。

表5-1-4　堆码操作的要求

操作要求	具体内容
安全	作业工人必须严格遵守安全操作规程，使用各种装卸搬运设备，严禁超载，同时还须防止建筑物超过安全负荷量 码垛要不偏不斜，不歪不倒，牢固坚实，以免倒塌伤人、摔坏货物
合理	堆码成型后的垛形有很多种，要根据不同货物的性质、规格、尺寸确定合适的垛形。不同品种、产地、等级、单价的货物，须分别堆码，以便收发、保管 货垛高度要适当，不压坏底层货物和地坪，与屋顶、照明灯保持一定距离；货垛间距，走道宽度，货垛与墙面、梁柱的距离等都要合理、适度。垛距一般为0.5～0.8 m，主要通道为2.5～3 m
方便	货垛行、列力求成整行整列，便于清点、收发作业。若过秤货物不成整行整列时，应分层标明重量
整齐	货垛应按一定的规格、尺寸叠放，排列整齐、规范。货物包装标志应一律朝外，以便于查找
节约	堆垛时应注意节省空间，适当、合理地安排货位，提高仓容利用率

（a）合理堆码　　（b）整齐堆码

图 5-1-1　货物堆码

二、货物堆码技术

1. 货垛“五距”的要求

货垛的规范要求主要是指“五距”，即垛距、墙距、柱距、顶距和灯距（图 5-1-2）。堆垛时，不能依墙、靠柱、碰顶、贴灯，不能紧挨旁边的货垛，必须留有一定的间距。

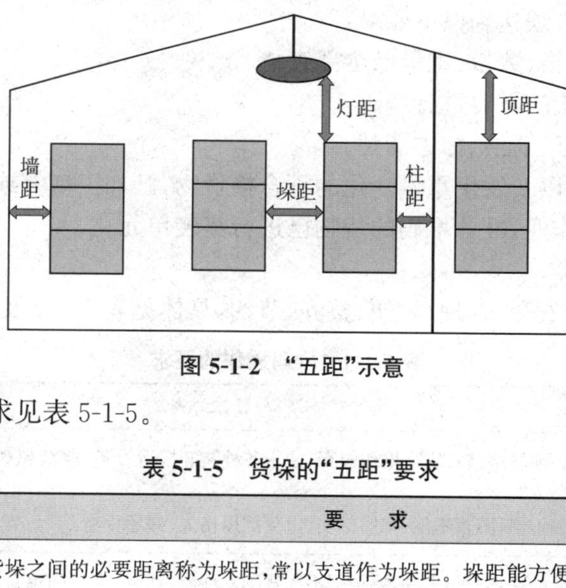

图 5-1-2　“五距”示意

货垛的“五距”要求见表 5-1-5。

表 5-1-5　货垛的“五距”要求

五　距	要　求
垛距	货垛与货垛之间的必要距离称为垛距，常以支道作为垛距。垛距能方便存取作业，起通风、散热的作用，方便消防工作 库房中的垛距一般为 0.5～1 m，货场中的垛距一般不少于 1.5 m
墙距	为了防止库房墙壁和货场围墙上的潮气对货物的影响，也为了开窗通风、消防工作、建筑安全、收发作业等的需要，货垛必须留有墙距。墙距分为库房墙距和货场墙距，其中，库房墙距又分为内墙距和外墙距。内墙是指位于建筑物内部的墙体，墙外还有建筑物相连，因而潮气相对少些；外墙则是指位于建筑物外部的墙体，墙外没有建筑物相连，所以墙上的湿度相对大些 库房的外墙距为 0.3～0.5 m，内墙距为 0.1～0.2 m；货场只有外墙距，一般为 0.8～3 m

续上表

五　距	要　求
柱距	为了防止库房柱子的潮气影响货物，也为了保护仓库建筑物的安全，必须留有柱距，一般为 0.1～0.3 m
顶距	货垛堆放的最大高度与库房、货棚屋顶间的距离称为顶距。顶距能便于装卸搬运作业，有利于对货物收发、盘点，能通风散热，有利于消防工作 一般规定平库房顶距为 0.2～0.5 m；人字形库房为以屋架下弦底为货垛的可堆高度；多层库房的底层与中层顶距为 0.2～0.5 m，顶层须大于等于 0.5 m
灯距	货垛与照明灯之间的必要距离称为灯距。为了确保储存货物的安全，防止照明灯发出的热量引起货物的燃烧而发生火灾，货垛必须留有灯距 灯距严格规定不少于 0.5 m

2. 码垛可堆层数及占地面积的确定

货物在堆垛之前，必须要确定码垛的可堆层数及占地面积，见表 5-1-6。

表 5-1-6　占地面积和可堆层数的确定

<table>
<tr><th>项　目</th><th colspan="3">确定方法</th></tr>
<tr><td>占地面积的确定</td><td colspan="3">规格整齐、形状一致的箱装货物，计算公式为
占地面积＝总件数/可堆层数×每件货物底面积</td></tr>
<tr><td rowspan="4">码垛可堆层数的确定</td><td>单件货物堆垛</td><td>地坪不超重</td><td>不超重可堆高层数＝仓库地坪每平方米核定载重量/货物单位面积质量
其中，货物单位面积质量＝每件货物的毛重/货物的底面积</td></tr>
<tr><td rowspan="3">整垛货物</td><td>地坪不超重</td><td>不超重可堆高层数＝(整垛货物实占面积×仓库地坪每平方米核定载重量)/(每层货物的件数×每件货物的毛重)</td></tr>
<tr><td>包装不压坏</td><td>货物包装不超其所承担压力</td></tr>
<tr><td>码垛不超高</td><td>不超高可堆高层数＝仓库可用高度/每件货物的高度</td></tr>
</table>

【例 5-1-1】　货垛可堆高层数的确定

某仓库要存放一批饮料 100 箱，每箱毛重 30 kg，箱底面积为 0.20 m^2，箱高 0.3 m，箱上标识最多允许堆垛 18 层高，地坪承载能力为 6 t/m^2，仓库可用高度为 6 m。请确定该批货物的可堆垛高度。

【解】　单位面积质量＝30/0.20＝150(kg/m^2)＝0.15(t/m^2)

不超重可堆高层数＝6/0.15＝40(层)

不超高可堆高层数＝6/0.3＝20(层)

综合考虑，可以确定该批货物的堆垛高度为 18 层，码垛的高度为 18×0.3＝5.4(m)。

3. 码垛底层排列的确定

要确定码垛底层排列，首先需确定码垛底的货物数量，其计算公式如下：

码垛底数＝码垛总件数/可堆高层数

确定了码垛底数后，还要根据货位的面积及每件货物的实占面积综合安排码垛底层货物的排列形状。

视频

货物堆码的方法

三、货物堆码方法

1. 货物堆码基本方式

货物堆码基本方式见表 5-1-7。

表 5-1-7 货物堆码基本方式

堆码方式	内容说明
散堆方式	散堆即将无包装的散货在库场上堆成货堆的存入方式。这种方式适用于大宗散货，如煤炭、矿石、散粮和散化肥等。这种堆码方式简便，便于采用现代化的大型机械设备，能够节省包装费用，提高仓容利用率，降低运费。因此，散堆方式是目前货物库场堆存的一种趋势
垛堆方式	适用于对包装货物或长、大件货物进行堆码
货架方式	货架分为通用货架和专用货架两种，无论采用哪种货架进行堆码，货架都只适合于存放小件货物或不宜堆高的货物。通过货架能够提高仓库利用率，减少货物存取时的差错
成组堆码方式	常用的成组工具有货板、托盘等，成组堆码就是采用成组工具，使货物的堆存单元扩大。成组堆码一般每垛 3～4 层，这种方式可以提高仓库利用率，实现货物的安全搬运和堆存，提高劳动效率，加快货物流通，如图 5-1-3 所示

图 5-1-3 托盘成组堆码

2. 堆垛方式

为适应不同货物的性能、外形和保管的要求，垛堆的形式可以各异，通常有以下九种基本形式：

(1)重叠式堆码。

采用重叠式堆码的货物各层排列方式、数量完全相同，层间无交叉搭接，垛形整齐。这种垛形的优点是操作简单、计数容易、收发方便；缺点是稳定性差，易倒垛，因而常用绳子、绳网、塑料弹性薄膜等辅助材料来防塌，如图 5-1-4 所示。

(2)正反交错式堆码。

正反交错式堆码方法类似于建筑中的砌砖方法，因此也叫砌砖式堆码，指同一层中不同列货品以 90°垂直码放，相邻两层货物码放形式旋转 180°，如图 5-1-5 所示。矩形托盘多采用这种码垛法，货物的长宽比要求为 3∶2 或 6∶5。其优点为不同层间咬合强度较高，相邻层次间相互压缝，稳定性较好；缺点是不适合机械操作，堆码操作较麻烦，人工操作速度慢，堆码时间比较长。

(3)纵横交错式堆码。

纵横交错式堆码货垛一层横放、一层竖放，层间互相搭接，如图 5-1-6 所示。这种形式的优点是稳定性较好，是机械化作业的主要堆垛形式之一；缺点是只能用于正方形托盘。

(4)旋转交错式堆码。

采用旋转交错式堆码的货物第一层货物摆放互为 90°;第二层摆放方式与第一层相同,货物方向相差 180°;第三层参照第一层,以此类推,如图 5-1-7 所示。这种方法的优点是稳定性好,不易塌垛;缺点是操作难度大,中间的空心导致托盘使用率不高。

(a) 袋装货物重叠式堆码　　(b) 单元化货物重叠式堆码

图 5-1-4　重叠式堆码

图 5-1-5　正反交错式堆码

图 5-1-6　纵横交错式堆码

图 5-1-7　旋转交错式堆码

(5)通风式堆码。

通风式堆码指需通风防潮的货物堆垛时，货物之间留有一定空隙的堆码方式，如图 5-1-8 所示。其优点是有利于通风、透气，适宜货物的保管养护；缺点为空间利用率较低。

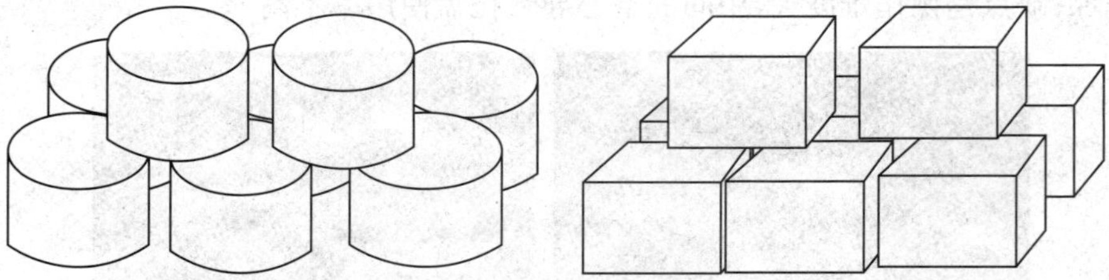

（a）圆柱体货物通风式堆码　（b）长方体货物通风式堆码

图 5-1-8　通风式堆码

(6)仰俯相间式堆码。

对于钢轨、槽钢、角钢等商品，可以一层仰放，一层俯放，仰俯相间而相扣，使货垛稳固，如图 5-1-9 所示。角钢和槽钢露天存放时，应一头稍高，一头稍低，以利于排水。

图 5-1-9　仰俯相间式堆码

(7)压缝式堆码。

采用压缝式堆码方式，首先令货垛底层成正方形、长方形或圆形，然后在两件货物的缝间起脊上码，如图 5-1-10 所示。以正方形、长方形为垛底的货垛纵横截面为“人”字形。该方式适用于建筑陶瓷、阀门、桶形货物。

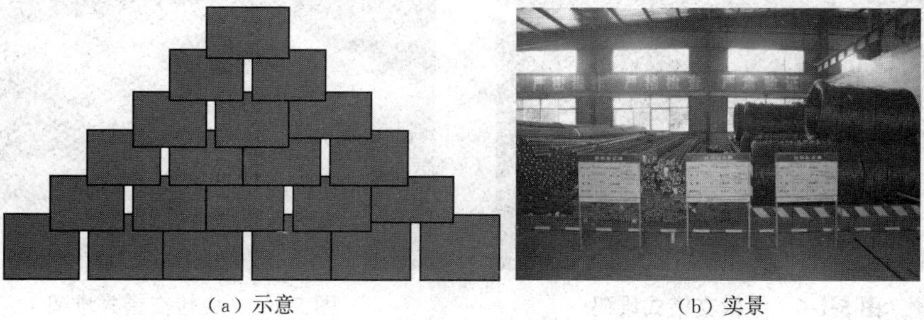

（a）示意　（b）实景

图 5-1-10　压缝式堆码

(8)栽柱式堆码。

栽柱式堆码在货垛的两旁栽 2～3 根木柱或者钢棒,将货物平铺在柱中,每层或间隔几层在两侧相对应的柱子上用铁丝拉紧,以防倒塌,如图 5-1-11 所示。这种堆垛方式多用于金属材料中的长条形材料,如圆钢、中空钢的堆码。

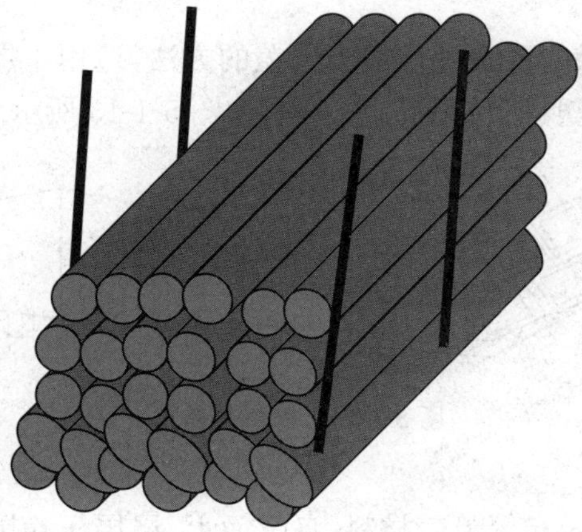

图 5-1-11　栽柱式堆码

(9)"五五化"堆码。

"五五化"堆码是我国人工堆码中常用的一种科学、简便的堆码方式,以五为基本的计数单位,一个集装单元或一个货垛的货物总量是五的倍数,如梅花五、重叠五等,如图 5-1-12 所示。堆码后作业人员可根据集装单元数或货垛数直接推算货物总数,大大加快了点数的速度,并有效减少了计数的差错。

(a) 圆柱体货物"五五化"堆码　　(b) 长方体货物"五五化"堆码

图 5-1-12　"五五化"堆码

货物堆码的实际作业,通常是上文提到的常用堆码方法和"五五化"堆码方法的综合运用。

四、货物的苫盖

1. 苫盖目的

苫盖的目的是防止存放在露天货场的货物直接受到风吹、雨打、日晒、冰冻的侵蚀。为了便于苫盖,货物在堆垛时必须堆成易苫盖的垛形,如屋脊形、方形等,并选择适当的苫盖物。如果露天存放的货物不怕风吹、雨淋、日晒等,而且货场排水性能好,可以不进行苫盖,如生铁、石块等。

2. 苫盖材料

通常使用的苫盖材料有塑料布、席子、油毡纸、苫布等,也可以利用一些货物的旧包装材料改制。若货垛需苫盖较长时间，一般可用二层席子，中间夹一层油毡纸作为苫盖材料，这样既通风透气，又可防雨雪、日晒；若货垛只需临时苫盖，可用苫布。为了节省苫盖成本，还可以制成适当规格通用型的苫瓦，方便实用，可以反复利用。

3. 苫盖方法

(1)垛形苫盖法。

垛形苫盖法指根据货垛的形状进行适当苫盖的方法，适用于屋脊形货垛、方形货垛及大件包装物品的苫盖，常使用塑料布、苫布、席子等，如图 5-1-13 所示。

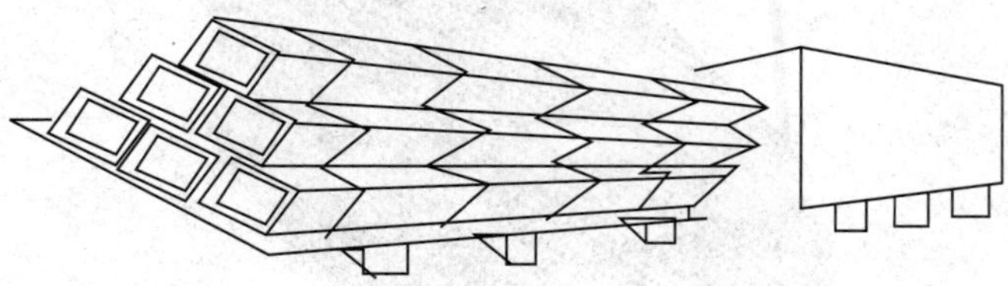

图 5-1-13 垛形苫盖法

(2)鱼鳞苫盖法。

鱼鳞苫盖法即用席子、苫布等苫盖材料，自下而上、层层压茬围盖的一种苫盖方法，因从外形看酷似鱼鳞，故称鱼鳞苫盖法。该方法适用于怕雨淋、日晒的物品。若物品需要通风透气的储存条件，可将席子、苫布等苫盖材料的下端反卷起来，使空气流通。

(3)隔离苫盖法。

隔离苫盖法即用竹竿、钢管、旧苇席等，在货垛四周及垛顶隔开一定空间打起框架，进行苫盖，如图 5-1-14 所示。该方法既能防雨，又能隔热。

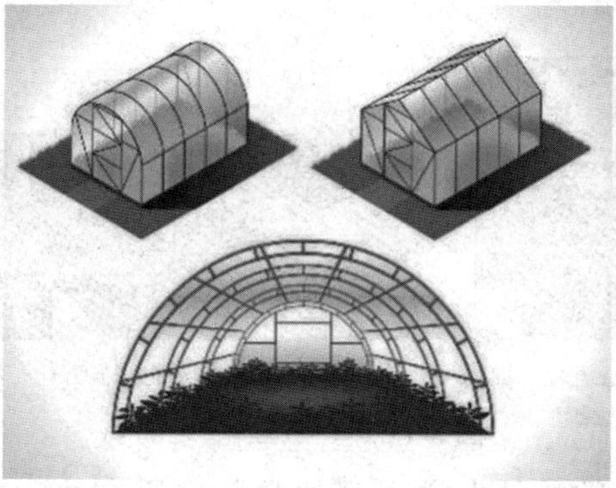

图 5-1-14 隔离苫盖法

(4)活动棚架苫盖法。

根据常用的垛形制成棚架，棚架下装有滑轮，可以推动。活动棚架需要时可以拼搭，并放置在货架上用作苫盖；不需要时，则可以拆除，节省空间。

4. 苫盖的注意事项

(1)选择合适的苫盖材料。选用符合防火要求、无害的安全苫盖材料；苫盖材料不会对货物造成不利影响；且成本低廉，不易损坏，能重复利用；没有破损和腐烂。

(2)苫盖牢固。每张苫盖材料都需要牢固固定，必要时在苫盖物外用绳索、绳网绑扎或者采用重物镇压。

(3)苫盖的接口要有一定深度的互相叠盖，叠口不能迎风或留空隙；苫盖必须拉挺、平整，不得有折叠和凹陷，以防积水。

(4)苫盖的底部与垫垛平齐，不腾空或拖地，并牢固地绑扎在外侧或地面的绳桩上，衬垫材料不露出垛外，以防雨水顺延渗入垛内。

(5)使用旧的苫盖物或雨水丰沛季节时，垛顶或者封口需要增加苫盖层数，确保雨淋不透。

五、货物垫垛

垫垛就是在货物堆垛前，根据货垛的形状、底面积大小、货物保管养护的需要，以及负载重量等要求，预先铺好垫垛物的作业。

1. 垫垛目的

垫垛的目的是使堆垛的货物免受地坪潮气的侵蚀，使垛底通风透气，避免地面污染物污染货垛提高储存货物的保管养护质量。通过强度较大的衬垫物也能使重物的压力分散，减少对地坪的压力。垫垛是仓储保管作业的重要环节。

2. 垫垛材料

垫垛材料通常采用枕木、废钢轨、货板、货板架、石墩、水泥墩、条石、防潮纸、塑料薄膜、苇席等。根据不同的储存条件和货物的不同要求，采用不同的垫垛材料。采用货板进行垫垛时应尽量采用标准尺寸。根据国际标准化组织(ISO)的规定，货板的尺寸有 800 mm×1 200 mm、1 200 mm×1 600 mm。我国常用的尺寸有 2 000 mm×1 200 mm、2 000 mm×1 100 mm、1 800 mm×1 100 mm 等。图 5-1-15 为货场使用木条垫垛实景。

图 5-1-15　货场垫垛

3. 垫垛方法

(1)码架式。

码架式即采用若干个码架，拼成所需货垛底面积的大小和形状，以备堆垛。码架是用垫木为脚，上面钉有木条或木板的构架，专门用于垫垛。码架规格不一，常见的长 2 m，宽 1 m，高 0.2 m 或 0.1 m。不同储存条件所需码架的高度不同，楼上库房使用的码架高度一般为 0.1 m；平库房使用的码架高度一般为 0.2 m；货棚、货场使用的码架高度一般在 0.3～0.5 m。

(2)垫木式。

垫木式即采用规格相同的若干根枕木或垫石，按货位的大小、形状排列，作为垛垫。枕木和垫石一般都是长方体，其宽和高相等，约为 0.2 m，枕木较长，一般为 2 m 左右，而垫石较短，一般为 0.3 m 左右。这种垫垛方法最大的优点是拼拆方便，不费时且节省储存空间，适用于底层库房及货棚、货场垫垛。

(3)防潮纸式。

防潮纸式即在垛底铺上一张防潮纸作为垛垫，常用芦席、油毡、塑料薄膜等。库房地面干燥且储存的物品对通风要求不高时，可在垛底垫一层防潮纸防潮。此外，若采用货架存货，或采用自动化立体库的高层货架存货，则货垛下面可以不用垫垛。

视频

货物的堆码和苫垫的要求及方法

为了防止货物倒塌，对某些稳定性差的货垛应进行必要的加固。加固是为了增加货垛的整体性和稳定性。货垛加固常用的方法有周围立挡柱、层间加垫板、使用U形架、使用钢丝拉连等。

4. 垫垛面积的确定

对于底面积比较小但使重量比较大的计重货物，为防止其压坏仓库地坪，必须进行垫垛，以分散重物对地面的压力。所以计重货物存放前需要根据确定的衬垫面积进行垫垛。确定的衬垫面积必须保证货物连同衬垫物对地面产生的压强小于或等于地坪能够承受的压力。

【例 5-1-2】 垫垛面积的确定

某仓库内要存放一台自重为30 t的设备，该设备底架为两条2 m×0.2 m的钢架。该仓库库场单位面积技术定额为3 t/m^2。请问需不需要垫垛？若需要，应如何采用2 m×1.5 m，自重为1.5 t的钢板垫垛？

【解】 货物对地面的压强为：30/(2×2×0.2)=37.5(t/m^2)。其远远超过库场单位面积技术定额，必须垫垛。

设衬垫钢板为n块，根据重量(含衬垫重量)=面积×库场单位面积技术定额，则有

$$30+n\times1.5=n\times2\times1.5\times3$$

解得$n=4$块。

即需要使用4块钢板衬垫。将4块钢板平铺展开，令设备的每条支架分别均匀地压在两块钢板上。

【拓展知识】

货场苫盖一般要求

(1)货垛苫盖时，苫布应正面朝外，不得反盖，交接处要叠压1 m，底边着地与货物平齐，保证无货物裸露在外。顶部需要苫盖的货垛，先两侧后顶部，顶部压两侧，搭边要按季节风向进行顺向叠压，四个垛角使用整块苫盖布或彩条布包角。折叠部位应平整，防止雨水倒灌入垛。

(2)苫布苫盖后，上面用抑尘网覆盖，抑尘网之间必须扣紧拴牢，四周用化纤袋装满货物压实拍扁。加固材料要整理有序、规律摆放，不得拖挂在垛脚边。

(3)货垛底部四周用化纤袋装满货物打成围堰并成形。

(4)苫盖加固好的货垛要能承受10级以下大风吹刮，及大到暴雨的冲刷。

(5)货垛成型后24 h内必须苫盖完毕，取货前及时按要求揭开一侧苫盖物，并对剩余部分进行加固。

(6)近期内要出库，不需要立即苫盖的，要及时通知到相关人员。

(7)要定期对货垛进行检查，特别是在预报有大风、大雨天气之前，要重点检查，发现绳索松脱、货物裸露、篷布下垂着地的要督促库场相关部门及时整理加固。

(8)对揭开的苫盖材料，回收工人要随揭随整形，回收到指定地点存放，不得随意丢弃。

(9)回收入库前，库场相关部门要把使用过的材料清理干净，不得夹带或粘连货物。将完好无损的、损坏但经过修补还可以继续使用的、完全损坏不能使用的材料分开堆放和统计，做好记录。

【素养涵育】

货垛坍塌安全事故

20××年×月×日 11:30 左右，某公司 2 号成品库北门处，某装卸组进行淀粉装车期间，正在装车的二层半高的淀粉垛(高约 3 m)出现塌垛，倒垛淀粉将底部接袋的曹某压倒在地面，造成左腿骨折和脸部擦伤出血伤害，随后拨打 120 救护车送至医院救治。事后确认事发现场有装卸工 4 人，仓储发货员 3 人，司机 1 人；事发时装卸作业车辆为最后一辆。

调查原因得知：曹某(伤者)站在已经拆除一角的倒塌垛位(高 3 m 左右)下整理产品，李某在平垛垛位(高 4.8 m 左右)上进行拆垛。随着平垛产品的下落冲击，倒塌垛位瞬间发生倒塌，如图 5-1-16 所示。垛顶李某跳至南侧邻近垛位，垛底曹某未能撤离导致受伤。

图 5-1-16　倒塌货位

总结事故原因，主要包括以下方面：

(1)无支撑垛。在装车前，倒塌垛位和平垛垛位北侧无支撑垛，因为淀粉流动性等原因致使垛位松动、歪斜。平垛时，将倒塌垛位西北角拆除形成了垂直产品滑倒，在产品高处滑落时对倒塌垛位撞击进一步加剧了垛位的不稳定性。

(2)现场人员未做好监护。装卸组经过上午的作业后，身体疲劳，且临近下班，出现急躁心理，为赶进度对单独垛位平垛时危险作业且未设置阶梯式滑道，垛顶李某向有人一侧拆垛，未做好产品砸伤人员的预想，对垛顶出现的松动歪斜未及时发现并警示曹某。

(3)日常管理监督有盲区。发货员日常对发车质量、速度关注多，对装车期间危险行为管理监督存在盲区，事后复查时部门不能提供拆垛发货时危险垛位的拆垛平垛操作流程及相关要求等。

想一想：货物堆码安全的重要性。

【课后测试】

一、填空题

1. 货垛“五距”是指________、________、________、________和________。

2. 堆码操作的要求是________、________、________、________和________。

3. 灯距严格规定不少于________m。

4. ________是将无包装的散货在库场上堆成货堆的存入方式。

5. 有毒货物堆码的货垛不易过________（高或低）。

二、判断题

1. 常用的垫垛方法主要有码架式、垫木式、防潮纸式三种。（　　）

2. 垛形苫盖法即用席子、苫布等苫盖材料，自下而上、层层压茬围盖的一种苫盖方法。（　　）

三、简答题

1. 什么是鱼鳞苫盖法？

2. 常用的垫垛方法主要有哪几种？

【练习巩固】

1. 现有840件空气炸锅到平置库，单件箱子尺寸为60 cm×60 cm×60 cm，外包装上堆码极限标志为6，需要为该批货物准备多少平方米的货位？

2. 某仓储中心接到入库通知，计划第二天到库一批五金零件，五金零件箱的规格为50 cm×20 cm×20 cm，每箱重30 kg。请为该批货物选择苫垫材料，制定苫垫作业方案。

【任务评价】

<table>
<tr><th colspan="2" rowspan="2">评价内容</th><th rowspan="2">总分值</th><th rowspan="2">分值</th><th rowspan="2">评价标准</th><th colspan="5">评价分值</th></tr>
<tr><th>教师评价</th><th>小组互评</th><th>小组自评</th><th>教学平台评价</th><th>综合评价</th></tr>
<tr><td rowspan="2">课前</td><td>知识学习</td><td rowspan="2">20</td><td>10</td><td>能完成课前学习</td><td></td><td></td><td></td><td></td><td></td></tr>
<tr><td>课前测试</td><td>10</td><td>能完成全部测试</td><td></td><td></td><td></td><td></td><td></td></tr>
<tr><td rowspan="5">课中</td><td rowspan="4">技能评价</td><td rowspan="5">60</td><td>10</td><td>能正确说出货物堆码的要求，苫垫的目的等</td><td></td><td></td><td></td><td></td><td></td></tr>
<tr><td>10</td><td>能分析货垛五距是否合适并计算码垛可堆层数和占用货位面积</td><td></td><td></td><td></td><td></td><td></td></tr>
<tr><td>10</td><td>能根据货物选择适合的苫垫材料并制定苫垫方案</td><td></td><td></td><td></td><td></td><td></td></tr>
<tr><td>20</td><td>能应用常用的堆码方法实施堆码作业</td><td></td><td></td><td></td><td></td><td></td></tr>
<tr><td>课堂表现</td><td>10</td><td>①课堂态度端正，积极参与活动，团队协作能力强；
②能灵活应用知识和技能、自主探究、协作完成任务；
③能熟练运用信息化技术手段和工具分析解决问题；
④出勤签到</td><td></td><td></td><td></td><td></td><td></td></tr>
<tr><td rowspan="2">课后</td><td>练习巩固</td><td rowspan="2">20</td><td>10</td><td>完成结果质量高，符合要求</td><td></td><td></td><td></td><td></td><td></td></tr>
<tr><td>课后测试</td><td>10</td><td>完成课后测试题</td><td></td><td></td><td></td><td></td><td></td></tr>
<tr><td colspan="5">合　计</td><td></td><td></td><td></td><td></td><td></td></tr>
</table>

注："教学平台评价"栏可根据实际教学需求选用。

【案例阅读】

四轴高速机器人码垛机

工业码垛机器人的价值在于可以创造比人工多十倍百倍的价值，可以完成人类一些重复性大的高强度劳动作业，甚至做得比人更好，机器人码垛机工作准确，相比传统流水线工人，四轴高速搬运码垛机器人能更有质量产量地完成搬运工作，传统的码垛对人力码垛的速度和精度要求较高，人工长时间处于高强度搬运作业中，很难保障码垛作业的速度和质量，况且当前人工流量较大，招工难、招工贵的问题越来越凸显，因此大多数企业开始考虑用机器代替人工。图 5-1-17 是某化工厂作业实景，桶装物料码垛作业中机器人发挥了重要作用。

图 5-1-17　码垛机器人

该码垛机器人特点：

(1)该码垛机器人结构简单，设计科学，便捷高效，而且实用性强。

(2)可根据包装桶的尺寸形状定制相应抓手抓取码垛，抓手可更换。

(3)占地面积少，运行费用低，便于运输存放。

(4)只需一人即可轻松操作，减轻了员工的劳动强度，降低整个生产线的人员编制。

(5)通过机械手爪盘来夹取桶装物料，有三爪盘和四爪盘。

(6)可依照兼顾生产线的条数及生产产量，来选择机械手爪盘及托盘的自动进出库系统。

(7)工作效率为 600～800 次/h，适用于桶装物料，尺寸和堆积方式都可按客户要求定制。

(8)运行稳定，抓取牢固不易松落，码垛紧密整齐。

想一想：各种码垛机器人的应用对仓储货物堆码带来哪些影响？

学习记录单

<table>
<tr><th colspan="4">学生任务分配表</th></tr>
<tr><td>小组名称</td><td></td><td>组　长</td><td></td></tr>
<tr><td rowspan="7">小组成员及分工</td><td>姓　名</td><td>学　号</td><td>任务分工</td></tr>
<tr><td></td><td></td><td></td></tr>
<tr><td></td><td></td><td></td></tr>
<tr><td></td><td></td><td></td></tr>
<tr><td></td><td></td><td></td></tr>
<tr><td></td><td></td><td></td></tr>
<tr><td></td><td></td><td></td></tr>
<tr><th colspan="4">学习过程</th></tr>
<tr><td colspan="4">课前:收集相关资料,做好预习,并完成课前测试。
1. 测试成绩:____________
2. 学习记录</td></tr>
<tr><td colspan="4">课中:按照任务实施要求,完成任务学习。
1. 任务实施记录
2. 任务实施总结</td></tr>
<tr><td colspan="4">课后:完成课后测试及练习巩固作业,诊断得失反思改进。
1. 课后测试成绩:____________
2. 课后巩固作业记录
3. 课后反思</td></tr>
</table>

任务 5-2　货物保管保养

【任务描述】

Y 仓储集团股份有限公司的五金仓库，主要存放有钳子、螺丝刀、卷尺等工具类五金货物；抽油烟机、燃气灶、烤箱、热水器等厨房家电类货物；电子锁、链子锁、防盗锁等锁类货物。

请根据该五金仓库的货物性质，制定有效的保管保养措施，确保货物质量安全。

【任务实施】

课前：收集相关资料，做好预习，并完成课前测试(扫描二维码获取)。

课前测试

5–2

课中：4～6 人分组，借助信息化技术手段，查资料并思考研讨，针对五金仓库的货物性质，制定出有效的保管保养措施。

课后：完成课后测试及练习巩固作业，并整理总结学习材料，诊断得失反思改进。

【相关知识】

一、库存货物的质量变化形式

货物保管是对货物进行储存及对其数量、质量进行管理控制的活动。货物保管是一项比较复杂的综合性工作，为了减少劳动消耗，高质量地完成货物保管任务，在实际工作中应遵循质量第一、预防为主、讲究科学、提高效率、确保安全的基本原则。货物养护是指货物在储存过程中，需要针对不同性质的货物在不同储存条件下采取不同的保养措施，以防止其质量劣化。货物养护的基本方针为“预防为主，防治结合”。

货物在储存期间，货物的质量或多或少会发生变化，其主要原因与货物本身的成分、结构和理化性质的特点，以及受到日光、温度、湿度、空气、微生物等客观外界条件都有关系。货物质量的变化包括物理机械变化、化学变化、生理生化变化及其他生物引起的变化等，虽然质量变化的形式很多，但只要了解货物质量变化的规律及影响质量变化的因素，即可在最大程度上确保货物安全，防止和减少货物损失。

仓库货物质量变化的主要形式见表 5-2-1。

表 5-2-1　仓库货物质量变化的主要形式

质量变化形式	内　容	常见形式
物理机械变化	指仅改变货物的外部形态(如气态、液态、固体“三态”之间发生的变化)，不改变其本质，在变化过程中没有新物质生成，并且可能反复进行变化的质量变化现象	挥发、溶化、熔化、渗漏、串味、沉淀、沾污、破碎与变形等
化学变化	指构成货物的物质发生变化，不仅改变了货物本身的外观形态，也改变了货物的本质，并有新物质生成，且不能恢复成原状的变化现象	化合、分解、水解、氧化、老化、聚合、裂解、风化、曝光和锈蚀等
生理生化变化	指有机体货物(有生命力的货物)在生长发育过程中，为了维持其生命活动，自身发生的一系列特有的变化	呼吸作用、发芽、胚胎发育和后熟作用等
其他生物引起的变化	货物在外界有害生物的作用下受到破坏的现象	虫蛀、鼠咬、霉变等

二、影响库存货物质量变化的因素

在储存过程中货物质量会发生变化，严重的会使货物丧失使用价值。因此一定要掌握货物质量变化的规律，保证货物的质量。影响库存货物质量发生变化的因素很多，主要分为内因和外因两部分，内因决定了货物变化的可能性和程度，外因是促成这些变化的条件，见表 5-2-2。

表 5-2-2　影响库存货物质量变化的因素

影响因素	说　明	举　例
内因	货物在储存期间发生各种变化，起决定作用的是货物本身的内在因素	化学成分、结构形态、物理化学性质、机械及工艺性质、包装状况等
外因	影响库存货物变化的外界因素很多，从大的方面可分为自然因素和社会因素两大类	温度、湿度、日光、大气、生物及微生物等

三、货物保管与保养的基本要求

货物保管与保养的基本要求见表 5-2-3。

表 5-2-3　货物保管与保养的基本要求

要　求	说　明	举　例
严格验收入库物品	入库时要严格验收，弄清物品及其包装的质量状况，保证入库的货物都是质量完好的货物	容易吸湿性的货物要检测其含水量是否超过安全水平，对其他有异常情况的物品要查清原因，针对具体情况进行处理和采取救治措施
适当安排储存场所	由于不同物品性能不同，对保管条件的要求也不同，分类分区、合理安排储存场所是物品养护工作的一个重要环节。此外，性能相互抵触或易串味的物品不能混存在同一库房，以免相互产生不良影响。尤其对于化学危险物品，要严格按照有关部门的规定，分类、分区安排储存地点	怕潮湿和易霉变、易生锈的物品，应存放在较干燥的库房里；怕热易溶化、发黏、挥发、变质或易发生燃烧、爆炸的物品，应存放在温度较低的阴凉场所；一些既怕热又怕冻且需要较大湿度的物品，应存放在冬暖夏凉的楼下库房或地窖里
科学进行堆码苫垫	阳光、雨雪、地面潮气对物品质量影响很大，要切实做好货垛遮苫和货垛垛下苫垫隔潮工作。存放在货场的物品，货区四周要有排水沟，以防积水流入垛下；货垛周围要遮盖严密，以防雨淋日晒。货垛的垛形与高度，应根据各种物品的性能和包装材料，结合季节气候等情况妥善堆码。库内物品堆码应留出适当的距离	利用石块、枕木、垫板、苇席、油毡或采用其他防潮措施 含水率较高的易霉物品，热天应码通风垛 容易渗漏的物品，应码间隔式的行列垛
控制好仓库温湿度	仓库的温湿度对货物质量有很大的影响，特别是危险品的储存，仓库的温湿度关系到物品储存的安全。而温度与湿度密切相关，在一定湿度下，随着温度的变化，空气中的水分可以变成水蒸气，也可以变成水滴。应根据库存物品的保管与养护要求，适时采取密封、通风、吸潮和其他控制与调节温湿度的办法，力求把仓库温湿度保持在适应物品储存的范围内	易燃液体储藏室温度一般不许超过 28 ℃，爆炸品储藏温度不许超过 30 ℃

续上表

要　求	说　明	举　例
定期进行货物的在库检查	一般仓库的进出库作业量都很大，而且储存的货物也都品种繁杂，规格型号复杂，特性功能各异，因此必须要对在库货物进行定期或不定期的盘点和检查	检查工作主要包括检查物品保管条件是否满足要求，检查物品质量的变化动态，检查各种安全防护措施是否落实、消防设备是否正常。检查时应特别注意物品的温度、水分、气味、包装物的外观、货垛状态是否有异常 盘点是检查账、卡、物是否相符，把握库存物品数量和质量动态的手段
搞好仓库清洁卫生	若储存环境不清洁，易引起微生物、虫类寄生繁殖，危害货物。因此，对仓库内外环境应经常清扫，彻底铲除仓库周围的杂草、垃圾等物，必要时使用药剂杀灭微生物和潜伏的害虫	对容易遭受虫蛀、鼠咬的物品，要根据物品性能和虫、鼠生活习性及危害途径，及时采取有效的防治措施

四、货物保管与保养的主要方法

1. 仓库温湿度的控制与调节

(1)仓库温度。

库外露天的温度叫气温，仓库里的温度一般叫做库温，货垛物品的温度叫垛温。气温对库温有直接影响，对垛温有间接影响。大气温度不可控制，但是仓库温度可以通过采取一定的措施进行控制。在绝对湿度不变的情况下，气温的变化可以提高或降低商品的含水量；同时，当气温超过货物所适应的范围时，将引起易溶、易挥发货物及一部分液体货物发生物理、化学以及生理生化变化，从而造成损失。如甲醛在温度低于 15 ℃时，几十分钟后就会发生聚合反应。因此，把能够保证某种货物质量安全的温度界限称为该种货物的安全温度。货物的安全温度指的是空气温度。对一般货物来说，只要求最高温度界限，但对一些怕冻货物，才要求最低温度线。

库温的变化规律见表 5-2-4。

表 5-2-4　库温的变化规律

序　号	变化规律
1	气温逐渐升降时，仓库温度也随之逐渐升降，仓库温度主要随气温变化而变化
2	仓库温度的变化总是落后于气温变化 1～2 h。一日内气温在日出前的瞬间达到最低值，14:00 温度达到最高值；而仓库温度则以日出后 1 h 为最低，15:00 为最高
3	仓库温度与气温相比，夜间仓库温度高于气温，白天仓库温度低于气温
4	仓库温度变化的幅度比气温变化的幅度小。假如气温变化幅度为 10 ℃，则仓库温度变化的幅度仅为 5～6 ℃
5	仓库内温度还受仓库建筑结构、建筑材料、外表面颜色、库房部位以及储存货物等多种因素的影响

(2)仓库湿度。

库外露天的湿度叫空气湿度，是指空气中水蒸气含量的程度，通常以绝对湿度、饱和湿度、相对湿度等指标来衡量，见表 5-2-5。

表 5-2-5　空气湿度

名　称	内　容	关　系
绝对湿度	指单位体积空气中实际所含水蒸气的重量，即每立方米的空气含水汽量的克数	相对湿度=(绝对湿度/饱和湿度)×100% 相对湿度越大，说明空气越潮湿；反之，则越干燥 在温度不变的情况下，空气绝对湿度越大，相对湿度越大；绝对湿度越小，相对湿度越小 在空气中的水蒸气含量不变的情况下，温度越高，相对湿度越小；温度越低，相对湿度越大
饱和湿度	指在一定气压、气温的条件下，单位体积空气中所能含有的最大水蒸气重量	
相对湿度	指空气中实际含有水蒸气量与当时温度下饱和蒸汽量的百分比，即绝对湿度与相对湿度的百分比，它表示在一定温度下，空气中的水蒸气含量距离该温度时的饱和蒸汽量的程度	

一般而言，温度越高，空气的绝对湿度就会越高；相对湿度越大，说明空气越潮湿。当温度下降使未饱和空气达到饱和状态时，空气中的水汽会变成水珠附在冷的物品上，俗称“出汗”，这种现象出现会造成物品损坏，此时的湿度称为露点。

在仓库温湿度管理中，检查仓库的湿度大小，主要是通过观测相对湿度实现的。

仓库湿度的变化规律见表 5-2-6。

表 5-2-6　仓库湿度的变化规律

序　号	变化规律
1	日变化的时间迟于仓库外，幅度也较小
2	密封条件较好的仓库受大气湿度影响较小
3	仓库内各部位的湿度也因情况不同而异

某些含水量较大的货物，在相对湿度较小的情况下水分蒸发较快，往往会发生干缩、干裂现象；纺织品货物相对湿度若长期高于 70%的情况下，就会发生霉腐变质现象，使货物的含水量超过正常范围，而降低其使用价值。为了保持货物含水量在安全界限内，就要控制储存环境的空气相对湿度在一定范围内，这个范围就是货物的安全相对湿度。各种货物的安全相对湿度在不同温度下也不同，会随着温度的变化而变化。当气温升高时，货物的安全相对湿度降低；反之，气温降低时，货物的安全相对湿度升高。在空气相对湿度高于货物安全相对湿度时，货物可能并不会立即变质；如果超过货物安全相对湿度的时间长，幅度大，货物吸收水分越多，含水量增加，商品质量更易发生变化。因此应控制相对湿度在安全范围内，保证货物的安全含水量，保证货物质量的安全。

(3)仓库温湿度的控制。

仓库的温湿度对储存物品的质量影响很大，而仓库的温湿度往往又受自然气候变化的影响，这就需要仓库管理人员依据仓储对象的性质正确地控制和调节仓库温湿度，以确保仓储物品的安全。仓库温度、湿度控制的方法很多，主要有通风、密封、人工吸潮、降温等。仓库温湿度常用温湿仪来测量，图 5-2-1 为常用的一种智能温湿仪。

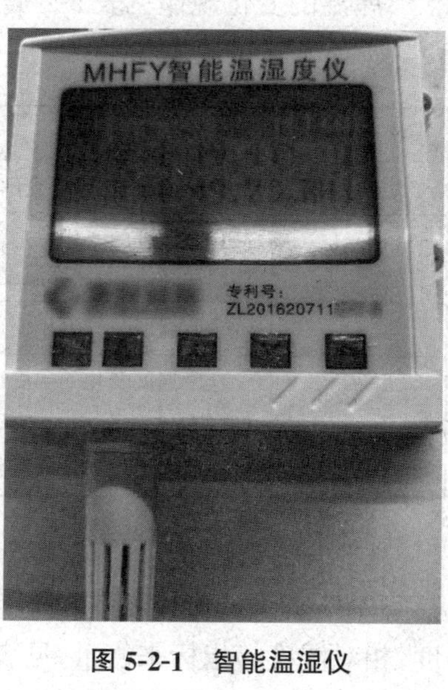

图 5-2-1　智能温湿仪

①通风控制法。

通风就是根据空气自然流动规律，有目的地使仓库内外空气交流，以达到调节库内空气温湿度的目的，见表 5-2-7。利用通风调节库内温、湿度是简便易行的有效方法。

表 5-2-7　仓库通风的方法

通风方法	说　明
自然通风	指利用库内外的压力差，开启库房的门、窗和通风口等，使库房内外的空气进行自然交换。当库外无风时，应开启仓库上部和下部通风口和窗户，促使空气流通；当库外有风时，应先关闭仓库迎风面上部的出气口，开启背风面上部的出气口及仓库门窗的通风口，以加速通风
机械通风	在库房的上部装设排风扇、下部装置送风扇，利用机械设备来加强库内外空气的交换而通风。有的还在通风处装置空气过滤设备，以提高空气的洁净程度，降低空气的温度和湿度。此外，也可应用先进的货物养护设备进行调温调湿

采用通风法控制仓库温湿度时，需要注意以下问题，见表 5-2-8。

表 5-2-8　仓库通风的主要事项

事　项	说　明
选择恰当的通风时机	仓库通风前，要先测定库内外温度、绝对湿度与相对湿度，当库外的绝对湿度低于库内时，才能够采用通风的方式降低仓库湿度
注意环境变化	当仓库外天气骤然改变，温湿度急剧变化，或仓库外空气混杂有害气体或杂物时，应立即停止通风
与密封相结合	通过一段时间达到通风目的后，要及时关闭仓库门窗和通风孔，使仓库处于相对密封状态，以保持通风效果

②密封控制法。

密封就是利用绝热性与防潮性较好的材料，把货物尽可能地严密封闭起来，防止和减弱外界温湿度对货物的影响，以达到安全储存的目的。仓库常见的密封形式主要有五种，见表 5-2-9。

表 5-2-9　仓库常见的密封形式

密封方式	适用范围
整库密封	一般适用于储存量大、出入库不频繁或整进整出的货物，并且要求库房建筑条件较好，为钢筋水泥结构。整库密封时，门、窗、地面等都要采取措施进行密封，例如挂内外两道棉或麻的门帘；窗户玻璃刷成白色，以防阳光射入和减弱库外热度对库内的影响；门缝用棉花或其他材料塞严等
整室密封	即库内小室密封，就是在库内选择温度较低且干燥的地方，用木板、纤维板、竹子等材料，建成一个临时性或半固定性的夹层或密封小室，在小室内堆放货物
整垛密封	即利用防潮隔热性能较好的密封材料将整个货垛上下四周严密地密封起来。一般适用于出入不太频繁或整进整出的货物。整垛密封做法简便，效果较好。很多仓库多采用塑料薄膜进行整垛密封
整柜密封	使用密封材料将整个货柜严密地封闭起来，一般适用于出入库频繁、怕潮易霉或易溶化、易生虫的拆件零星货物
整件密封	即严密封闭货物的包装，一般适用于数量不多、体积小的易碎、易生虫的货物，如食品、皮革制品、竹木制品、金属制品、乐器以及仪器等。缸装货物可用黄泥拌石灰封盖缸口，或再加塑料布密封；用木箱(桶)、篾篓包装的货物，可用牛皮纸在包装内外严密加以裱糊；对于易锈、易溶化的货物，可用塑料薄膜严密密封；怕热易熔化变质的货物以及怕潮易溶化变质的货物，如打字蜡纸、干电池等，可用夹层木箱密封储存，包装箱夹层中间填满谷壳或锯末，箱子内外严加裱糊，既隔潮又降温

各种密封方法可以单独使用，也可以结合使用。总之，在实际工作中，货物的养护工作一定要结合货物的特性、各地气候特点与仓库条件等因素，因地制宜，灵活运用。为了保证货物在密封期间的质量安全，必须注意：密封前，要认真检查货物的质量和含水量是否正常，保证货物质量正常方可密封；要根据货物性质确定密封时间，怕潮易霉的货物应在雨季来临之前密封，怕热易熔的货物，应在较阴凉的季节进行密封，怕冻货物应在气温较高时进行密封，怕干裂的货物应在温度较高、干燥期来临之前密封等；密封后要定期检查。

③吸湿控制法。

仓库吸湿是在梅雨季节或阴雨天，库内湿度过大，又不宜通风时，在密封条件下使用机械或吸潮剂来降低库内湿度的方法，见表 5-2-10。

表 5-2-10　仓库吸湿

方　式		使用方法	注意事项
吸潮剂吸湿	生石灰（氧化钙）	①将生石灰捣碎成鸡蛋大小的块状，然后用木箱、筐篓或铁制容器盛装起来，一般以装到盛装容器的三分之二为宜 ②装生石灰的容器应妥善放在垛底、垛边、沿墙的四周、库房进出门的两侧，并严禁同货物接触	①使用生石灰吸潮时，要严禁其与水分直接接触，以免迅速反应大量放热，引起火灾事故 ②生石灰吸潮后生成的氢氧化钙具有较强的腐蚀性，它还能同空气中的二氧化碳反应而放出水分。在使用时要勤检查，发现容器内有潮湿的粉末状物时，要及时更换容器内的生石灰 ③对那些怕碱性的丝毛织品、皮革制品等货物，不要使用生石灰吸潮 ④为了有效地控制库内的湿度，在使用吸潮剂之前，要首先计算出合理用量
	氯化钙	①将氯化钙放在竹筛或木格板上，在其下面放置瓷制容器，盛装漏下的溶液 ②吸潮后的氯化钙液体经加热熬煮可重复使用	①盛装氯化钙吸潮后水溶液的容器要随时倒入库外积存，以免溶液中水分蒸发，影响库内湿度 ②吸潮后水溶液不能放在铁制容器中，也不能接触任何货物和包装
	硅胶	①用纱布或纸包成小包，放在密封货架、柜内或包装物中 ②吸湿后，对其进行烘烤可重复使用	①硅胶吸湿后仍为固体，可以依据颜色变化确定吸湿程度 ②硅胶价格较高，但性能稳定，可长期使用，适用于贵重品仓库 ③多用于精密仪器等使用价值比较高的货物的吸潮
机械吸湿		机械吸湿常采用去湿机。去湿机具有体积小、重量轻、吸湿快、效率高、不污染货物等优点，而且机器的底部装有胶轮，可以自由移动，接通电源即可工作。其背面往往还附加有可供拆装的新鲜空气风口，可与室内空气混合，经去湿后再进入库内，以便保持库内一定量的新鲜空气	

④气幕隔潮控制法。

气幕俗称"风帘"，是利用机械鼓风产生强气流，在库门口形成一道气流帘幕，其风速大于库内外空气的流速，可以组织库内外空气的自然交换，从而防止库外热潮空气进入库内。气幕由气幕筒与自动门两部分联装而成。当自动门的电动机启动时，气幕筒的鼓风电动机也随之启动；当自动门关闭时，气幕筒的电源就会切断而停止鼓风，即启门鼓风，闭门息风。

⑤自动控制法。

可以利用自动控制设备自动控制与调节库房的温湿度，并自动做好记录。当库内温湿度超过储存货物规定范围时，能自动报警、自动开启仓库窗户、自动启动去湿机、自动记录、自动调节；当库内温湿度达到适宜条件时，又能自动停止去湿机工作，自动关闭仓库通风窗。该自动控制设备占地面积小（仅 1 m^3 左右），使用方便。

视频

常见的易霉腐货物

2. 仓库霉虫防治

(1)仓库防霉。

货物霉腐是指在某些微生物的作用下，引起货物生霉、腐烂和腐败发臭等质量变化的现象。

①影响霉腐微生物生存的外界条件见表 5-2-11。

表 5-2-11　影响霉腐微生物生存的外界条件

外界条件	说　明
水分和空气湿度	当空气相对湿度达到 75%以上时，多数货物的含水量就可能引起霉腐微生物的生长繁殖，因而通常把 75%这个相对湿度叫做霉腐临界湿度。当湿度与霉腐微生物自身的要求相适应时，霉腐微生物就会生长繁殖
温度	大部分的霉腐微生物最适宜的生长温度为 20～30 ℃，在 10 ℃以下不易生长，在 45 ℃以上停止生长。由此可见，高温和低温对霉腐微生物生长都不利
光线	多数霉腐微生物在日光直射下经过 1～4 h 就能大部分死亡，货物大都是放在阴暗的地方才容易霉腐
溶液浓度	多数微生物在浓度很高的溶液中不能生长，如盐腌和蜜饯食品不会腐烂，但也有少数微生物例外
空气成分	多数霉腐微生物要在有氧条件下才能正常生长，因此储存货物的空气成分对货物的霉腐很重要，如果能使二氧化碳增多，而氧气减少，就会抑制微生物的生长

②霉腐预防方法见表 5-2-12。

表 5-2-12　常用的霉腐预防方法

方　法	内　容
温控法	指利用日光暴晒或在库房内安装紫外线灯定期照射等通过调节、控制仓库内温度进行霉腐预防的方法
湿控法	通过控制仓库内空气的湿度，从而直接影响微生物体内水分含量，使其不断失去体内水分，从而达到抑制其生长的目的，如通风、摊晾、日晒、烘烤等方法
化学方法	指把抑制微生物生长的化学药物放在货物或包装内进行防腐的方法。如多菌灵主要用于纺织品、皮革制品、鞋帽以及果蔬等防霉腐
除氧剂除氧法	把易霉腐的货物放在严格密封的包装内，放入化学除氧剂将氧吸收，使包装内氧浓度达到 0.1%以下，以抑制霉腐生长
低温冷藏法	利用液态氨、冰以及冰盐混合物等制冷剂降低温度，或通过将货物放置在专门的冷藏库的方式保持储存所需要的低温，从而防霉腐的方法。利用低温降低霉腐微生物体内酶的活性，从而抑制其生长，如冷冻肉等
气相防霉腐法	通过控制环境中空气成分的各种组分含量并结合适度的低温，让储存货物处于半休眠状态，以达到保鲜防腐的目的
物理方法	①微波防霉法：利用微波引起货物分子的振动和旋转，由于分子间的摩擦而产生热，使霉腐微生物体内温度上升而被杀灭 ②辐射防霉法：利用放射同位素(如钴-60)释放的各种放射线照射易霉腐货物，从而直接破坏微生物体内脱氧糖核酸和其他物质，将微生物杀死

③霉腐货物救治方法。

如果货物已经霉腐且发现得早，仓库管理员可以采用适当的方法进行救治，具体方法见表 5-2-13。

表 5-2-13　霉腐货物救治方法

<table>
<tr><th colspan="2">方　法</th><th>内　容</th></tr>
<tr><td rowspan="3">去湿</td><td>暴晒</td><td>既能散去物资水分，又能杀灭霉菌，适合于经日晒不影响质量的货物，如不含有或少含有油脂的干果、干菜以及鞋帽、皮毛制品等。暴晒时要适当掌握时间，并注意经常翻动，不要过分暴晒</td></tr>
<tr><td>摊晾</td><td>对于不易暴晒而含水量过高的货物，如色布及含有油脂较多的货物等，应将其放置在阴凉通风的场所，以降低货物的含水量</td></tr>
<tr><td>烘烤</td><td>通过高温烘烤使货物干燥，从而使霉菌因缺水而死亡。该方法适用于卷烟、茶叶及某些干果等通过暴晒会影响质量的货物，或经暴晒无法除灭内部微生物的货物</td></tr>
<tr><td rowspan="3">灭菌</td><td>药剂熏蒸</td><td>在密封条件下，利用易发挥并能产生毒杀气体的化学药剂来杀灭微生物。此法可保持货物短时间内不发霉或抑制霉菌蔓延范围，适用于货物霉变的初期</td></tr>
<tr><td>紫外线灭菌</td><td>通过在库内或货垛周围安装紫外线灯，利用紫外线的杀菌作用对货物进行定期照射，除去引起货物霉变的微生物。此法只能消灭被灯光照射部分的微生物，每次照射时间为 20～50 min 为宜</td></tr>
<tr><td>加热灭菌</td><td>①干热灭菌法：适用于怕潮不怕高温的货物，如干果、干菜等。一般将货物放到电干热烤箱中，将温度控制在 140～170 ℃，加热 1～2 h，就能达到灭菌效果
②湿热灭菌法：适用于不怕高温高湿且不宜干热的货物。一般使用高压蒸汽灭菌锅、蒸笼等设备对货物进行灭菌，温度一般为 120 ℃，时间为 30 min</td></tr>
<tr><td colspan="2">刷霉</td><td>凡生霉货物经过上述方法处理后，货物自身水分已降低，霉菌也被杀死，可用毛刷将货物上的霉迹刷除，从而使货物恢复本色</td></tr>
</table>

(2)仓库防虫。

仓库内的害虫来源有很多，如害虫嵌入在货物中随同货物一起进入仓库、货物的包装材料中隐藏有害虫、树木上的害虫飞入仓库、库内滋生害虫等。这些害虫具有适应性强、食性广杂、繁殖力强、活动隐蔽等特点。常见的易虫蛀货物有毛丝织品、毛皮制品、竹藤制品、纸张及纸制品、烟叶、干果等。常见的仓库防虫方法见表 5-2-14。

表 5-2-14　常见的仓库防虫方法

<table>
<tr><th colspan="2">方　法</th><th>内　容</th></tr>
<tr><td rowspan="5">物理防治法</td><td>机械除虫法</td><td>利用人工或动力操作的各种机械来将害虫与货物分离，例如风车、筛子。此法应在害虫活性较低的低温季节进行，且除虫地点要远离仓库，并在作业现场周围用药剂布置防虫线，以免害虫再次进入仓库</td></tr>
<tr><td>气控防虫法</td><td>通过改变储存环境中空气的成分，造成不利于害虫生长的环境，从而防治害虫。一般采用对货垛用塑料薄膜密封造成缺氧或充填二氧化碳、氮气等措施</td></tr>
<tr><td>温控杀虫法</td><td>通过控制库温，造成不易于害虫生长的环境，从而防治害虫
①高温杀虫法：通过对货物进行暴晒、烘烤等产生高温，抑制害虫的发育和繁殖，并杀死潜藏在货物中的害虫
②低温杀虫法：利用冬季寒冷的空气或人工产生的冷气来降低库温，以抑制害虫的发育和繁殖，甚至直接将害虫杀死</td></tr>
<tr><td>诱集杀虫法</td><td>根据害虫趋高性、群集性及趋光性等习性，将害虫诱集到一起，对其进行集中杀灭的方法
①灯光诱集法：适用于鳞翅目的昆虫，可减少成虫的数量，抑制害虫繁殖，但是效果不彻底，不能捕杀货垛内的幼虫
②食物诱集法：放置对某种害虫具有吸引力的诱饵，将害虫集中后杀灭
③其他诱集法：采用高峰竖棒诱集、破旧麻袋诱集等方法诱杀害虫</td></tr>
<tr><td>电离辐射杀虫法</td><td>使用 α 粒子、β 粒子、γ 射线、X 射线及加速电子等产生的电离辐射对害虫进行处理的方法。仓库中 γ 射线的使用较为普遍。此法可造成幼虫发育成畸形的成虫或降低成虫生殖力、导致雌雄个体不育。加大照射量还能使害虫体温迅速升高，导致其死亡</td></tr>
</table>

续上表

方　法		内　容
化学防治法	驱避剂防治法	利用易挥发并具有特殊气味和毒性的固体药物，挥发出来的气体在货物周围保持一定浓度，从而起到驱避、毒杀仓库害虫的作用。常用精萘丸、樟脑精、对位二氯化苯等
	熏蒸剂防治法	利用熏蒸剂挥发时所产生的蒸气毒杀有害生物的一类化学防治法，具有渗透性强、仿效高、易于通风散失等特点。适合虫害已经发生及害虫潜藏在不易发现或不易接触的地方的仓库使用。由于大多熏蒸剂具有较强毒性，使用时要严格控制用量，做好防护工作，以免发生安全事故。常用的熏蒸剂有氯化苦、溴甲烷、磷化铝、二氯乙烷等
	杀虫剂防治法	主要通过触杀、胃毒作用杀灭害虫，使用时需与水配置成一定比例的溶液，然后用喷雾剂在仓库内进行喷洒。常见的杀虫剂有敌敌畏、敌百虫等。喷洒后，应将仓库密封，然后开窗通风，待药散尽后方可再入库

仓库病虫害防治记录表、仓库保管保养记录表见表 5-2-15、表 5-2-16。

表 5-2-15　仓库病虫害防治记录表

日　期	病虫害情况	采取的病虫害控制措施	检查人	效　果	复　查		备　注
					日　期	复核人	

表 5-2-16　仓库保管保养记录表

日　期	货物名称	编　码	仓　位	保养项目及内容	保养人	确　认	审　核

3. 金属防锈和除锈方法

金属在大气中的腐蚀称为锈蚀或生锈。金属生锈是自然规律，但是金属锈蚀危害严重，应该采取措施做好金属的防锈以及除锈工作。

(1)金属防锈。

①防水防潮，保持干燥。

露天存放的金属材料及设备，主要应预防大气降水(雨、雪、雾、霜、露等)的直接侵蚀，做好下垫上苫工作；存入料棚的金属材料应主要防止漏雨和潲雨；金属库房应保持干燥，其相对湿度应控制在临界湿度以下。

②避免在金属材料表面出现结露现象。

如果金属材料本身的温度与其所接触的外界温度温差过大，就会出现结露现象。因此，在冬季，库外的金属材料应选择库内外温差小的时机入库，否则，温度很低的金属材料与温度比较高的库内空气接触，有可能出现结露现象。对于有包装的金属设备等，入库后应先放置一段时间，等设备的温度与库内气温相接近时，再进行拆装。

③尽量避免有害气体的侵蚀。

有害气体主要是工业废气，它可以加速金属的锈蚀。城市内的物资仓库很难加以避免，但是可以降低有害气体的危害程度。因此，仓库（包括露天仓库）应与产生工业废气的工厂、车间、铁路干线、锅炉房、浴池等保持一定的距离，库房应具有较好的密封性，且应处于有害气体的上风向。

④做好卫生清洁工作。

金属材料上的灰尘会加速金属的锈蚀，所以金属材料应做好苫盖、密封以及除尘工作。为此，存放金属材料的仓库应远离储灰场、储煤场和储砂场，仓库范围内应硬化地面和绿化库区，防止起尘，库区内不应堆放垃圾及杂物，保持库区的清洁卫生。

⑤防止金属材料的机械损伤。

金属材料出厂前已经进行了表面钝化处理或者表面已经形成了一层氧化膜，具有较好的防腐蚀作用，在物资的装卸搬运过程中，应注意装卸搬运的方式方法，防止金属材料的机械损伤，保护其防护膜不受破坏。

⑥喷涂缓蚀防护层。

金属腐蚀主要是电化学腐蚀，为了破坏电化学腐蚀的条件，可在金属表面喷涂缓蚀防护层，它可以将金属与大气在某种程度上隔离起来，起到防腐蚀的作用。常用的防护层有防锈油脂、气相缓蚀剂等，见表 5-2-17。

表 5-2-17　喷涂缓蚀防护层的除锈方法

方　法	内　容
涂油防锈	在金属表面喷涂一层具有缓蚀作用的防锈油脂。防锈油脂对金属有良好的附着力，具有易喷涂、易清除、无毒害等特点
气相防锈	利用挥发性的固体物质在金属制品周围挥发出缓蚀气体来阻隔腐蚀介质的腐蚀作用，以达到防锈的目的 气相缓蚀剂具有良好的缓蚀防锈功能，无严重毒害作用。此法适用于体积小、要求高、形状和结构复杂的金属制品及仪器仪表的防锈，因为防锈是靠挥发的气体起作用，气体能充满包装或容器的每一个角落和缝隙，对任何部位都能发挥作用，而且气相防锈不需要喷涂油膜，不影响被保护金属的外观和使用

（2）金属除锈。

金属的锈蚀是一个从量变到质变的过程，见表 5-2-18。金属锈蚀后，应及时除锈，以防进一步加快锈蚀。应根据金属材料及制品的锈蚀程度、精密度、价值、形状、批量等不同情况，采用相应的除锈方法。一般的除锈方法有物理方法和化学方法两种，见表 5-2-19。

表 5-2-18　金属锈蚀的过程

过　程	锈蚀名称	内　容
开始生锈	轻锈或浮锈	表面出现黄色或红色粉末，很容易除掉，对材质无大影响
锈蚀继续	中锈或迹锈	部分氧化膜脱落，出现部分红褐色或淡赭色锈斑，只有用钢丝刷才能除掉，清除后表面粗糙，甚至留有锈痕
锈蚀再继续	重锈或层锈	形成片状褐色松脆的锈层，锈层剥离后，金属表面会出现麻坑，严重影响材质

表 5-2-19　金属除锈方法

名　称	方　式	内　容
物理方法除锈	利用机械摩擦除去锈层	①人工除锈也称手工除锈，是靠人工使用钢丝刷、铜丝刷、砂纸、砂布等打磨锈蚀物表面，除掉锈层的方法。人工除锈劳动强度大，劳动条件差，除锈效率低，需要花费较多的工时，因此只适用于数量少或无法使用机械除锈的情况 ②机械除锈是利用专门的机械设备进行除锈的方法
化学方法除锈	利用酸或碱溶液，与金属表面锈蚀产物发生化学反应，将锈蚀产物溶解、除掉	最广泛采用的化学除锈法就是酸洗法，主要依靠酸与金属锈蚀产物发生化学作用，使不溶性的锈蚀产物变成可溶性物质，脱离金属表面溶入溶液中，达到除锈的目的

【拓展知识】

各类仓库的温湿度标准

各类仓库的温湿度标准见表 5-2-20。

表 5-2-20　各类仓库的温湿度标准

<table>
<tr><th colspan="2">仓库类型</th><th>温湿度要求</th></tr>
<tr><td colspan="2">档案储藏库房</td><td>温度 14～24 ℃，夏季不大于 24 ℃；相对湿度 45%～60%，夏季不大于 60%</td></tr>
<tr><td colspan="2">烟叶仓库温湿度要求</td><td>根据《烟叶储存保管方法　第 1 部分：原烟》(GB/T 23220.1—2023)规定，一般仓库的室内温度控制在 32 ℃以下，相对湿度控制在 65%及以下。空调仓库的室内温度控制在 28 ℃及以下，相对湿度亦控制在 65%及以下</td></tr>
<tr><td colspan="2">电子元件仓库</td><td>所有需要进行电子焊接的元器件受到温度及空气中湿度影响，长时间存放会都出现管脚氧化现象。为了尽量降低元器件管脚的氧化速度，同时兼顾静电因素，要求仓库室内温度及湿度都要满足一定的条件：(1)敏感元器件：温度 10～28 ℃，湿度 30%～60%；(2)普通电子元件：温度 10～35 ℃，湿度 30%～75%</td></tr>
<tr><td colspan="2">纸箱储藏仓库</td><td>依照常温库要求，温度在 25～30 ℃，湿度在 45%～75%</td></tr>
<tr><td colspan="2">粮食仓库</td><td>粮食在含水量少(12.5%以下)和环境温度低(15～20 ℃以下)的情况下，呼吸强度微弱，能维持最低限度的生命活动，对储藏有利</td></tr>
<tr><td colspan="2">塑胶仓库</td><td>塑胶原料在 23 ℃的温度中能保持其性能最佳状态，料仓温度应保持在 23 ℃左右</td></tr>
<tr><td colspan="2">五金仓库</td><td>五金仓库内由于材料的特性，受空气潮湿等影响容易被氧化，造成材料不良。其温度控制在 15～25 ℃，湿度控制在 30%～70%，可通过环境密闭、加装空调控制</td></tr>
<tr><td colspan="2">化学仓库</td><td>库房应阴凉、通风，远离火种、热源，库温不超过 30 ℃，相对湿度不超过 80%，保持容器密封。应将氧化剂、活性金属粉末、食用化学品分开存放，切忌混储。储区应备有泄漏应急处理设备和合适的收容材料</td></tr>
<tr><td colspan="2">危险品仓库</td><td>危险品仓库的控制要求更加严格，要求温度控制在－10～35 ℃之间
(1)硝酸钾温湿度要求：库温不超过 30 ℃，相对湿度不超过 80%
(2)硫酸温湿度要求：库温不超过 35 ℃，相对湿度不超过 85%</td></tr>
<tr><td rowspan="5">医药冷库</td><td>疫苗库</td><td>温度 0～8 ℃，可用于储存疫苗等。药品库：2～8 ℃用于储存药品及生物制品等</td></tr>
<tr><td>药品库</td><td>温度 2～8 ℃，可用于储存药品及生物制品等</td></tr>
<tr><td>血液储存库</td><td>温度 2～6 ℃可用于储存血液，药物生物制品等</td></tr>
<tr><td>低温保温库</td><td>温度－30～－20 ℃，可用于保存血浆、生物材料、疫苗、试剂等</td></tr>
<tr><td>超低温保存库</td><td>温度－80～－30 ℃，可用于保存胎盘、干细胞、血浆、骨髓、生物样品等</td></tr>
</table>

续上表

仓库类型		温湿度要求
恒温仓库	普通恒温仓库	温度 17～27 ℃，湿度 30%～70%
	高温库(恒温库)	温度 5～15 ℃，适合存放红酒、巧克力、药品、种子等
	中温库(冷藏库)	温度－5～5 ℃，适合存放冻结后需冷藏的食品
	低温库(冷冻库)	温度－25～－18 ℃，适合存放猪牛羊肉、鱼肉、禽肉
	超低温库(深冷库)	温度－60～－45 ℃，适合存放水饺、速冻食品、快速冰冻
	速冻库(急冻库)	温度－40～－35 ℃，适合存放三文鱼等
	气调库	温度－2～5 ℃，适合存放水果、蔬菜等

【素养涵育】

精益求精的工匠精神——最美物流人归师傅

“别人摸起来可能都差不多，但是我看来，只要我一到现场，用我的鼻子去闻，用手去触摸，用眼睛去观察，每一种烟叶都有自己的性格。”归师傅说。归师傅是某烟草储运公司一位普通的烟叶保管工，却是大家眼中的“巾帼不让须眉”的典型人物，这一切都源于她对烟草工作本身的热爱。归师傅说：“烟叶养护不仅是一项技术，更像是一门艺术。我平时爱喝茶，在我看来，这养护工作就如茶道一样是一门功夫。每天穿上工作服到现场，打开自己储存养护的烟叶箱子，就像细细品味着一壶功夫茶，要心到、手到、眼到、鼻到。”归师傅后来升职为整个库区仓库班组长，平日里她总是奔波于各个仓库之间，耐心和细心替组员排忧解难，她坚持身体力行，不断在实践中积累经验，将烟叶养护工作的重点要求以打油诗的形式进行总结归纳，从而形成独创的“八要素”归氏操作法。先进生产者、三八红旗手、五一劳动奖章……一张张荣誉证书诠释了她一路走来的“巾帼”内涵，但是很少有人知道，她所在库区的仓库条件远比人们想象的艰苦，环境差，设施旧，没有食堂，不能洗澡，大热天干完活一身汗特别难受。将近三十年，归师傅始终默默坚守在该库区仓库，带领组员迎难而上，齐心协力做好烟叶原料的供应保障工作。

几十年间，该公司的崛起，离不开像归师傅这样几辈人的心血的汇聚、物流人朴素的工匠精神的传承。他们用朴实的行动诠释了新时代物流人的工匠精神，肩负起物流行业发展的使命。

想一想：案例中归师傅的工匠精神具体体现在哪些方面？

【课后测试】

一、单选题

1.（　　）是指货物在储存过程中所进行的保养和维护工作。

A. 货物养护　　B. 货物保管

C. 货物存储　　D. 货物运输

2. 货物养护工作的方针是（　　）。

A. 节省开支　　B. 效率第一

C. 加强责任制　　D. 预防为主，防治结合

3. 改变物质本身的外表形态，而不改变其本质，并不生成新物质是指货物的(　　)。

A. 物理变化　　B. 化学变化

C. 机械变化　　D. 生物变化

二、简答题

1. 货物中常见的化学变化有哪些？

2. 影响库存货物质量变化的外因有哪些？

【练习巩固】

某超市仓库存放着一批小食品，由于近来总是阴雨天，空气湿度很大，仓储管理员决定对仓库进行温湿度调节，他选用了吸湿率较高的氯化钙吸湿剂，并找来几只铁桶盛装吸湿剂并放在了小食品商品中间。几天后，他到仓库检查，发现桶底部已锈穿，溶液流到了小食品商品上，使得一部分商品已无法再用，造成了一定的损失。

请分析这个仓储管理员的操作出现了哪些错误？

【任务评价】

<table>
<tr><th colspan="2" rowspan="2">评价内容</th><th rowspan="2">总分值</th><th rowspan="2">分值</th><th rowspan="2">评价标准</th><th colspan="5">评价分值</th></tr>
<tr><th>教师评价</th><th>小组互评</th><th>小组自评</th><th>教学平台评价</th><th>综合评价</th></tr>
<tr><td rowspan="2">课前</td><td>知识学习</td><td rowspan="2">20</td><td>10</td><td>能完成课前学习</td><td></td><td></td><td></td><td></td><td></td></tr>
<tr><td>课前测试</td><td>10</td><td>能完成全部测试</td><td></td><td></td><td></td><td></td><td></td></tr>
<tr><td rowspan="5">课中</td><td rowspan="4">技能评价</td><td rowspan="5">60</td><td>10</td><td>能正确说出影响货物质量变化的因素、保养基本要求</td><td></td><td></td><td></td><td></td><td></td></tr>
<tr><td>10</td><td>能根据货物特性选择适合的温湿度控制法</td><td></td><td></td><td></td><td></td><td></td></tr>
<tr><td>10</td><td>能根据货物特性采取正确的防霉虫措施</td><td></td><td></td><td></td><td></td><td></td></tr>
<tr><td>20</td><td>能正确选择防锈和除锈措施</td><td></td><td></td><td></td><td></td><td></td></tr>
<tr><td>课堂表现</td><td>10</td><td>①课堂态度端正，积极参与活动，团队协作能力强；
②能灵活应用知识和技能、自主探究、协作完成任务；
③能熟练运用信息化技术手段和工具分析解决问题；
④出勤签到</td><td></td><td></td><td></td><td></td><td></td></tr>
<tr><td rowspan="2">课后</td><td>练习巩固</td><td rowspan="2">20</td><td>10</td><td>完成结果质量高，符合要求</td><td></td><td></td><td></td><td></td><td></td></tr>
<tr><td>课后测试</td><td>10</td><td>完成课后测试题</td><td></td><td></td><td></td><td></td><td></td></tr>
<tr><td colspan="5">合　计</td><td></td><td></td><td></td><td></td><td></td></tr>
</table>

注："教学平台评价"栏可根据实际教学需求选用。

【案例阅读】

某生化药业公司库房温湿度控制措施

某生化药业公司库房温湿度控制见表5-2-21及表5-2-22。

表 5-2-21　库房温度警戒线及控制措施

仓库类型	控制温度	警戒温度(达到警戒温度时应立即采取措施)	采取措施	
			温度过高	温度过低
常温库	2～30 ℃	4～28 ℃	排风扇通风	暖气供暖
冷藏库	2～10 ℃	4～8 ℃	空调降温	空调升温
阴凉库	2～20 ℃	4～18 ℃	空调降温	空调升温

表 5-2-22　库房湿度警戒线及控制措施

仓库类型	控制湿度	警戒湿度	采取措施
常温库、冷藏库、阴凉库	35%～75%	≥70%	采用生石灰、除湿机等方式除湿

想一想:仓库温湿度控制的记录该如何填写?

学习记录单

<table>
<tr><th colspan="4">学生任务分配表</th></tr>
<tr><td>小组名称</td><td colspan="2"></td><td>组　　长</td></tr>
<tr><td rowspan="7">小组成员及分工</td><td>姓　　名</td><td>学　　号</td><td>任务分工</td></tr>
<tr><td></td><td></td><td></td></tr>
<tr><td></td><td></td><td></td></tr>
<tr><td></td><td></td><td></td></tr>
<tr><td></td><td></td><td></td></tr>
<tr><td></td><td></td><td></td></tr>
<tr><td></td><td></td><td></td></tr>
</table>

<table>
<tr><th>学习过程</th></tr>
<tr><td>课前：收集相关资料，做好预习，并完成课前测试。
1. 测试成绩：________
2. 学习记录</td></tr>
<tr><td>课中：按照任务实施要求，完成任务学习。
1. 任务实施记录
2. 任务实施总结</td></tr>
<tr><td>课后：完成课后测试及练习巩固作业，诊断得失反思改进。
1. 课后测试成绩：________
2. 课后巩固作业记录
3. 课后反思</td></tr>
</table>

任务 5-3　货物盘点

【任务描述】

M 物流公司主要从事家电的仓储和配送服务。小仓是仓储业务部的仓库管理员，2022 年 12 月底，公司财务人员会同仓库管理员要对仓库货物进行盘点。目前仓库存货情况见表 5-3-1。

表 5-3-1　货物基本信息

序　号	货物名称	单　位	货物库存量	入库时间
1	绞肉机	箱	2 000	2022.08.23
2	豆浆机	箱	1 450	2022.11.01
3	电磁炉	箱	1 290	2022.12.02
4	电饼铛	箱	569	2022.12.10
5	微波炉	箱	458	2022.12.12
6	烤箱	箱	730	2020.12.01
7	空气炸锅	箱	1 600	2021.01.01

请帮助小仓制定仓库盘点计划书。

【任务实施】

课前：收集相关资料，做好预习，并完成课前测试（扫描二维码获取）。

课中：4～6 人分组，借助信息化技术手段，查资料并思考研讨，并制定仓库盘点计划书。

课后：完成课后测试及练习巩固作业，并整理总结学习材料，诊断得失反思改进。

课前测试

5-3

【相关知识】

一、货物盘点的目的和程序

货物在库房中因不断有进出库作业，其库存账面数量容易与实际数量不符。有些物品因存放时间过久、储存措施不恰当而发生变质、丢失等，从而造成损失。为了有效地掌握货物在库数量，需要对在库货物的数量进行清点，即盘点工作。货物盘点是保证储存货物达到账、货、卡完全相符的重要措施之一，仓库的盘点能够确保货物在库数量的真实性及各种货物的完整性。

1. 货物盘点的目的

（1）确定现存量。

通过盘点可以查清实际库存数量，并确认实际库存数量与账面库存数量的差异。账面库存数量与实际库存数量不符的主要原因通常是手工作业中产生的误差，如记录库存数量时多记、误记、漏记，作业中导致的货物损坏、遗失，验收与出库时清点有误，盘点时误盘、重盘、漏盘等。如发现盘点的实际库存数量与账面库存数量不符时，应及时查清原因，并做出适当的处理。

(2)确认企业损益。

库存货物的总金额直接反映企业库存资产的使用情况，库存量过大，将增加企业的库存成本。通过盘点，可以定期核查企业库存情况，从而提出改进库存管理的措施。

(3)核实货物管理成效。

通过盘点，可以发现呆品和废品所占比率及处理情况，存货周转率和货物保管、养护、维修情况，从而采取相应的改善措施。

2. 货物盘点的程序

一般情况下，盘点工作可按图 5-3-1 程序进行。

盘点前的准备工作	确定盘点的先后程序和所用的具体方法；配合会计人员做好盘点准备；设计、印制盘点用的各种表格；准备盘点使用的基本器具
确定盘点时间	一般情况下，盘点的时间选择在月末或财务决算前。盘点时间可以是每天、每周、每月、每季、每年盘点一次不等。从理论上讲，在条件允许的情况下，盘点的次数越多越好，但每一次盘点都要耗费大量的人力、物力和财力，因此，应根据实际情况确定盘点时间。例如按 ABC 分类法将货物分为 A、B、C不同的等级，分别制定相应的盘点周期，重点的 A 类货物，每天或每周盘点一次，一般的 B 类货物每两周或三周盘点一次，重要性最低的 C 类货物可以每个月甚至更长时间盘点一次
确定盘点方法	不同的储存场所对盘点的要求也不尽相同，因此所采用的盘点方法也会有所差异。必须根据实际需要确定盘点的方法，这样才能尽可能快速、准确地完成盘点作业
培训盘点人员	必须对参与盘点的所有人员进行集中培训。培训的主要内容为盘点的方法、盘点作业的基本流程和要求，使工作人员掌握盘点的基本要领，清楚表格及单据的填写
盘点作业	盘点工作开始时，首先要对储存场所及库存货物进行一次清理。清理工作主要包括对尚未办理入库手续的货物，应予以标明，不在盘点之列；对已办理出库手续的货物，要提前通知有关部门，运到相应的配送区域；账卡、单据、资料均应整理后统一结清；整理货物堆垛、货架等，使其整齐有序，便于清点计数；检查计量器具，使其误差符合规定要求；确定在途运输货物是否属于盘点范围。盘点人员按照盘点单到指定库位清点货物，并且将数量填入盘点单中实盘数量处
盘点差异分析	盘点结果若有差异，要分析差异产生的原因，可能是仓管员日常管理出现差错，也有可能时盘点人在盘点时技术失误等
盘点盈亏处理	实存数大于账面结存数或出现有物无账的情况即发生了盘盈；实存数小于账面结存数或出现有账无物的现象即发生了盘亏。要对盈亏进行处理

图 5-3-1　盘点作业的程序

二、仓库盘点计划书

在开始盘点前，要根据实际情况制定仓库盘点计划书，以便更好地做好盘点工作。仓库盘点计划书样例见表 5-3-2。

表 5-3-2　仓库盘点计划书(样例)

<table>
<tr><td rowspan="2">名　　称</td><td rowspan="2">仓库盘点计划书</td><td>编　　号</td><td></td></tr>
<tr><td>受控状态</td><td>(请盖受控章)</td></tr>
<tr><td colspan="4">

一、盘点目的

核对货物实物与账卡的准确度;核对物资的有效期限,预防出现滞成品与废品;掌握货物的损益情况,并据此分析公司的损益;掌握各类货物的库存量,以防发生非正常短缺;预防并检查登记差误、计算差误、编号差误、放置差误、保养差误等库存差误,减少损失;考核仓储部人员的工作绩效,激励仓储部工作人员绩效改进。

二、盘点时间

本次盘点的开始时间为___年___月___日___时;初盘时间为___年___月___日___时至___年___月___日___时;复盘时间为___年___月___日___时至___年___月___日___时。

三、盘点范围

此次盘点的范围是公司所有仓库,包括仓库中所有属于公司货权的原材料、在制品、产成品(不包括未开收料进仓单的暂收供应商供货和已开出仓单暂未出货的产成品)。

四、盘点人员

组长:_____;初盘人员:________;复盘人员:________

五、盘点人员培训

培训时间:___年___月___日___时至___年___月___日___时

培训地点:__________

培训内容:(1)动员:强调盘点的意义和重要性。(2)盘点作业:详细讲解盘点的方法、注意事项、盘点单证的填写要求,并了解各仓库可能出现的问题。(3)明确盘点人员工作内容。

六、具体工作安排

1. 划分盘点区域,各盘点区域落实盘点责任人,并将其负责区域及联系方式于正式盘点前一天(即___年___月___日___时)上报给盘点负责人。

2. ___年___月___日下午各仓库安排专人到财务部门领取盘点表。

3. ___年___月___日___时开始初盘,组长根据工作量合理配置人员,确保按时完成,对于呆滞品各部门可提前安排盘点。

4. ___年___月___日___时开始复盘,由组长带队,从初盘先结束的部门开始,复盘采用抽盘的形式,复盘比例不低于30%,初盘人员必须协同复盘人员共同抽查。

5. 如果抽查种类错误率超过5%,初盘人员需对所有货物进行重新盘点。

6. 复盘结束后,各盘区域应及时整理盘点表,在监盘结束前将盘点表“财务联”交财务监盘人员带走。

7. 本部门向财务部门提交电子版及纸质版盘点汇总表。纸质版盘点表由制表人、实物负责人及部门负责人签字确认。

七、盘点作业

1. 整理现场,依据编码、品名、规格、单位将所有存货分类并放在同一区域。

2. 无论实物存放地点在哪儿,只要是归某仓库管理的存货,由该部门负责盘点,防止漏盘。

3. 尽管货物存放在某部门,但不属该部门管理,则不能盘点,防止重盘。

4. 将所有存货的准确数量标示清楚并填至盘点卡及盘点单中。

5. 初盘完成后,将盘点单交给相应复盘人员。

6. 复盘人员核对盘点卡、盘点单与实际存货的相符状况,确保盘点卡、盘点单与实物的编码、品名、规格、单位、数量都完全相同。

7. 盘点单中所列差异,经存货保管人确认及呈主管副总核准确定盘盈亏后,送交财务部调整入账。

八、盘点卡、盘点单的填写

1. 全部物料、成品部分:均应在盘点卡、盘点单上填写。

2. 在制品、半成品部分:各仓库货品凡已领料,但仍保持原物料状态者,应以在制品盘点填写;已检查未入成品库之成品,以半成品盘点填写;在制品盘点单一律按编码、品名、规格、单位、订单号码填写清楚。

3. 其他填写注意事项:表、物二者编码、品名、规格、单位、数量均需相同,不能有出入,避免遗漏或重复盘点;填入盘点卡和盘点单的编码、品名、规格,不能凭直观,而要依电脑系统上的数据统一填入;盘点卡、盘点单统一用阿拉伯数字填写年、月、日;闭库前收货的材料必须写入盘点单中,并应全部开出相应的入库单、盘点卡;同一材料应尽可能摆放在同一区域,尽量避免混入另一区域中;盘点卡、盘点单填写不明之处,请与财务部联络。

九、盘点卡、盘点单的处理

盘点结束后第二天上午由各区负责人收齐并签署确认后即送仓储部,由仓储部汇总并交财务部;各仓库区域责任人在使用盘点卡、盘点单时应核算张数,即使作废或空白也不得遗失。

</td></tr>
</table>

续上表

名　　称	仓库盘点计划书	编　　号	
		受控状态	（请盖受控章）

十、注意事项

1. 凡属公司仓库的一切物件、成品，必须列入盘点卡、盘点单。
2. 任何单位各相关人员应提前做好准备工作。
3. 列入盘点卡、盘点单的各种报废品、不良品也应妥善管理，不得随意放置。
4. 盘点区域存货时须按同一编码、同一品名、同一规格、同一单位，分类整齐摆放于同一区域。
5. 各种物料若已打散使用，应使用磅秤量过，登记于盘点卡、盘点单上。
6. 盘点看应明显粘贴在所有盘存货上，以避免漏盘或重复盘点。
7. 盘点作业时，盘点人员须随时核对现存存货账卡，以利发现“有账无物”或“有物无账”之情形。
8. 复盘人员应对初盘更正项目首先进行复盘，其次是高价存货项目，最后是数量大的存货，盘点结构均应于盘点单上做记录。
9. 复盘时，各区域盘点负责人应派初盘人员陪同复盘，并就所盘项目协力进行点数及辨认工作。
10. 盘点项目若与初盘有异时，应会同初盘人员重新盘点后更正，初盘及复盘人员同时于更正处签名以示负责，并更正盘点卡及盘点单。
11. 各盘点负责人必须认真对待盘点工作。

编制人员		审核人员		审批人员	
编制时间		审核时间		审批时间	

三、货物盘点的内容和方法

1. 货物盘点的内容

(1)查数量。

通过盘点查明库存货物的实际数量，核对账面库存数量与实际库存数量是否一致，这是盘点的主要内容。

(2)查质量。

检查在库货物质量有无变化，包括受潮、锈蚀、发霉、干裂、鼠咬，甚至变质情况；检查有无超过保管期限和长期积压现象；检查技术证件是否齐全，是否证物相符；必要时，还要进行技术检验。

(3)查保管条件。

检查库房内外储存空间与场所的利用是否恰当；储存区域划分是否明确，是否符合作业情况；货架布置是否合理；货物进出是否方便、简单、快速；工作联系是否便利；搬运是否方便；传递距离是否太长；通道是否宽敞；储区标志是否清楚、正确，有无脱落或不明显；有无废弃物堆置区；温湿度是否控制良好；堆码是否合理稳固，苫垫是否严密；库房是否漏水，场地是否积水；门窗通风洞是否良好等。即检查保管条件是否与各种货物的保管要求相符合。

(4)查设备。

检查各项设备的使用和养护是否合理，是否定期保养；储位、货架标志是否清楚明确，有无混乱；储位或货架是否充分利用；检查计量器具和工具，如皮尺、磅秤以及其他自动装置等是否准确，使用与保管是否合理，检查时要用标准件校验。

(5)查安全。

检查各种安全措施和消防设备、器材是否符合安全要求；检查使用工具是否齐备、安全；

货物堆放是否安全，有无倾斜；货架头尾防撞杆有无损坏变形；检查建筑物是否损坏而影响货物储存；对于地震、水灾、台风等自然灾害有无紧急处理对策等。

2. 货物盘点的方法

货物盘点的方法见表 5-3-3。

表 5-3-3　货物盘点方法

<table>
<tr><th>分类标准</th><th colspan="2">盘点名称</th><th>盘点内容</th></tr>
<tr><td rowspan="3">按照账或物分</td><td colspan="2">账面盘点
（又称永续盘点）</td><td>把每天入库及出库货物的数量及单价输入电脑或记录在账簿上，而后不断地累计加总，算出账面上的库存量及库存金额。此法有利于收益计算的准确性，有利于存货的控制与监督，但核算工作烦琐</td></tr>
<tr><td rowspan="2">现货盘点
（又称实地盘点）</td><td>期末盘点</td><td>将所有货物一次盘完，需要全体员工一起出动，一般采用三人盘点法</td></tr>
<tr><td>循环盘点</td><td>在每天、每周依次进行盘点，到了期末每项货物至少完成一次盘点的方法。此法一次只进行少量盘点，因而只需专人负责即可，不需动用全体人员</td></tr>
<tr><td rowspan="2">按照盘点周期分</td><td colspan="2">定期盘点
（又称全面盘点、一起盘点）</td><td>定期盘点每次盘点间隔时间相同，一般是每季度、半年或年终财务结算前进行一次全面盘点。由客户派人和仓储管理员、会计人员一起盘点对账。此法能对库存货物进行全面盘点，数据准确率高，可减少盘点错误，但仓库需停业，占用大批员工从事盘点作业，且不能随时反映仓库动态，容易掩盖损失</td></tr>
<tr><td colspan="2">不定期盘点
（又称临时盘点、突击性盘点）</td><td>一般是仓库发生货物损失事故、保管员更换或仓库与客户认为有必要时进行的盘点。可根据具体情况确定盘点内容、规范和范围，具有灵活性，能及时了解实际库存情况，但缺乏计划性，可能会干扰正常工作</td></tr>
<tr><td rowspan="2">按照盘点主体分</td><td colspan="2">人—机盘点</td><td>通常在自动化立体库和自动分拣线上进行，用仓储管理系统的盘点系统，利用电子标签和手持终端系统进行人机配合盘点</td></tr>
<tr><td colspan="2">人工盘点</td><td>常用三人盘点法：
①盘点人：负责有顺序地唱报货物型号，由仓库保管员担任
②记录人：负责盘点人唱报货物型号的记录工作，由仓库负责人（或销管）担任
③监盘人：负责复核、监督盘点人唱报型号与记录型号的一致</td></tr>
</table>

常用的盘点单样例见表 5-3-4。

表 5-3-4　盘点单

盘点日期：　　　　　　　　　　　　　　　　盘点单编号：

货物编号	货物名称	存放位置	盘点数量	复核数量	盘点人	复核人

3. 盘点差异因素分析及结果的处理

（1）盘点差异因素分析。

当盘点结束后，发现账货不符时，应追查差异的原因。可以从以下因素着手：

①是否因记账员素质较低，记账及账务处理有误，或进、出库的原始单据丢失，盘点不佳导致账货不符。

②是否因盘点方法不当，漏盘、重盘或错盘而导致账货不符。

③是否因盘点制度的缺点导致账货不符。

④是否因账货处理制度的缺点，导致货物数目无法表达。

⑤是否在容许范围之内。

⑥是否可事先预防，是否可以降低账货差异的程度。

(2)盘点结果的处理。

①上报盘点结果。

盘点分析后，仓储管理员要向上级部门及时报告盘点结果，并对盘点中产生的盈亏进行处理。仓储管理员要填写“盘点盈亏汇总表”，见表 5-3-5，并请上级对盘点差异的处理方法进行批示。

表 5-3-5　盘点盈亏汇总表

年　月　日

品名	规格	单位	单价	账面数量	盘点数量	盘　盈		盘　亏		差异原因	
						数量	金额	数量	金额	说明	对策

会计主管：　　　　制表：

②调整账面存量。

根据盘点结果，仓储管理员要办理库存账目、保管卡的更改手续，以保证账、卡、物重新相符。账目调整包括库存账面的调整与保管卡账目的调整。

a. 调整库存账目：在库存账页中将盘盈数量做收入处理，将盘亏数量做发出处理，并在摘要中注明盘盈(亏)，见表 5-3-6。

表 5-3-6　盘盈(亏)库存账目调整

年		凭　证		摘　要	收　入	发　出	结　存
月	日	种　类	号　码				
12	31	盘点单	062099	盘盈	101		3 290
12	31	盘点单	062111	盘亏		300	12 000

b. 调整保管卡：在收发记录中填写数量的变更，具体方法见表 5-3-7。

表 5-3-7　盘盈(亏)保管卡调整

收发记录							
日　期	单证编号	发料量	存　量	收料量	退　回	订货记录	备　注
12 月 31 日	062099		3 290	101			盘盈
12 月 31 日	062111	300	12 000				盘亏

【拓展知识】

仓库的5S管理

5S管理是企业现场(包括车间、办公室)管理中的一项基本管理。它来源于日本,5S是指整理(seiri)、整顿(seiton)、清扫(seiso)、清洁(seiketsu)、素养(shitsuke)这五个词语,因为五个词语的日语罗马音发音都是"S"开头,所以统称为"5S",后来人们又将"5S"翻译成英文等。它的具体内容和典型的意思就是清理掉垃圾和仓库长期不要的东西。这里的5S是指在仓库货物保管现场,按步骤进行整理、整顿、清扫、清洁和素养的五项活动。

(1)整理。整理是指将工作现场的物品进行分类,一般分为经常用的、不经常用的、不再使用的三大类,经常用的放到容易取到的地方,不经常用的放到专有的固定位置,不再使用的清除掉。实施整理的目的是节省空间,防止误发误用,防止积压变质,只管理需要的货物,以提高管理质量和管理效率。

(2)整顿。整顿是指把需要的货物以合理的方式分类摆放,并明确标记,以利于准确、快速地查找取用,减少混料、错发的现象。要做到凡物必分类,有类必有区,有区必有标记。实施整顿的目的是便于查找。

(3)清扫。清扫是指将环境清理干净。在整理、整顿后,要进行彻底打扫干净,杜绝污染源。实施清扫的目的是打造整洁明亮的工作环境,保证产品质量。

(4)清洁。清洁是指随时保持整洁。清洁是一种状态,是维持整理、整顿、清扫的结果。实施清洁的目的是创造清洁的环境,使人心情愉快,积极乐观。

(5)素养。素养是指不断追求完美。所谓素养,是指养成遵守既定事项的好习惯,不论是在仓库现场或是在其他地方,素养是前四个"S"的升华。实施素养的目的是培养遵纪守法、品德高尚、具有责任感的员工,营造团队精神。

实施5S管理可减少浪费、提高效率、保证质量、树立企业形象、产生经济效益。有些企业采用的是6S管理模式,它是5S的升级,在原来5S的基础上增加了安全(security),即重视员工安全教育,每时每刻都有安全第一观念,防患于未然,其目的是建立起安全生产的环境,令所有的工作都建立在安全的前提下。

【素养涵育】

某公司盘点作业过程中的要求

(1)在盘点过程中需要本着细心、负责、诚实的原则进行盘点。

(2)盘点过程中严禁弄虚作假、虚报数据;严禁盘点粗心大意导致漏盘、少盘、多盘;严禁书写数据潦草、错误,丢失盘点表;严禁复盘人不按要求对初盘异常数据进行复盘,偷工减料;严禁不按盘点作业流程作业等。

(3)对在盘点过程中表现优异和表现较差的人员参考仓库管理及奖惩制度做相应考核。

(4)仓库根据最终盘点差异表数据及原因对相应职责人员进行考核,最大限度保证盘点数量准确。

(5)盘点完成后将外箱口用胶带封上,并要求将盘点卡贴在外箱上。

(6)已经盘点过封箱的物料在需要拿货时必须要如实记录出库信息。

……

想一想:盘点人员需要具备的品质有哪些?

【课后测试】

一、判断题

1. 清扫是指随时保持整洁。实施整顿的目的是便于查找。 ( )
2. 实施素养的目的是培养遵纪守法、品德高尚、具有责任感的员工,营造团队精神。 ( )
3. 盘点方法不当有可能是造成盘点盈亏的原因。 ( )
4. 按照盘点周期分,可将盘点分为账面盘点和实物盘点。 ( )
5. 货物盘点的内容只是查数量。 ( )

二、单选题

1.( )又称永续盘点。

A. 账面盘点　B. 不定期盘点　C. 重点盘点　D. 循环盘点

2. 在ABC分类法下,( )货物每天或每周盘点一次。

A. A类　B. B类　C. C类　D. ABC三类

3.( )是指为了有效地掌握货物在库数量,需要对在库货物的数量进行清点的工作。

A. 苫垫工作　B. 堆垛工作　C. 复核工作　D. 盘点工作

三、简答题

1. ABC分类法下的盘点周期是怎样的?
2. 货物盘点的内容有哪几项?

【练习巩固】

根据本任务【任务描述】信息,完成以下盘点任务:

(1)开始盘点前,做好盘点准备工作。

(2)对货物的数量、包装状况、入库时间等项目进行盘点,记录盘点结果。

(3)实物盘点常用的是期末盘点法和循环盘点法两种方式,比较两种盘点方式的差异并计入表5-3-8中,并确定此次盘点的方式。

表5-3-8 分析两种盘点方式

盘点方式	期末盘点法	循环盘点法
周期		
所需时间		
所需人员		
盘查情况		
对营运的影响		
对品项的影响		
盘差原因分析		

(4)结合 ABC 分类法实施盘点，盘点间隔和盘点误差见表 5-3-9，请分析这种盘点方式是哪种盘点方法？

表 5-3-9　ABC 分类及盘点

分　类	盘点间隔	允许盘点误差
A	1次/周	±0.5%
B	1次/半月	±1%
C	1次/两月	±1.5%

(5)假设上次盘点时间为 2023 年 1 月 1 日，请确定表 5-3-10 中货物的盘点时间。

表 5-3-10　货物盘点时间

货物名称	ABC 分类	盘点时间
绞肉机	C	
豆浆机	A	
电磁炉	B	
电饼铛	C	
微波炉	B	
烤箱	B	
空气炸锅	A	

【任务评价】

<table>
<tr><th colspan="2" rowspan="2">评价内容</th><th rowspan="2">总分值</th><th rowspan="2">分值</th><th rowspan="2">评价标准</th><th colspan="5">评价分值</th></tr>
<tr><th>教师评价</th><th>小组互评</th><th>小组自评</th><th>教学平台评价</th><th>综合评价</th></tr>
<tr><td rowspan="2">课前</td><td>知识学习</td><td rowspan="2">20</td><td>10</td><td>能完成课前学习</td><td></td><td></td><td></td><td></td><td></td></tr>
<tr><td>课前测试</td><td>10</td><td>能完成全部测试</td><td></td><td></td><td></td><td></td><td></td></tr>
<tr><td rowspan="5">课中</td><td rowspan="4">技能评价</td><td rowspan="5">60</td><td>10</td><td>能分析盘点结果</td><td></td><td></td><td></td><td></td><td></td></tr>
<tr><td>10</td><td>能做好盘点准备工作并选择合适的盘点方法</td><td></td><td></td><td></td><td></td><td></td></tr>
<tr><td>10</td><td>能撰写盘点计划书</td><td></td><td></td><td></td><td></td><td></td></tr>
<tr><td>20</td><td>能实施盘点作业</td><td></td><td></td><td></td><td></td><td></td></tr>
<tr><td>课堂表现</td><td>10</td><td>①课堂态度端正，积极参与活动，团队协作能力强；
②能灵活应用知识和技能、自主探究、协作完成任务；
③能熟练运用信息化技术手段和工具分析解决问题；
④出勤签到</td><td></td><td></td><td></td><td></td><td></td></tr>
</table>

续上表

<table>
<tr><th colspan="2" rowspan="2">评价内容</th><th rowspan="2">总分值</th><th rowspan="2">分值</th><th rowspan="2">评价标准</th><th colspan="5">评价分值</th></tr>
<tr><th>教师评价</th><th>小组互评</th><th>小组自评</th><th>教学平台评价</th><th>综合评价</th></tr>
<tr><td rowspan="2">课后</td><td>练习巩固</td><td rowspan="2">20</td><td>10</td><td>完成结果质量高,符合要求</td><td></td><td></td><td></td><td></td><td></td></tr>
<tr><td>课后测试</td><td>10</td><td>完成课后测试题</td><td></td><td></td><td></td><td></td><td></td></tr>
<tr><td colspan="5">合　计</td><td></td><td></td><td></td><td></td><td></td></tr>
</table>

注:“教学平台评价”栏可根据实际教学需求选用。

【案例阅读】

长翅膀的随身听

6 月 28 日,精品部主管王某按照店里的要求,对精品部的全部商品进行盘点。按照要求,精品部需要每周日进行盘点。经过事先的库存整理,严格地一盘、二盘、复盘,最终的盘点结果显示××型随身听实际库存比电脑库存少两台。因为责任重大,王某马上组织员工到仓库、货架到处寻找,并重新核对货号,重新点数,到收货部查询收货原始记录,收货报表,与供应商核实,查库存更正记录,库存更正报表,最终确定这两台随身听属失窃。原来,精品部仓库没有规范管理,更没有设专职保管员,人员可以随便进出,领取货品的手续因无人管理,几乎形同虚设,账目不能与实物对应,且进账、销账无人检查,全靠自觉,因此给盗窃分子以可乘之机。

想一想:应该如何加强对精品库存区的管理?

学习记录单

<table>
<tr><th colspan="4">学生任务分配表</th></tr>
<tr><td>小组名称</td><td colspan="2"></td><td>组　长</td></tr>
<tr><td rowspan="7">小组成员及分工</td><td>姓　名</td><td>学　号</td><td>任务分工</td></tr>
<tr><td></td><td></td><td></td></tr>
<tr><td></td><td></td><td></td></tr>
<tr><td></td><td></td><td></td></tr>
<tr><td></td><td></td><td></td></tr>
<tr><td></td><td></td><td></td></tr>
<tr><td></td><td></td><td></td></tr>
<tr><th colspan="4">学习过程</th></tr>
<tr><td colspan="4">课前:收集相关资料,做好预习,并完成课前测试。
1. 测试成绩:________
2. 学习记录</td></tr>
<tr><td colspan="4">课中:按照任务实施要求,完成任务学习。
1. 任务实施记录
2. 任务实施总结</td></tr>
<tr><td colspan="4">课后:完成课后测试及练习巩固作业,诊断得失反思改进。
1. 课后测试成绩:________
2. 课后巩固作业记录
3. 课后反思</td></tr>
</table>

任务5-4　库存控制

【任务描述】

M物流公司主要从事家电、医疗设备、日常生活用品等的仓储和配送服务。它有10个仓库，分别储存小家电、医疗设备、食品、机械工具等货物。下面有5个仓库的基本信息，见表5-4-1～表5-4-5及图5-4-1，请根据这些信息分别用ABC分类法、定量订货法、定期订货法和MRP法对货物进行库存控制管理，并计算食品仓库的安全库存量。

(1)请用ABC分类法对家电仓库的货物进行分类管理。

表5-4-1　家电仓库基本信息

序　　号	货物条码	货物名称	出库量/箱
1	12899000	M空调	10 622
2	12903210	N空调	1 905
3	12760090	M电饭锅	1 822
4	12451900	M热水器	1 900
5	12903321	M豆浆机	2 230
6	12887531	M电压力锅	38 088
7	12905544	K冰箱	2 011
8	12965222	K空气炸锅	10 700
9	12776800	K烤箱	1 070
10	12334522	N微波炉	680
11	12567211	K热水壶	37 020
12	12444505	N茶壶	1 400

(2)请用定量订货法计算医疗设备仓库中呼吸机的每次订货量、每年订货次数、每次订货时间间隔。假定批量订货，一次到货。

表5-4-2　医疗设备仓库基本信息

货物名称	每年购入数量	单　　价	年储存成本	每次订货成本
呼吸机	10 000个	1 350元	5元/(个·年)	20元

(3)请用定期订货法管理食品仓库的U牌饼干，确定订货周期、最高库存量和每次订货量。假定实际库存量为600件，已订货但还没有到达的物资量为0件，已经售出但还没有发货的物资数量为400件。

表5-4-3　食品仓库U牌饼干基本信息

货物名称	年需求量	经济订货批量	订货提前期	安全库存量
U牌饼干	10 000箱	800箱	7 d	150件

(4)请用MRP法对机械工具仓库的H产品进行库存控制，即计算出MRP系统的输出数

据，包括H产品的投产计划、B部件的投产计划、C部件的订货计划、D部件的订货计划。

时间单位为周，计划期长为8周。H产品、B部件、C部件、D部件的期初库存量分别为10件、5件、0件、8件。H产品的计划到货量见H产品的库存文件，B部件、C部件、D部件在第1周计划到货量分别为0件、20件、8件。没有生产批量和订货批量要求。

表5-4-4　机械工具仓库H产品的生产进度表

时期/周	第1周	第2周	第3周	第4周	第5周	第6周	第7周	第8周
产量/(件·周$^{-1}$)	20	20	30		65		20	

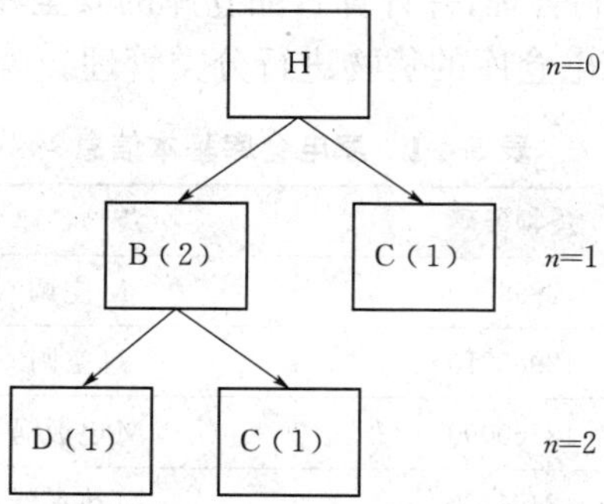

图5-4-1　主产品H的结构文件

表5-4-5　机械工具仓库H产品的库存文件

H产品 提前期1周	周次							
	第1周	第2周	第3周	第4周	第5周	第6周	第7周	第8周
总需要量	20	20	30		65		20	
计划到货量	15		28		20		45	

【任务实施】

课前：收集相关资料，做好预习，并完成课前测试(扫描二维码获取)。

课中：4～6人分组，借助信息化技术手段，查资料并思考研讨，完成【任务描述】中的多个要求。

课后：完成课后测试及练习巩固作业，并整理总结学习材料，诊断得失反思改进。

课前测试

5–4

【相关知识】

一、ABC分类法

ABC分类法最初来源于意大利经济学家帕累托的人口管理理论。帕累托在1879年提出了“关键的少数和次要的多数”理论，该理论起初用于描述社会财富分配不均的现象，即占人口总数20%的人手中掌握着社会总财富的80%，而占人口总数80%的人手中掌握着社会总财富的20%。该理论也被称为是帕累托原则或80/20法则。后来人们发现帕累托理论在其他事物当中也存在，于是就把这个理论推广使用开来。1951年，美国某电器公司在对公司的库存产品进行分类时，首次提出将公司的产品根据销量、前置时间等，分成ABC三类：A类库存为重要的产品，B类库存为次重要的产品，C类库存为不重要的产品。

1. ABC分类库存控制法的原理

将库存物品按品种和占用资金的多少分为特别重要的库存（A类）、一般重要的库存（B类）和不重要的库存（C类），然后针对不同等级分别进行管理与控制，如图5-4-2所示。其核心就是"抓住重点，分清主次"。

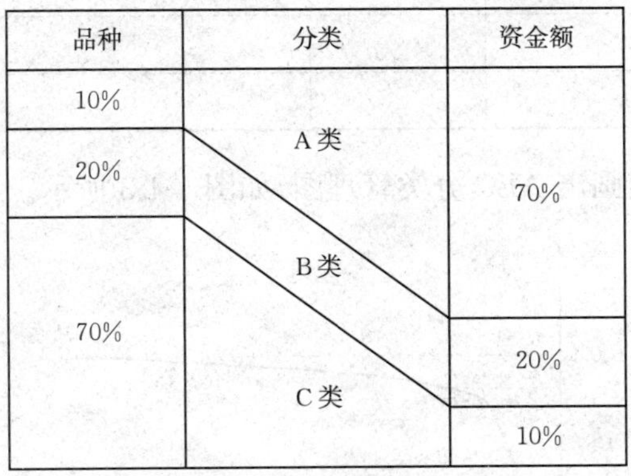

图5-4-2　库存A、B、C三类物资品种和资金比值

2. ABC分类库存控制法的步骤

（1）确定统计期间（一年、一个季度等），收集相关数据（品种数、单价、销售量等）。

（2）计算每一种物品的年销售金额，并计入ABC分析卡，见表5-4-6。

表5-4-6　ABC分析卡

物资名称		物资编号
单价	销售数量	销售金额

（3）按销售金额的大小将卡片进行排序。

（注意：如果库存品种繁多，逐一列出很麻烦，而且由于混杂在一起，难以做出明确区分，若是按金额大小排队之后，再按一定的标准把供应金额分成段，计算出各个段的百分比，就会一目了然。）

（4）列表计算累计品种数、占全部品种的百分比、占全部品种的累计百分比、累计销售金额、占累计销售总额的百分比、占累计销售额的累计百分比。见表5-4-7。

表5-4-7　ABC分类法的计算表

物品编码	物品名称	累计品种数	累计销售金额/万元	所占比重/%		累计比重/%		分类
				品种	金额	品种	金额	

(5)根据ABC分类标准制作ABC分析表，见表5-4-8。

表5-4-8 ABC分析表

物品分类	物品名称	品种数	资金额/万元	所占比重/%		累计比重/%	
				品种	金额	品种	金额
A							
B							
C							

(6)根据ABC分析表画出ABC分类管理图，如图5-4-3所示。

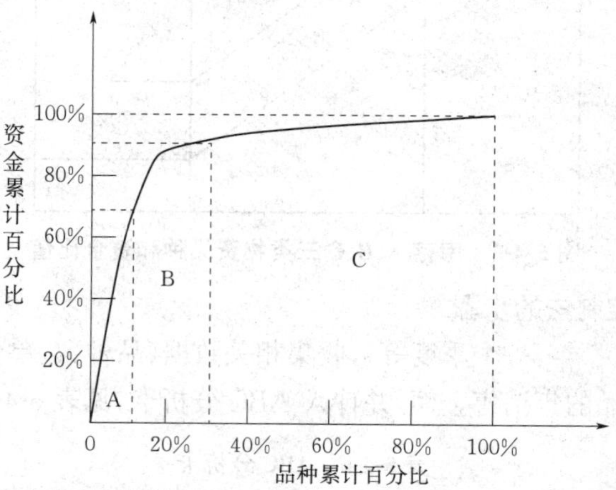

图5-4-3 ABC分类管理

(7)对A、B、C类物资实施不同的管理策略，见表5-4-9。

表5-4-9 ABC分类管理策略

货物分类	管理策略	具体方法
A	重点管理，应设法降低其库存额，提高其周转率，这对减少资金占用，提高企业经济效益具有重要的现实意义。主要策略如下： 1. 尽可能正确地预测需求量，根据需求变化特点组织进货 2. 少量采购，尽可能在不影响需求下减少库存量 3. 与供应商协调合作，尽可能地缩短订货提前期，减少安全库存量 4. 多次盘点，提高库存精度，一般每天或每周盘点一次 5. 采购须经高层主管审核	1. 严密控制库存 2. 详细计划存货量 3. 详细记录进出库 4. 经常检查库存 5. 安全库存量小
B	介于A类和C类之间，用常规方法管理即可。主要策略如下： 1. 一般控制库存量，较A类物资的管理更宽松 2. 盘点次数比A类少些，一般2～3周盘点一次 3. 每次采购量中等 4. 采购须经中级主管审核	1. 库存较严控制 2. 存货量较细计划 3. 进出库有记录 4. 库存较常检查 5. 安全库存量较大
C	不应投入过多的力量，宁肯多储备一些，采取简单的管理策略。主要策略如下： 1. 盘点次数很少，并可规定C类物资的最少出库量，减少处理的次数 2. 安全库存量可多些，或者减少订货次数。可按品种大类综合核定储备定额，将总储量控制在定额左右，减少订货次数 3. 采购仅需基层主管审核。这里应把积压物资与C类物资区别开来。所谓积压物资是指多年不发生消耗的物资，它不属于C类，应清仓处理，避免积压	1. 库存一般控制 2. 存货量粗略计划 3. 进出库一般记录 4. 库存一般检查 5. 安全库存量大

3. ABC 分类库存管理的注意事项

(1)单价的问题。

因为 ABC 分类库存管理方法主要是通过年销售额的大小来确定物品的重要性大小，而年销售额又是物品单价和销售量的乘积。年销售额相同的两个品种，其中一个可能年销售量大、单价小；另一个可能年销售量小、单价大。两者的管理策略应该略有不同，一般单价高的物品控制应该比单价低的更严格，因为单价高，存量略高一点，占用资金额就会急剧上升。所以，凡单价高的物品特殊注意，例如与需用部门多联系，了解其使用方向、需要日期与数量，准时组织采购、控制库存量，力求少积压。同时与需用部门研究替代品的可能与替代方法，尽量少用高价材料。

(2)物品的重要性。

ABC 分类时只考虑资金额是不够的，还必须考虑物品的重要性，主要包括以下几个方面：

①缺货会造成停产或严重影响正常生产的物品。

②缺货会危及安全的物品。

③市场短缺、缺货后不易补充的物品。

A 类物品固然重要，但是通过其销售金额划定的，没有考虑物品的重要性。有一部分 B 类或 C 类物品虽然年销售金额不高，但却具有缺货会影响生产、危及安全、不易补充等性质，因此这些物品完全可能是重要物品。

对于 A 类物品，一般库存管理策略是降低安全库存，适当压缩存量，通过加强管理的方法补救由此造成的风险。但是对于重要物品，库存管理的策略是增加安全库存，且加强管理。

二、安全库存的确定

安全库存(safety stock)是指为使企业生产经营活动正常进行，防止由于不确定因素(订货提前期内需求增长、到货延误等)引起缺货而设置的一定数量的库存。

如果某一期间的需求是一定的，不发生变化，那么就没有必要设置安全库存。但是，实际工作中，因为需求、交货期等一般为不确定因素，往往会发生变化，导致库存与需求发生偏差。安全库存就是为了避免出现库存不足，对库存进行适当管理而设置的。

安全库存量一般情况下是不动用的，一经动用，则应在下批订货到达后立即补齐。安全库存量除了受需求与供应的不确定性影响外，还与企业希望达到的顾客服务水平有关。安全库存越大，出现缺货的可能性就会越小。但是，安全库存与库存量有很大关系。安全库存过高，会导致剩余库存的出现，而且要保持 100%的库存服务率付出的成本代价就会非常大。因此，应根据不同物品的用途以及客户的要求，确定合理的顾客服务率，允许一定程度的缺货。

1. 安全库存的确定

实践表明，很多物资在订货提前期间的实际需求量 D_t 所出现的概率是服从正态分布的，因此，在实际需求量 D_t 的统计资料比较齐全的情况下，可运用统计分析法来确定安全库存量 Q_s，其计算公式如式(5-4-1)所示：

$$Q_s = \alpha\sigma_D \tag{5-4-1}$$

式中　σ_D ——某种物资的提前订货期实际需求量 D_t 的标准偏差；

α ——安全系数。

σ_D 反映需求量的变化程度，变化程度越大，标准偏差就越大，所需要的安全库存量也就

越大。标准偏差 σ_D 可以根据原始数据或经过加工整理后的统计资料，利用数理统计方法求得，即

$$\sigma_D=\sqrt{\frac{1}{n}\sum_{i=1}^{n}(D_{ti}-\bar{D}_t)^2} \tag{5-4-2}$$

其中

$$\bar{D}_t=\frac{1}{n}\sum_{i=1}^{n}D_{ti} \tag{5-4-3}$$

式中　n ——资料数；

D_{ti} ——第 i 次订货提前期的实际需求量；

$\bar{D}_t$ ——订货提前期内的平均实际需求量。

安全系数 α 是根据预订服务水平来确定的。服务水平通常用供应量占需求量的百分比来衡量。服务水平与安全系数的关系见表 5-4-10。

表 5-4-10　服务水平与安全系数关系表

安全系数 α	0.5	0.6	0.7	0.8	0.9	1.0	1.1	1.2
服务水平/%	69.15	72.57	75.80	78.81	81.59	84.13	86.43	88.49
缺货率/%	30.85	27.43	24.20	21.19	18.41	15.87	13.57	11.51
安全系数 α	1.3	1.4	1.5	1.6	1.7	1.8	1.9	2.0
服务水平/%	90.32	91.92	93.32	94.52	95.54	96.41	97.13	97.72
缺货率/%	9.68	8.08	6.68	5.48	4.46	3.59	2.87	2.28
安全系数 α	2.1	2.2	2.3	2.4	2.5	2.6	2.7	3.0
服务水平/%	98.21	98.61	98.93	99.18	99.38	99.53	99.65	99.87
缺货率/%	1.79	1.39	1.07	0.82	0.62	0.47	0.35	0.13

由表可见，α 越大，服务水平越高，而缺货率则越小，即 α 是保证物资供应程度的系数。但是，随着 α 取值增大，安全库存量必然增大，会引起库存费用的增加。所以，通常不必去追求百分之百的服务水平，而只需选择一个相对较高的服务水平即可。

确定了安全库存量后，还可以直接求出订货点 Q_k，其计算公式如式(5-4-4)所示：

$$Q_k=\bar{D}_t+Q_s \tag{5-4-4}$$

有时为了简化计算提前订货期内的实际需求量的标准偏差 σ_D，也可以用近似计算方案求得，按平均绝对值偏差(MAD)计算进行求解：

$$\text{MAD}=\frac{1}{n}\sum_{i=1}^{n}|D_{ti}-\bar{D}_t| \tag{5-4-5}$$

$$\sigma_D=1.25\text{MAD} \tag{5-4-6}$$

简化后用 MAD 计算的结果和用 σ_D 的公式计算的结果非常相似。

【例 5-4-1】　某仓库想在服务水平为 95%的基础上，确定 Y 货物的安全库存量和订货点，已知 Y 货物过去 12 个订货提前期的需求量，分别为：162 t、173 t、167 t、180 t、181 t、172 t、170 t、168 t、167 t、174 t、170 t、168 t。

要求：确定 Y 货物的安全库存量。

【解】 $\bar{D}=\frac{162+173+167+180+181+172+170+168+167+174+170+168}{12}=171(\text{t})$

$$\text{MAD}=\frac{1}{n}\sum_{i=1}^{n}|D_{ti}-\bar{D}_{t}|$$

$$=\frac{|162-171|+|173-171|+|167-171|+|180-171|+|181-171|+\cdots+|168-171|}{12}=4.17$$

$\sigma_D=1.25\text{MAD}=1.25\times4.17\approx6.52$

由服务水平 95%，查表可知 $\alpha=1.7$，所以

$Q_s=\alpha\sigma_D=1.7\times6.52\approx11.08\approx12(\text{t})$

2. 降低安全库存的方法

由于安全库存主要受顾客需求和订货提前期的不确定性影响，因此降低安全库存的方法主要从消除顾客需求的不确定性和订货提前期的不确定性方面考虑，具体方法见表 5-4-11。

表 5-4-11　降低安全库存的方法

方　法	说　明
改善需求预测方式	预测越准，意外需求发生的可能性就越小
缩短订货提前期	订货提前期越短，在该期间内发生意外的可能性也越小
减少供应的不确定性	让供应商知道生产计划，以便其能够及早做出安排，从源头上降低供应的不确定性
运用历史数据，精确计算顾客需求量和订货提前期的标准差	运用统计的手法，通过对前 6 个月甚至前 1 年顾客需求量和订货提前期的分析，求出比较准确的标准差，使得应用公式计算更准确
改善现场管理，减少废品或返修品的数量	减少由于废品或返修品的增加而造成的不能按时按量满足顾客需求，从而不得不动用安全库存的情况

三、经济订货批量(EOQ)

经济订货批量模型，又称整批间隔进货模型或 EOQ(economic order quantity)存储模型，适用于整批间隔进货，不允许缺货的存储问题，即某种物资单位时间的需求量为 D，存储量以单位时间消耗数量 D 的速度逐渐下降，经过存储周期或订货周期 T 后，存储量下降到零，此时开始订货并随即到货，订货量为 Q^*，提前订货时间在理想的经济订货批量计算中取零，即订货后瞬间全部到货，库存量由零瞬间上升为最高存储量 Q，然后开始下一个存储周期，形成多周期存储模型，如图 5-4-4 所示。经济订货批量模型适用于一种比较理想的状态。

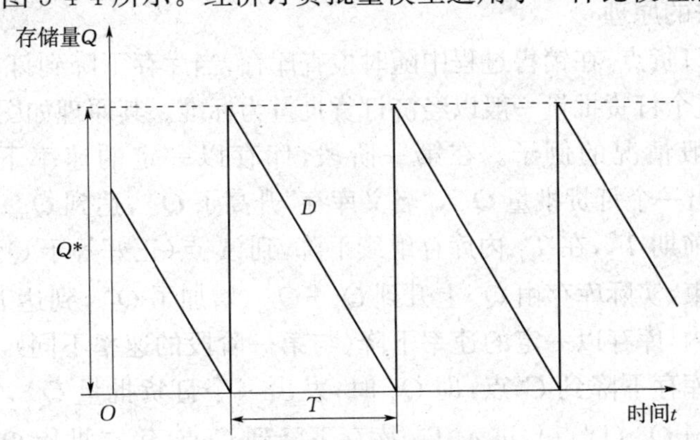

图 5-4-4　经济订货批量模型

由于需求量和提前订货时间是确定已知的，因此只要确定每次订货的数量或进货间隔期，就可以做出订货策略。由于订货策略是使用订货总费用最小的经济原则来确定订货批量，故称该订货批量为经济订货批量。

经济订货批量就是使库存总成本达到最低的订货数量，是通过平衡订货成本和保管成本两方面得到的。

年度库存总成本＝购买成本＋保管成本＋订货成本

＝货物单价×年需求量＋年平均存储量×单位货物年存储成本＋每次订货成本×订货次数

$=VD+C_1Q/2+C_2D/Q$

式中 C_1——存储单位物资单位时间的存储费；

C_2——每次订货的订货费。

其中，$C_1=r\cdot V$，V 为物资的单价或成本，r 为存储费率，即存储每元物资一年所需的存储费用。

经济订货批量 Q^* 的计算公式为

$$Q^*=\sqrt{\frac{2C_2D}{C_1}} \tag{5-4-7}$$

【例 5-4-2】 某企业每年需要购买 8 000 件儿童服装，每件服装的价格是 100 元，其年库存成本为 3 元/件，每次向供货商订货的成本为 30 元，请计算最优订货批量，年订购次数和库存总成本。

【解】 $D=8\,000$ 件；$C_1=3$ 元/(件·年)；$C_2=30$ 元/次

$$Q^*=\sqrt{\frac{2C_2D}{C_1}}=\sqrt{\frac{2\times30\times8\,000}{3}}=400(\text{件})$$

年订货次数＝$D/Q=8\,000\div400=20$(次)

年库存成本＝$100\times8\,000+3\times400\div2+30\times20=801\,800$(元)＝80.18(万元)

四、定量订货法

定量订货法是一种基于数量的订货方法，主要靠控制订货点和订货批量两个参数来控制订货。

1. 一般情况下的订货策略

(1)定量订货法的原理

预先确定一个订货点，在销售过程中随时检查库存，当库存下降到订货点时，就发出一个给定的订货批量，这个订货批量一般以经济订货批量为标准。其原理如图 5-4-5 所示。

图 5-4-5 是一般情况的例子。在第一阶段，库存以一定的速率下降，当库存下降到 Q_k(A'点)时，就发出一个订货批量 Q^*，“名义库存”升高了 Q^*，达到 $Q_{max}=Q_k+Q^*$(B'点)。进入第一个订货提前期 T_1，在 T_1 内库存继续下降，到 A 点(正好等于 Q_s，在 Q_s 线上)时，新订货物到达，T_1 结束，实际库存由 Q_s 上升到 Q_s+Q^*，增加了 Q^*，到达 B 点，进入第二个阶段。在第二个阶段内，库存以一定的速率下降(与第一阶段的速率不同)，由图可看出库存的消耗周期长些。当库存下降到 C'点，即 Q_k 时，发出一个订货批量 Q^*，“名义库存”升高了 Q^*，达到 $Q_{max}=Q_k+Q^*$(D'点)，进入 T_2，库存下降到 C 点，第二批货 Q^* 到达，T_2 结束，实

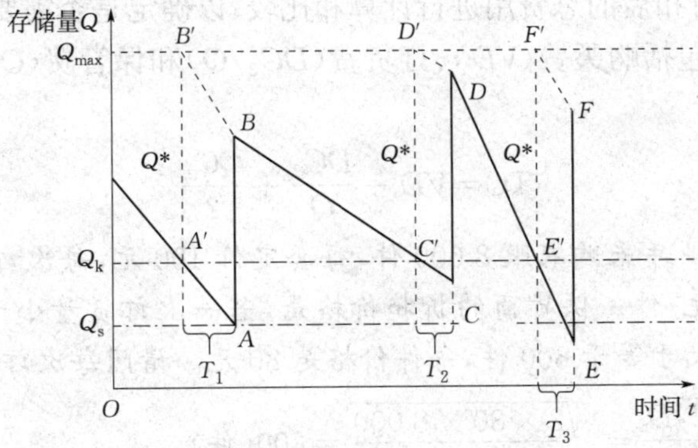

图 5-4-5　定量订货法模型

际库存升高了 Q^*，达到 D 点。接着进入第三个阶段，库存以一定的速率下降(与第一、二阶段的速率均不同)，库存消耗快，周期短，到 E' 点(Q_s)时发出一个订货批量 Q^*，进入 T_3，在 T_3 内，库存下降较快，动用了安全库存。新订货到达后，实际库存升高了 Q^* 到 F 点，接着进入下一个阶段。库存量就是这样周而复始地循环着。

由图中可以看出，由于整个过程控制了订货点 Q_k 和订货批量 Q^*，使得整个系统的库存水平得到了控制。最高库存量 Q_{max} 不超过 Q_k+Q^*。

(2)定量订货法控制参数的确定

定量订货法需要控制的参数主要有两个：

①订货数量=经济订货批量 EOQ

②订货点=平均日需求量×提前期+安全库存

(3)定量订货法的优缺点

定量订货法的优缺点见表 5-4-12。

表 5-4-12　定量订货法的优缺点

优　点	缺　点	适用条件
订货点、订货批量一经确定，定量订货法的操作就非常简单	要随时盘存，花费较大的人力和物力	只适用于订货不受限制的情况，即订货时间和地点都不受任何限制，要求市场上的物资资源供应充足、自由流通。例如，螺栓、螺母，这些单价便宜，不适宜少量订购的物品，市场供应充足，且自由流通
当订货量确定后，可据此提前安排收货、验收、保管等工作，提高工作效率，节省成本	订货模式过于机械化，灵活性差	
订货批量由经济订货批量决定，可以降低平均库存量和库存费用	订货时间不能预先确定，所以难于加以严格的管理，难于预先安排较精确的人力、物力、财力等	

在实际当中，定量订货法还有一种简化方法，即双堆法。该方法不用随时盘点，而是将储备物资分为两堆，一堆为订购点量(其中含有安全库存量)，另一堆为其余量，当其余量发放完之后，就提出订购，以补充库存。

2. 某些特殊条件下的订货策略

(1)有购买数量折扣的经济批量

为了鼓励大批量购买，供应商往往在订购数量超过一定量时提供优惠的价格。这个事先规定的数量标准，成为折扣点。在这种情况下，折扣之前和折扣之后的价格肯定不同，买方应对享受折扣前和享受折扣后的总费用进行计算和比较，以确定是否需要增加订货量去获得折扣。总费用(TC)应该包括购买费(VD)、订货费(DC_2/Q)和保管费($QC_1/2$)，可按式(5-4-8)计算：

$$\mathrm{TC}=VD+\frac{DC_2}{Q}+\frac{QC_1}{2} \tag{5-4-8}$$

【例 5-4-3】 某企业年采购衣服 8 000 件，每套定价 100 元，每次订货成本 30 元，每件衣服的年保管成本是 3 元/件。供货商的折扣价格是，若一次订货量小于 600 件，每件价格是 100 元，若一次订货量大于等于 600 件，每件价格是 80 元。请问每次订货多少件合适？

【解】 $Q^*=\sqrt{\frac{2C_2D}{C_1}}=\sqrt{\frac{2\times 30\times 8\,000}{3}}=400$(件)

按照每次订货 400 件计算，年度总成本＝购买成本＋存储成本＋订货成本

$=100\times 8\,000+400\times 3\div 2+8\,000\div 400\times 30$

$=800\,000+600+600$

$=801\,200$(元)

按照每次订货 600 件计算，年度总成本$=80\times 8\,000+600\times 3\div 2+8\,000\div 600\times 30$

$=640\,000+900+400$

$=641\,300$(元)

由此可见，每次订货 600 件，年度总成本比较小，所以是最优订货数量。

(2)允许缺货的经济批量

在实际运作中，由于各种不确定因素的存在，有时难免会出现缺货。在允许缺货的情况下，经济批量是指订货费、保管费和缺货费之和最小时的订货量，可按式(5-4-9)计算：

$$\mathrm{EOQ}=\sqrt{\frac{2C_2D}{C_1}}\cdot\sqrt{\frac{C_1+C_3}{C_3}} \tag{5-4-9}$$

(3)有运输数量折扣的经济批量

当运输费由卖方支付时，一般不考虑运费对年度总费用的影响。但是运费如果由买方支付，就要考虑运费对年度总费用的影响。此时，年度总费用应包括购买费、订货费、保管费和运费。可按式(5-4-10)计算：

$$\begin{aligned}\mathrm{TC}&=\text{购买费}+\text{订货费}+\text{存储费}+\text{运输费}\\&=VD+\frac{DC_2}{Q}+\frac{QC_1}{2}+DP_2\end{aligned} \tag{5-4-10}$$

式中 P_2——单位质量的运输价格。

(4)分批均匀进货的经济订货批量

前面所述均为假设所定货物量一次全部到货入库，而在实际生活中，有时不可能在瞬间就完成大量进货，而是分批均匀进货，甚至一边进货一边出货(进货速度大于出货速度)，直到库存量最高，这时不再继续进货，只是出货，直到库存量降低到安全库存量，又开始新一轮的库存周期循环，如图 5-4-6 所示。分批均匀进货的经济批量，仍然是追求存储总费用最低的经济订货批量。

假设进货速度为 P，出货速度(即为需求速度)为 D，且 $P>D$，T_1 为一次均匀补充库存直至最高库存量需要的时间，满足一个订货周期 T 的需用量，即 $Q=PT_1=DT$。由此可以计算出：$T_1=DT/P$。

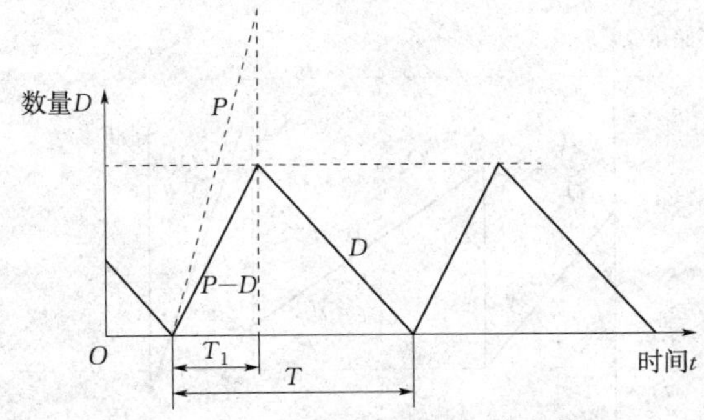

图 5-4-6　分批均匀进货的经济订货批量

订货批量 Q 需要时间 T_1 即为进货延续时间。在 T_1 时间库存的实际增长速度为 $P-D$，最高库存量为 $(P-D)T_1$，平均库存量为 $(P-D)T_1/2$。若订货周期为一年，则年度总成本为购买成本＋存储成本＋订货成本，即

$$C=VD+\frac{(P-D)T_1}{2}C_1+\frac{Q}{D}C_2 \tag{5-4-11}$$

将 $T_1=DT/P$，$T=Q/D$ 带入，可得

$$C=VD+\frac{1}{2}C_1\frac{(P-D)Q}{P}+C_2\frac{Q}{D} \tag{5-4-12}$$

由此可求得使单位时间存储总费用最低的经济订购批量为

$$Q^*=\sqrt{\frac{2C_2D}{C_1}}\cdot\sqrt{\frac{P}{P-D}} \tag{5-4-13}$$

五、定期订货法

1. 定期订货法的原理

定期订货法的原理为，预先设定一个订货周期 T 和一个最高库存量 Q_{max}，周期性地检查库存，求出当时的实际库存量 Q_{ki}、已订货而还没有到达的货物量 I_i 以及已经售出但还没有发货的货物数量 B_i，然后发出一个订货批量 Q_i。这一第 i 次的订货量 Q_i，应使得订货后的"名义库存"升高到 Q_{max}。

定期订货法的原理如图 5-4-7 所示。在第一阶段，库存以一定的速率下降。因为订货周期是事先确定的，所以订货时间也就确定了。到了订货时间，不论库存量有多少，都要发出订货。所以当到了第一次订货时间（A 点）时，就需检查库存，求出当时的库存量 Q_{k1}，并发出一个订货批量 Q_1，使库存上升到 Q_{max}；然后进入第二阶段，经过时间 T 后检查库存，得到此时的库存量 Q_{k2}，并发出一个订货批量 Q_2，使库存上升到 Q_{max}。如此重复。

2. 定期订货法控制参数的确定

根据原理可知，定期订货法需要确定三个参数，订货周期 T、最高库存量 Q_{max} 和第 i 次订货量 Q_i。

(1)订货周期 T 的确定

在定期订货法里，两次订货的时间间隔 T 是固定的，它的确定可以分为三种情况：

第一种是如果订货周期可以由仓储企业自行决定，则可按 EOQ 求得经济订货批量的理论值，再按公式 $T=Q^*/D$ 计算求得订购周期，然后适当取整即可。

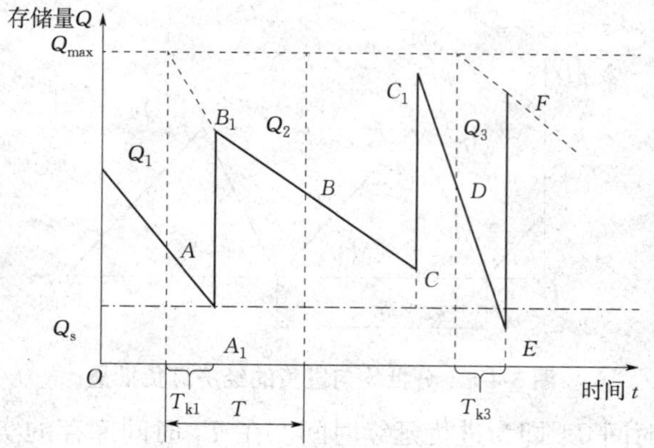

图 5-4-7　定期订货法模型

第二种是如果订货周期需要仓储企业和供货厂商共同商定，可以根据上述求得的订货周期 T，协调仓储企业的具体情况合理确定。

第三种是根据物资供应情况的历史统计资料，求得平均供货周期，以确定订货周期。

实际中，很多仓储企业还把用上述方法确定的订货周期与日历时间单元（日、周、旬、月、季度、年等）结合起来统筹考虑，来确定合适的订货周期。

(2)最高库存量 Q_{max} 的确定

最高库存量的确定一般是根据一个订货周期 T 和其后一个订货提前期 T_k 合起来组成的时间单元 $(T+T_k)$ 内的需求量 Q 和安全库存量 Q_s 来确定的。一般情况下，有

$$Q_{max}=R(T+T_k)+Q_s \tag{5-4-14}$$

式中　R——$(T+T_k)$ 内库存需求量平均值。

(3)第 i 次订货量 Q_i 的确定

定期订货法中，每次订货量不一定，它与当时的实际库存量 Q_{ki}、已订货而还没有到达的物资量 I_i，以及已经售出但还没有发货的物资数量 B_i 都有关系。一般情况下，第 i 次的订货量由式(5-4-15)确定：

$$Q_i=Q_{max}-(Q_{ki}+I_i-B_i) \tag{5-4-15}$$

3. 定期订货法的优缺点

定期订货法的优缺点见表 5-4-13。

表 5-4-13　定期订货法的优缺点

优　点	缺　点
管理人员不用每天检查库存，到了订货周期规定要订货的时间才需检查库存，发起订货	因为保险时间 $(T+T_k)$ 较长，因此需要较大的安全库存量来保证库存需求
计划性强，有利于工作计划的安排，实行计划管理；可以合并订购或进货，减少订货费，而且还方便实现多个品种的联合订购	每次订货的批量不固定，无法制定出经济订货批量，因而运营成本较高，经济性较差
周期盘存比较彻底、精确。因此，定期订货法一般适用于需要严格管理的重要货物	盘存相对较麻烦，每次订货都需要计算订货量

4. 定量订货法和定期订货法的比较

定量订货法与定期订货法的比较见表 5-4-14。

表 5-4-14　定量订货法与定期订货法的比较

<table>
<tr><th colspan="4">不同之处</th><th>共同优点</th><th>共同缺点</th></tr>
<tr><td>定量订货法</td><td>可在任何时间订货，时间仅取决于产品的需求状况</td><td>根据产品的需求状况，当库存量达到某一事先确定的水平时，订货行动便开始</td><td>参数是经济订货批量</td><td rowspan="2">两者都比较容易制定出统一的采购计划，即订货时间点或库存数量点
将要采购的商品汇总采购，能获得批量采购的价格优惠
计算都比较简单，可有效设置一般库存和安全库存，对于货物需求的保障能力较好。计算机管理库存管理时难度大大下降，可节约人力、物力和营运时间</td><td rowspan="2">两者均不适合相关需求库存的管理和相关需求货物的供应管理
对于实施供应链管理的企业来说，信息失真的牛鞭效应难以避免</td></tr>
<tr><td>定期订货法</td><td>订货时间取决于事先确定好的订货周期</td><td>根据事先规定的订货周期，时间一到就开始订货</td><td>参数是目标库存和订货周期</td></tr>
</table>

六、MRP 控制法

1. MRP 的基本原理

20 世纪 60 年代，美国生产管理与计算机应用领域提出了 MRP（material requirement planning），即物料需求计划。它是在订货点法的基础上发展形成的一种新的库存计划与控制方法，是建立在计算机基础上的生产计划与库存控制系统。其主要内容包括客户需求管理、产品生产计划、原材料计划以及库存记录。运用 MRP 系统，可以精确确定各级产品的组成零部件的需求数量和时间，实现有限低库存与高服务水平的并存，解决了制造企业所关心的货物供需平衡问题。

MRP 的基本原理是由主生产计划、主产品结构文件和产品库存文件逐个求出主产品所有零部件的生产供应时间和生产供应数量。其中，如果零部件是由企业内部生产，需要根据各自生产条件和时间长短提前安排投产时间，形成零部件生产供应计划；如果零部件需外购，则根据各自的订货提前期确定提前发出订货的时间、订货数量和批次，形成采购计划。据此实现所有零部件的供应计划，保证客户所需产品的交货期、压缩原材料的库存数量和周期，减少资金占用。MRP 的逻辑原理如图 5-4-8 所示。

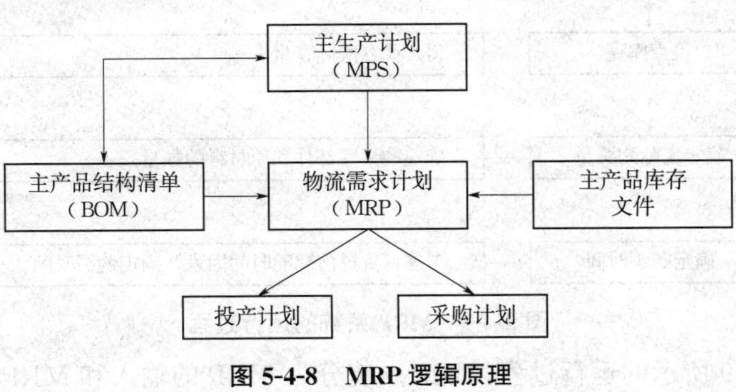

图 5-4-8　MRP 逻辑原理

相关名词解释见表 5-4-15。

表 5-4-15　MRP 的几个名词解释

名　　词	解　　释
主产品	企业用以供应市场需求的产成品。如汽车制造厂生产的汽车，电视机厂生产的电视机等，都是各自企业的主产品
主产品的结构清单(bill of materials，BOM)	主要反映主产品的层次结构、所有零部件的结构关系和数量组成。根据这个文件，可以确定主产品及其各个零部件的需要数量、需要时间和它们相互间的装配关系
主生产计划(master production schedule，MPS)	主要描述主产品及其结构文件决定的零部件的生产进度，表现为各时间段内的生产量，包括出产时间、出产数量或者装配时间、装配数量等
主产品库存文件	主产品以及主产品所属所有零部件、原材料的现有库存量清单文件。包括主产品及其所有零部件的库存量、已订未到量和已分配但还未提走的数量

制定物料需求计划的一个指导思想就是要尽可能减少库存。需要的物资若仓库中有，就不再安排生产和采购；如果仓库中数量不够，只对不够的部分数量安排投产或采购。

由物料需求计划制定产品的投产计划和采购计划，根据产品投产计划和采购计划组织物资的生产和采购，生成制造任务单和采购订货单，交制造部门生产或交采购部门采购。

MRP 系统的主要目标在于控制库存水平，并优化统筹产品的生产优先顺序，满足交货期的要求，使生产系统的负载与需求之间达到均衡，即在恰当的时间订货，且保证恰当的订货量，满足生产和向客户提供所需的各种材料、部件和产品。

2. MRP 系统的运行

MRP 系统的运行过程如图 5-4-9 所示。

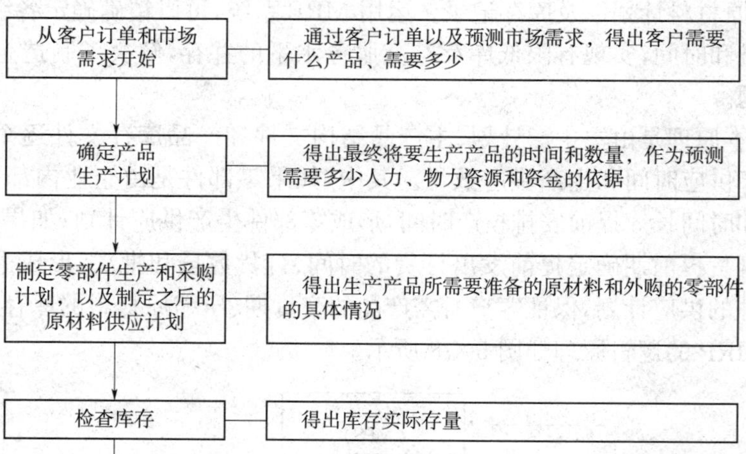

图 5-4-9　MRP 系统的运行过程

为实现图 5-4-9 所示的运行过程，MRP 系统分为 MRP 的输入和 MRP 的输出两部分，见表 5-4-16。

表 5-4-16　MRP 的输入与输出内容

MRP 系统内容		解释说明
MRP 的输入	主生产计划	是 MRP 系统中最主要的输入信息，也是 MRP 系统运行的主要依据。依靠市场的订单或市场预测来确定未来一段时间(一般是一年)的总需求量，包括需求数量、需求时间等 在主生产计划中，产品出产进度计划一般以周或旬为时间计划单位，它根据企业生产能力状况经过综合平衡，将综合计划具体化 产品出产的进度计划所覆盖的时间长度一般不少于其组成零部件中最长的生产周期，否则这样的产品出产进度计划不能进行 MRP 系统的运行，是无效的 实际上，主生产计划以及其中的产品出产进度计划用以解决“要生产什么，生产多少”的问题
	主产品结构	又称物料清单，但它不仅是物料清单，还包括主产品的结构层次、各层零部件的品种数量和装配关系 一般用一个自上而下的结构树表示。每一层都对应一个级别，最上层是 0 级，即主产品级，下一层是 1 级，对应主产品的一级零部件，再下一层是 2 级，这样一级一级往下分解，直到最末一层，对应原材料或外购零部件 主产品结构文件解决的是“要用到什么”的问题
	主产品库存文件	库存文件包括库存相关信息，提供和记录各种物料的参数变化，具体包括： ①总需求量：指主产品或零部件在每一期内的全部需求量。其中主产品的需求量与主生产进度计划一致，零部件的需求量是根据主生产计划和主产品的结构清单推算出来的 ②库存量：指一个周期期末库存货物的数量。在开始运行 MRP 以前，仓库可能还有库存量，叫做现有库存量，也叫本期期初库存量。MRP 运行是在期初库存量的基础上进行的，所以各个品种的期初库存量作为系统运行的重要参数必须要输入到系统之中。在一个周期内，随着货物供应的进行，库存量会发生变化，所以本期期初库存量和期末库存量是不同的。因此规定这里记录的库存量都是期末库存量。它的计算公式为：库存量＝本期期初库存量＋本期到货量－本期需求量 为了防止意外情况造成的延误，有些货物设立有安全库存。因此在考虑安全库存的情况下，库存量还应包含有安全库存量 ③计划到货量：指在本期 MRP 计划之前已经购进在途，或者生产在产、预计要在本次 MRP 计划期的某个时间到达的货物数量。这些货物会在给定的时间点实际到货入库，并且可以用来满足本次 MRP 计划期内的生产和装配需要；也可以是临时订货、计划外到货或者物资调剂等得到的货物，但不包括根据这次 MRP 运行结果产生的生产任务单生产出来的产品或根据采购订货单采购回来的外购品，这些产品由下面的“计划接受订货”来记录
MRP 的输出	净需求量	净需求量是指系统需要外界在给定的时间内提供的给定物料的数量。净需求量很好地回答了到底生产系统需要什么物料、需要多少、什么时候需要的问题。但是并不是所有的零部件每期都有净需求，只有发生缺货的周，即计划库存量小于 0 才可能发生净需求量 净需求量的算法如下： ①本周计划库存量＞0 时，因为不缺货，所以净需求量为 0 ②本周计划库存量＜0 时，又分为两种情况： 第一种：本周计划库存量＞0，而上周的计划库存量≥0 时，则本周净需求量就等于本周的缺货量，即本周计划库存量的绝对值 第二种：本周计划库存量＜0，而上周的计划库存量＜0 时，则本周净需求量就等于本周的缺货量与上周的缺货量之差，即本周计划库存量与上周计划库存量之差的绝对值 所以，净需求量可以这样简单确定：在现有库存量一栏中第一个出现的负库存量的周期，其净需求量就等于其负库存量的绝对值；在其后连续出现的负库存量的各周期中，各周期的净需求量等于其本周的负库存量与前一周的负库存量之差的绝对值

续上表

MRP 系统内容		解释说明
MRP 的输出	计划接受订货量	计划接受订货量是指为满足净需求量的需求，应该计划从外界接受订货的数量和时间。它用于记录满足净需求量的数量和时间，并且是下面“计划发出订货”的参照点，因为“计划接受订货量”和“计划发出订货量”两者数量完全相同，时间上相差一个订货提前期 计划接受订货量的时间和数量与净需求量完全相同，即 计划接受订货量＝净需求量
	计划发出订货量	计划发出订货量是指发出采购订货单进行采购或发出生产任务单进行生产的数量和时间。其中发出订货的数量等于“计划接受订货”的数量，也等于同周期的“净需求量”的数量 计划发出订货量的时间为一个生产或订货提前期的时间，即： 计划发出订货时间＝计划接受订货时间－生产(或订货)提前期 ＝净需求量时间－生产(或订货)提前期

【例 5-4-4】 现有 A 产品的库存文件，具体数据见表 5-4-17。期初库存量为 20。要求计算 MRP 系统的输出数据。

表 5-4-17　A 产品的库存文件

A 产品 提前期:1 周	周　次							
	第 1 周	第 2 周	第 3 周	第 4 周	第 5 周	第 6 周	第 7 周	第 8 周
总需要量	25	15	20	—	60	—	15	—
计划到货量	10	—	15	—	40	—	50	—

【解】 MRP 的输出数据包括净需求量、计划接受订货量和计划发出订货量。计算以上参数需要现有库存量数据，而表 5-4-17 中没有给出，可以通过以下公式计算：

本期末库存量(现有库存量)＝上期期末库存量＋本期计划到货量－本期需求量

上式中本期期末库存量即为 MRP 系统中的现有库存量，它可以为正数、负数和零。计算出的现有库存量见表 5-4-18。

下面需要计算 MRP 的输出参数，包括净需求量、计划接受订货量和计划发出订货量。根据上面各个参数的计算方法，可以计算出具体的数据，见表 5-4-18。

表 5-4-18　A 产品的库存文件及 MRP 的输出结果

A 产品 提前期:1 周	周　次							
	第 1 周	第 2 周	第 3 周	第 4 周	第 5 周	第 6 周	第 7 周	第 8 周
总需要量	25	15	20	—	60	—	15	—
计划到货量	10	—	15	—	40	—	50	—
现有库存量(20)	5	－10	－15	0	－35	0	0	0
净需求量	0	10	5	0	20	0	0	0
计划接受订货	—	10	5	—	20	—	—	—
计划发出订货	10	5	—	20	—	—	—	—

现有库存量的计算中，第 1 周，现有库存量＝20＋10－25＝5；第 2 周，现有库存量＝5＋0－

15＝－10；第 3 周，现有库存量＝－10＋15－20＝－15；依此类推，可以求出后面各周的现有库存量。

净需求量的计算中，第 1 周，现有库存量为 5≥0，所以，净需求量为 0；第 2 周，现有库存量为－10，其为第一次出现负数，所以净需求量为|－10|＝10；第 3 周，现有库存量为－15，连续第二次出现负数，所以净需求量为|－15－(－10)|＝5；依此类推，可求出后面各周的净需求量。

计划接受订货量的时间和数量与净需求量完全相同。

计划发出订货量时间上比计划接受订货量的时间提前一个订货提前期。本例中订货提前期为 1 周。

【拓展知识】

供应商管理库存(VMI)

VMI(vendor managed inventory)即“供应商管理库存”。具体来说，VMI 是一种以用户和供应商双方都获得最低成本为目的，在一个共同的协议下由供应商管理库存，并不断监督协议执行情况和修正协议内容，使库存管理得到持续改进的合作性策略。VMI 的主要思想是供应商在用户的允许下设立库存，确定库存水平和补给策略，拥有库存控制权。VMI 的特点、运行前提、实施方法和局限性见表 5-4-19。

表 5-4-19　VMI 的特点、运行前提、实施方法和局限性

VMI 的特点	运行前提	实施方法	局限性
合作性：需要供应链上各企业在相互信任的基础上密切合作	企业应是核心企业或供应链中重要的企业。要求须具备较高管理水平的人才和专门的用户管理部门，用以处理订货业务、库存控制等；须有强大的实力推动 VMI	建立顾客情报信息系统 通过建立顾客的信息库，供应商能够掌握需求变化的有关情况，把由分销商进行的需求预测与分析功能集成到供应商的系统中来	VMI 中供应商和零售商协作水平有限
互利性：VMI 主要考虑的是如何降低双方的库存成本，而不是考虑如何就双方的成本负担进行分配的问题	企业在供应链中的位置应接近最终消费者，即处在供应链的末端。原因在于 VMI 可以消除“牛鞭效应”的影响	建立销售网络管理系统，保证产品需求信息及物流畅通	VMI 对于企业间的信任要求较高
互动性：VMI 要求企业在合作时采取积极态度，以实现反应快速化，努力降低因信息不畅而引起的库存费用过高的状况	拥有信誉良好的合作伙伴。VMI 的实施要求零售商(或生产商)提供销售数据，而供应商要按时准确地将货物送到客户指定的地方	建立供应商与分销商的合作框架协议 供应商和分销商一起通过协商，确定处理订单的业务流程及控制库存的有关参数、库存信息的传递方式等	VMI 中的框架协议虽然是双方协定，但供应商处于主导地位，决策过程中缺乏足够的协商，难免造成失误
协议性：要求企业在观念上达到目标一致，并明确各自的责任和义务。具体的合作事项通过框架协议明确规定，以提高操作的可行性	企业与供应商之间的关系是一种伙伴关系	组织结构的变革，需由订货部门负责用户库存控制等工作。适合实施的情况有： ①分销商没有信息系统和其他基础设施来管理库存 ②制造商实力雄厚并且比分销商市场信息量大 ③制造商有较高的库存交货水平，能够有效规划运输	VMI 的实施减少了库存总费用，但在 VMI 中，库存费用、运输费用和意外损失不是由用户承担，而是由供应商承担。VMI 实际上是对传统库存控制策略进行“责任倒置”后的一种库存管理方法，这无疑加大了供应商的风险

【素养涵育】

四向穿梭车自动化立库

穿梭车是一种智能搬运机器，可以通过编程实现取货、运输和放置货物，并可以与主机或仓储管理信息系统（WMS）系统进行通信。结合 RFID、条形码等识别技术，可实现自动识别、门禁等功能。穿梭车还可以配合堆垛机实现密集存储。

四向穿梭车自动化立体库系统是一种智能化高密度存储货架系统，四向穿梭车可以在货架横向和纵向轨道上运行，货物的水平移动和存取只由一台穿梭车来完成，配合提升机的换层，令货架系统的自动化程度大大提高。该系统是新一代的智能型货架存储系统，具备很好的应用潜力。

密集型自动化立体库系统主要由货架，四向穿梭车、入（出）库工作站台、调度控制系统（WCS）以及仓储管理系统（WMS）组成。四向穿梭车货架与普通两向穿梭货架结构的主要不同在于四向穿梭车货架增加了一个垂直于导轨的轨道。采用子轨道与母轨道结构，可以实现穿梭车在货架中的灵活转向。

四向穿梭车机器人仓储搬运设备，是集自动搬运、无人引导、智能控制于一体的高科技仓储物流装备，为工业 4.0 提供智能高效的货物输送。四向穿梭车可通过程序控制实现货物的托取、运送、放置等功能，并可与上位机的 WMS 系统进行通信，结合条码识别等物流信息技术，实现货品自动化识别、单次存取、连续存取、自动理货等功能。

四向穿梭车特点：

（1）四向行驶，原地换轨。可在交叉轨道上沿纵向或横向方向行驶，到达仓库任意一个指定货位。

（2）支持高密库立体库。实现密集库单深位、多深位组合存储，根据货物品规复杂程度给出存储方案。

（3）实时信息，实时监控。WCS 调度车辆作业，实时监控车辆坐标位置、速度、电量等状态。

想一想：你还知道哪些仓储物流自动化、智能化设备？

【课后测试】

一、填空题

1. 定量订货法的主要参数为________和________。

2. 定期订货法的主要参数为________、________和________。

3. MRP 系统的输入文件有________、________和________。

4. MRP 系统的输出文件有________、________和________。

5. ABC 分类法中，A 类物资的管理策略为库存________控制，存货量详细________，进出库详细________，库存经常________，安全库存量________。

二、简答题

1. 定量订货法和定期订货法有何异同？

2. MRP 的基本原理是什么？

3. ABC 分类法的基本原理是什么？

【练习巩固】

根据本任务【任务描述】医疗设备仓库的数据信息，完成以下计算：

(1)若A物资供应商给出的批量折扣条件是：若一次订购量小于500个，每个价格为350元；若一次订购量大于或等于500个，每个价格是320元。如果其他条件不变，确定每次采购的数量为多少时对企业最有利。

(2)若允许缺货，且年缺货损失费为8元/(件·年)。若其他条件不变，确定允许缺货的最佳批量。

(3)若订购批量小于500个，运输价格为3元/件，若订购批量大于或等于500个，运输价格为2元/件。若其他条件不变，确定最佳订货量。

(4)若最佳订货量为500个，订货提前期为7 d，平均日消耗量为20个，安全库存量为30个。若其他条件不变，确定订货点。

(5)若年储存成本是5元/(个·年)，每次订货成本为20元。假定分批均匀进货，进货速度为P=1 500个/月，需求速度D=850个/月，那么问应如何组织订货？总费用如何计算？

【任务评价】

<table>
<tr><th colspan="2" rowspan="2">评价内容</th><th rowspan="2">总分值</th><th rowspan="2">分值</th><th rowspan="2">评价标准</th><th colspan="5">评价分值</th></tr>
<tr><th>教师评价</th><th>小组互评</th><th>小组自评</th><th>教学平台评价</th><th>综合评价</th></tr>
<tr><td rowspan="2">课前</td><td>知识学习</td><td rowspan="2">20</td><td>10</td><td>能完成课前学习</td><td></td><td></td><td></td><td></td><td></td></tr>
<tr><td>课前测试</td><td>10</td><td>能完成全部测试</td><td></td><td></td><td></td><td></td><td></td></tr>
<tr><td rowspan="5">课中</td><td rowspan="4">技能评价</td><td rowspan="5">60</td><td>10</td><td>能计算安全库存</td><td></td><td></td><td></td><td></td><td></td></tr>
<tr><td>10</td><td>能对库存进行ABC分类并管理</td><td></td><td></td><td></td><td></td><td></td></tr>
<tr><td>10</td><td>能应用定量和定期订货法控制库存</td><td></td><td></td><td></td><td></td><td></td></tr>
<tr><td>20</td><td>能应用MRP法控制库存</td><td></td><td></td><td></td><td></td><td></td></tr>
<tr><td>课堂表现</td><td>10</td><td>①课堂态度端正，积极参与活动，团队协作能力强；
②能灵活应用知识和技能、自主探究、协作完成任务；
③能熟练运用信息化技术手段和工具分析解决问题；
④出勤签到</td><td></td><td></td><td></td><td></td><td></td></tr>
<tr><td rowspan="2">课后</td><td>练习巩固</td><td rowspan="2">20</td><td>10</td><td>完成结果质量高，符合要求</td><td></td><td></td><td></td><td></td><td></td></tr>
<tr><td>课后测试</td><td>10</td><td>完成课后测试题</td><td></td><td></td><td></td><td></td><td></td></tr>
<tr><td colspan="5">合　计</td><td></td><td></td><td></td><td></td><td></td></tr>
</table>

注：“教学平台评价”栏可根据实际教学需求选用。

【案例阅读】

某公司的零库存

某公司认为，企业之间的竞争已经从过去直接的市场竞争转向客户的竞争。该公司客户管理(CRM)系统就是要实现端对端的零距离销售。该公司已经实施的企业资源计划(ERP)系统和正在实施的CRM系统,都是要拆除影响信息同步沟通和准确传递的阻隔。ERP系统是拆除企业内部各部门的"墙",CRM系统是拆除企业与客户之间的"墙",从而达到快速获取客户订单、快速满足用户需求的目的。

传统管理下的企业根据生产计划进行采购,由于不知道市场在哪里,所以是为库存而采购,企业里有许许多多"水库"。该公司现在实施信息化管理,通过三个准时化(JIT)打通这些"水库",把它变成一条流动的"河"。JIT采购就是按照计算机系统的采购计划,需要多少,采购多少。JIT送料指各种零部件暂时存放在该公司立体库,然后由计算机进行配套,把配置好的零部件直接送到生产线。海尔在全国建有物流中心系统,无论在全国什么地方,该公司都可以快速送货,实现JIT配送。

想一想:零库存给企业带来的好处有哪些?

学习记录单

学生任务分配表				
小组名称			组　长	
小组成员及分工	姓　名	学　号	任务分工	
学习过程				

课前：收集相关资料，做好预习，并完成课前测试。

1. 测试成绩：__________

2. 学习记录

课中：按照任务实施要求，完成任务学习。

1. 任务实施记录

2. 任务实施总结

课后：完成课后测试及练习巩固作业，诊断得失反思改进。

1. 课后测试成绩：__________

2. 课后巩固作业记录

3. 课后反思

任务 5-5　流通加工

【任务描述】

某物流中心接到一批钢材加工任务，按照企业现有人员和设备情况，各项任务加工所需的时间及预定交货期见表 5-5-1。

表 5-5-1　各项任务所需时间及预定交货期　　单位：d

任务编号	A_1	A_2	A_3	A_4	A_5	A_6
所需加工时间 t_i	8	5	7	6	4	7
预定交货期 d_i	38	24	25	34	23	10

要求：利用综合规则对现有加工任务排序，求出最佳流通加工顺序。

【任务实施】

课前：收集相关资料，做好预习，并完成课前测试(扫描二维码获取)。

课中：4～6 人分组，借助信息化技术手段，查资料并思考研讨，求出最佳的流通加工顺序。

课后：完成课后测试及练习巩固作业，并整理总结学习材料，诊断得失反思改进。

课前测试

5–5

【相关知识】

一、钢材的流通加工

钢材流通加工的形式主要有钢板的切割、使用矫直机将薄板卷材展平、纵向切割薄板卷使之成为窄幅(钢管用卷材)、气割厚板、切断成形钢材等。

汽车、冰箱、冰柜、洗衣机等的生产制造企业每天需要大量的钢板。生产企业生产的各种钢材(钢板、型钢、线材等)的长度、规格常常不适用于客户需求，如热连轧钢板和钢带、热轧厚钢板等板材最大交货长度可达 7～12 m，有的成卷交货。对于使用钢板的生产制造企业来说，大、中型企业由于消耗批量大，可设专门的剪板及下料加工设备，按生产需要进行剪板、下料加工。但是，对于使用量不大的企业和多数中、小型企业来讲，单独设置剪板、下料设备不但占用大量的流动资金，而且存在设备闲置时间长、人员浪费大、不容易采用先进方法等缺点，采用集中剪板、集中下料方式，可以避免单独剪板、下料的一些弊病，提高材料利用率。

1. 钢材的集中下料问题

(1)问题提出

某配送中心从钢管厂进货时得到的原料钢管长是 7.4 m，现有三个客户分别需要长 2.9 m、2.1 m 和 1.5 m 的钢管各 100 根，问配送中心应如何安排钢管切割方案才能使原材料最节省？

(2)问题分析

首先，应当确定哪些切割方案是可行的。所谓一个切割方案，是指按照用户需要在原料钢管上安排切割的一种组合。例如,可以将 7.4 m 长的钢管截下 2.9 m 的一根、1.5 m 的三根,所剩料头为 0 m;或者截 2.9 m 的两根、1.5 m 的一根,所剩料头为 0.1 m。可行的切割方案是很多的。

其次,应当确定哪些切割方案是合理的。通常假设一个合理的切割方案的余料应该很小,至少不应该大于或等于客户需要的钢管的最小尺寸,在这种合理性假设下,可以选择的切割方案一共有 4 种,见表 5-5-2。

表 5-5-2　备选切割方案

钢材尺寸	方案 1	方案 2	方案 3	方案 4
2.9 m	1 根	2 根	—	1 根
2.1 m	—	—	2 根	2 根
1.5 m	3 根	1 根	2 根	—
合计	7.4 m	7.3 m	7.2 m	7.1 m
料头	0 m	0.1 m	0.2 m	0.3 m

问题转化为在满足用户需要的条件下,按照哪几种合理的方案切割使原材料最为节省,即切割后剩余的料头长度之和最小或切割原料钢管的总根数最少。

(3)模型建立及求解

假设四种方案切割的钢管数分别为:X_1,X_2,X_3,X_4。此问题转化为下列线性规划问题,即决策目标为切割后剩余的料头长度之和最小的线性规划问题。设切割后剩余的料头长度之和为 Y。

目标函数为

$$\min Y=0X_1+0.1X_2+0.2X_3+0.3X_4$$

约束条件为

$$\begin{cases}X_1+2X_2+X_4=100\\2X_3+2X_4=100\\3X_1+X_2+2X_3=100\end{cases}$$

$$X_1,X_2,X_3,X_4\geqslant 0$$

利用运筹学的单纯形法对上述数学问题求解,结果如下:$X_1=10$ 根;$X_2=30$ 根;$X_3=20$ 根;$X_4=30$ 根;目标函数值 $Y=16$ m。

2. 钢材的作业排序问题

(1)评价加工顺序安排的主要指标

①最大流程:在某工作地完成加工的各项任务所需流程之和。最大流程要求最短,即 $F_{max}\rightarrow \min$。

②平均流程:在某工作地完成加工的各项任务平均所需经过的时间,有

$$\bar{F}=\frac{1}{n}\sum_{i=1}^{n}F_i$$

平均流程要求最短,即 $\bar{F}\rightarrow \min$。加工作业流程时间缩短,意味着加工周期缩短,间接费用节约,延期的可能性减少,节约流动资金。

③最大延期量:指如果任务的完成时刻 F_i 已超过交货时刻 d_i,则形成交货延期 D_i

$=F_i-d_i$。最大延期量要求最小，即 $D_{max}\to\min$。

④平均延期量：在某工地完成各项任务的延期量的平均值，有

$$\bar{D}=\frac{1}{n}\sum_{i=1}^{n}D_t$$

平均延期量要求最小，即 $\bar{D}\to\min$。

加工延期量的减少可以满足用户要求，提高企业信誉，减少违约损失。

(2)作业排序方法

某物流中心流通加工部门在某一工作期间共负责六项钢板加工任务，所需时间及预定交货期见表 5-5-3。在保证按期交货的前提下，应如何安排流通加工作业？

表 5-5-3　各加工任务所需时间及预定交货期　　单位：d

任务编号	A_1	A_2	A_3	A_4	A_5	A_6
所需加工时间 t_i	6	4	7	9	5	2
预定交货期 d_i	30	21	20	34	9	17

①最短加工时间规则：按加工任务所需加工时间长短，从短到长按顺序排列，数值最小者排在最前面加工，最大者排在最后面加工。以上述任务为例，排序结果见表 5-5-4。

表 5-5-4　按最短加工时间规则排序结果　　单位：d

任务编号	A_6	A_2	A_5	A_1	A_3	A_4	合　计	备　注
所需加工时间 t_i	2	4	5	6	7	9	—	—
计划完成时间 F_i	2	6	11	17	24	33	93	$\bar{F}=15.5$
预定交货期 d_i	17	21	9	30	20	34	—	$\bar{D}=1$
交货延期量 D_i	0	0	2	0	4	0	6	

加工排序方案：A_6—A_2—A_5—A_1—A_3—A_4

最大加工流程时间：$F_{max}=93$ d

平均加工流程时间：$\bar{F}=15.5$ d

最大交货延期量：$D_{max}=6$ d

平均交货延期量：$\bar{D}=1$ d

采用这一方法可使平均流程时间最短，滞留在本工作地的在制品平均占用最少，有利于减少流动资金占用，减少厂房、仓库及加工作业面积和节约保管费用。由于该方法没有考虑交货期，所以这种排序有可能存在首交货延期问题。

②最早预定交货期规则：按加工任务规定完成时刻，即按预定交货期的先后顺序进行排列。预定交货期最早的排在最前，最晚的排在最后。以上文所述任务为例，排序结果见表 5-5-5。

表 5-5-5　按最早预定交货期规则的排序结果　　单位：d

任务编号	A_5	A_6	A_3	A_2	A_1	A_4	合　计	备　注
所需加工时间 t_i	5	2	7	4	6	9	—	—
计划完成时间 F_i	5	7	14	18	24	33	101	$\bar{F}=16.8$

续上表

任务编号	A_5	A_6	A_3	A_2	A_1	A_4	合　计	备　注
预定交货期 d_i	9	17	20	21	30	34	—	$\bar{D}=0$
交货延期量 D_i	0	0	0	0	0	0	0	

加工排序方案：$A_5-A_6-A_3-A_2-A_1-A_4$

最大加工流程时间：$F_{max}=101$

平均加工流程时间：$\bar{F}=16.8$

最大交货延期量：$D_{max}=0$

这种方法的优点是消除了延期量，缺点是令加工流程时间增加了，平均加工流程时间也增加了。所以，采用此方法可以保证按期交货或令交货延期量最小，减少违约罚款和企业信誉损失。但平均流程时间增加，不利于减少在制品占用量和节约流动资金。

③综合规则：将上述两种规则综合使用，步骤如下：

a. 先根据最早预定交货期规则，安排一个最大延期量为最小的方案，即 $A_5-A_6-A_3-A_2-A_1-A_4$。

b. 计算完成所有任务总时间。本例中是 33 d。

c. 查出初始方案中预定交货期大于等于总流程时间的加工任务，按最短加工时间规则，把加工时间最长的排在最后。即在不发生交货延期的条件下，按最短加工时间排序。本例中只有任务 A_4，故将其排在最后。

d. 暂舍去已排定的 A_4，剩余 $A_5-A_6-A_3-A_2-A_1$。回到步骤 b。剩余五项任务的总流程时间为 24 d，再按步骤 c 排定 A_1。剩余四项任务再重复以上步骤，其中 A_3、A_2 均满足条件，按最短加工时间规则，将 A_2 调到 A_3 前面。同理，剩余两项任务 A_6、A_5，将 A_6 调到 A_5 前面。

e. 最后排定的顺序为 $A_6-A_5-A_2-A_3-A_1-A_4$，见表 5-5-6。

表 5-5-6　按综合规则的排序结果　　单位：d

任务编号	A_6	A_5	A_2	A_3	A_1	A_4	合　计	备　注
所需加工时间 t_i	2	5	4	7	6	9	—	—
计划完成时间 F_i	2	7	11	18	24	33	95	15.8
预定交货期 d_i	17	9	21	20	30	34	—	0
交货延期量 D_i	0	0	0	0	0	0	0	

按综合规则排定的顺序，不但消除了延期，最大加工流程时间比按最早预定交货期规则缩短了 6 d，平均流程时间缩短了 1 d，延期量仍然为 0 d。

3. 钢材的任务分配问题

在流通加工任务计划中还存在将加工任务分给谁和用什么设备完成最合适的问题。此类加工任务分配问题可以分为两类：一类是使目标值（如成本、工时等）达到最小的分配方案；另一类是使目标值（如利润等）达到最大的分配方案。此类问题可用匈牙利法或分支定界法求解。本案例介绍匈牙利法。

有四项流通加工任务分给 4 个小组去完成，各小组完成不同任务需用不同的加工时间，见表 5-5-7。

表 5-5-7 各小组完成不同加工任务所需工时 单位:h

组　别	任务(1)	任务(2)	任务(3)	任务(4)
A	3	10	6	7
B	14	4	13	8
C	13	14	12	10
D	4	15	13	9

应用匈牙利法求解可得出最优分配方案:A(3),B(2),C(4),D(1)

此方案所需总工时:6+4+10+4=24(h)

二、木材的流通加工

1. 常见木材流通加工形式

木材流通加工的形式很多,可依据木材种类、地点等决定加工方式。在木材产区可对原木进行流通加工,使之成为容易装载、易于运输的形状。

(1)磨制木屑、压缩输送

该方式是一种为了实现流通的加工方式。木材是容重轻的物资,在运输时占有相当大的容积,往往使车船满装但不能满载,同时装车、捆扎也比较困难,尤其是用于造纸的原木。例如,在林木生产地就地将原木磨成木屑,然后压缩使之成为容重较大、容易装运的形状,而后运至靠近消费地的造纸厂,以供进一步加工,这样可以提高原木利用率、出材率,也可以提高运输效率,采取这种办法比直接运送原木节约近一半的运费,具有相当可观的经济效益。

(2)集中开木下料

在流通加工点将原木锯截成各种规格锯材,同时将碎木、碎屑集中加工成各种规格板,甚至还可进行打眼、凿孔等初级加工。过去用户直接使用原木,不但加工复杂、加工场地大、加工设备多,更严重的是资源浪费严重,木材平均利用率不到 50%,平均出材率不到 40%。实行集中下料、按用户要求供应规格料,可以使原木利用率提高到 95%,出材率提高到 72%左右,有相当好的经济效益。

2. 木材防腐加工

木材是人类最早使用的天然材料,也是当今世界四大材料(钢材,水泥,木材和塑料)中唯一可再生、可自然降解的生物资源,其容重小、强度高、防震抗震、声热传导性低、电绝缘性好、耐冲击、耐久性强、具弹性和韧性、材色和纹理美丽、健康环保、易加工的特性,使之成为最理想的室内外建筑材料和装饰材料之一。

未经防腐处理的木材、木制品易受虫侵和腐烂,而且在木材与土壤或与水接触时也许只能延续 1~4 年的寿命。而经过防腐处理的木材不但外表美观,而且牢固、质量轻、加工性能强,并且在正常的维护下寿命可以达到 50 年。在全球森林资源日益枯竭的情况下,作为再生资源,对木材的合理利用首先要符合森林的可持续性发展,以维护全球的自然生态平衡,因此延长木材的使用寿命,节约森林资源一直是现代木材和建筑工业所追求的。防腐木还是一种环保的建筑材料。

木材防腐加工是在木材表面加涂层或在压力下灌注化学品,化学品可提高其抵御腐蚀和虫害的能力。防腐处理加工并不改变木材的基本特征,相反可以提高恶劣使用条件下木建筑材料的使用寿命。各种木材使用的环境不同，对防腐效能的要求不同，对防腐剂的吸收量不同。木材防腐的处理方法可分为两类，即常压法和真空加压法。

3. 木材防火加工

良好的木材防火剂应具有较高的防火效力，对人畜无害，且价格便宜，对木材的主要性能（如吸湿性、尺寸稳定性、木材强度等）无不良影响，对金属不产生腐蚀，并具有抗流失和对防虫防腐有利等作用。可用作浸渍防火剂的材料很多，目前广泛使用的多为无机化合物。这些无机化合物的主要优点是防火效力高且价格低廉，但对材性略有不良影响，主要有磷酸氢二铵、硫酸铵、氯化锌、硼砂、硼酸和三氧化二锑等。由于各种化合物具有不同的特性，故采用多种化合物复合的复合物作防火剂往往效果最好。

4. 木材压缩加工

木材压缩加工可以使材质轻软、密度较低、加工工艺性能差的木材在物理力学性能方面得到较大的改善。随着森林结构的变化，原始森林所提供的大径级木材越来越少，人工林、间伐林和速生丰产林提供的幼龄材、小径木越来越多。木材流通加工技术则可以改变木材的某些特性，提高木材的使用价值。经过压缩加工后，木材的表面物理性能、强度性能、加工性得到提高，材质变得均匀，更易于切削加工、雕刻和微细加工以及饰面加工等。

三、水泥的流通加工

1. 水泥熟料的流通加工

水泥的熟料输送是在流通加工点磨制水泥成熟料，再运输到使用地的流通加工方式。在需要长途运入水泥的地区，变运入成品水泥为运进水泥熟料这种半成品，在该地区的流通加工点（磨细工厂）磨细，并根据当地资源和需求情况掺入混合材料及外加剂，制成不同品种及标号的水泥供应给当地用户，这是水泥流通加工的重要形式之一。在需要经过长距离输送供应的情况下，以熟料形态代替传统的粉状水泥有很多优点，见表5-5-8。

表5-5-8　以熟料形态代替传统粉状水泥的优点

优　点	说　明
降低运费，节省运力	运输普通水泥和矿渣水泥平均约有30%以上的运力消耗在矿渣及其他各种加入物上。在我国水泥需用量较大的地区，工业基础大都较好，当地又有大量的工业废渣。如果在使用地区对熟料进行粉碎，可以根据当地的资源条件选择混合材料的种类，这样就节约了消耗在混合材料上的运力，节省了运费，水泥输送的吨位也会大大减少，有利于缓和铁路运输的紧张状态
可按照当地的实际需要大量掺加混合材料	我国大、中型水泥厂生产的水泥标号普遍偏高，但是目前我国使用水泥的部门大量需要较低标号的水泥，而且大部分施工部门没有在现场加入混合材料来降低水泥标号的技术设备和能力，因此不得不使用标号较高的水泥，从而造成很大的浪费。如果以熟料为长距离输送的形态，在使用地区加工粉碎，就可以按实际需要生产各种标号的水泥，尤其可以大量生产低标号水泥，以减少水泥长距离输送的数量
以低成本实现大批量、高效率的输送	从国家的整体利益来看，铁路运输应选择运力利用率较高的输送方式。采用输送熟料的流通加工形式，可以充分利用站、场、仓库等地现有的装卸设备，又可以利用普通车皮装运，比输送散装水泥的方式具有更好的技术经济效果，更适合于我国国情
降低水泥的输送损失	水泥的水硬性是在充分磨细之后才表现出来的，而未磨细的熟料抗潮湿的性能很强，所以，输送熟料基本可以防止由于受潮而造成的损失。此外，颗粒状的熟料不像粉状水泥一样易散失

续上表

优　点	说　明
更好地衔接产需，方便用户	从物资管理的角度看，如果长距离输送是定点直达的渠道，这对于加强计划性、简化手续、保证供应等方面都有利 采用长途送熟料的方式，水泥厂就可以和有限的熟料粉碎工厂之间形成固定的直达渠道，能实现经济效益较优的物流。水泥的用户也可以不出本地区而直接向当地熟料粉碎厂订货，更容易沟通产需关系

2. 集中搅拌混凝土

改变以粉状水泥供给用户，由用户在建筑工地现场拌制混凝土的习惯方法，集中搅拌混凝土即将粉状水泥输送到使用地区的流通加工点，搅拌成混凝土后再供给用户使用，这是水泥流通加工的另一种重要方法。这种流通加工方式，优于直接供应或购买水泥在工地现场搅拌制作混凝土的技术经济效果。

这种水泥流通加工方法有如下优点：

(1)预拌混凝土是在混凝土搅拌站集中生产的，可以采取准确的计量手段，选择最佳的工艺，提高混凝土的质量和生产效率，节约水泥；同时，可以减少加工据点，形成固定的供应渠道，实现大批量运输，使物流更加合理。

(2)将水泥的使用从小规模的分散形态改变为大规模的集中加工形态，可以提高劳动生产率，实现建筑施工现代化。预拌混凝土全部使用散装水泥，使大量的劳动力从落后的施工方式中解放出来，是现代化的生产方式，是建筑施工现代化的重要标志。预拌混凝土最为突出的优点是节约水泥，保证质量，提高效率，施工泵送高度高，一次连续性浇注量大。

(3)有利于提高搅拌设备的利用率，减少环境污染；可以大大降低噪声污染和减少粉尘排放，改善劳动环境，实现人与自然的和谐发展。袋装水泥现场搅拌噪声大、污染严重，一般都在 80 dB 以上，对周围居民影响甚大，而用散装水泥和预拌混凝土施工，可以大大减少噪声污染，改善周边施工环境。同时，散装水泥生产和运输都采用先进技术，减少了拆袋所产生的粉尘污染，净化了城市空气，有效解决了运输中水泥洒落等脏乱差公害，有利于改善大气环境质量。

(4)可以节省包装链条上的一切资源消耗。根据测算，每吨袋装水泥包装费约占生产成本的 20%，占销售价格的 16%。同时，按传统的包装水泥生产和消费方式，从水泥装包到运输装卸、销售和使用各环节，都需人工操作，劳动强度大，生产条件恶劣，效率低下。以水泥构件制品企业使用袋装水泥为例，一条生产线安排装卸工 60 名，其中 40 人卸车，20 人码垛、搬运和拆包；而如果使用散装水泥，整个工段只需 10 人，劳动强度大大减轻，降低劳动成本 83%，减员增效作用显著，促进了企业的可持续发展。

【拓展知识】

流通加工与生产加工的区别

流通加工与生产加工的区别见表 5-5-9。

表 5-5-9　流通加工与生产加工的区别

区分角度	流通加工	生产加工
从加工对象看	流通加工的对象是进入流通过程的商品，具有商品的属性	生产加工的对象不是最终产品，而是原材料、零配件或半成品

续上表

区分角度	流通加工	生产加工
从加工程度看	流通加工大多是简单加工，而不是复杂加工。流通加工是对生产加工的一种辅助及补充，绝不是对生产加工的代替	如果必须进行复杂加工才能形成人们所需的商品，那么，这种复杂加工应该专设生产加工过程。生产过程理应完成大部分加工活动
从价值观点看	流通加工的目的在于完善货物使用价值，并在不做大的改变的情况下提高价值	生产加工的目的在于创造价值及使用价值
从加工责任人看	流通加工的组织者是从事流通工作的人员，能密切结合流通的需要进行加工活动，由商业或物资流通企业完成	生产加工由生产企业完成
从加工目的看	流通加工以自身流通为目的，为流通创造条件	生产加工是直接为消费进行的加工

【素养涵育】

散装水泥的绿色应用

20××年11月，在三亚市崖州区某建筑工地，来回往返的水泥搅拌车开进工地，调配好的预拌砂浆在工人的引导下倒入指定位置。整个过程采取机械化密封运储、无尘装卸，几乎没有粉尘飘出。“以前在工地上搅拌水泥砂浆，粉尘多，一天下来都成了泥人，对身体伤害很大。现在使用预拌砂浆，基本上没有粉尘飞扬的情况。”施工人员符师傅告诉记者，近年来散装水泥、预拌混凝土、预拌砂浆大力推广，施工环境大大改善，再也不用担心吸入大量的有害粉尘了，而且机械化操作流程也提高了工作效率。

想一想：水泥流通加工对生态环境有何影响？

【课后测试】

一、判断题

1. 经过防腐处理的木材不但外表美观，而且牢固、重量轻、加工性能强。（　　）
2. 木材压缩加工可以使材质轻软、密度较低、加工工艺性能差的木材在物理力学性能方面得到较大的改善。（　　）
3. 以熟料形态代替传统的粉状水泥，可大大降低水泥的输送损失。（　　）
4. 良好的木材防火剂应具有较高的防火效力，对人畜无害，且价格便宜，对木材的主要性能无不良影响等。（　　）
5. 木材防腐加工是在木材表面加涂层或在压力下灌注化学品。（　　）

二、填空题

1. 木材常见的流通加工形式有________和________。
2. 水泥________的流通加工是水泥流通加工的重要形式之一。
3. 集中搅拌________也是水泥流通加工的重要形式之一。
4. 钢材的流通加工常见的形式有集中________、作业________和任务________。

【练习巩固】

请分析木材流通加工的意义。

【任务评价】

评价内容		总分值	分值	评价标准	评价分值				
					教师评价	小组互评	小组自评	教学平台评价	综合评价
课前	知识学习	20	10	能完成课前学习					
	课前测试		10	能完成全部测试					
课中	技能评价	60	10	能正确说出木材和水泥的常见流通加工形式					
			10	能说清钢材集中下料、作业排序、任务分配问题					
			10	能分析木材防腐、防火压缩加工的好处					
			20	能分析水泥流通加工的影响					
	课堂表现		10	①课堂态度端正，积极参与活动，团队协作能力强； ②能灵活应用知识和技能、自主探究、协作完成任务； ③能熟练运用信息化技术手段和工具分析解决问题； ④出勤签到					
课后	练习巩固	20	10	完成结果质量高，符合要求					
	课后测试		10	完成课后测试题					
合　计									

注："教学平台评价"栏可根据实际教学需求选用。

【案例阅读】

生活中的流通加工

某家超市设立了一个组合式鞋店，摆放的不是成品鞋，而是半成品，包括 6 种鞋跟、8 种鞋底，鞋面的颜色以黑、白为主，鞋带的颜色有 80 种，款式有百余种。顾客可根据自己的喜好挑选搭配，然后由工作人员组合成成品鞋，组合时间约为 10 min。工作人员技术娴熟，鞋子的单价与成批制造的价格差不多，有的还稍微便宜些。所以顾客络绎不绝，销售额比其他店都高很多。

想一想：此例中的流通加工主要考虑的是什么因素？

学习记录单

<table>
<tr><th colspan="4">学生任务分配表</th></tr>
<tr><td>小组名称</td><td colspan="2"></td><td>组　　长</td></tr>
<tr><td rowspan="7">小组成员及分工</td><td>姓　　名</td><td>学　　号</td><td>任务分工</td></tr>
<tr><td></td><td></td><td></td></tr>
<tr><td></td><td></td><td></td></tr>
<tr><td></td><td></td><td></td></tr>
<tr><td></td><td></td><td></td></tr>
<tr><td></td><td></td><td></td></tr>
<tr><td></td><td></td><td></td></tr>
<tr><th colspan="4">学习过程</th></tr>
</table>

课前：收集相关资料，做好预习，并完成课前测试。

1. 测试成绩：____________

2. 学习记录

课中：按照任务实施要求，完成任务学习。

1. 任务实施记录

2. 任务实施总结

课后：完成课后测试及练习巩固作业，诊断得失反思改进。

1. 课后测试成绩：____________

2. 课后巩固作业记录

3. 课后反思

项目六
出库作业

货物出库是货物储存业务的最后一个环节，既涉及仓库同客户或收货人及承运人的经济联系，又涉及仓库各有关业务部门的作业活动。货物出库应该做到以合理的物流成本保证出库货物保质、保量、及时、安全地发给收货人。因此，通过学习货物的出库作业管理，构建对货物出库作业管理的认知结构和技能基础。

学习目标

素养目标

- 培养团队协作能力和沟通意识
- 培养责任和服务意识
- 培养吃苦耐劳的优良品质
- 培养分析并解决问题的能力

知识目标

- 掌握货物出库作业流程知识
- 掌握货物出库作业的订单确认知识
- 掌握货物出库作业的拣货和补货知识
- 掌握货物出库作业的退货知识

技能目标

- 能够完成货物的出库订单确认工作
- 能够完成货物的出库拣选作业工作
- 能够完成货物的出库补货作业工作
- 能够完成货物的出库退货作业工作

任务 6-1 出库流程及订单确认

【任务描述】

2023 年 1 月 13 日，M 物流公司收到客户 A、B、C 三个公司的采购订单。M 物流公司对客户订单有严格的管理制度，如果客户的累计应收账款超过其信用额度，那么该订单为无效订单，存在隶属关系的除外。客户 A、B、C 的档案信息分别见表 6-1-1、表 6-1-2 和表 6-1-3；客户采购订单信息见表 6-1-4、表 6-1-5 和表 6-1-6。请根据客户档案及订单信息对客户订单进行有效性分析。

表 6-1-1 客户 A 的档案信息

客户编号	20230101223						
客户名称	A	助记码	AA				
法人代表	赵 A1	家庭地址	河北省 H 市 S 路 1 号	联系方式	0311-123×××		
证件类型	营业执照	证件编号	121212×××××	营销区域	S 区		
公司地址	河北省 H 市 S 路 32 号	邮编	050000	联系人	胡 S		
办公电话	0311-632×××	电子邮箱	A×××@126.com	QQ	32458×××		
开户银行	中国农业银行	银行账号	236577×××				
公司性质	民营	所属行业	零售业	注册资金	300 万元	经营范围	日用品 食品
信用额度	9 万元	忠诚度	一般	满意度	高	应收账款	8.95 万元
客户类型	普通	客户级别	B				
建档时间	2019 年 3 月	维护时间	2021 年 8 月				
公司网址	www.AAA.com						

表 6-1-2 客户 B 的档案信息

客户编号	20230101136						
客户名称	B	助记码	BB				
法人代表	苏 B1	家庭地址	河北省 X 市 C 路 65 号	联系方式	34345×××		
证件类型	营业执照	证件编号	14215×××××	营销区域	T 区		
公司地址	河北省 X 市 S 路 3 号	邮编	030000	联系人	江 U		
办公电话	0311-761×××	电子邮箱	B×××@126.com	QQ	6275855×××		
开户银行	中国工商银行	银行账号	246532×××				
公司性质	合资	所属行业	商业	注册资金	1 200 万元	经营范围	日用品 食品
信用额度	200 万元	忠诚度	高	满意度	高	应收账款	199.8 万元
客户类型	母公司	客户级别	A				
建档时间	2010 年 5 月	维护时间	2021 年 9 月				
公司网址	www.BBB.com						

表 6-1-3　客户 C 的档案信息

<table>
<tr><td>客户编号</td><td colspan="7">20230202569</td></tr>
<tr><td>客户名称</td><td colspan="3">C</td><td>助记码</td><td colspan="3">CC</td></tr>
<tr><td>法人代表</td><td>白 C1</td><td>家庭地址</td><td colspan="2">河北省 Y 市 T 路 21 号</td><td>联系方式</td><td colspan="2">09345×××</td></tr>
<tr><td>证件类型</td><td>营业执照</td><td>证件编号</td><td colspan="2">14246×××××</td><td>营销区域</td><td colspan="2">P 区</td></tr>
<tr><td>公司地址</td><td>河北省 Y 市 S 路 87 号</td><td>邮编</td><td colspan="2">090001</td><td>联系人</td><td colspan="2">万 Y</td></tr>
<tr><td>办公电话</td><td>763211×××</td><td>电子邮箱</td><td colspan="2">C×××@126. com</td><td>QQ</td><td colspan="2">048800×××</td></tr>
<tr><td>开户银行</td><td colspan="3">中国建设银行</td><td>银行账号</td><td colspan="3">256682170×××</td></tr>
<tr><td>公司性质</td><td>民营</td><td>所属行业</td><td>零售</td><td>注册资金</td><td>500 万元</td><td>经营范围</td><td>日用品　食品</td></tr>
<tr><td>信用额度</td><td>15 万元</td><td>忠诚度</td><td>高</td><td>满意度</td><td>较高</td><td>应收账款</td><td>3. 5 万元</td></tr>
<tr><td>客户类型</td><td colspan="3">普通</td><td>客户级别</td><td colspan="3">C</td></tr>
<tr><td>建档时间</td><td colspan="3">2015 年 2 月</td><td>维护时间</td><td colspan="3">2021 年 4 月</td></tr>
<tr><td>公司网址</td><td colspan="7">www. CCC. com</td></tr>
</table>

表 6-1-4　客户 A 的采购订单

订单编号：D202301290　　　　订货时间：2023 年 1 月 13 日

序　号	货物名称	单　位	单价/元	订购数量	金额/元	备　注
1	X 饮料(600 mL)	箱	60	5	300	
2	矿泉水(500 mL)	箱	60	10	600	
3	××方便面(280 g)	箱	40	8	320	
4	××饼干(120 g)	箱	100	9	900	
5	××大肉墩(480 g)	箱	500	4	2 000	
6	××饮用水(350 mL)	打	50	2	100	
7	××洗面奶(200 mL)	个	15	6	90	
8	Y 饮料(230 mL)	打	50	2	100	
合　计				46	4 410	

表 6-1-5　客户 B 的采购订单

订单编号：D202301220　　　　订货时间：2023 年 1 月 13 日

序　号	货物名称	单　位	单价/元	订购数量	金额/元	备　注
1	X 饮料(600 mL)	箱	60	5	300	
2	矿泉水(500 mL)	箱	60	10	600	
3	××奶茶(64 g)	箱	90	3	270	
4	X 牙膏(120 g)	箱	50	6	300	
5	××大肉墩(480 g)	箱	500	1	500	
6	浴花	盒	50	3	150	
7	Z 饮料(220 mL)	打	50	5	250	
9	××纸抽(250 抽)	盒	5	10	50	
合　计				43	3 420	

表 6-1-6　客户 C 的采购订单

订单编号:D202301221　　　　订货时间:2023 年 1 月 13 日

序　号	货物名称	单　位	单价/元	订购数量	金额/元	备　注
1	X 饮料(600 mL)	箱	60	8	480	
2	矿泉水(500 mL)	箱	60	9	540	
3	M 饮料(230 mL)	箱	150	3	450	
4	Y 牙膏(120 g)	箱	80	6	480	
5	××牛奶(180 mL)	箱	40	10	400	
6	××奶粉(330 g)	袋	80	5	400	
7	××日记本	个	3	10	30	
8	××自动铅笔	个	2	20	40	
9	××跳绳	根	10	10	100	
10	××纯净水(180 mL)	打	4	20	80	
合　计				90	2 920	

M 物流公司仓储部人员在查看仓库库存后发现,三家客户对脉动饮料的需求量分别为客户 A 需要 5 箱,客户 B 需要 5 箱,客户 C 需要 8 箱,共需要 18 箱,但是该商品的现有库存只有 15 箱,不能同时满足这三家客户的需求。请对三个客户的优先权进行分析,以确定各自分配的数量。

M 物流公司 2023 年 1 月 13 日的库存信息见表 6-1-7、表 6-1-8、表 6-1-9,请根据三个客户的需求信息(假设客户 A 已经及时补交欠款,能够正常发货),对比 M 物流公司的现有库存,以及客户优先权顺序,填写不同货架区的库存分配计划表,见表 6-1-10。

表 6-1-7　重型(托盘)货架区存储信息

货品名称	规格(长×宽×高)/mm	单　位	货位地址	数量/箱	生产日期	保质期
X 饮料(600 mL)	500×400×200	箱	H1-01-01-01	15	2022.11.12	10 个月
矿泉水(500 mL)	320×210×250	箱	H1-01-04-01	32	2022.11.18	9 个月
××方便面(280 g)	350×250×250	箱	H1-01-05-02	20	2022.12.19	6 个月
××饼干(120 g)	390×250×220	箱	H1-01-02-02	13	2022.12.12	12 个月
××大肉墩(480 g)	320×210×260	箱	H1-01-03-01	15	2022.12.22	3 个月
××奶茶(64 g)	320×210×180	箱	H1-01-04-02	30	2022.12.26	6 个月
X 牙膏(120 g)	290×250×240	箱	H1-01-03-04	49	2022.10.08	24 个月
M 饮料(230 mL)	380×285×200	箱	H1-01-04-04	50	2022.12.30	9 个月
Y 牙膏(120 g)	400×300×180	箱	H1-01-02-03	32	2023.01.02	24 个月
××牛奶(180 mL)	500×400×300	箱	H1-01-05-01	26	2023.01.08	6 个月
××纯牛奶(220 mL)	320×210×120	箱	H1-01-02-04	50	2022.11.25	6 个月

表 6-1-8　摘果式电子标签货架区存储信息

货品名称	数　量	单　位	货位地址
塑料跳绳	15	个	D1-01-02-03
××纸抽(250 抽)	15	盒	D1-01-02-01
××洗面奶(200 mL)	8	个	D1-01-04-02
××松花蛋	12	盒	D1-01-04-04
××日记本	12	个	D1-01-04-01
××奶粉(330 g)	10	袋	D1-01-01-01
浴花	8	盒	D1-01-03-02
××自动铅笔	22	个	D1-01-03-01

表 6-1-9　播种式电子标签货架区存储信息

货品名称	数　量	单　位	货位地址
N 饮料(220 mL)	8	打	B1-01-02-01
××饮用水(350 mL)	8	打	B1-01-03-02
M 饮料(180 mL)	10	打	B1-01-03-01
P 饮料(230 mL)	16	打	B1-01-02-02
××纯净水(180 mL)	10	打	B1-01-03-03
Y 饮料(230 mL)	8	打	B1-01-04-01

表 6-1-10　库存分配计划表

序号	货物名称	单位	现有库存量	计划出库量	配货方向						库存余量	缺货数量
					公司 A		公司 B		公司 C			
					需求量	分配量	需求量	分配量	需求量	分配量		

【任务实施】

课前：收集相关资料，做好预习，并完成课前测试(扫描二维码获取)。

课中：4～6 人分组，借助信息化技术手段，查资料并思考研讨，确定三个客户货物分配数量，并填写完成不同货架区的库存分配计划表。

课后：完成课后测试及练习巩固作业，并整理总结学习材料，诊断得失反思改进。

课前测试

6-1

【相关知识】

一、出库作业基本流程

1. 货物出库方式

常用的货物出库方式见表 6-1-11。

表 6-1-11　货物出库方式

出库方式	说　明
自提	由提货人填制发货凭证,用自己的运输工具到仓库提货,仓库凭单发货。一般此种方式多应用于有自备车辆的单位,适用于提货量较少,运输距离又较近的货物。提货人提货时,仓库的发货人与提货人同时在仓库现场对出库货物当面点交清楚并办理签收交接手续
送货	仓库根据客户单位预先送来的"提货单"对其所提货物实施出库作业,然后将出库货物交由运输部门送达收货单位,这种发货形式就是通常所称的送货制。该种出库方式一般适用于少量货物的发运,且仓库根据"提货单",可以事先安排人力、车辆等进行取货作业,从而减少出库时间。但要注意货物出库时要办理好交接手续,划清交接责任
托运	托运是在仓库备完货后,由仓库将货物通过运输单位(铁路、水路、公路、航空等)将货物运到购货单位指定地点,然后由用户自行提取的一种出库方式。在办理托运前,仓库应按需用单位的要求备货,并做好发运记录。该种方式适用于异地、同地业务单位之间购货
过户	过户是一种就地划拨的形式,即货物虽未出库,但是所有权已从原存货户转移到新存货户。仓库必须根据原存货单位开出的正式过户凭证才予以办理过户手续。此种方式只变动货物所有者户头,即货物所有权改变,而货物保持不动
取样	客户单位出于对货物质量检验、样品陈列等需要,到仓库提取货样(一般都需开箱拆包、分割)。仓库必须根据正式取样凭证才予发给样品,并做好账务记载
转仓	货物转仓是指某种货物由于业务上的需要,或由于货物特征的原因而需要变更储存场所,从一个仓库移至另一个仓库储存的发货形式。该方式中货物存放地点会发生变化

2. 出库作业基本流程

出库作业的基本流程如图 6-1-1 所示。

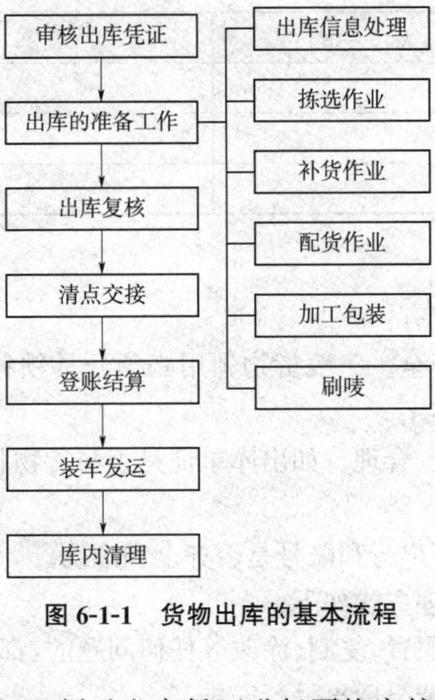

图 6-1-1　货物出库的基本流程

(1)审核出库凭证

仓库部门接到出库凭证后,必须对出库凭证进行严格审核。出库凭证主要有出库单、领料单和提货单,它们是向仓库提取货物的正式凭证,见表 6-1-12、表 6-1-13、表 6-1-14。

表 6-1-12　出库单(样例)

客户名称：　　　　　　　　　　　　发货日期：

编　号	材料名称	规　格	单　位	单　价	数　量	金　额	备　注
合　计							

审核：　　　　　　　　　　　　经办：

表 6-1-13　领料单(样例)

领料日期：　　　　　　　　　　　　发料日期

领用单位：　　　　　　　　　　　　领料单号：

编　号	材料名称	规　格	单　位	领料数量	实发数量	备　注

批准人：　　　　　　发料人：　　　　　　领料人：

表 6-1-14　提货单(样例)

提货单位：　　　　　　　　　　　　提货时间：

材料名称	规　格	单　位	数　量
合　计			

负责人：　　　　　　制单：　　　　　　经办人：

出库凭证审核的主要内容有：

①检查领料单签字是否齐全。一般货物领用必须开具领料单，领料单须经经办人、领用人、保管人、仓储部门负责人签字。

②检查出库手续是否齐全、合理。如出库单证是否与货物相符，凭证的日期是否合理，有无涂改与污损，签章是否正确。

③核对收货单位、到站、开户行和账号是否齐全和准确。

若审核出现问题，具体处理方式如下：

①凡在证件审核中，发现假冒、复制、涂改等任何问题的，都不能发料出库，要及时与保卫部门和领导联系，待查明真实情况后再另行安排。

②如果出库凭证超过提货期限，用户前来提货，必须按规定缴足逾期的仓储保管费，然后方可发货。任何白条都不能作为发货凭证。保管员给客户提货时，若发现货物规格不对，保管员无权对其进行调换，须经制票员核查后重新开票。

③如果客户将出库凭证遗失，客户应按规定进行挂失，如果挂失时货物已经被提走，仓库不承担责任；如果货物没有被提走，仓库查实后，要做好挂失工作，将原凭证作废，缓期发货。

(2)出库的准备工作

通常情况下，仓库调度接到客户通过网络传来或实际送来的提货单后，应根据出库凭证的要求做好出库的准备工作，以便能提高出库的工作效率，准确及时地做好货物出库工作。

①出库信息处理。

出库凭证经审核确实无误后，将出库凭证信息进行处理。如果是人工处理，记账员会将出库凭证上的信息按照规定的手续登记入账，同时在出库凭证上批注商品的货位编号，并及时核对发货后的结存数量。如果采用计算机进行库存管理，将出库凭证信息录入电脑后，由出库业务系统进行信息处理，并打印生成相应的拣货信息，即拣货单。

②拣选作业。

根据出库信息或订单，将客户订单上的货物从保管区或拣货区取出，或直接在进货过程中取出，并运至配货区的作业过程。

③补货作业。

补货作业是将货物从仓库保管区搬运到拣货区的作业。补货的目的是保证拣货区有货可拣，是保证充足货源的基础。

④配货作业。

分拣完成之后，需要对分拣出来的货物根据用户或配送路线进行分类，然后进行配货检查，包装打捆等，将货物搬运到出货待运区，此过程称为配货作业。货物分类后需要进行配货检查，以保证发运前货物的准确性。配货检查主要检查货物的数量、外观质量等，对于外观质量来说，人工逐项检查或抽样检查是必要的，但是对于数量来说，可以将货物以一定的规律放置，例如"五五堆码"等，以提高人工检查的效率。

⑤加工包装。

这里的加工包装主要指出库时的流通加工和包装，目的是提高物流效率和运输实载率。如将蔬菜洗净、分装，将多种香肠捆绑销售等。常见的包装封口方式如图 6-1-2 所示。

(a) 打包带封装　　(b) 塑料薄膜封装

图 6-1-2　常见的包装封口方式

⑥刷唛。

包装完毕后，要在外包装上写清收货单位、收货人、到站、本批商品的总包装件数、发货单位等，并在相应的位置上印刷或粘贴条码标签，若用原来的包装物，应彻底清除原有标识，以免造成标识混乱，导致差错，这就是刷唛。外包装上印刷的运输唛头，主要是为了方便承运人及提货人辨认货物。运输唛头要严禁错刷、漏刷，一定要做到清楚、醒目、位置大小适当。

(3)出库复核

出库复核的内容主要有：

①核对货物条码(或物流条码)、货物的件数、货物包装上的品名、规格、数量、重量、单价、总值、批次等是否与出库凭证记载的内容一致。

②核对货物配件及所附证件是否齐全。

③检查货物外观质量是否完好。

④检查包装标志是否正确、明显，每件包装里是否有装箱单，以及装箱单上所列货物信息与实物、凭证是否相符。

出库复核时一定要仔细认真，尤其是对一些品种繁多的小物品，要采取全检的方式，以单对物，确保单物相符，准确无误。经复核无误后，应由复核人根据实际情况填写复核记录。若经复核，发现出库货物与出库凭证不符，复核人员应立即查明原因并调换货物，同时调整货卡和账册。

(4)清点交接

货物经复核后，如果是本单位内部领料，则将货物和单据当面点交给提货人，办清交接手续；如果是送料或将货物托运，则与送料人员或运输部门办理交接手续，当面将货物交代清楚。交清后，提货人员应在出库凭证上签章。清点交接时，仓库方面应将重要货物、特殊货物的技术要求、使用方法、运输注意事项等主动向提货人、承运人交代清楚。交接清楚后，保管员应在出库凭证上填写“实发数”“发货日期”“提货单位”等内容并签字确认，做好出库记录。

(5)登账结算

点交出库货物后，仓库保管员应及时将货物从仓储保管账上核销，以便仓库做到账、卡、物相一致，便于仓库结算人员或财务人员进行结算。另外，应将留存的提货单证、送货单、记录、文件等汇总整理归档。

(6)装车发运

装车是指车辆的配载。由于出库货物特性各异，因此车辆配载要特别注意，要对特性差异大的货物进行分类装载。如外观相近、容易混淆的货物要分开装载；渗水货物不能和容易受潮的货物一起装载；散发臭味的货物不能和吸臭性货物一起装载；散发粉尘的货物不能和清洁货物一起装载等。

货物的装车顺序要分清先后，尤其是同一车装载多个用户货物的更是要遵循“后送先装”的顺序，且要与货物的特性相结合，如轻货要放在重货上面，易滚动的桶装货物要竖直摆放等。

(7)库内清理

发货后的库内，有的货垛被拆开、有的货位被打乱，有的还留有垃圾、杂物等，因此，保管员要对库存的货物进行并垛、挪位、腾整货位，清扫发货场地，保持清洁卫生，检查相关设施设备和工具是否损坏、有无丢失等。另外，货物出库后，与该批货物相关的原始依据、凭证等要存入档案，档案要妥善保管，以备查用。

二、客户档案建立

客户档案是企业在与客户交往过程中所形成的客户资料、企业自行制作的客户信用分析报告等，是全面反映企业客户资信状况的综合性档案材料。建立合格的客户档案是企业信用管理的起点，是企业信用管理的基础性工作。

客户档案建立步骤如下：

(1)客户资料收集并分类。如可分为合同类资料、企业身份证明文件、企业资信资料、业务往来资料等，具体见表 6-1-15。

表 6-1-15　客户档案基本材料

序　号	类　别	材料名称
1	合同类资料	合同正本、副本及变更、解除合同的书面协议
2	企业身份证明文件	客户的营业执照副本复印件
3		客户的法定代表人或合同承办人的职务资格证明、个人身份证明、介绍信、授权委托书的原件或复印件
4	企业资信资料	客户履约能力证明材料复印件
5		客户担保人的担保能力和主体资格证明资料的复印件
6		签证、公证等文书材料
7	业务往来资料	货物验收记录；交接、收付货物、款项的原始凭证复印件
8		双方签订或履行合同的往来信函、电话记录等书面材料和电子材料
9		交易过程中的合同、谈判记录、可行性研究报告和报审及批准文件

(2)客户档案建立。动态管理客户档案，实时更新档案信息，定期调整客户授信额度及相关交易信息，便于交易顺利进行和开展后期合作。客户详细信息应包含订单处理及物流作业相关资料，具体包括客户姓名、代号、登记形态(产业交易性质)，客户信用额度，客户销售付款及折扣率的条件，开发或负责次客户的业务员，客户收账地址，客户开户银行，过期订单处理指示(若客户能统一决定每次延迟订单的处理方式，则可事先将其写入资料，以方便询问或紧急处理时能够快速录入)等信息。客户档案登记表见表 6-1-16。

表 6-1-16　客户档案登记表

客户编号							
客户名称		助记码					
法人代表		家庭地址		联系方式			
证件类型		证件编号		营销区域			
公司地址		邮编		联系人			
办公电话		电子邮箱		QQ			
开户银行		银行账号					
公司性质		所属行业		注册资金		经营范围	
信用额度		忠诚度		满意度		应收账款	
客户类型		客户级别					
建档时间		维护时间					
公司网址							
备注							

(3)客户档案分类管理。根据客户规模的大小、对销售额的贡献程度、成本效益、重要性等因素,可将客户分为核心客户、重点客户、一般客户,也可分为A类、B类和C类,并采取不同的管理措施。

另外,客户资信调查报告是客户档案的核心内容,它是在对客户档案原始资料进行整理和分析基础上形成的综合反映客户资信情况的档案材料。

客户资信调查报告的主要内容有被调查公司的概况、股东及管理层情况、财务状况、银行信用、付款记录、经营情况、实地调查结果、关联企业及关联方交易情况、公共记录、媒体披露及评语、对客户公司的总体评价、给予客户的授信建议等。

此外,资信报告还可以包括经过分析得到的分类类别、交易的趋势、客户的购买模式和偏好特征等内容。企业资信调查报告的格式没有严格的规定,在实践中可以根据企业的具体情况选择不同的格式。

三、订单处理及有效性分析

1. 订单处理

订单处理是指有关客户和订单的资料确认、存货查询、单证处理等活动,具体指从接到客户订货开始到准备着手拣货为止的作业阶段,对客户订单中的品项数量、交货日期、客户信用度、订单金额、加工包装、订单号码、客户档案、送货方式和订单资料输出等一系列信息进行处理的技术工作。订单处理流程如图6-1-3所示,具体步骤如下。

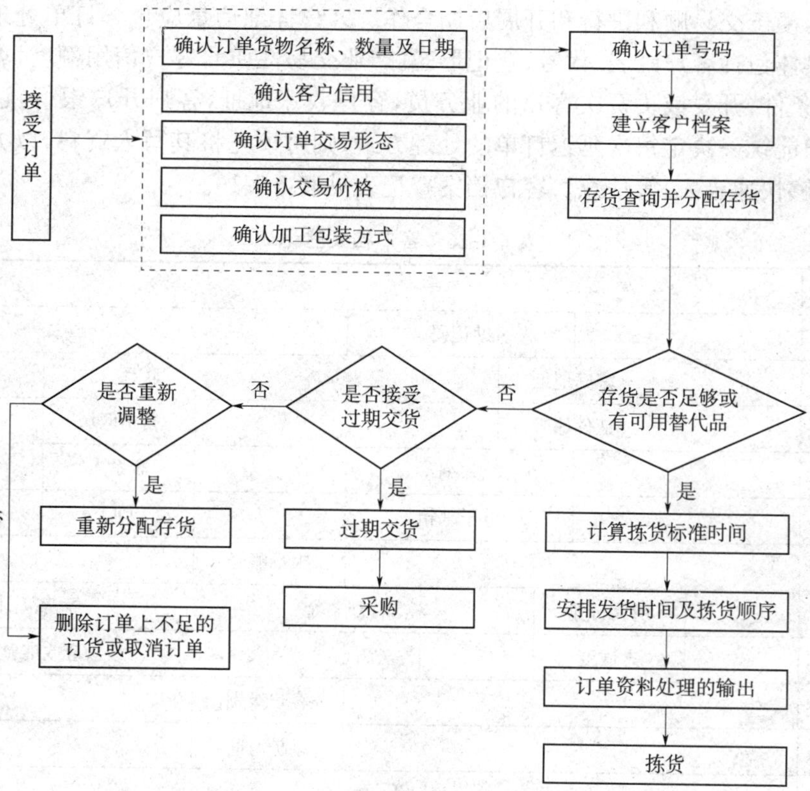

图6-1-3 订单处理流程

(1)接受订单。客户将订单信息发给仓储企业,由内部员工将订单信息录入仓储系统,对订单进行处理。

(2)确认订单货物名称、数量及日期。对接受的订单资料加以检查确认,进行电子订货处理,核对客户信息,对于错误的下单资料,传回给客户重新修改传送。

(3)确认客户信用。不论订单以何种方式传至企业,企业订单管理系统都要首先核查客户的财务状况,以确定其是否有能力支付该订单的账款,检查客户的累计应收账款是否已超过其信用额度。

若客户累计应收账款已超过其信用额度,系统会警告提示,由作业人员决定是否继续输入订单资料或拒绝其订货。若客户累计应收账款没有超过其信用额度,但是此次订单加上前期的应收账款超过了其信用额度,系统也会警告提示,由作业人员做出决策,进行处理。

(4)确认订单交易形态。物流中心应对不同的客户或不同的货物采取不同的交易及处理方式。因而接单后必须再对客户订单或订单上的订货品项加以确认,以便系统针对不同的订单形式提供不同的处理功能详见表 6-1-17。

表 6-1-17　几种订单交易形式及对应处理方式

名　称	处理方式
一般交易订单	指接单后按正常的作业程序拣货、出货、配送、收款结案的订单。接单后,将资料输入订单处理系统,按正常的订单处理程序处理,资料处理完成后进行拣货、出货、配送、收款结案等作业
现销式交易订单	指客户当场直接交易的订单,如业务员带着货物到客户处销售所完成的订单。订单资料输入后,因货品已经当场交给客户,故订单资料不再参与拣货、出货、配送等作业,只记录交易资料,以便收取应收款项
间接交易订单	指客户向物流中心订货,但由供应商直接配送给客户的交易订单。物流中心接单后,将客户的出货资料传给供应商由其代为发货配送。客户的送货单是自行制作或委托供应商制作的,需对出货资料(送货单回联)进行核对确认
和约式交易订单	指与客户签订配送契约的交易订单。例如合约存续期间定时配送的商品。约定的送货日来临时,将该出库配送的货物资料输入系统处理以便出库配送;或一开始就输入合约中的订货资料并设定各批次送货时间,便于约定日期系统自动产生送货的订单资料
寄售代管式交易订单	指客户因促销等市场因素而先行订购一定数量的货物,之后根据需要再出货的交易订单。当客户要求出库配送寄售代管式库存货物时,系统应先检查客户是否确实有此寄存货物,若有,则出库
兑换券交易订单	指客户兑换券所兑换货物的出库订单。将客户兑换券所兑换的货物配送给客户时,系统应查验客户是否确实有此兑换券,若有,则依据兑换条件予以出货

(5)确认交易价格。不同的客户、不同的订购量,可能有不同的交易价格,输入价格时系统应加以核查,若输入的价格不符,系统应加以锁定,以便主管审核。

(6)确认加工包装方式。客户可能对于订购的货物有特殊的包装、分装或贴标等要求,具体的包装资料需详加记录和确认。

(7)确认订单号码。每一订单都有其唯一的订单号码,由控制单位或成本单位指定。

(8)建立客户档案。将客户状况详细记录,能让交易更易进行且益于后期合作。客户档案应包含订单处理及物流作业相关资料。

(9)存货查询及分配存货。订单资料输入系统并确认无误后,系统需要确认有效库存是否能够满足客户需求,称为事先拣货,然后系统给该订单分配存货。存货的分配模式有单一订单分配和批次分配两种,见表 6-1-18。

表 6-1-18　存货的分配模式

<table>
<tr><th>分配模式</th><th colspan="3">说　明</th></tr>
<tr><td>单一订单分配</td><td colspan="3">多为线上即时分配，即在输入订单资料时，将存货分配给该订单</td></tr>
<tr><td rowspan="4">批次分配</td><td rowspan="4">物流中心一般订单数量多、客户类型等级多，多数每日配送次数固定。将同类订单累计汇总，汇总数输入订单资料后再一次分配库存，即为批次分配</td><td>按接单时序划分</td><td>将整个接单时段划分为几个区段，若一天有多个配送批次，可配合配送批次，将订单按接单先后顺序分为几个批次处理</td></tr>
<tr><td>按配送区域路径划分</td><td>将同一个配送区域路径的订单汇总处理</td></tr>
<tr><td>按流通加工需求划分</td><td>将流通加工处理需求相同的订单汇总处理</td></tr>
<tr><td>按车辆需求划分</td><td>将需要同种特殊配送车辆（如冷冻车）配送或客户所在地、下货特性、特殊类型车辆需求相同的订单汇总合并处理</td></tr>
</table>

（10）计算拣货标准时间。有计划地安排出货时间，事先掌握每一订单或每批订单可能花费的拣货时间，计算订单拣货的标准时间，步骤见表 6-1-19。

表 6-1-19　计算拣货标准时间的步骤

步　骤	说　明
第一步	首先计算每一单元（一托盘、一纸箱、一件）的拣选标准时间，且将之设定于计算机计算标准时间档。将各单元的拣货时间记录下来，则不论数量多少，都很容易推导出整个过程的标准时间
第二步	得出每单元拣货标准时间后，即可依每品项订购数量（单元），配合每品项的寻找时间，计算出每品项拣取的标准时间
第三步	根据每一订单或每批订单订货品项及一些纸上作业的时间，算出整个或整批订单的拣货标准时间

（11）安排发货时间及拣货顺序。上文已经根据存货状况进行了存货分配，但对于这些已分配存货的订单，通常要再依据客户需求、拣货标准时间及内部工作负荷来安排其发货时间及拣货先后顺序。

（12）分配后存货不足的异动处理。现有存货不能满足客户需求，且客户又不愿换购替代品时，则应依据客户意愿与公司政策来决定应对方式，见表 6-1-20。

表 6-1-20　分配后存货不足的异动处理

依　据	情　况	应对措施
客户意愿	客户不允许过期交货	删除订单上不足额的订单，甚至取消订单
	客户允许不足额的订单	等待有货时再予以补送或留待与下一笔订单一起配送
	客户希望所有订单一起配送	所有订单一起配送
公司政策	重新调拨	当客户不允许过期交货，而公司也不愿失去此客户订单时，则有必要重新调拨分配订单
	补送	若客户允许不足额订单等待有货时再予以补送或留待与下一笔订单一起配送，且公司政策允许，则采用补送方式。但需将这些待补送的缺货品项先记录成档
	删除不足额的订单	若客户允许不足额订单予以补送，但公司政策不允许分批出货，则只能删除不足额的订单；若客户不允许过期交货，且公司无法重新调拨，则考虑删除不足额的订单

续上表

依　据	情　况		应对措施
公司政策	延迟交货	有时限延时交货	客户允许一段时间的过期交货，且希望所有订单一起配送
		无时限延时交货	不论多久客户都允许过期交货，其希望所有订单一起送达，则等待所有订单到达再出货。对整张订单延后配送，需要将顺延的订单记录成档
	取消订单		若客户希望所有订单一起配达，且不允许过期交货，而公司也无法重新调拨，则将整张订单取消

(13)订单资料处理的输出。订单资料经由上述处理后，可打印出货单据，主要包括拣货单(出库单)和送货单，以便展开后续的物流作业。

2. 订单有效性分析

订单有效性分析步骤如下。

(1)设计订单有效性分析表。可参照表 6-1-21。

表 6-1-21　订单有效性分析表样例

主管签字：　　　　　　　　　　　　　　　　　　　　　　　　日期：　年　月　日

(单位：万元)

序号	公司名称	客户类型	信用额度	累计应收账款			是否超出信用额度	是否有效	备注
				应收账款	订单金额	合计			

(2)录入采购订单的基本信息。包括客户名称、客户类型、信用额度、累计应收账款等信息。累计应收账款＝应收账款＋采购订单金额。

(3)判断是否超出信用额度和订单是否有效。检查累计应收账款是否已超过信用额度，从而判定订单是否为无效订单。一般认为，累计应收账款超过信用额度即为无效订单，也有一些企业规定略有差异，应根据企业的实际制度来执行。例如有的企业认为，如果累计应收账款出现以下情况，则可认定为无效订单：

①新客户的累计应收账款大于其信用额度。

②普通型客户的累计应收账款大于其信用额度的 105%。

③重点型客户的累计应收账款大于其信用额度的 110%。

④伙伴型客户的累计应收账款大于其信用额度的 120%。

(4)得出结论，并处理无效订单。一般可给客户发送停止发货告知函，可参照表 6-1-22。

表 6-1-22　停止发货告知函(样例)

停止发货告知函

____公司(订单编号：________)：

经与财务核实，贵公司累计应收账款大于信用额度，故冻结本次订单，为不影响贵公司正常有序经营，请尽快汇款！

顺祝商祺！

××公司

部门负责人：________

年　　月　　日

四、客户优先权分析

客户优先权分析是指当多个客户同时对某一货物都有需求，且总需求量大于该货物库存量时，通过一定的方法对客户进行优先等级划分，以确定各个客户的优先等级顺序，并按优先等级顺序满足客户需求。

客户优先权分析的步骤如下。

(1)确定影响客户优先权的因素。

影响客户优先权的因素主要有客户忠诚度、客户满意度、客户类型、客户级别、客户信用度、客户的紧急情况、单品的利润、交货期限、货款到账时间、去年需求量比重、与客户的合作时间等。

(2)对影响优先权的因素进行赋值、加权。

对客户优先权的指标具体信息进行赋值，赋值的方法有很多种，如客户类型有母公司、伙伴型、重点型、普通型，则其赋值应该从高到低排列。例如客户类型为母公司则赋值 4 分，伙伴型赋值 3 分，重点型赋值 2 分，普通型赋值 1 分。对影响客户优先权的因素赋权重，如影响客户优先权的因素若主要考虑客户级别、客户类型、客户忠诚度、客户满意度四个方面，则可以分别赋权重为 40％、30％、20％、10％，权重总比率为 100％，见表 6-1-23。

表 6-1-23　客户等级指标详情

指　标	客户级别(40％)		客户类型(30％)		忠诚度(20％)		满意度(10％)	
	级　别	赋　值	类　型	赋　值	程　度	赋　值	程　度	赋　值
公司 A	B		普通	1	一般		高	
公司 B	A		母公司	4	高		高	
公司 C	C		伙伴	3	高		较高	

(3)计算企业优先权总值，确定客户优先权等级排名。

利用加权法，根据上一步的赋值，计算各个企业的优先权总值，再按高低排序即可。

五、库存分配分析

库存分配的步骤如下。

(1)已知企业各类库区的现有库存量，根据货物品种汇总客户订单总量，对比仓库现有库存，根据客户优先权设计分配的顺序，设计库存分配计划表。

(2)按照库区分别填写客户订单中货物的现有库存量和订单上的需求量。例如重型(托盘)货架区库存和需求量、电子标签货架区库存和需求量等。

(3)根据订单有效性分析中得出的有效客户的采购订单以及客户优先权分析中得出的客户优先权顺序，进行库存分配，计算出总计划出库量、库存余量、缺货数量等。

(4)对于缺货的客户，需要及时与客户沟通，进行妥善处理，来维护客户的稳定，并填写缺货订单处理表，见表 6-1-24。

表 6-1-24　缺货订单处理表

公司名称		
缺货货物		
缺货量		
情况说明		
处理结果		
处理人		

【拓展知识】

零库存

所谓的零库存，是指物料（包括原材料、半成品和产成品等）在采购、生产、销售、配送等一个或几个经营环节中，不以仓库存储的形式存在，而均处于周转的状态。它并不是指以仓库储存形式的某种或某些物料的储存数量真正为零，而是通过实施特定的库存控制策略，实现库存量的最小化，甚至可以为"零"，即不保持库存。不以库存形式存在可以免去仓库存货的一系列问题，如仓库建设、管理费用，存货维护、保管、装卸、搬运等费用，存货占用流动资金及库存货物的老化、损失、变质等问题。

零库存可追溯到 20 世纪的六七十年代，当时的日本某汽车生产公司实行准时制生产，在管理手段上采用了看板管理，以单元化生产等技术实行拉动式生产，以实现在生产过程中基本没有积压的原材料和半成品。这种按需求生产的制造流程不但大大降低了生产过程中库存和资金的积压，而且在实现 JIT 的过程中，也相应提高了生产活动的管理效率。零库存的关键不在于适当不适当，不在于是否拥有库存，关键在于货物是处于存储还是周转的状态。

如果企业能够在不同环节实现零库存的话，将为企业带来更多益处，例如库存占有资金的减少；加快资金周转；库存管理成本的降低；以及规避市场的变化及产品的更新换代而产生的降价、滞销的风险等。

【素养涵育】

最大限度提升客户满意度

提高客户的满意度是仓储物流服务企业服务的宗旨。物流企业都在致力于提高客户满意度，并探索了很多措施。例如一对一项目经理对接，根据客户需求灵活配置，为客户提供全方位的仓储解决方案，如果客户不满意项目经理提供的仓储方案，后续也可以进行调整。货品增值体验，例如在货品出库前，在货品的外包装上贴标喷码，让客户收到货品的时候，对货品的信息一目了然，规整的货品信息也提高了企业在客户心中的专业度。对于最终客户的退货处理，仓储物流企业提供全套的退货操作流程，对退货回来货品的质量等进行判断，判断其是否能再次入库进行二次销售等。

想一想：仓储物流企业服务意识有何重要性？

【课后测试】

一、判断题

1. 零库存是指仓库中没有任何仓储货物。　　（　　）

2. 库存分配时需要依据现有库存量、订单信息等内容实施。（　）

3. 对于不能满足订单需求而缺货的客户，可以不用与客户沟通而直接处理。（　）

4. 当多个客户同时对某一货物都有需求，总需求量大于该货物库存量时，通常可以对客户进行优先权分析并划分等级。（　）

5. 所有客户下达的采购订单都是有效的，可以直接按订单数量出库。（　）

二、填空题

1. 货物出库的方式主要有________、________、________、________、________、________。

2. 出库作业的基本流程包括________、出库准备工作、________、清点交接、登账结算、________、________。

三、讨论题

客户档案建立与维护对企业的重要性。

【练习巩固】

请寻找一家熟悉的公司，协助其建立并维护建立客户档案库。

【任务评价】

评价内容		总分值	分值	评价标准	评价分值				
					教师评价	小组互评	小组自评	教学平台评价	综合评价
课前	知识学习	20	10	能完成课前学习					
	课前测试		10	能完成全部测试					
课中	技能评价	60	10	能正确说出出库作业流程					
			10	能对订单进行有效性分析					
			10	能对客户优先权进行分析					
			20	能根据订单信息进行库存分配					
	课堂表现		10	①课堂态度端正，积极参与活动，团队协作能力强； ②能灵活应用知识和技能、自主探究、协作完成任务； ③能熟练运用信息化技术手段和工具分析解决问题； ④出勤签到					
课后	练习巩固	20	10	完成结果质量高，符合要求					
	课后测试		10	完成课后测试题					
合　计									

注："教学平台评价"栏可根据实际教学需求选用。

【案例阅读】

作业过程要遵章守规

某企业销售游泳吸水毛巾，该企业仓库保管员某次出货作业过程中审核出库凭证时，发现客户提货单上的货物信息是“40 cm×40 cm 蓝色毛巾 100 条”，而货物实物信息为“40 cm×40 cm 红色毛巾 100 条”。仓储管理员正要上报仓储主管时，恰逢仓储主管外出，而此时客户一直催促，仓储管理员见客户着急，便按照客户提货单分拣备货并发出货物。

想一想：仓储管理员在出库作业过程中的行为是否正确？如果不正确，应该如何正确处理？

学习记录单

<table>
<tr><th colspan="5">学生任务分配表</th></tr>
<tr><td>小组名称</td><td colspan="2"></td><td>组　长</td><td></td></tr>
<tr><td rowspan="7">小组成员及分工</td><td>姓　　名</td><td>学　　号</td><td colspan="2">任务分工</td></tr>
<tr><td></td><td></td><td colspan="2"></td></tr>
<tr><td></td><td></td><td colspan="2"></td></tr>
<tr><td></td><td></td><td colspan="2"></td></tr>
<tr><td></td><td></td><td colspan="2"></td></tr>
<tr><td></td><td></td><td colspan="2"></td></tr>
<tr><td></td><td></td><td colspan="2"></td></tr>
<tr><th colspan="5">学习过程</th></tr>
<tr><td colspan="5">课前：收集相关资料，做好预习，并完成课前测试。
1. 测试成绩：____________
2. 学习记录</td></tr>
<tr><td colspan="5">课中：按照任务实施要求，完成任务学习。
1. 任务实施记录
2. 任务实施总结</td></tr>
<tr><td colspan="5">课后：完成课后测试及练习巩固作业，诊断得失反思改进。
1. 课后测试成绩：____________
2. 课后巩固作业记录
3. 课后反思</td></tr>
</table>

任务 6-2　拣选及补货作业

【任务描述】

M 物流公司 2023 年 1 月 20 日上午收到客户 A、B、C 三家的订单，要求出库，具体内容见表 6-2-1、表 6-2-2 和表 6-2-3。订单所涉及的货物分别存储在该物流中心 1 号仓库的重型(托盘)货架区和电子标签区，库存货物信息见表 6-2-4 和表 6-2-5。

请选择合适的分拣方式，并制作分拣单证。对于需要补货的货物，请制作补货单。

表 6-2-1　客户 A 的采购订单

订单编号:D202301290　　　　交货时间:2023 年 1 月 25 日 14:00 前

序　号	货物名称	单　位	单价/元	订购数量	金额/元	备　注
1	X 饮料(600 mL)	箱	60	5	300	
2	××矿泉水(500 mL)	箱	60	10	600	
3	××方便面(280 g)	箱	40	8	320	
4	××饼干(120 g)	箱	100	9	900	
5	××跳绳	个	5	10	50	
6	××纸抽(250 抽)	盒	10	6	60	
合　计				48	2 230	

表 6-2-2　客户 B 的采购订单

订单编号:D202301220　　　　交货时间:2023 年 1 月 25 日 12:00 前

序　号	货物名称	单　位	单价/元	订购数量	金额/元	备　注
1	X 饮料(600 mL)	箱	60	5	300	
2	××矿泉水(500 mL)	箱	60	10	600	
3	××奶茶(64 g)	箱	90	3	270	
4	X 牙膏(120 g)	箱	50	6	300	
5	××洗面奶(200 mL)	个	15	10	150	
6	浴花	个	5	15	75	
合　计				49	1 695	

表 6-2-3　客户 C 的采购订单

订单编号:D202301221　　　　交货时间:2023 年 1 月 25 日 13:00 前

序　号	货物名称	单　位	单价/元	订购数量	金额/元	备　注
1	X 牛奶(180 mL)	箱	40	10	400	
2	××矿泉水(500 mL)	箱	60	9	540	
3	Y 饮料(230 mL)	箱	150	3	450	
4	Y 牙膏(120 g)	箱	80	6	480	
5	××奶粉(330 g)	袋	80	10	800	
合　计				38	2 670	

表 6-2-4　重型(托盘)货架区存储信息

货品名称	规格(长×宽×高)/mm	单　位	货位地址	数量/箱	生产日期	保质期
X 饮料(600 mL)	500×400×200	箱	H1-01-01-01	15	2022.11.12	10 个月
××矿泉水(500 mL)	320×210×250	箱	H1-01-04-01	35	2022.11.18	9 个月
××方便面(280 g)	350×250×250	箱	H1-01-05-02	20	2022.12.19	6 个月
××饼干(120 g)	390×250×220	箱	H1-01-02-02	13	2022.12.12	12 个月
××大肉墩(480 g)	320×210×260	箱	H1-01-03-01	15	2022.12.22	3 个月
××奶茶(64 g)	320×210×180	箱	H1-01-04-02	30	2022.12.26	6 个月
X 牙膏(120 g)	290×250×240	箱	H1-01-03-04	49	2022.10.08	24 个月
Y 饮料(230 mL)	380×285×200	箱	H1-01-04-04	50	2022.12.30	9 个月
Y 牙膏(120 g)	400×300×180	箱	H1-01-02-03	32	2023.01.02	24 个月
X 牛奶(180 mL)	500×400×300	箱	H1-01-05-01	16	2023.01.08	6 个月
Y 牛奶(220 mL)	320×210×120	箱	H1-01-02-04	50	2022.11.25	6 个月
××跳绳	320×210×250	箱	H1-01-03-03	30	2022.11.26	24 个月
××纸抽(250 抽)	320×250×250	箱	H1-01-02-01	80	2022.12.12	24 个月
××奶粉(330 g)	430×250×300	箱	H1-01-04-03	19	2022.11.30	12 个月

表 6-2-5　摘果式电子标签货架区存储信息

货品名称	数　　量	单　　位	货位地址
××跳绳	15	个	D1-01-02-03
××纸抽(250 抽)	15	盒	D1-01-02-01
××洗面奶(200 mL)	8	个	D1-01-04-02
××松花蛋	12	盒	D1-01-04-04
××日记本	12	个	D1-01-04-01
××奶粉(330 g)	10	袋	D1-01-01-01
××浴花	8	个	D1-01-03-02
××自动铅笔	22	个	D1-01-03-01

【任务实施】

课前:收集相关资料,做好预习,并完成课前测试(扫描二维码获取)。

课中:4～6 人分组,借助信息化技术手段,查资料并思考研讨,选择合适的分拣方式,并完成分拣单证的制作,对于需要补货的货物,制作完成补货单。

课后:完成课后测试及练习巩固作业,并整理总结学习材料,诊断得失反思改进。

课前测试

6-2

【相关知识】

视频

拣选作业

一、拣选作业

拣选作业是货物出库时，依据顾客的订货要求或送货计划，尽可能迅速、准确地将货物从其储位或其他区域拣取出来，并按一定的方式进行分类、集中、等待配装送货的作业流程。

图 6-2-1　语音拣选

拣选作业的方法很多，需要考虑多方面因素选择最适宜的拣选方法。如在人员分配上，既可以采用一人分拣法，也可以采用多人分拣或分区分拣；在物品分拣单位的确定上，可以按要求进行以托盘、整箱或单品为单位的分拣；在人货互动方面，可以采取人员固定、物品移动的分拣方法，也可以采用物品固定、人员行走的分拣方法等，图 6-2-1 为语音拣选方式。常用的拣选作业主要有三种，即单一拣选法、批量拣选法、复合拣选法。

1. 单一拣选法(摘果拣选法)

单一拣选法(digital picking system，DPS)也叫摘果拣选法或按订单拣选法，每次拣选只针对一张订单。该拣选法又可细分为单人拣选、分区接力拣选和分区汇总拣选几种方式，见表 6-2-6。

表 6-2-6　单一拣选法的几种形式

名　称	说　明
单人拣选	一人从头到尾全程按订单实施拣选，该种方式的拣货单只需将订单资料转为拣货需求资料即可
分区接力拣选	将存储区或拣选区分为几个区域，各区人员按照订单接力完成拣选工作
分区汇总拣选	将存储区或拣选区分为几个区域，各区人员按照订单拣选本区域内存放的货物，然后各区域汇总所拣选货物，即完成该订单的拣选工作

单一拣选法的优缺点及适用情况见表 6-2-7。

表 6-2-7　单一拣选法的优缺点及适用情况

优　点	缺　点	适用情况
作业方法简单，订单处理前置时间短	商品品种数多时，拣货行走路线过长，拣货效率降低	大批量、少品种订单的处理；订单大小差异较大、订单数量变化频繁、商品差异较大的情况，如化妆品、家具、电器、百货等
作业人员责任明确，派工容易、公平	拣取区域大时，搬运系统设计困难	
拣货后不必再进行分拣配货作业	少批量、多批次拣取时，会造成拣货路径重复，效率降低	

2. 批量拣选法(播种拣选法)

批量拣选法(digital assorting system，DAS)又叫播种拣选法，是指将多个订单汇总在一起，将各订单上的同种货物累加起来，一起实施拣选作业，然后再按订单进行配货。此法的特点是：

(1)需要在收到一定数量的订单后进行统计分析,再按拣选单位、配送区域路径、流通加工需求、车辆需求等分批拣选。因此该方法工艺难度较高,计划性较强,与单一拣选法相比错误率较高。

(2)由于批量完成多个客户订单,所以可以同时对多个客户的货物进行配送,有利于配送车辆的合理化调配和配送路线规划,与单一拣选法相比,批量拣选法可以更好地发挥规模效益。

(3)对客户订单无法做到及时反应,必须等待订单达到一定数量才统一做一个批次处理,因此会有订单停滞时间。因此需要对订单到达的状况做等候分析,确定最恰当的批量大小,缩短订单停滞时间。订单数量庞大的系统,可以优化拣选路线,缩短拣选的搬运路线,增加单位时间的拣选量。

批量拣选法适合拥有长期客户、订单数量众多的专业型配送中心,且对货物的时间要求不太严格,但对品种共性要求较高。

3. 复合拣选法

复合拣选法是将单一拣选法和批量拣选法组合起来,该方法兼具两种方式的优点。例如,当储存区域面积较大时,拣选作业中往返行走所费时间占很大比重,此时一人一单拣选的方法就不宜采用。如果适当分工,按商品的储区划分,每一拣选人员负责一个区域的拣选工作,如一层库房、一个仓间或几行货架,既能减少拣选人员的往返之劳,又能驾轻就熟,事半功倍,几个拣选人员所费工时之和往往低于一人一单拣选的总工时。

4. 电子标签拣选法

拣选作业是费时、费力的作业活动,仓库的作业量很大时,拣选的作业量就会更大。为了提高拣选作业的效率,很多仓库(包括配送中心)通过引进自动拣选系统来提高拣选效率,电子标签系统就是其中之一。

电子标签拣选需要与之配备的货架。仓储人员通过计算机系统将需要拣选的信息录入,执行拣选命令后,存放各种货物的货架上的货位指示灯和品种显示器会立刻显示出拣选货物在货架上的具体位置及所需数量,作业人员据此取出货物,放入输送带上的周转箱,然后按下按钮熄灭指示灯,输送带会带着周转箱进入自动分拣系统。

电子标签拣选系统中,拣选作业人员可同时对多种货物进行作业,而且作业人员的工作量大大减少,工作效率提高,差错率降低,实现真正的“无单拣选”。

二、补货作业

补货作业是将货物从仓库保管区搬运到拣货区的工作,如图 6-2-2 所示。补货作业与拣货作业息息相关,是拣货作业的重要保障。科学高效的补货作业可以保证拣货区有货可拣,提高拣货作业效率,降低拣货成本。

图 6-2-2　电子标签区补货

1. 补货方式

(1)整箱补货。这种补货方式的保管区为料架储放区,动管拣货区为两面开放式的流动棚拣货区。拣货员拣货之后把货物送入输送机并运到发货区,当动管区的存货低于设定标准时,则进行补货作业。这种补货方式由作业员到货架保管区取货箱，用手推车运送至拣货区，较适合于体积小且少量多样出货的货物。

(2)货位补货。将同一货架上的中下层作为动管区，上层作为保管区，进货时将动管区放不下的多余货箱放到上层保管区。当动管区的存货低于设定标准时，利用堆垛机将上层保管区的货物搬至下层动管区。这种补货方式适合于体积不大、存货量不高，且多为中小量出货的货物。

(3)托盘补货。这种补货方式以托盘为单位进行补货。托盘由保管区运到动管区，拣货时把托盘上的货箱置于中央输送机送到发货区。当存货量低于设定标准时，立即补货，这种补货方式适合于体积大或出货量多的货物。

(4)其他补货方式。

①直接补货。

以上介绍的补货方式都是补货人员先到保管区将货物取出，然后将货物移到拣选区，再由拣选人员在拣选区将货物拣走。直接补货方式与此不同，它是补货人员直接在进货时将货物运至拣选区，货物不再进入保管区的补货方式。对于一些货物周转非常快的中转型仓库，直接补货方式是常见的补货方式。

②复合式补货。

拣选区的货物采取同类货物相邻放置的方式，而保管区采取两阶段的补货方式。第一保管区为高层货架；第二保管区位于拣选区旁，是一个临时保管区。补货时，货物先从第一保管区移至第二保管区；当拣选区存货降到设定标准时，再将货物从第二保管区移到拣选区，由拣选人员在拣选区将货物拣走。

③自动补货。

在一些自动仓库中，通过计算机发出指令，货物被自动从保管区送出，经过扫描物品及容器条码后，将货物装入相应的容器，然后容器经输送机被运送到旋转货架处进行补货。

2. 补货时机

(1)批次补货。由计算机计算出每天的总补货量以及仓储区存货的情况，将货物一次性补足。这种补货方式适用于一天内作业量变化不大、紧急追加订货不多，或是每一批次拣货量事先掌握的情况。

(2)定时补货。每天规定几个时间点，补货人员在规定的时段内检查拣货区货架上的货物存量，如果发现存量不足或者货架上的存货已经降到预先规定的水平以下，则要马上予以补足。这种补货方式适用于分批拣货固定、处理紧急追加订货的时间也固定的情况。

(3)随机补货。仓库安排专门人员随时巡视拣货区的存量，发现不足随时补货。这种补货方式适用于每次拣选量不大、紧急追加订货较多，以至于一天内作业量不易事先掌握的场合。

【拓展知识】

货物出库的基本要求

(1)严格遵守货物出库的各项规章制度，做到“收有据，发有凭”“先进先出，发陈储新”。

(2)做到“三不”“三核”“五检查”。“三不”，即未接出库凭证不翻账册、未经凭证审核不备货、未经复核货物不出库；“三核”，即在发货时，要核实凭证、核对账卡、核对实物；“五检查”，即对出库凭证和实物要进行品名检查、规格检查、包装检查、数量检查、重量检查。

(3)商品出库时要谨防差错事故的发生,而且要特别注重客户满意度,提高货物出库的效率,帮助提货人解决实际问题。

【素养涵育】

条码的诞生

如今在超市买东西,收银员用扫描枪扫描条形码,过程不会超过 5 s,但是在条形码出现前,店家点货全靠数,速度和精准度并不能尽如人意。可以说,条形码的出现大大提高了生产效率。如今条形码广泛应用于我们的生活,大家对其已经司空见惯,那么条形码是如何诞生的呢?

说起条形码的诞生,大家可能想不到,这项技术最初源于一场偷听。1948 年,美国的一位超市主管找到德雷克塞尔大学的工程学院院长,询问能不能研发一项技术,结账的时候自动捕获商品信息,院长拒绝这个研发需求。一位研究生西尔弗在旁边偷听了这场对话,却大感兴趣。他找到了自己的导师伍德兰一起探讨,两人都很有信心能搞出这项技术。1949 年 10 月,伍德兰和西尔弗申请了条码专利,获得专利的图形,包括线条形和圆靶形。技术开发出来后,并没有立刻在社会中普遍应用,一方面是不方便,因为早期的条码打印、识别都特别复杂,激光扫描技术也不够成熟,另一方面大部分商家都不知道用条码有什么好处,于是这项技术被束之高阁,并未真正展开使用。

到了 1967 年,美国视频连锁协会举办了一场研讨会,探讨自动结账的可能,伍德兰继续参与条码相关研究,选择线条形,不再使用圆靶形。圆靶形和线条形的差异不仅仅是图案层面的不同,它还直接影响了打印标签的难易度。圆形图案难打印,墨水多了少了都会极大影响图案的准确度,从而导致扫描设备识别不出来,而线条图案的精度控制则更容易,墨水多少无非就是让线条长一点或短一点,这对识别毫无影响。1974 年 6 月 26 日,连锁协会启动了条码结账系统,10 包口香糖经过扫描器被识别出来,人类社会从此迈入了一个新的阶段。经统计,安装条码扫描仪的杂货店通常五周后就会收入攀升,商家很容易就能快速获知哪种货物卖得好,从而及时补货。另外,使用条码扫描技术补货,本身也会节省劳动力降低成本。自此条码真正在社会中扎根蔓延。

想一想:条码技术的产生对仓储物流带来的影响有哪些?

【课后测试】

一、判断题

1. 单一拣选法主要是每次拣选只针对一张订单。( )
2. 批量拣选法作业方法简单,订单处理前置时间短。( )
3. 复合拣选法是将单一拣选法和批量拣选法组合起来,兼具两种方式的优点。( )
4. 在一些自动仓库中,通过计算机发出指令,物品被自动从保管区送出到拣选区,从而实现自动补货。( )
5. 货物出库发货时,要核实凭证、核对账卡、核对实物。( )

二、填空题

1. 单一拣选法的简写为________,批量拣选法的简写为________。
2. 播种拣选法又叫________法,摘果拣选法又叫________法。
3. 单一拣选法又可细分为________拣选、________拣选和________拣选三种方式。
4. 补货的时机包括________补货、________补货和________补货。

5. ________补货方式是补货人员直接在进货时将物品运至拣选区，物品不再进入保管区的补货方式。

【练习巩固】

现有三张采购订单，见表 6-2-8、表 6-2-9、表 6-2-10，需要到仓库实施拣选作业。请根据采购订单，选择合适的拣选方法，并制作拣选单。

表 6-2-8　客户 H 的采购订单

订单编号：D202301300　　　　交货时间：2023 年 1 月 30 日 14:00 前

序　号	货物名称	单　位	单价/元	订购数量	金额/元	备　注
1	钢笔	个	5	5	25	
2	洗面奶	个	30	10	300	
3	牙膏	个	20	8	160	
4	洗发水	瓶	50	2	100	
5	方便面	包	5	5	25	
6	牛奶	袋	3	5	15	
合　计				35	625	

表 6-2-9　客户 T 的采购订单

订单编号：D202301301　　　　交货时间：2023 年 1 月 30 日 15:00 前

序　号	货物名称	单　位	单价/元	订购数量	金额/元	备　注
1	袋装大米	袋	40	2	80	
2	洗面奶	个	30	10	300	
3	西红柿	斤	3	5	15	
4	鸡蛋	斤	5	3	15	
5	饼干	盒	10	5	50	
6	牛奶	袋	3	10	30	
合　计				35	490	

表 6-2-10　客户 R 的采购订单

订单编号：D202301302　　　　交货时间：2023 年 1 月 30 日 16:00 前

序　号	货物名称	单　位	单价/元	订购数量	金额/元	备　注
1	袋装大米	袋	40	2	80	
2	洗面奶	个	30	10	300	
3	西红柿	斤	3	5	15	
4	切片面包	斤	10	2	20	
5	糯米	斤	8	5	40	
6	牛奶	袋	3	4	12	
合　计				28	467	

【任务评价】

评价内容		总分值	分值	评价标准	评价分值				
					教师评价	小组互评	小组自评	教学平台评价	综合评价
课前	知识学习	20	10	能完成课前学习					
	课前测试		10	能完成全部测试					
课中	技能评价	60	10	能正确填写拣选单和补货单					
			10	能根据订单选择适合的拣选方法					
			10	能根据拣选单完成拣选作业					
			20	能根据补货单完成补货作业					
	课堂表现		10	①课堂态度端正，积极参与活动，团队协作能力强； ②能灵活应用知识和技能、自主探究、协作完成任务； ③能熟练运用信息化技术手段和工具分析解决问题； ④出勤签到					
课后	练习巩固	20	10	完成结果质量高，符合要求					
	课后测试		10	完成课后测试题					
合　计									

注："教学平台评价"栏可根据实际教学需求选用。

【案例阅读】

AGV 仓库拣选

（1）AGV 仓库拣选原理：技术上借助 WMS 系统，通过 AGV 系统接收下传的拣货指令，根据关联货架绑定的货品逻辑，将对应货架的货品移动至拣选工位处，通过拣选位的 PC 端映射待拣货架格口进行拣选。

（2）AGV 分拣拣选原理：借助条码扫描记录每个订单信息，通过识别技术定位住每个包裹的对应分拣格口，由 AGV 小车带着货物移动，自动行走避障，锁定目的地格口后进行翻板投递。

（3）优点：产能扩展灵活，能有效应对订单变化的波峰波谷，同时充分利用场地的空间位置，节省了人为，提升了单位坪效和人效。

（4）缺点：初期基础设施建设、设备成本较高，后期设备维养成本增加，对网络及系统稳定性要求提升。

想一想：智能拣选技术的应用对仓储作业带来了什么影响？

学习记录单

学生任务分配表			
小组名称		组　长	
小组成员及分工	姓　名	学　号	任务分工

学习过程

课前：收集相关资料，做好预习，并完成课前测试。

1. 测试成绩：________

2. 学习记录

课中：按照任务实施要求，完成任务学习。

1. 任务实施记录

2. 任务实施总结

课后：完成课后测试及练习巩固作业，诊断得失反思改进。

1. 课后测试成绩：________

2. 课后巩固作业记录

3. 课后反思

任务 6-3 退货及出库问题处理

【任务描述】

2023 年 2 月 3 日，M 物流公司收到三个客户的退货请求，退货情况见表 6-3-1、表 6-3-2 和表 6-3-3。请根据退货单中不同的退货原因制定相应的退货处理方式。

表 6-3-1 退货单

退货单号：2023020301　　订单号：2023020108　　日期：2023. 2. 3

序号	货物名称	规格	单位	数量	单价	总金额	退货原因
1	洗衣液	500 mL×10 桶	箱	2	80	160	包装破损
合计总金额(人民币大写)：壹佰陆拾元整							

填表人：×××　验收人：×××　主管：×××　送货：×××

表 6-3-2 退货单

退货单号：2023020302　　订单号：2023010112　　日期：2023. 2. 3

序号	货物名称	规格	单位	数量	单价	总金额	退货原因
1	牛奶	220 mL×16 袋	箱	1	60	60	超保质期
合计总金额(人民币大写)：陆拾元整							

填表人：×××　验收人：×××　主管：×××　送货：×××

表 6-3-3 退货单

退货单号：2023020303　　订单号：2023010126　　日期：2023. 2. 3

序号	货物名称	规格	单位	数量	单价	总金额	退货原因
1	面巾纸抽	220 抽×30 盒	箱	2	50	100	客户订单错误
合计总金额(人民币大写)：壹佰元整							

填表人：×××　验收人：×××　主管：×××　送货：×××

【任务实施】

课前：收集相关资料，做好预习，并完成课前测试(扫描二维码获取)。

课中：4～6 人分组，借助信息化技术手段，查资料并思考研讨，制定相应的退货处理方式。

课后：完成课后测试及练习巩固作业，并整理总结学习材料，诊断得失反思改进。

课前测试

6–3

【相关知识】

一、退货作业

1. 退货原因

货物退还是售后服务的一部分。货物退换的原因一般而言可以分为五种，见表 6-3-4。

表 6-3-4 退货原因

退货原因	说　明
协议退货	与仓库订有特别协议的季节性商品、试销商品、代销商品等，协议期满后，剩余商品仓库予以退货
质量问题	对于不符合质量要求的商品，接收单位提出退货，仓库应将予以退回
搬运途中破损	商品在搬运过程中造成产品包装破损或污染，仓库将予以退回
商品过期	有保质期的商品如食品等在送达接收单位时或销售过程中超过商品的有效保质期，仓库一般情况下予以退回
商品送错	送达客户的商品不是订单所要求的商品，如商品条码、品项、规格、重量、数量等与订单不符，须退回

2. 退货处理办法

退货处理办法见表 6-3-5。

表 6-3-5 退货处理办法

处理办法	说　明
无条件重新发货	对于因为订单本身有误，发货人按订单发货发生的错误，应由发货人更新调整发货方案，将错发货品调回，重新按照原正确订单发货，中间发生的所有费用应由发货人承担
运输单位赔偿	因为运输途中产生损坏而发生的退货，根据退货情况，由仓库确定所需的修理费用或赔偿金额，然后由运输单位负责赔偿
收取费用，重新发货	对于因为因客户订单有误而发生的退货，所有退货费用由客户承担，退货后，再根据客户新的订单重新发货
重新发货或替代	对于因为产品有缺陷，客户要求退货的，仓储方接到退货指示后，营业人员应安排车辆收回退货产品，将商品集中到仓库退货处理区进行处理。一旦产品回收活动结束，生产厂家及其销售部门应立即采取措施，用没有缺陷的同种产品或替代品替代

3. 退货的一般程序

第一步：客户退货时应填写退货申请表（表 6-3-6），在收到对方同意退货的通知时，再按约定的运输方式办理退货运输。

表 6-3-6 退货申请表（样例）

客户代码：　　　　客户名称：　　　　　　　　申请日期：　　年　月　日

货物编码	货物名称	规　格	申请退货数量			生产批号	退货金额/元	退货原因
			整件/件	散件/支	总数量/支			
合　计								

仓库总管：　　　　　　财务科：　　　　　　经办人：

第二步：仓库收到客户退货时应尽快清点完毕，如有异议必须以书面的形式提出。

第三步：退回的货物与退货申请表是否相符以仓库清点为准。

第四步：仓库应将退入仓库的货物根据其退货原因分别存放、标识。由供应商造成的不合格品应与采购部门联系，催促供应商及时提回。由仓库造成的不合格品且不能修复的，每月应申报一次，及时进行处理。

第五步：对于已处理的退回货物要及时入账，并按时向其他部门报送有关资料。

二、出库问题处理

1. 出库常遇到的问题

出库常遇到的问题见表 6-3-7。

表 6-3-7　出库常遇到的问题

<table>
<tr><th colspan="3">遇到的问题</th><th>处理方式</th></tr>
<tr><td rowspan="6">出库凭证（提货单）异常</td><td colspan="2">出库凭证超过提货期限</td><td>用户前来提货，必须按规定缴足逾期的仓储保管费，然后方可发货</td></tr>
<tr><td colspan="2">遇到白条</td><td>不能作为发货凭证</td></tr>
<tr><td colspan="2">货物规格不对或印鉴不符</td><td>保管员无权对其进行调换，应通过制票员核查无误后重新开票</td></tr>
<tr><td colspan="2">出库凭证有疑点，如出库凭证有假冒、复制和涂改等情况</td><td>应及时与仓库保卫部门以及出具出库单的单位或部门联系，妥善进行处理</td></tr>
<tr><td colspan="2">货物进库未验收，或者期货未进库的出库凭证</td><td>一般暂缓发货，并通知客户，待货到并验收后再发货，提货期顺延</td></tr>
<tr><td colspan="2">客户将出库凭证遗失</td><td>客户应按规定进行挂失，如果挂失时货物已经被提走，仓库不承担责任，但要协助客户单位找回商品；如果货物没有被提走，仓库查实后，要做好挂失工作，将原凭证作废，缓期发货。保管员必须时刻警惕，如再有人持作废凭证要求发货，应立即与保卫部门联系处理</td></tr>
<tr><td rowspan="4">提货数与实存数不符</td><td colspan="2">入库时记错账</td><td>可以采用“报出报入”方法进行调整，即先按库存账面数开具货物出库单销账，然后再按实际库存数重新入库登账，并在入库单上签明情况</td></tr>
<tr><td colspan="2">仓库保管员串发、错发</td><td>应由仓库方面负责解决库存数与提货数间的差数</td></tr>
<tr><td colspan="2">客户单位漏记账而多开提货数</td><td>应由客户单位出具新的提货单，重新组织提货和发货</td></tr>
<tr><td colspan="2">仓储过程中货物自然损耗</td><td>需要考虑货物的损耗是否在合理范围内，并与客户协商解决，如果是属于合理范围内的损耗，应由客户自行承担，而超过合理范围之外的损耗，则应由仓储部门负责赔偿</td></tr>
<tr><td rowspan="2">串发货和错发货</td><td rowspan="2">发货人员由于对货物种类规格不熟悉或由于工作疏漏，把错误规格、数量的货物发出库</td><td>货物尚未离库</td><td>应立即组织人力，重新发货</td></tr>
<tr><td>货物已经离库</td><td>保管人员应及时向主管部门和客户通报串发货和错发货的品名、规格、数量、提货单位等情况，会同客户单位和运输单位共同协商解决。一般在无直接经济损失的情况下由客户单位重新按实际发货数冲单（票）解决。如果已形成直接经济损失，应按赔偿损失单据冲转调整保管账</td></tr>
<tr><td>包装破漏</td><td colspan="2">货物外包装破漏，引起货物渗漏、短缺等</td><td>发货时都要对货物进行整理或更换包装，之后方可出库，否则由此造成的损失应由仓储部门承担。破漏原因往往是货物在储存过程中因堆垛挤压或装卸搬运时操作不慎，因此仓储作业一定要按程序和规章进行，防止出现此类情况</td></tr>
</table>

续上表

遇到的问题			处理方式
漏记账和错记账	漏记账是在货物出库作业中，由于没有及时核销货物明细账而造成账面数量大于或少于实存数的现象	错记账是货物出库后核销明细账时没有按实际发货出库的货物名称、数量等登记，造成账实不相符的情况	无论是漏记账还是错记账，一经发现，除及时向有关领导如实汇报情况外，同时还应根据原出库凭证查明原因调整保管账，使之与实际库存保持一致。如果由于漏记和错记账给客户单位、运输单位和仓储部门造成了损失，应予赔偿，同时应追究相关人员的责任

2. 出库后异常问题的处理

(1)在发货出库后，若有客户反映货物规格混串、数量不符等问题，如确属保管员发货差错，应予纠正、致歉；如不属保管员差错，应耐心向用户解释清楚，请客户另行查找原因。

凡属易碎货物，发货后客户要求调换，应婉言谢绝。如果客户要求帮助解决易碎配件，要协助其联系解决。

(2)凡属客户原因，型号规格开错，制票员同意退货，保管员应按入库验收程序重新验收入库。如包装或产品损坏，保管员不予退货。待修好后，按有关入库质量要求重新入库。

(3)凡属产品的内在质量问题，客户要求退货和换货，应由质检部门出具检查证明、试验记录，经货物主管部门同意，方可退货或换货。退货或换货产品必须达到验收入库的标准，否则不能入库。

(4)货物出库后，保管员发现账实(结存数)不符，若多发或错发，要派专人及时查找追回，以减少损失，不可久拖不决。

【拓展知识】

退货作业管理的意义

退货管理无论采用何种形式，其前提都是尽可能避免退货。退货管理对企业的运营和发展具有重要意义。具体而言，退货作业管理的重要性主要体现在以下几个方面：

(1)做好商品的退货工作可以建立良好的企业形象，通过及时进行退货管理，可保证广大客户的利益，提高自身的亲和力。

(2)在良好的退货检验控制下，公司对客户的退货授权进行检验，避免错误的、超过权限的退货，这样可以大大减少退货的数量和处理成本。

(3)通过退货管理，企业可以及时发现在退货中暴露的产品质量问题，通过退货管理信息系统及时传递到有关管理层，使得厂商更快发现和解决问题，不断改进产品质量和服务质量。也可使分销商更早地发现有问题的厂商，减少可能造成退货出现的隐患。

【素养涵育】

退货作业须遵章守规

M物流公司20××年1月30日收到客户A的投诉，原因是客户A的退货业务已经拖了二十多天，一直没有人回复处理结果，客户A再三催促，毫无结果，无奈之下客户A只能通过投诉的方式来解决。M公司经过调查发现，公司没有明确的退货责任制度，导致很少有人会愿意来主动承担这项工作，由于缺少其他部门的配合，负责处理退货的员工工作积极性也普遍不高，退货品如果刚回到公司，经过检验，可以继续使用的正品要及时归位上架，如果没有及时进行处理，退货品就会被人遗忘，销售又找不到货，时间一久，正品也变作废品，客户也增加了很多不满。

想一想:制度建设对仓储企业有何重要性?

【课后测试】

一、填空题

1. 对于因为因客户订单有误而发生的退货,退货所有费用由________承担,退货后,再根据客户新的订单________。

2. 对于因为产品有缺陷,客户要求退货的,仓储方接到退货指示后,营业人员应安排车辆________退货商品。

3. 因为运输途中产生损坏而发生退货,根据退货情况,由________确定所需的修理费用或赔偿金额,然后由________负责赔偿。

4. 对于因为发货人按订单发货发生的错误,应由发货人更新调整发货方案,将错发货品________,重新按照________发货,中间发生的所有费用应由________承担。

二、判断题

1. 对于不符合质量要求的商品,接收单位提出退货,仓库也将给予退回。( )

2. 与仓库订有特别协议的季节性商品、试销商品、代销商品等,协议期满后,剩余商品仓库不予退货。( )

3. 白条可以作为发货凭证。( )

4. 凡发现出库凭证有疑点,如出库凭证发现有假冒、复制和涂改等情况时,应直接告知客户更换出库凭证。( )

5. 货物进库未验收,或者期货未进库的出库凭证,可以正常发货。( )

【练习巩固】

客户A和客户B在验收M物流公司配送的货物时发现货物有问题,并及时填写了货物验收单,见表6-3-8和表6-3-9。请根据验收单制作退货单并估算退款,且请针对退货原因,提出退货处理措施。

表6-3-8 客户A验收单

序 号	货物名称	规 格	单 位	订购数量	包 装	单价/元	金额/元	验收状况
1	芝麻饼干	20盒/箱	箱	30	原装纸箱	100	3 000	一箱串味
2	奶茶	30瓶/箱	箱	20	原装纸箱	50	1 000	—
3	金凤扒鸡	10袋/箱	箱	10	原装纸箱	300	3 000	真空包装鼓包
核准:×××			采购:×××			验收人:×××		

表6-3-9 客户B验收单

序 号	货物名称	规 格	单 位	订购数量	包 装	单价/元	金额/元	验收状况
1	保温壶	10瓶/箱	箱	20	原装纸箱	300	6 000	内胆破碎
2	面巾纸	15盒/箱	箱	15	原装纸箱	30	450	多发1箱
3	酒精湿巾	30袋/箱	箱	15	原装纸箱	150	2 250	—
核准:×××			采购:×××			验收人:×××		

【任务评价】

<table>
<tr><th colspan="2" rowspan="2">评价内容</th><th rowspan="2">总分值</th><th rowspan="2">分值</th><th rowspan="2">评价标准</th><th colspan="5">评价分值</th></tr>
<tr><th>教师评价</th><th>小组互评</th><th>小组自评</th><th>教学平台评价</th><th>综合评价</th></tr>
<tr><td rowspan="2">课前</td><td>知识学习</td><td rowspan="2">20</td><td>10</td><td>能完成课前学习</td><td></td><td></td><td></td><td></td><td></td></tr>
<tr><td>课前测试</td><td>10</td><td>能完成全部测试</td><td></td><td></td><td></td><td></td><td></td></tr>
<tr><td rowspan="5">课中</td><td rowspan="4">技能评价</td><td rowspan="5">60</td><td>10</td><td>能正确退货的常见原因</td><td></td><td></td><td></td><td></td><td></td></tr>
<tr><td>10</td><td>能根据退货的原因选择合适的处理方法</td><td></td><td></td><td></td><td></td><td></td></tr>
<tr><td>10</td><td>能根据退货处理流程完成退货作业</td><td></td><td></td><td></td><td></td><td></td></tr>
<tr><td>20</td><td>能分析出库遇到的问题并正确解决</td><td></td><td></td><td></td><td></td><td></td></tr>
<tr><td>课堂表现</td><td>10</td><td>①课堂态度端正，积极参与活动，团队协作能力强；
②能灵活应用知识和技能、自主探究、协作完成任务；
③能熟练运用信息化技术手段和工具分析解决问题；
④出勤签到</td><td></td><td></td><td></td><td></td><td></td></tr>
<tr><td rowspan="2">课后</td><td>练习巩固</td><td rowspan="2">20</td><td>10</td><td>完成结果质量高，符合要求</td><td></td><td></td><td></td><td></td><td></td></tr>
<tr><td>课后测试</td><td>10</td><td>完成课后测试题</td><td></td><td></td><td></td><td></td><td></td></tr>
<tr><td colspan="5">合　　计</td><td></td><td></td><td></td><td></td><td></td></tr>
</table>

注：“教学平台评价”栏可根据实际教学需求选用。

【案例阅读】

某公司退货管理制度

为规范营销公司退货程序，建立和健全完善的退货制度，提高货品重新回仓和调配货速度，最大限度地压减库存，真正做到货畅其流，规定如下：

(1)退货必须履行严格的登记制度；由储运科科长签发退货通知单，转交司机提货；货到退仓由退仓负责人和司机核对件数后，当天把退货及退包数抄送配送科。

(2)退仓接退包必须在 1～2 d 内，对退货进行核对，另类整理，剔除次品，并详细登录在册，如拆包发现所退实数与专卖店清单数不符，由退仓负责人立即通知配送科各主管。

(3)退仓的货物一律凭转换单，才能直接提取。

(4)退仓必须做好退货统计、分析，以便其他科室或部门查询。

(5)退仓衣物如有皱褶，必须先整烫后入正品仓。

(6)次品货物打折收回，折扣另定。

想一想：企业为什么重视退货管理？

学习记录单

学生任务分配表			
小组名称		组　长	
小组成员及分工	姓　名	学　号	任务分工
学习过程			

课前：收集相关资料，做好预习，并完成课前测试。

1. 测试成绩：__________

2. 学习记录

课中：按照任务实施要求，完成任务学习。

1. 任务实施记录

2. 任务实施总结

课后：完成课后测试及练习巩固作业，诊断得失反思改进。

1. 课后测试成绩：__________

2. 课后巩固作业记录

3. 课后反思

模块三

特殊货物仓储作业管理

- 特殊货物仓储作业管理
  - 项目七　冷藏/冷冻货物仓储作业管理
    - 任务7-1　冷藏/冷冻货物入库作业
    - 任务7-2　冷藏/冷冻货物在库作业
    - 任务7-3　冷藏/冷冻货物出库作业
  - 项目八　危险货物仓储作业管理
    - 任务8-1　危险货物入库作业
    - 任务8-2　危险货物在库作业
    - 任务8-3　危险货物出库作业

项目七
冷藏/冷冻货物仓储作业管理

随着国民经济的不断发展,人们的生活水平不断提高,人们对简便、冷冻食品的消费需求持续提高,冷链仓储迅猛发展。通过学习冷藏/冷冻货物在仓储过程中的特殊存储条件、设备和手段等,构建对该类特殊货物仓储作业的认知结构和技能基础。

学习目标

素养目标

- 培养仓储作业安全意识和岗位责任意识
- 培养遵章守规、严格按制度流程作业意识
- 培养分析问题、解决问题的能力
- 培养精益求精的工匠精神

知识目标

- 掌握冷藏/冷冻货物入库作业的特殊要求
- 掌握冷藏/冷冻货物在库作业的特殊要求
- 掌握冷藏/冷冻货物出库作业的特殊要求
- 掌握冷藏/冷冻货物仓储安全的特殊要求

技能目标

- 能够完成冷藏/冷冻货物的入库作业
- 能够完成冷藏/冷冻货物的在库保管保养等作业
- 能够完成冷藏/冷冻货物的出库作业
- 能够熟练说出冷藏/冷冻货物仓储安全的特殊要求

任务 7-1　冷藏/冷冻货物入库作业

【任务描述】

20××年 8 月 25 日，Y 仓储公司收到 A 客户的入库申请，要求存储一批苹果，共计 200 箱，每箱重 10 kg，规格为 41 cm×26 cm×27 cm，要求冷藏温度为－1～1 ℃。作为冷库主管，请安排该批货物入库。

【任务实施】

课前：收集相关资料，做好预习，并完成课前测试（扫描二维码获取）。

课前测试

7-1

课中：4～6 人分组，借助信息化技术手段，查资料并思考研讨，制定货物入库方案。

课后：完成课后测试及练习巩固作业，并整理总结学习材料，诊断得失反思改进。

【相关知识】

一、冷库的概念

冷藏库简称冷库，一般是指用设备制冷，可人为或机器控制以保持稳定低温的设施。其基本组成部分为制冷设备、电控装置、有一定隔热性能的仓库以及其他附属设备。

二、冷库的种类

常见冷库的种类见表 7-1-1。

表 7-1-1　常见冷库的种类

分类标准	类　别	内　容
按结构形式分	土建冷库	为当前建造较多的冷库，主体结构为钢筋混凝土，根据需要可建设为单层或多层
	装配式冷库	又称为组合式冷库或拼装式冷库，主体采用轻钢结构，墙体由预制的复合隔热板组成
按冷库温度要求分	高温冷库	又称冷却库，温度通常保持在 0 ℃左右，主要以冷风机吹风冷却，常用于储存果蔬、蛋类与药材等
	中温冷库	温度通常在－18～－10 ℃，常用于储存肉类与水产品等
	低温冷库	又称冻结库，温度通常在－30～－20 ℃，主要以冷风机或专用冻结装置实现冻结
	超低温冷库	温度≤－30 ℃，常用于储存速冻食品及医疗等特殊用途的货物
	冷藏冷库	主要用于冷却食品与冻结食品的储存，冷却食品保持库温为 2～4 ℃，冻结食品保持库温为－25～－18 ℃
	速冻冷库	又称隧道冷库，常用于食品快速冻结

续上表

分类标准	类　别	内　容
按使用性质分	生产性冷库	一般由生产车间、整理间与冷冻间等部分组成，主要建立在食品产地及其附近
	分配性冷库	以存储多品种大批量货物著称，但其冻结能力低，主要用于长距离调入冷冻食品途中软化部分的再冻结，以及当地小批量货物的冻结
	零售性冷库	库容量较小，存储周期短，库温可随使用需求的变化而变化，结构以装配式居多，常建在工矿企业或城市大型副食店周边
按规模大小分	大型冷库	冷藏容量在 10 000 t 以上，生产性冷库的冻结能力在 120～160 t/d 范围内，分配性冷库的冻结能力在 40～80 t/d 范围内
	中型冷库	冷藏容量在 1 000～10 000 t 范围内，生产性冷库的冻结能力在 40～120 t/d 范围内，分配性冷库的冻结能力在 20～40 t/d 范围内
	小型冷库	冷藏容量在 1 000 t 以下，生产性冷库的冻结能力在 20～40 t/d 范围内，分配性冷库的冻结能力在 20 t/d 以下
按冷库储藏特点分	超市冷库	储藏零售商品的小型冷库
	恒温冷库	对储藏物品温湿度有精确要求的冷库
	气调冷库	在高温冷库基础上，外加气调系统，通过控制温度和含氧量抑制果蔬的呼吸，达到保鲜的目的。气调系统一般将空气中的氧气浓度由 21%降到 3%～5%

三、冷藏/冷冻货物的入库作业管理

冷藏/冷冻货物入库作业前，除了按照普通仓库入库作业流程所进行的点验、检查、抽查等作业之外，还要对送达货物的温度及冷冻、冷藏状况进行测定，同时查验货物的内部状态，并进行详细的记录。对于已霉变或已腐败的货物，不得接收入库。货物入库前，要进行预冷处理，以保证货物或货物单元的温度能够均匀地下降到规定的温度；未经预冷冻结的货物，不得直接进入冷冻库，以免高温货物大量吸冷，造成库内温度升高而影响库内其他冷冻货物。

1. 冷藏/冷冻货物搬运入库要求

(1)为了减少冷耗，冷藏/冷冻货物入库作业应选择在气温较低的时间段进行，如早晨、傍晚、夜间。

(2)冷藏/冷冻货物入库作业时，要集中仓库内的作业力量，尽可能缩短作业时间。

(3)冷藏/冷冻货物搬运作业时要使装运车辆尽量靠近库门，以缩短货物露天搬运的距离，防止隔车搬运。

(4)在冷藏/冷冻货物入库时出现库温升温较大的情况时，应停止搬运入库作业，封库降温。

(5)应采用推车、叉车、输送带等机械进行搬运，同时尽量采取托盘等单元化作业，以加快搬运作业速度。

(6)搬运中不得将物品散放在地坪，以避免物品、托盘等冲击地坪、内墙、冷管等。

(7)作业中的起吊机具所起吊的重量，不得超过机具本身所设计的负荷标准。

(8)冷库管理人员在进出冷库入库和出库货物时要注意操作安全，需穿防寒服，防止因低温引起感冒或其他冻伤事故发生。

(9)任何货物入库前都必须进行严格的质量检查，变质的货物不能入库，以免污染库内货物。不同种类和不同储存温度的货物一定要按要求分类存放在适宜温度的库房内，须轻拿轻放，严禁抛扔。

(10)进冷库前先开灯然后再进库,出库应随手关门、关灯。禁止关门作业,如发现冷库门没有锁好或处于半开状态,其他人员一定要确认库内没人的情况下,方可关闭冷库门,并告知冷库管理人员。

2. 冷藏/冷冻货物入库码垛要求

(1)冷藏/冷冻货物在库内的堆码要严格按照冷库作业规章制度进行。

(2)要根据货物的属性及需要储存的期限等条件,选择合适的货位。比如,将储存期较长的货物存放在冷库靠里端的货位,将储存期较短的货物存放在靠近库门的货位,将易升温的货物放在接近冷风口或排水管附近的货位。

(3)要根据货物包装的形状,采用合理的堆垛方式。如冻白条肉码垛时应采用肉皮向下、头尾交错、腹背相连、长短对齐、码平码紧的方式堆垛。

(4)冷库管理人员在堆放储存货物时一定要规范码货,做到先进先出。这样一来,既能保障冷库运行效果,又能提高冷库库容利用率。例如,冷风机制冷的冷库在堆放货物时不要超过库内冷风机的出口,否则会影响制冷效果;货垛中间留通风和回风道;排管式制冷的冷库要避免将货物靠在排管上。

(5)货垛要堆码整齐、稳固,货垛间距要合理。

(6)进行拆垛作业时应从上往下取货,禁止在垛中抽取。在取货时要注意防止因物品冻结粘连强行取货而扯坏包装。

3. 冷库内货位堆垛的距离要求

冷库内货位堆垛的距离要求见表 7-1-2。

表 7-1-2　冷库内货位堆垛的距离要求

位　　置	距　　离
距冻结物冷藏间顶棚	0.2 m
距冷却物冷藏间顶棚	0.3 m
距顶排管下侧	0.3 m
距顶排管横侧	0.2 m
距无排管的墙	0.2 m
距墙排管外侧	0.4 m
距冷风机周围	1.5 m
距风道底面	0.2 m
低温冷冻库的货垛顶端与顶棚的间距	不小于 0.2 m
冷库的货垛顶端与顶棚的间距	不小于 0.3 m
货垛顶端距库顶排水管下侧的间距	不小于 0.3 m
货垛顶端与库顶排水管横侧的间距	不小于 0.3 m
货垛侧面与没有装设冷排管的墙壁的间距	不小于 0.2 m
货垛与冷风机各个面的间距	不小于 1.5 m

4. 气调仓库中码放货物的要求

(1)果蔬包装箱堆放时,相互之间必须留有一定的空间,以利于库内空气流通,使储藏货物的温度与设计控制温度相同。

(2)储藏物堆放不能太高，应与冷库顶面有 60～120 cm 的空间、与周边墙面有 50～80 cm 的距离，保持四周通风，有利于库内气体流通，使温度分布均匀。

5. 自动化冷库入库作业流程

(1)货物码盘完成后，理货员采用手持终端(PDA)扫描货物及托盘，完成两者数据的绑定。

(2)叉车司机通过手持终端扫描托盘 RFID 标签，获取货物进入的库房编号，据此将该托盘货物放到对应库房的输送线上。

(3)输送线自动将货物送到入库口，在其入库前 RFID 读写器读取托盘标签信息。

(4)货物穿过库门后，移载小车完成接驳动作，将货物送至指定堆垛机的输送线上。

(5)堆垛机首先完成派车命令，将穿梭车从暂存位移载至指定货位的巷道上。

(6)堆垛机根据系统命令提取输送线上的入库货物，放入指定巷道上。

(7)堆垛机完成命令后，将信息发送至穿梭车，穿梭车将货物放入指定货位上。

(8)穿梭车返回，各项设备继续完成下一轮入库工作。

四、冷库作业安全注意事项

1. 避免人员冻伤

进入冷库工作的人员，必须做好保温防护工作，穿戴好劳保用品。身体裸露部分不得接触冷库内的物品，包括冷藏品和作业设备等。

2. 避免人员库内缺氧窒息

冷库内由于所储存植物和微生物的呼吸作用，使得二氧化碳浓度增加，库房内氧气不足，会造成人员窒息。因此进入库房前，尤其是长期封闭的库房，需要进行通风，以排除氧气不足的可能。

3. 避免仓储管理人员被封库内

冷库应设置专门的管理人员负责库门的开关，禁止无关人员进入库内。只要有人进入库内，需要进行登记并挂提示牌，需确定所有人员出库后，方可摘除提示牌。

4. 妥善使用库内设施设备

冷库内所使用的设施设备均为抗冷设备，且需要采取一定的保温措施加以保护。

五、实例：某公司冷库入库工作流程

某公司冷库入库工作流程见表 7-1-3。

表 7-1-3　冷库入库流程

项　目	作业流程	要点说明
前期准备	固老吸新	拜访老客户，确定其存货量；拓展市场，发展新客户存货，保证库存货量
	针对性培训	对装卸工进行培训，主要是安全意识养成，出入库必须戴安全帽，不得随意踩踏
	办公室接待	热情接待客户和司机，协调解决矛盾
	检查库房设备，预防安全隐患	主要检查钢管架是否稳固、扣件是否完好，竹架板、电源线路有无损害等，发现问题及时解决

续上表

项　目	作业流程	要点说明
入库阶段	与客户签订存货合同,预付定金	经理与客户签订存货合同,客户预付定金
	保管员按合同上的产地、品名、规格、件数,分级标码堆放,抽样检查	经理检查货物质量,发现问题,及时上报
	保管员查点件数,经理复查	保管员查完件数后,再由经理复查件数、产地、规格,做到出货准确无误
	保管员报会计开入库单	入库单标明入库时间、库号、件数、产地、规格、司机电话、司机签名
	保管员、会计各自建账存档	票据、账本专人专柜保管
	建立库房存货分布图、客户信息档案,制作标识挂牌	按库房的结构,画出库房分布示意图,标清客户货物存放位置、产地、件数 客户信息包括客户联系方式,所存货物入库总件数、产地、品名、规格

【拓展知识】

冷藏库的基本结构

1. 冷却和结冻间

冷却和结冻间又称预冷加工库间,冷却和结冻间具有较强的制冷能力,货物以较为分散的状态存在,以便于货物均匀降温到预定的温度,且该区域货物具有较高的搬运灵活性。

2. 冷冻库房

该库房储存经冷却和结冻间预冷处理的货物,并长期保存。此处能保持冷冻温度,长期将温度控制在需要的保存温度范围内。

3. 冷藏库房

该库房是存储冷藏货物的场所,货物经过预冷处理后,达到均匀的保藏温度,方可进入冷藏库房堆码存放。由于货物冷藏周期短,货物在库内搬运灵活性较高,故成组堆码方式较为普遍。

4. 分发间

该区域较上述区域温度较高,主要进行货物转运工作,故需避免因温度过低造成人员伤害或者导致库内温度波动较大。该区域不能存放货物。

【素养涵育】

一冷一热民心暖——农产品产地冷藏保鲜设施建设记

食以鲜为贵。一口新鲜,关系市民幸福感,关乎农民"钱袋子",集中体现着农业产业链和农产品供应链的水平高下,也一度受制于仓储保鲜冷链物流体系不健全而"鲜"不可及。近年,农业农村部启动并加快实施农产品产地冷藏保鲜设施建设项目,将其作为乡村建设行动重大工程和为农民群众办实事民心工程全力推进。从资金支持到政策配套,各方协同,启动以来步步为"赢",成效初显:一个功能衔接、上下贯通、集约高效的产地冷链物流设施网络渐具雏形,越来越多的鲜活农产品挂着夜霜、带着朝露从田头冷库被送往远方的餐桌……

1. 冷链遇冷，鲜机尽失

鲜活农产品生产集中于优势产区，流通半径大、运距长，但通常不耐储运，采收销售时节可谓“一寸光阴一寸金”，一旦流通不畅，就会失了“鲜”机。产地冷藏保鲜是农产品冷链物流的“最先一公里”，也一度是“最短一块板”。“十三五”期末，我国果蔬产地低温处理率仅为11%，冷链运输率约为35%，相对照地，发达国家这两项比率均普遍在90%以上。本就单薄的产地冷链资源，也主要集中在华东地区，中西部鲜活农产品主产区冷库库容占比不足30%。折算下来，过千亿元产值在流通中被“蒸发”。鲜活农产品特别是蔬菜水果采后未预冷、流通无冷藏，冷链不强，产业链非断即短。

2020年农产品产地冷藏保鲜设施建设项目，作为农业农村部重大项目工程和“我为群众办实事”实践活动全面启动，并很快在全国范围掀起“把仓储保鲜设施建到田间地头去”的浪潮。这是一项支撑国家冷链物流高质量发展的基础性工程，也是《乡村建设行动实施方案》明确的乡村建设重大工程的重要组成部分。农业农村部规划，到2025年产地冷链物流设施网络将重点覆盖生鲜农产品主产区和特色农产品优势区，紧密对接国家冷链物流骨干通道网络，同时要备齐建强服务、标准、科技、人才和数字支撑，形成“一个网络、五大支撑”，目标是有效解决农产品产地冷链物流短板问题，构建现代流通体系，有力支撑提高产业水平，促进畅通国内国际双循环。

2. 火热开建，大网初张

作为项目总纲的《“十四五”全国农产品产地仓储保鲜冷链物流建设规划》，明确提出布局10万个产地仓储保鲜设施、1 000个产地冷链集配中心和100个冷链物流基地。这一布局，上承“十四五”冷链物流发展总体目标，下衔各省区市地方性规划布局，主攻补短板、减损失、提品质、增效益，旨在尽快补齐产地冷链物流设施短板。建设之初，“市场驱动、政府引导”被作为基本原则明确下来，2020年至2022年，中央财政资金累计安排180亿元，直接撬动社会资金400亿元以上。此外，诸如“仓储保鲜贷”等专属金融产品也跟进支持，截至2022年累计申贷金额超过110亿元。

产地冷藏保鲜设施建设启动后，对配套政策和支撑体系提出高要求。农业农村部推动各地落实用地用电优惠政策，20多个省区市出台专门文件支持建设，推动将冷藏保鲜实用技术和运营管理培训纳入高素质农民培育、农村实用人才带头人培训支持范围，组织专家编制培训教材，通过线上教学、现场教学等多种方式提供技能培训。

3. 田头锁鲜，心头一暖

“数量服从质量、进度服从实效，求好不求快”这一对乡村建设乃至乡村振兴的总要求，在产地冷藏保鲜设施建设过程中被严格遵循：

——2020年至2021年共支持2.7万个合作社、家庭农场、集体经济组织建设产地仓储保鲜设施，新增库容1 200万t以上。果树下、菜园间、棚栏旁，每个田头冷库都能好用、农民爱用。

——推进中首先考虑实效，补贴资金向中西部主产区倾斜，向亟须巩固产业的脱贫地区倾斜，主要扶持与农户利益联结更紧密的合作社、家庭农场等主体，支持121个县整县推进、率先探索构建产地冷链物流体系。

各地围绕田头冷库建市场、布电商、搞加工，把产业收益更多地留在了田头，构建了完整的产业链。产地冷藏保鲜设施不仅契合农产品跨地域、反季节的大流通特点，充当了供应链的“稳定器”，而且增强了农产品商品化处理和初加工能力，成为产业链的“抗压仪”。

想一想:农产品产地冷藏保鲜设施建设项目为农民带来了哪些实惠及深远影响?

【课后测试】

一、判断题

1. 冷藏/冷冻货物入库作业前,要对送达货物的温度及冷冻、冷藏状况进行测定。(　　)

2. 分配性冷库一般由生产车间、整理间与冷冻间等部分组成,主要建立在食品产地及其附近。(　　)

3. 高温冷库的温度通常在−18～−10 ℃。(　　)

4. 冷库中货垛的堆码可以一直顶住冷风口。(　　)

5. 气调库中储藏物堆放的高度可以很高,对空气流通不影响。(　　)

二、简答题

1. 冷库作业安全有何注意事项?

2. 冷库码垛有何基本要求?

【练习巩固】

药品作为直接关系到人民生命健康问题的特殊商品,其安全存储在整个流通环节中十分关键。某医药物流企业业务繁忙,仓库货物出入库频繁,目前要设计该企业冷藏/冷冻库的月台、雨棚和大门,请协助该企业列出需要注意的事项。

【任务评价】

<table>
<tr><th colspan="2" rowspan="2">评价内容</th><th rowspan="2">总分值</th><th rowspan="2">分值</th><th rowspan="2">评价标准</th><th colspan="5">评价分值</th></tr>
<tr><th>教师评价</th><th>小组互评</th><th>小组自评</th><th>教学平台评价</th><th>综合评价</th></tr>
<tr><td rowspan="2">课前</td><td>知识学习</td><td rowspan="2">20</td><td>10</td><td>能完成课前学习</td><td></td><td></td><td></td><td></td><td></td></tr>
<tr><td>课前测试</td><td>10</td><td>能完成全部测试</td><td></td><td></td><td></td><td></td><td></td></tr>
<tr><td rowspan="5">课中</td><td rowspan="4">技能评价</td><td rowspan="5">60</td><td>10</td><td>能正确说出不同类别冷库的不同</td><td></td><td></td><td></td><td></td><td></td></tr>
<tr><td>10</td><td>能遵循冷库入库要求实施入库作业</td><td></td><td></td><td></td><td></td><td></td></tr>
<tr><td>10</td><td>能按要求在冷库内正确堆码</td><td></td><td></td><td></td><td></td><td></td></tr>
<tr><td>20</td><td>能严格执行冷库安全要点</td><td></td><td></td><td></td><td></td><td></td></tr>
<tr><td>课堂表现</td><td>10</td><td>①课堂态度端正,积极参与活动,团队协作能力强;
②能灵活应用知识和技能、自主探究、协作完成任务;
③能熟练运用信息化技术手段和工具分析解决问题;
④出勤签到</td><td></td><td></td><td></td><td></td><td></td></tr>
<tr><td rowspan="2">课后</td><td>练习巩固</td><td rowspan="2">20</td><td>10</td><td>完成结果质量高,符合要求</td><td></td><td></td><td></td><td></td><td></td></tr>
<tr><td>课后测试</td><td>10</td><td>完成课后测试题</td><td></td><td></td><td></td><td></td><td></td></tr>
<tr><td colspan="5">合　计</td><td></td><td></td><td></td><td></td><td></td></tr>
</table>

注:“教学平台评价”栏可根据实际教学需求选用。

【案例阅读】

"国家级粮食应急保障企业"的生鲜冷链物流系统

某商超集团是国家指定的"国家级粮食应急保障企业",旗下拥有商城、卖场、便利店等大小业态,在大小业态下,必然产生多品类、多温区、多场景的复杂物流需求。

按照食物和作业特性,该集团的冷链仓划分为多库区、多温层,包括 8 个冷冻库和 10 个冷藏库,存储商品涉及速冻汤圆、水饺、冰激凌、蔬菜水果、低温奶制品、禽畜肉类等,商品涵盖温区从 −25 ℃至 22 ℃,共 6 个温层;冷链一期蔬果作业区设有蔬菜精加工区、蔬菜粗加工区、水果加工区。可想而知,该冷链仓会比一般常温物流系统的要求更高,作业流程更复杂,建设投资也要大很多,是一个庞大的系统工程。

同时,面临大小业态及多个客户,该冷链仓物流作业十分复杂。首先,各个业态和客户对商品有不同的管控要求,比如库内非标品较多,存在多单位、多规格、多属性、多批次以及异形商品管理难题等。其次,纸单作业下会面临多个问题,一是系统面临集中性的批量处理,尤其在节假日,订单量呈几何式增长,对系统稳定性要求极高;二是仓库人员的绩效考察与传统不同,自有和外部承运商的派车单费用结算不一,需要拥有更完善的绩效考核和费用结算算法。再次,仓内存在大量的中转业务,不同客户对不同商品的中转分拨的计算逻辑不同。此外,该冷链仓采用真正的 24 h 作业,由于冷冻库和冷藏库作业班别模式不一,需要针对不同的作业方式匹配相对应的系统流程。

在这样的复杂场景下,该冷链仓方面思考:到底应该如何处理好库存商品和越库型商品的拣货策略和拣货效率?如何处理好称重商品和计个型商品甚至双单位换算,小数位管理的要求?如何尽最大努力减少人为损耗和系统损耗……

(1)多客户多业态作业模式

集团拥有多个业态,均拥有各自独立的 ERP 系统,针对此,集成不同业态的 ERP 系统,再接入 WMS 系统。打通多个业态的订单系统,通过多渠道订单的统一管理,支持多客户、多货品、多批次作业,并建立起供应商预约体系,为集团此后的集中采购打下基础。

(2)匹配多种拣货策略

接收原始采购订单时,系统会将货品基础资料进行客户化,生成货品主档,如是否称重、是否整件、是否检疫,设计支持小数点。随后 WMS 解析商品是存储还是中转,若存储,即按存储收发货流程运作,若中转,则按中转收发货及运输的主要流程运作。

对于库存商品,存储收发货由作业一部负责,在收货时,先进行预检,按照实物收货,入库上架。存储型发货由 ERP 提前下要货单,WMS 根据每个门店的发货日期来生成波次,由作业部门分拣,分拣完后由作业部上报差异至调度室,修改差异下账,随后打印配送单据。

对于越库型商品,中转收发货由作业二部负责,WMS 提前对接分拣系统,提前将每个门店绑定对应区域的播种式电子标签拣选系统(digital assorting system,DAS)仓位,然后由系统生成对应的波次。生成波次后,进行预检收货。在无线射频手持终端上收货后,提货人员根据对应商品的分播标签把对应商品分播到对应仓道前,任务下发 DAS 电子标签,进行分拣。在各商品作业完后,作业人员录入每个门店使用筐数,录入容器,同时上报分拣差异,由调度室进行下账处理。

(3)严格的库存、效期管理

相较于其他快速消费品,生鲜食品具有高周转、易腐、品种多等特性,食品供应链各环节都必须有严格的时间控制。在仓库运作期间，系统对生鲜类设置了较为严格的效期管理，系统会根据不同客户的发货规则，按照先进先出的原则，优先发货。另外，系统会按照小类来设置对应的保质期比例，如商品日期超过保质期比例的三分之一，系统自动更新库存状态，确保快过期商品不能发货。

（4）全天支持多种派车模式

冷链仓作业分为白班作业和夜班作业，白班针对冷冻库作业，夜班针对冷藏库作业，系统根据不同客户所对应的区域来调配线路，相同区域的门店提前在门店线路主档，根据班别不同提前维护好，支持市外门店同时派车、市内分开派车等多种模式。

其中，白班派车任务中包含三方代配送业务，系统单独设置功能，记录三方的代送件数及金额，将任务下至运输管理系统（TMS）；夜班派车线路主要设定为跨客户任务，由 DAS 容器确认后下发任务至 TMS，再回传到 WMS 系统进行后续指令任务。在这个流程中，WMS 针对 TMS 逻辑，开发了运输任务的计算、推送、派车等模块，进行派车调度。

若生鲜产品在消费终端出现质量问题，责任归属难以划分，会影响生鲜产品全链条，因此除了仓库管理，运输管理、温度控制监督、定位管理等各个过程都需要优先考虑数字化技术。据了解，中百冷链物流近两百台自有和外租车辆，均已安装 GPS 管理系统，通过 TMS 可实时监控所有车辆的运行状态、车厢温度，工作人员可通过手机 App 定位和通过车载平板管理，以确保商品品质，由此实现从订单分配到货物签收全流程的实时可视。

为完善 DPS 分拣的监控，WMS 提供各类监控看板，工作人员可实时了解库存及商品情况，设立包含库存、效期、温度等各类预警机制，使监控画面更直观，处理异常更方便。

想一想：随着数字经济的传播，数字化对重塑生鲜冷链物流行业有何影响？

学习记录单

<table>
<tr><th colspan="4">学生任务分配表</th></tr>
<tr><td>小组名称</td><td colspan="2"></td><td>组　　长</td></tr>
<tr><td rowspan="7">小组成员及分工</td><td>姓　　名</td><td>学　　号</td><td>任务分工</td></tr>
<tr><td></td><td></td><td></td></tr>
<tr><td></td><td></td><td></td></tr>
<tr><td></td><td></td><td></td></tr>
<tr><td></td><td></td><td></td></tr>
<tr><td></td><td></td><td></td></tr>
<tr><td></td><td></td><td></td></tr>
<tr><th colspan="4">学习过程</th></tr>
<tr><td colspan="4">课前：收集相关资料，做好预习，并完成课前测试。
1. 测试成绩：________
2. 学习记录</td></tr>
<tr><td colspan="4">课中：按照任务实施要求，完成任务学习。
1. 任务实施记录
2. 任务实施总结</td></tr>
<tr><td colspan="4">课后：完成课后测试及练习巩固作业，诊断得失反思改进。
1. 课后测试成绩：________
2. 课后巩固作业记录
3. 课后反思</td></tr>
</table>

任务 7-2　冷藏/冷冻货物在库作业

【任务描述】

Y 仓储集团是一家民营大型仓储公司，主营业务为仓储服务，经营范围覆盖全国大部分地区。主要业务包括易燃易爆危险品、有毒物品、生鲜货品以及普通商品的存储、保管、装卸搬运等。

如果你是该公司仓储管理员，请你制定生鲜货品的在库作业方案。

【任务实施】

课前：收集相关资料，做好预习，并完成课前测试（扫描二维码获取）。

课中：4～6 人分组，借助信息化技术手段，查资料并思考研讨，制定出生鲜货品的在库作业方案。

课后：完成课后测试及练习巩固作业，并整理总结学习材料，诊断得失反思改进。

课前测试

7-2

【相关知识】

一、冷藏/冷冻货物保管作业要求

(1)冷藏/冷冻货物保管作业需要冷库内保持清洁干净，定期要对冷库内、外卫生进行规范打扫。地面、墙、顶棚、门框上若有积水、结霜、挂冰，应随有随扫除，尤其是在作业以后需要及时清扫。要及时清除制冷设备、管系上的结霜结冰，以提高制冷功能。对于冷库库板的保养，在打扫维护的过程中一定要避免硬物对库体的碰撞和刮划，因为可能造成库板的凹陷和锈蚀，严重的会使库体局部保温性能降低。

(2)冷藏/冷冻货物保管需要严格控制库内温度与湿度，需要定时、经常测试库内温度和湿度，严格按照货物保存所需的温度控制仓库内温度，尽可能减少温度波动，防止货物因变质或者解冻变软而倒垛。

(3)按照货物所需要的通风要求进行通风换气。其目的是保持库内合适的氧分和湿度，冷库一般采用机械通风，要根据货物保管的需要控制通风次数和通风时间，如冷藏库每天 2～4 次，每次换气量为冷藏间体积的 1～2 倍，或者使用库内二氧化碳含量达到适合的范围。库内通风意味着将外部的空气带入库内，也将空气中的热量、水汽带入库内，因而要选择合适的时机通风换气。不同物品对应的二氧化碳体积分数见表 7-2-1。

表 7-2-1　不同物品对应的二氧化碳体积分数

品名	梨	青香蕉	柑橘	苹果	柿子	西红柿
二氧化碳体积分数/%	0.2～2	1.6	2～3	8～10	5～10	5～10

(4)当货物的存期届满或者临近、变质等时，应及时通知存货人处理。

(5)冷库内严禁多水性作业。没有经过冻结的货物，不准直入冻结物冷藏间，以保证货物质量，防止损坏冷库。

(6)对于冷库的门也要进行严格管理,货物出入库时,要随时关门,库门如有损坏要及时维修,做到开启灵活、关闭严密、防止跑冷。凡接触外界空气的门,设计时均应设空气幕,减少冷热空气对流。

(7)空库时,冻结间和冻结物冷藏间的温度均应保持在−5 ℃以下,防止冻融循环。冷却物冷藏间温度应保持在0 ℃以下,避免库内滴水受潮。

(8)冷库门口禁止摆放任何物品,防止冷库故障,急需人员入内排除故障时无法打开冷库门,或冷库内有人员作业时门被物品堵塞,作业人员无法从冷库内打开门出冷库,可能会造成严重的伤亡事故。

二、冷库安全操作要求

(1)冷库必须要有专人负责管理,管理人员一定要了解冷库的工作原理及操作方法。这就要求配备的冷库操作和维修人员必须经过技术培训和安全技术教育,了解该设备的基本结构,熟练掌握操作规程,并严格按照操作规程进行操作。

(2)启动冷库时需先打开电源开关,查看水循环泵指示灯与冷库正常运行指示灯是否亮起,然后再设定冷库温度。冷库内冷风机应启动运转,延时3 min后,微电脑温度控制器上的制冷指示灯亮起,压缩机开始工作。观察微电脑温度控制器上显示的温度在逐渐下降至下限温度时,能否自动停机;温度上升至上限温度时,能否自动开机。一定要确定冷库是按要求正常启动运行后,再使用。

(3)冷库运行过程中,建议冷库管理人员每2 h对冷库所显示温度做一次记录,查看冷库显示温度是否在设定范围内,当故障显示器发出警报时应记下故障显示代码,再联系冷库维修人员维修。需要注意的是,当冷库工作一定的时间,冷库内冷风机会进行自动化霜,这时微电脑温度控制器箱的化霜指示灯会同时亮起,短时间内微电脑温度控制器上显示的温度会逐渐升高,属于正常现象,无须停机。化霜至一定的时间,会自动停止化霜,温度会逐渐下降,恢复正常。

(4)冷库管理人员应经常检查冷库内冷风机背后是否结霜,如有应及时化掉,并根据堆放货物的数量及货物的质量来调整化霜次数及时间。定期检查风冷机组的散热器,及时清理散热器上的灰尘,以免影响散热效果。留意机组各部位接头、焊丝、阀门等是否有油迹和制冷剂是否有泄漏现象。一旦发现损坏,必须立即修复、更换,切不可抱有侥幸心理。

(5)冷库需定期检查及保养,可委托给专业的冷库安装保养公司操作。压力表、温度计、电磁阀、调节阀,安全阀等均应定期检查实验,一般每年校验一次。所有劳保、安全防护用品和专用工具均应放在明显易取的地方,防毒面具要定期检查,确保完好有效。

(6)对于中大型冷库所配备的机房,必须明确机房不可随意他用,不能堆放易燃、易爆物品,不得有明火。机房应装排风设备,并在室内外设置事故报警开关。

(7)冷库安装完毕或长期停用后再次使用,降温的速度要合理,每天控制在降低8～10 ℃为宜,待库温降到指定温度后再投入使用。

(8)冷库管理人员一定要严格规范使用冷库,如遇运行异常,切勿自行随意操作各项设备、阀门、按钮等,避免造成更严重的损伤或事故,应联系专业的冷库维修人员处理。

三、实例:某公司冷库在库工作流程

某公司冷库在库工作流程见表7-2-2。

表 7-2-2　冷库在库流程

项　目	作业流程	要点说明
冷库在库作业阶段	保管全面盘点	保管核算每个库房的存货数量和总入库数量
	经理监督保管、会计对账	经理监督，会计保管经常对账，确保入库数字准确
	经理和客户核对入库数量	
	会计核算每个客户所有费用	
	上报财务报表	
	保管员每周一次巡库	保管员每周进库一次，对每个客户的货物储藏位置进行熟悉，发现有货垛倾斜，要及时处理
	保管员对库房卫生定期打扫	保管员定期对库房进行清扫，保持库房整洁

【拓展知识】

预冷库和储藏库的含义

预冷库：一定量的常温货物进库，在短时间内将货物温度降至与库温一致的地点。

储藏库：进货量比较小，确保货物在一天内温度可以降至与库温一致的地点。

一般而言预冷库容积不需要太大，而冷藏库容积可以很大；预冷库冷量配置一般比较高，而冷藏库冷量相对小一些。

【素养涵育】

保鲜冷库事故警示

20××年 5 月 20 日 15:21，某保鲜冷库发生一起氨泄漏事故，造成 2 人死亡，直接经济损失 224.6 万元。

经调查认定，该事故是一起特种设备相关的一般责任事故。事故发生过程如下：由于制冷作业人员王某在上一次制冷海水工作停止时，未抽取设备内氨液，致使事故设备成为一台液氨储存容器（正确的操作程序应为停机时，先关闭液氨进液阀，停止向设备输送液氨，而压缩机则继续工作，直至将设备内的液氨抽净），加上筒体部分保冷层缺失，在随后水泵开启常温海水进入蒸发器后，壳程内氨液加速汽化而导致压力持续升高。15:21，事故设备壳程筒体补丁（破裂处）焊缝开裂，造成液氨泄漏，现场王某、孙某 2 人全身软组织灼伤，呼吸、循环系统严重损害，导致呼吸循环衰竭死亡。

事故原因：

1. 直接原因

制冷作业人员违规操作，致使停机时事故蒸发器处于液氨满液状态，之后工作时常温海水进入后，氨液汽化导致压力升高，直接导致设备虚焊的补丁焊缝和存在严重未焊透缺陷的补丁焊缝开裂，从而造成液氨泄漏事故发生。

2. 间接原因

（1）安全生产主体责任落实缺位。2015 年，该保鲜冷库在原保鲜冷库基础上改扩建低温海水生产线，未按规定请有设计施工资质的单位进行设计施工，低温海水生产线未经验收合格，安全设施未落实“三同时”要求，违规投入使用。

(2)漠视国家有关法律法规。违反《特种设备安全监察条例》规定，将存在严重焊接缺陷的不符合压力容器标准规范的旧设备作为承压的换热设备(蒸发器)使用。拒不执行安全监察指令要求，停用其他特种设备。

(3)安全管理混乱。安排未取得特种作业人员证的王某长期从事制冷设备操作，未对员工进行有针对性的安全教育培训，隐患排查治理不力，对专家查出的隐患没有整改。

想一想：遵章守规在企业冷库安全管理中起到了什么重要作用？

【课后测试】

一、判断题

1. 定期要对冷库内、外卫生进行规范打扫。 (　　)

2. 冷库必须要有专人负责管理。 (　　)

3. 冷库运行过程中，建议冷库管理人员半天对冷库所显示温度做一次记录，查看冷库显示温度是否在设定范围内。 (　　)

4. 冷库的防毒面具要定期检查，确保完好有效。 (　　)

5. 对于所有冷库必须要配备机房，必须明确机房不可随意他用，不能堆放易燃，易爆物品，不得有明火。 (　　)

二、填空题

1. 当货物的存期届满或者临近、变质等时，要应及时通知________处理。

2. 库内通风意味着将外部的空气带入库内，也将空气中的热量、水汽带入库内，因而要选择合适的________通风换气。

3. 地面、墙、顶棚、门框上无积水、结霜、挂冰，随有随________，尤其是在作业以后需要及时________。

4. 冷藏/冷冻货物保管需要严格控制库内________度与________度。

5. 冷库一般采用________通风。

【练习巩固】

带壳鲜花生在冷库储存的保鲜温度为 5～10 ℃，请为带壳鲜花生编制冷库储存的要求。

【任务评价】

<table>
<tr><th colspan="2" rowspan="2">评价内容</th><th rowspan="2">总分值</th><th rowspan="2">分值</th><th rowspan="2">评价标准</th><th colspan="5">评价分值</th></tr>
<tr><th>教师评价</th><th>小组互评</th><th>小组自评</th><th>教学平台评价</th><th>综合评价</th></tr>
<tr><td rowspan="2">课前</td><td>知识学习</td><td rowspan="2">20</td><td>10</td><td>能完成课前学习</td><td></td><td></td><td></td><td></td><td></td></tr>
<tr><td>课前测试</td><td>10</td><td>能完成全部测试</td><td></td><td></td><td></td><td></td><td></td></tr>
<tr><td rowspan="4">课中</td><td rowspan="4">技能评价</td><td rowspan="4">60</td><td>10</td><td>能正确说出冷库安全操作要点</td><td></td><td></td><td></td><td></td><td></td></tr>
<tr><td>10</td><td>能正确说出冷库货物保管的作业要求</td><td></td><td></td><td></td><td></td><td></td></tr>
<tr><td>10</td><td>能按要求在冷库内实施保管作业</td><td></td><td></td><td></td><td></td><td></td></tr>
<tr><td>20</td><td>能严格执行冷库安全操作要点</td><td></td><td></td><td></td><td></td><td></td></tr>
</table>

续上表

<table>
<tr><th colspan="2" rowspan="2">评价内容</th><th rowspan="2">总分值</th><th rowspan="2">分值</th><th rowspan="2">评价标准</th><th colspan="5">评价分值</th></tr>
<tr><th>教师评价</th><th>小组互评</th><th>小组自评</th><th>教学平台评价</th><th>综合评价</th></tr>
<tr><td>课中</td><td>课堂表现</td><td>60</td><td>10</td><td>①课堂态度端正，积极参与活动，团队协作能力强；
②能灵活应用知识和技能、自主探究、协作完成任务；
③能熟练运用信息化技术手段和工具分析解决问题；
④出勤签到</td><td></td><td></td><td></td><td></td><td></td></tr>
<tr><td rowspan="2">课后</td><td>练习巩固</td><td rowspan="2">20</td><td>10</td><td>完成结果质量高，符合要求</td><td></td><td></td><td></td><td></td><td></td></tr>
<tr><td>课后测试</td><td>10</td><td>完成课后测试题</td><td></td><td></td><td></td><td></td><td></td></tr>
<tr><td colspan="5">合　计</td><td></td><td></td><td></td><td></td><td></td></tr>
</table>

注："教学平台评价"栏可根据实际教学需求选用。

【案例阅读】

某公司冷藏库操作规程

1. 目的

为了规范冷库的管理，保障冷藏品的卫生质量。

2. 适用范围

适用于本公司冷藏库的日常管理。

3. 职责

(1)设备动力组负责冷藏库制冷设备的运行操作和维护管理，保证冷库系统正常运转，保持温度在规定范围内。

(2)市场部仓库负责冷藏库存储产品的出入库、清洁卫生、账目管理，并监控冷库温度。

4. 设备一览表(表 7-2-3)

表 7-2-3　设备一览表

序　号	名　称	数　量	材　质
1	控制箱	1	组合
2—1	冷凝机组	2	组合
2—2	氟利昂罐	2	组合
2—3	液压显示表	1	组合
2—4	冷风机	1	组合

5. 控制指标

室内冷藏温度：10～15 ℃。

6. 操作程序

(1)打开电源控制箱，推上风组 1 和风组 2 的电源供电开关，推上控制电源开关。

(2)控制箱旁边开关说明：左边是室内灯开关，右边是内外室温度隔离开关(夏天使用)。

(3)等待风机机组延时保护，LED 指示灯闪烁时间为 3～9 min。

(4)开启风机组 1 启动开关,检查内外风是否正常。

(5)延时 30 s 保护时间,再开启机组 2,检查内外风机是否正常。

(6)低于温度下限时,风机组 1 自动停止工作,延时 30 s 风机组 2 自动停止工作。

(7)达到温度上限时,风机组 1 自动开始工作,延时 30 s 风机组 2 自动开始工作。

7. 日常维护

(1)定期擦拭风机,用软毛刷、无尘布清除制冷机组散热器尘埃,保证散热效果。

(2)定期和不定期检查控制箱数显温度,与冷库室温度表温度是否相同。

(3)减少冷库开门次数,检查关门是否严密。

(4)出现问题,操作人员尽快联系设备技术人员。

8. 管理制度

(1)冷库设计要达到工艺要求,并配备自动温度记录仪和温度计。

(2)只有经验收合格的原料或成品才能入库存放。

(3)物料按先进先出的原则入库储存和出货,避免长时间积压,影响品质。

(4)原料与成品分库存放,相互串味的产品不能储存于同一个冷库内。

(5)成品库、冷藏库、包装间的温度符合工艺要求,成品冷藏温度在−18 ℃以下,速冻库温度在−15～−10 ℃,冷藏库温度由仓库管理员进行监控,每 2 h 记录一次,记录于“冷藏库温度监控记录”上。

(6)库内产品须有完整的包装、禁止裸露堆放;堆放整齐、批次清楚,每批、每垛产品设有标识;相互串味的产品、原料与成品,不得同库存放。

(7)库内物品与墙壁之间距离不少于 30 cm,距地面不少于 10 cm,与天花板保持一定的距离并分垛存放,库内清洁、无霉、无鼠、无虫害;中间留通风道,风机底下不可堆放货物。

(8)不同品种产品分垛存放、批次清楚,每批、每垛产品设有标记。

(9)冷藏库、成品库定期清理消毒,每 7 d 扫霜一次;每年至少对冷库进行一次清洁消毒。

(10)冷库的卫生由冷库的主管人员负责每天检查,并将检查结果记录在“冷库卫生质量检查记录”中,并由包装品管负责督导。

(11)当天进出冷库的物品当天入账,所有进出库产品,账面要有正确反映。

(12)每天进行盘点,确保账目准确,随时能提供准确数据;月底配合财务部盘点核查并提供月报表。

(13)禁止一个人进库作业,班后或无进出库作业时必须关灯关门,确认冷库内无人才锁门。

想一想:冷藏库区别于普通仓库的主要方面有哪些?

学习记录单

<table>
<tr><th colspan="4">学生任务分配表</th></tr>
<tr><td>小组名称</td><td></td><td>组　长</td><td></td></tr>
<tr><td rowspan="7">小组成员及分工</td><td>姓　名</td><td>学　号</td><td>任务分工</td></tr>
<tr><td></td><td></td><td></td></tr>
<tr><td></td><td></td><td></td></tr>
<tr><td></td><td></td><td></td></tr>
<tr><td></td><td></td><td></td></tr>
<tr><td></td><td></td><td></td></tr>
<tr><td></td><td></td><td></td></tr>
<tr><th colspan="4">学习过程</th></tr>
</table>

课前：收集相关资料，做好预习，并完成课前测试。

1. 测试成绩：____________

2. 学习记录

课中：按照任务实施要求，完成任务学习。

1. 任务实施记录

2. 任务实施总结

课后：完成课后测试及练习巩固作业，诊断得失反思改进。

1. 课后测试成绩：____________

2. 课后巩固作业记录

3. 课后反思

任务 7-3　冷藏/冷冻货物出库作业

【任务描述】

Y 仓储集团 1 号仓库存储有肉类、水产、禽类、果蔬、冷饮等多种货物。20××年 9 月 3 日，1 号仓库收到客户 A 的出库通知单，要在 9 月 5 日出库一批肉类。

请根据冷藏/冷冻货物出库作业要求，为该批出库货物编制出库安全作业方案。

【任务实施】

课前：收集相关资料，做好预习，并完成课前测试（扫描二维码获取）。

课中：4～6 人分组，借助信息化技术手段，查资料并思考研讨，编制出库安全作业方案。

课后：完成课后测试及练习巩固作业，并整理总结学习材料，诊断得失反思改进。

课前测试

7-3

【相关知识】

一、冷藏/冷冻货物出库要求

（1）冷藏品在出库时应认真核对，由于冷库大都存储相同的货物，因此要对货物的标志、编号、所有人、批次等项目进行详细记录，防止错取、错发。

（2）为了减少冷耗，货物出库作业应选择气温较低的时段进行，如早晨、傍晚、夜间。

（3）出库作业时集中仓库内的作业力量，尽可能缩短作业时间。

（4）要使装运车辆离库门距离最近，缩短货物露天搬运距离，防止隔车搬运。

（5）在货物出库中库温升温较高时，应立刻停止作业，封库降温。

（6）出库搬运应采用推车、叉车、输送带等机械搬运，采取托盘等成组作业，提高作业速度，作业中不得将货物散放在地坪上，避免货物、货盘冲击地坪、内墙、冷管等，吊机悬挂重量不得超过设计负荷。

（7）对于出库时需要升温处理的物品，应按照作业规程进行加热升温，不得采用自然升温法。

二、自动化冷库货物出库

（1）现场作业人员根据出库订单设定出库月台口，在系统中下发出货命令。

（2）堆垛机根据系统传输的出库信息，运行至指定货位取出首盘货物，并将货物放至输送线上。

（3）堆垛机在取第二盘货物时，需先将位于暂存区的穿梭车转移至指定货位巷道中，通过穿梭车将货物运出巷道。

（4）货物通过输送线转移至移载小车上。

（5）移载小车将货物运至冷库门处，通过输送线运出库门。

（6）库门处 RFID 读取装置读取托盘 RFID 标签信息，并反馈至 LED 显示屏上。

（7）叉车司机通过 LED 显示屏上的信息，将货物运送至指定月台口。

(8)理货员使用手持终端扫描托盘 RFID 标签,确认货物出库。

三、实例:某公司冷库出库工作流程

某公司冷库出库工作流程见表 7-3-1。

表 7-3-1　冷库出库工作流程

项　目	作业流程	要点说明
出库阶段	按照客户配货合同接到客户电话出货	—
	出货时确定产地、品名、规格、件数	—
	保管员查点出货数字	—
	经理复查	—
	报给会计开出库单,并垫付运费	出库单要点包括出库日期、库号、提货单位、品名、规格、件数、提货人签字、提货人电话、会计签字、经理复核后签字
	报给经理签出库合同,开出库门证	合同要点包括出货日期、托运单位、托运人姓名电话、装货地点、承运单位、承运人向明、电话与详细地址、身份证号、车型、车号、行驶证号、出货件数、品名、规格、吨位、运费单价、总运费、预付款、终点应付金额、货物总和人民币数、卸货地点、承运方签字、接货电话、经理审核签字
	保管会计各自建立出库账目,由经理监督,每周对账一次	—
	库费收缴	客户存货出到一半时,收垫付的运费、库费 客户库存与垫付的运费、库费等值时,如还未付清库费,停止出货,上报处理
	回访客户	与客户沟通,询问意见、建议,及时吸收采纳
	查收不足,总结工作经验	由经理组织总结一年的工作情况,为下一年的工作奠定基础
	清理库房,消毒处理	—
	检查库房设备、安全隐患等	主要对工作灯线、叉车线进行修补、更换
	做好下一轮的入库准备工作	—

四、实例:某公司气调库商品出库流程

(1)客户凭入库单出库,在气调库月台处清点货物、称重、出库装车。

(2)客户向我公司气调库库管室窗口详述出库商品品名、规格、数量、重量等必要信息,由库管员办理出库手续。

(3)到公司收费点领取出库单客户联和仓储联。

(4)向我公司气调库库管室窗口出示出库单客户联和仓储联,库管员在出库单仓储联加盖"仓储业务专用章"后返还客户;同时客户和库管员在入库单客户联和仓储联的出库记录处做出库记录。

(5)客户凭加盖"仓储业务专用章"的出库单出场。

【拓展知识】

保鲜库、冷藏库、冷冻库、气调库的区别

1. 保鲜库

保鲜库的库温一般在 0～5 ℃，主要用来保鲜，即在较长时间内最大限度地保持农产品原有的品质和新鲜度。农产品活体本体尽量不死亡，细胞在冷藏的过程中处于休眠状态，减少营养的损耗，保持鲜活的品质。保鲜库一般应用于果蔬类。现在的果蔬产业，都是集中种植，在运输、出售等过程中，不可避免地要利用冷库去保持果蔬应有的营养成分。

2. 冷藏库

冷藏库的温度一般为－18～－15 ℃。冷藏库的特点是：不定期逐步将食品放入冷库，一段时间后冷库温度达到－18 ℃，且取货不定期、不定时。比如肉类、水产出售过程中需要不定期取出存放，故一般大型超市的冷库都是冷藏库。

3. 冷冻库

冷冻低温库的库温一般为－25～－22 ℃。它是用各种制冷设备，即人工制冷的方式，使室内保持一定的低温。很多食品如冰激凌、海鲜等需要在－25 ℃库温下保存才不会变质，不会影响其口感。低温库的特点是：不定期逐步将食品放入冷库，一段时间后冷库库温达到－25 ℃，这段时间内对冷库设计工艺及技术方面没有特殊要求，但对库温有严格要求，必须控制在－25～－22 ℃之间，这就是典型的低温库。冷冻库相比于保鲜库，作用机理有很大的不同，过低的温度会造成肉类、海鲜等食品细胞组织死亡，新鲜程度会受到很大的影响，所以并不是温度越低越好。

4. 气调库

又称气调储藏，是当今最先进的果蔬保鲜储藏方法。它是在保鲜库的基础上，增加气体成分调节，通过对储藏环境中温度、湿度、二氧化碳、烟气浓度和乙烯浓度等条件的控制，抑制果蔬呼吸作用，延缓其新陈代谢过程，能更好地保持果蔬新鲜度和商品性，延长果蔬储藏期和保鲜期(销售货架期)。通常气调储藏比普通冷藏可延长储藏期 0.5～1 倍；气调库内储藏的果蔬，出库后先从“休眠”状态“苏醒”，这使果蔬出库后保鲜期(销售货架期)可延长至普通冷藏库的 2～3 倍。气调储藏的效果表现在以下方面：气调储藏营造的低氧(一般含氧量为 3%～5%)环境、适当 CO_2 浓度能有效地抑制呼吸作用，减少果蔬中营养物质的损耗，同时抑制病原菌的滋生繁殖，控制某些生理病害的发生；清除储藏环境气体中的乙烯，以抑制其对果蔬的催熟作用，延缓后熟和衰老过程；增加环境气体中的相对湿度，以降低果蔬的蒸腾作用，从而达到果蔬长期储藏保鲜的目的。

【素养涵育】

被困冷库自救方法

冷库温度一般都很低，尤其是低温冷库、超低温冷库和速冻库，温度可达－18 ℃以下。如果不慎被困在冷库里不能脱困，可能会出现生命危险，应该如何自救呢？

冷库被困时自救方法：

(1)如果不慎被困冷库，千万不能慌张，一定要保持镇定，烦躁的情绪比低温的环境更致命。

(2)冷库门内侧，一般都会安装有从内侧开启冷库门的手柄，如果被困，可以从内部按动

手柄开启库门。

(3)冷库零度以下的环境，会造成人体体温过低和冻疮，因此要保护好没有衣物包裹的皮肤，比如四肢和面部，尤其是头部，一定要包裹严密，因为在低温环境中，头部是温度流失最快的地方，占所流失温度的40%左右。

(4)被困时为了防止体温快速流失，最好做适量的活动，比如搓手、跺脚等，保证血液的循环，以维持体温。

(5)拨打求救电话，冷库内手机信号弱，虽然不能打通普通电话，但是可以拨通紧急求救电话。

(6)通过拍门呼叫等方式向外界求救。

冷库内被困错误的自救方式：

(1)为了保温生火取暖。冷库为了达到良好的保温效果，环境相对密封，冷库室内的含氧量比外界低。生火不仅消耗室内的氧气，还会产生二氧化碳等有毒气体。

(2)敲击物体向外求援时，破坏、弄断铜管。铜管被破坏会造成制冷剂的泄漏。

(3)进行剧烈的运动保持体温。

想一想：如何做才能避免被困冷库？

【课后测试】

一、判断题

1. 通常气调储藏比普通冷藏可延长储藏期0.5～1倍。（　　）
2. 冷冻低温库的库温一般为－18～－15 ℃。（　　）
3. 一般大的超市里面的冷库都是冷冻库。（　　）
4. 为了减少冷耗，货物出库作业应选择气温较低的时段进行，如早晨、傍晚、夜间。（　　）
5. 对于出库时需要升温处理的物品，直接自然升温即可。（　　）
6. 冰激凌储藏时一般是在冷藏库。（　　）
7. 对于果蔬、肉类的储藏，一般是温度越低越好。（　　）
8. 现在的果蔬产业，在运输、出售等过程中，很多是利用冷库去保持果蔬应有的营养成分。（　　）
9. 气调库是在保鲜库的基础上，增加了气体成分调节。（　　）
10. 气调库能增加环境气体中的相对湿度，以降低果蔬的蒸腾作用，从而达到果蔬长期储藏保鲜的目的。（　　）

【练习巩固】

请为某公司冷库制定一份含有详细内容的出库作业流程说明。

【任务评价】

评价内容		总分值	分值	评价标准	评价分值				
					教师评价	小组互评	小组自评	教学平台评价	综合评价
课前	知识学习	20	10	能完成课前学习					
	课前测试		10	能完成全部测试					

续上表

评价内容		总分值	分值	评价标准	评价分值				
					教师评价	小组互评	小组自评	教学平台评价	综合评价
课中	技能评价	60	10	能正确说出冷库出库的一般要求					
			10	能说出自动化冷库出库的主要操作设备名称					
			10	能制定冷库出库流程					
			20	能详述冷库出库流程中每个环节的具体内容					
	课堂表现		10	①课堂态度端正，积极参与活动，团队协作能力强； ②能灵活应用知识和技能、自主探究、协作完成任务； ③能熟练运用信息化技术手段和工具分析解决问题； ④出勤签到					
课后	练习巩固	20	10	完成结果质量高，符合要求					
	课后测试		10	完成课后测试题					
合　计									

注："教学平台评价"栏可根据实际教学需求选用。

【案例阅读】

某公司冷库日常操作使用说明

(1)所有冷库货物堆放须有序，留出足够通道，不但利于取货，更利于冷气循环，提高能效，如图 7-3-1 所示。

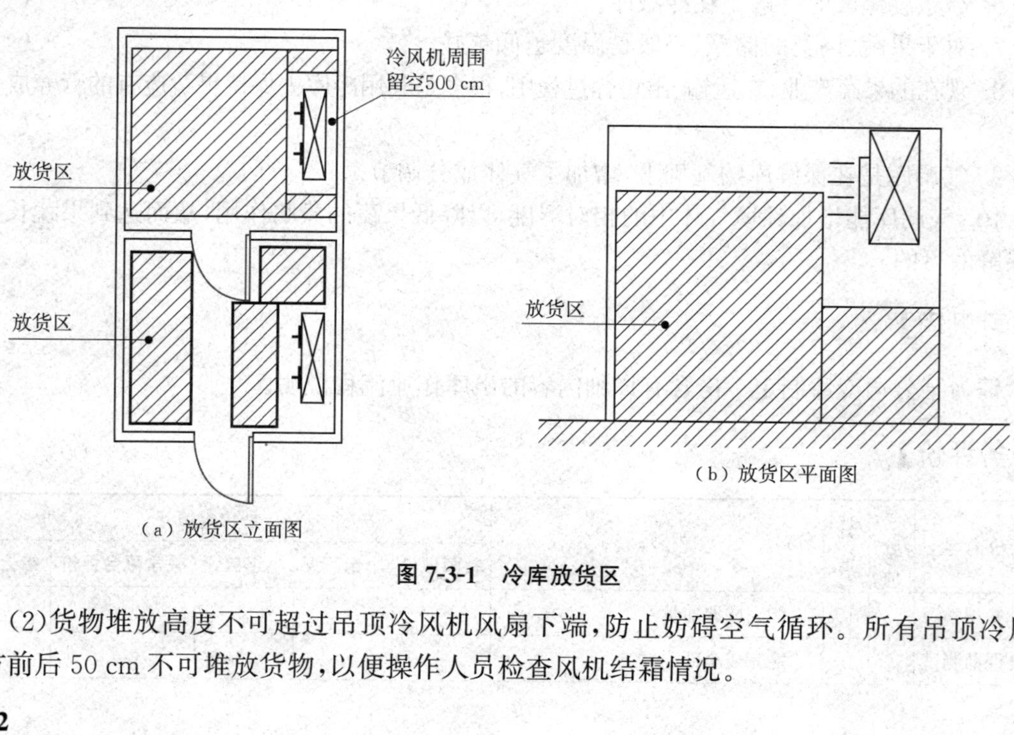

（b）放货区平面图

（a）放货区立面图

图 7-3-1　冷库放货区

(2)货物堆放高度不可超过吊顶冷风机风扇下端，防止妨碍空气循环。所有吊顶冷风机下方前后 50 cm 不可堆放货物，以便操作人员检查风机结霜情况。

(3)冻结间由于空间有限,无回风道设计。货物堆放不能过量,高度不可超过门高。冷风机前应留出 50 cm 空间。冷风机下部不可放货,门前不能堵塞。留出操作人员检查风机结霜情况的通道。

(4)冷库门要做到出入关门。大量进出货时应由专人负责开门,不可长时间打开冷库门。冷库门关门要确认是否关严,掩式冷库门容易虚掩,关门时注意用力,不可留有缝隙。

(5)设有预冷间的冷库,应严格按程序进出货。货物批量进入预冷间,关闭预冷间冷库门,然后打开相应的存储库冷库门进货;出货亦然。不可因贪图直出直入之便而同时打开预冷间冷库门和相应存储库冷库门。

(6)机房操作人员要经常检查冷风机结霜情况及冷风机水盘去水情况,结霜严重要及时除霜,水盘堵塞结冰要及早处理(水盘早期结冰可用自来水冲洗融化)。

(7)各冷库应安装吊帘,如有损坏、残缺要及时修理更换。

想一想:冷库操作人员在冷库工作时关注的重要因素有哪些?

学习记录单

<table>
<tr><td colspan="4">学生任务分配表</td></tr>
<tr><td>小组名称</td><td colspan="2"></td><td>组　长</td><td></td></tr>
<tr><td rowspan="7">小组成员及分工</td><td>姓　名</td><td>学　号</td><td colspan="2">任务分工</td></tr>
<tr><td></td><td></td><td colspan="2"></td></tr>
<tr><td></td><td></td><td colspan="2"></td></tr>
<tr><td></td><td></td><td colspan="2"></td></tr>
<tr><td></td><td></td><td colspan="2"></td></tr>
<tr><td></td><td></td><td colspan="2"></td></tr>
<tr><td></td><td></td><td colspan="2"></td></tr>
<tr><td colspan="5">学习过程</td></tr>
<tr><td colspan="5">课前：收集相关资料，做好预习，并完成课前测试。
1. 测试成绩：____________
2. 学习记录</td></tr>
<tr><td colspan="5">课中：按照任务实施要求，完成任务学习。
1. 任务实施记录
2. 任务实施总结</td></tr>
<tr><td colspan="5">课后：完成课后测试及练习巩固作业，诊断得失反思改进。
1. 课后测试成绩：____________
2. 课后巩固作业记录
3. 课后反思</td></tr>
</table>

项目八
危险货物仓储作业管理

随着我国石油、石化、煤化等产业的迅速发展，危险品的品种和数量日益增加，重视和加强危险品仓储的管理，能有效预防和减少危险品安全事故的发生，对保证企业安全生产具有十分重要的意义。因此，本项目通过学习危险货物的仓储管理，构建对危险货物仓储管理的认知结构和技能基础。

学习目标

素养目标

- 培养安全作业意识、遵章守规意识
- 培养严谨认真、细心负责的工作态度和职业精神
- 培养团结协作意识

知识目标

- 掌握危险货物入库作业知识
- 掌握危险货物在库作业知识
- 掌握危险货物出库作业知识
- 掌握危险货物安全作业知识

技能目标

- 能够完成危险货物的入库作业
- 能够完成危险货物的在库保管保养作业
- 能够完成危险货物的出库作业
- 能够辨识危险货物的包装标识

任务 8-1　危险货物入库作业

【任务描述】

某仓储公司应客户要求，需在 20××年 8 月 1 日存入一批汽油，每桶汽油油桶高 930 mm，直径 580 mm，容积约为 200 L。

请为该批汽油设计专门的入库作业方案，确保入库作业安全。

【任务实施】

课前：收集相关资料，做好预习，并完成课前测试(扫描二维码获取)。

课中：4～6 人分组，借助信息化技术手段，查资料并思考研讨，制定汽油入库作业方案。

课后：完成课后测试及练习巩固作业，并整理总结学习材料，诊断得失反思改进。

课前测试

8–1

【相关知识】

一、危险品的种类及特性

危险品是指具有易燃、易爆、毒害性、腐蚀性、放射性等特性，在运输、装卸和储存过程中，能够发生燃烧、爆炸，造成财产损失，造成人畜中毒、表皮灼伤甚至危及生命而需要特别防护的货物，如汽油、炸药、强酸、强碱、苯、萘、过氧化物等。危险货物一旦发生事故，将对人身、财产安全及环境造成严重危害。根据所具有的危险性不同，危险品可分为九类。

1. 爆炸品

爆炸品是指在外界作用下(如受热、撞击等)会发生剧烈的化学反应，瞬时产生大量气体和热量，使周围压力骤升，从而发生爆炸，对周围环境造成破坏的物品，包括无整体爆炸危险，但具有燃烧、抛射及较小爆炸危险，或仅产生热、光、声或烟雾等一种或几种作用的烟火物品。

2. 压缩气体和有毒气体

此类货物指压缩、液体状态的或加压溶解的气体储存于耐压容器中的货物。在具备一定的受热、撞击或剧烈震动的条件下，容器内的压力容易膨胀引起介质泄漏甚至使容器破裂爆炸，从而导致燃烧、爆炸、人员等事故。其特性有易燃性、助燃性、爆破性等。有毒气体毒性指标与毒害品相同。对人畜有强烈的毒害、窒息、灼伤、刺激作用，其中有些还具有易燃、氧化、腐蚀等性质。

3. 易燃液体

易燃液体是指易燃的液体、液体混合物或含有固体物质的液体，但不包括由于其危险特性列入其他类别的液体。在常温下以液体状态存在，遇火容易引起燃烧，其闪点(易燃液体发挥出来的蒸气，在一点温度条件下接触火源，即能发出闪电似的火花，但不会燃烧，发生闪光的最低温度即闪点)在一定温度以下的液体叫易燃液体，如豆油、花生油、乙醚、汽油、酒精等，多数易燃液体都有不同程度的毒性。

4. 易燃固体和遇水自燃物质

易燃固体主要是指燃点低，对热、撞击、摩擦敏感，易被外部火源点燃，燃烧迅速，并可能散发出有毒烟雾或有毒气体的固体，但不包括已列入爆炸品的物质，例如红磷、硫黄、镁粉均属于易燃固体。自燃物品和遇湿易燃物品也属于易燃固体。自燃物品是指自燃点低，在空气中易于发生氧化反应，放出热量，而自行燃烧的物品，如白磷。遇湿易燃物品是指遇水或受潮时，发生剧烈化学反应，放出大量的易燃气体和热量的物品，有些不需明火即能燃烧或爆炸，例如钾、钠、铯、锂、碳化钙、磷化镁、磷化钙、硅化镁等。

5. 氧化剂

氧化剂主要是指处于高氧化态，具有强氧化性，易分解并放出氧和热量的物质。包括含有过氧基的有机物，其本身不一定可燃，但能导致可燃物的燃烧，与松软的粉末状可燃物能组成爆炸性混合物，对热、震动或摩擦较敏感，如氯酸钾、高锰酸钾、高氯酸、过硫酸钠等。此外有机过氧化物也属于此类，它是指分子组成中含有过氧基的有机物，其本身易燃易爆，极易分解，对热、震动或摩擦极为敏感，如过氧乙醚。

6. 毒害品

毒害品主要是指进入肌体后，累积达一定的量，能与体液和组织发生生物化学作用或生物物理学变化，扰乱或破坏肌体的正常生理功能，引起暂时性或持久性的病理状态，甚至危及生命的物品，如苯酚、甲醇等。感染性物品也属于此类，包括致病微生物，能引起病态，甚至死亡的物质等。

7. 放射性物品

放射性物品是指有放射性的物品，如镭、铀、钴-60、硝酸钍、二氧化镅、乙酸铀酰锌、镅片。

8. 腐蚀品

腐蚀品是指能灼伤人体组织并对金属等物品造成损坏的固体或液体。与皮肤接触在 4 h 内出现可见坏死现象，或温度在 55 ℃时，对 20 号钢的表面均匀年腐蚀率超过 6.25 mm/年的固体或液体。

9. 其他危险物品

其他危险物品主要指存在危险但不能满足其他类别定义的物质和物品，如电池组等。

常见的危险品标志如图 8-1-1 所示。

二、危险品库的库区布局

危险品库因其具有危险性的特点，在选址时应依据政府的总体市政布局，选择合适的建设地点，一般选择建设于郊区较为空旷的地带，远离居民区、供水地、主要交通干线、农田、河流、湖泊等，处于当地长年主风向的下风位。

根据《建筑防火通用规范》(GB 55037—2022)要求，危险品库库区应设置防火安全距离。大、中型的甲类仓库和大型乙类仓库与居民区和公共设施的间距应大于 150 m，与企业、铁路干线的间距大于 100 m，与公路距离大于 50 m，在库区大型库房间距为 20～40 m，小型库房间距为 10～40 m。易燃货物应放置在地势低洼处，桶装易燃液体应放在库内。

危险品库应根据危险品的种类、特性，采用妥善的建筑结构，并取得相应的许可，同时设置相应的监测、通风、防晒、调温、防火、灭火、防爆、泄压、防毒、中和、防潮、防雷、防静电、防腐、防渗漏或隔离等安全设施和设备。

（a）氧化剂

（b）剧毒品

（c）二级放射性物品

（d）腐蚀品

（e）杂类

（f）遇湿易燃物品

（g）易燃气体

（h）不燃气体

（i）爆炸品

（j）易燃液体

（k）易燃固体

（l）自燃物品

（m）感染性物品

（n）有机过氧化物

（o）有毒品（远离食品）

图 8-1-1　部分常见危险品标志

三、危险品库结构

危险品库建筑形式有地面仓库，地下仓库和半地下仓库，还有窑洞和露天堆场，在使用中应根据货物的性质采用不同的形式，见表 8-1-1。

表 8-1-1　危险品库的结构要求

货物类别	危险品库结构要求
易爆炸性货物	宜采用半地下库，2/3 于地下，地面库壁用 45°斜坡培土，库顶用轻质不燃材料，库外四周修建排水沟。库房面积不宜过大，一般小于 100 m^2，要求通风良好，并保持干燥
氧化剂	采取隔热和降温措施，并保持干燥
压缩气体	采用耐火建筑材料，库顶用轻质不燃材料，库内高度应大于 3.25 m，并安装有避雷装置。库门库窗应向外开启，以减小爆炸时的波及面
自燃物品	应置于阴凉、干燥、通风的库房内，库壁采用隔热材料
遇水易燃物品	应被储存在地势较高、干燥，便于控制温、湿度的库房内
有毒物品	应单独存放在库房内，且通风条件要好，并配备毒气净化设备
腐蚀性物品	应采用铅板材料铺设库壁和门窗，物品应放置在阴凉、干燥、通风较好的库房内
放射性物品	应采用铅板料铺设库壁和门窗，物品应放置在阴凉、干燥、通风较好的库房内

四、危险品入库作业管理

1. 人员、车辆的入库管理

对所有人员、车辆入库都应做记录或登记，因工作原因入库的外来人员应经过批准并由本单位人员带领。

2. 危险品入库验收

仓库保管员应对货物按《危险货物道路运输规则》要求进行抽查，做好相应的记录，并在货物入库后的 2 d 内验收完毕。货物存放应按其性质分区、分类、分库存储。对不符合危险品保管要求的应与客户联系拒收。

危险品的入库应根据入库通知单（或其他入库凭证），结合运单核对物品规格、批号、数量，并逐件（箱、袋）检查包装有无异状（如破损、残漏、水湿、油污等）。在入库验收方法上，主要以感官验收为主，仪器和理化验收为辅。在验收程序上，可按以下步骤进行：

（1）检验货物的在途运输情况，检查是否发生过混装。

（2）检查货物的外包装上是否沾有异物。

（3）对货物包装、封口和衬垫物进行查验，看包装标志与运单是否一致，容器封口是否严密，衬垫是否符合该危险品运输、保管的要求。

（4）检查货物本身质量，看是否有变质、挥发、变色或成分不符等问题。如有异常情况，必须进一步了解清楚，在不影响质量的情况下，做好详细记录后方能入库，如发现产品质量有异的情况，应拒绝入库。注意是否混有其他产品。如需开箱检查或做其他处理时，必须搬出库房，到专门指定地点进行开箱或做其他处理，绝不允许在库房开箱。

（5）提出对问题的处理意见。对属于当地的货物，以书面形式提出问题和改进措施并退货；如为外地货物无法退回的，问题为不会造成危险的一般问题，可向客户提出整改意见，对于会影响库场安全的货物则应置于安全地点进行观察，待问题解决后方可入库。

3. 危险品入库记录

详细做好危险品入库的情况登记。所记录的内容至少应包括入库检查情况、收货人签字、运货人签字等。

五、实例：某公司危险品入库验收要求

1. 验收原则

(1)入库商品必须附有生产许可证和产品检验合格证，进口商品必须附有中文安全技术说明书和质量鉴定书。

(2)商品内在质量应符合产品标准，由存货方负责检验。

(3)保管方对商品外观、内外标志、容器包装、衬垫等进行感官检查。每种商品拆箱验收2～5箱(免检商品除外)，若发现问题则扩大验收比例，验后将商品包装复原，并做标记。

(4)验收在库外安全地点或验收室进行。

2. 验收项目

(1)包装符合《危险货物运输包装通用技术条件》(GB 12463—2009)的规定。

内外包装应有如下标志：品名、规格、等级、数量(重量)、生产日期货批号、生产厂名、储运图示[应符合《包装储运图示标志》(GB/T 191—2008)的规定]、毒性标志[应符合《危险货物包装标志》(GB 190—2009)的规定]。包装应完整无损，无水湿、污染，包装材料、容器沉淀等应符合《危险货物运输包装通用技术条件》的要求。

(2)质量。

商品性状、颜色等符合产品标准；液体商品颜色无变化，无沉淀，无杂质。

3. 验收结果处理

(1)验收不合格和相关规定中不允许的商品不得入库，暂存观察室，通知存货方另行处理。

(2)验收完毕，合格的商品需双人签收入库，填写验收记录，转存货方。

(3)包装破漏时，必须更换包装方可入库，整修包装需在专门场所进行。撒在地上的商品要清扫干净，集中存放，统一处理。

(4)按仓库装卸操作规程卸货，合理调配搬运工、叉车卸货，做好现场的安全操作监督工作。

(5)剧毒品实行双本账，当有入库或出库时，两份账必须同时记录，记账员核对入库材料的数量、品种、规格，数量以实际入库量为准，回签入库单或订单交供应部，同时按规定登记入账。

(6)入库需有入库单。

六、危险品泄漏的应急处理

在危险品的生产、储运和使用过程中，常常发生一些意外破裂、倒洒等事故，造成危险品外漏，因此需要采取简单、有效的安全技术措施来消除或减少泄漏危害，如果泄漏控制不住或处理不当，随时都有可能转化为燃烧、爆炸、人员中毒等恶性事故。

1. 疏散与隔离

在危险品生产、储运过程中一旦发生泄漏，首先要疏散无关人员，隔离泄漏污染区。如果是易燃、易爆危险品大量泄漏，一定要及时拨打“119”，请求消防专业人员救援，同时要保护、控制好现场。

2. 切断火源

切断火源对危险品泄漏处理特别重要，如果泄漏物是易燃物，则必须立即消除泄漏污染区域内的各种火源。

3. 个人防护

参加泄漏处理人员应对泄漏品的化学性质和反应特性有充分的了解，要于高处和上风处进行处理，严禁单独行动，要有监护人。必要时，应用水枪、水炮掩护。要根据泄漏品的性质和接触泄漏品的形式，选择适当的防护用品，加强应急处理个人安全防护，防止处理过程中发生伤亡、中毒事故。常用的个人安全防护设备见表 8-1-2。

表 8-1-2 个人安全防护设备

防护类别	防护设备
呼吸系统防护	为了防止有毒有害物质通过呼吸系统侵入人体，应根据不同场合选择不同的防护器具
	对于泄漏危险品毒性大、浓度较高，且缺氧的情况，可以采用氧气呼吸器、空气呼吸器、送风式长管面具等
	对于泄漏环境中氧气浓度不低于 18%，毒物浓度在一定范围内的场合，可以采用防毒面具（毒物浓度在 2%以下采用隔离式防毒面具，浓度在 1%以下采用直接式防毒面具，浓度在 0.1%以下采用防毒口罩）
	在粉尘环境中可采用防尘口罩等
眼睛防护	为了防止眼睛受到伤害，可以采用化学安全防护眼镜、安全面罩、安全护目镜、安全防护罩等
身体防护	为了避免皮肤受到损伤，可以采用带面罩式胶布防毒衣、连衣式胶布防毒衣、橡胶工作服、防毒物渗透工作服、透气型防毒服等
手防护	为了保护手不受损伤，可以采用橡胶手套、乳胶手套、耐酸碱手套、防化学品手套等

4. 制止泄漏

不论是生产设备还是物料输送管道，不管是灌槽池还是大小容器，一旦发生泄漏，均应采取果断措施，迅速制止泄漏。堵漏可使用缠裹、堵塞、关阀断料等方法，从根本上消除险情。

（1）气体泄漏物处置。

应急处理人员及时止住泄漏，若条件允许，合理通风使扩散不至于积聚，或者喷雾状水使之液化后处置。

（2）液体泄漏物处置。

①控制泄漏。

立即将泄漏液体容器置于后备的第二容器内，再搬到没人的地方进行清理工作。对泄漏出的易燃液体要采取堵、截、回收等方法控制液体到处流散，把险情控制在最小范围。

②泄漏的易燃液体蒸气只要遇到明火或火花，即可能发生爆燃，所以，发生泄漏事故时，在液体流散区域和蒸气范围内要彻底消除火种，切断电源，以防不测。

③覆盖液面减少挥发，隔绝空气，将一时难以回收且聚积较多的易燃液体用泥沙覆盖，或用泡沫灭火器喷射泡沫覆盖，控制液体表面挥发，降低危险。

④用安全的清洁的工具(木质或塑料材质)清理泄漏液体和吸除附着液体的泥土黄沙,禁止使用非防爆性的金属工具,防止与地板摩擦产生火花引起爆燃。

⑤泄漏液体一旦引起爆燃,可用泥沙、干粉灭火器、二氧化碳灭火器或泡沫灭火器扑灭。用水来稀释液体蒸气,保护人员撤离。

⑥清理后的泥沙,不得直接丢弃在下水道或垃圾桶,以免污染水源和土地,必须通知环保部门回收处理。

安全第一,预防为主。对危险品的泄漏,一定不可掉以轻心,平时要做好泄漏紧急处理演习,拟定好方案计划,做到有备无患,只有这样,才能保证生产、使用、储运危险品的安全。

【拓展知识】

危险品应急处理注意事项

1. 危险品中毒紧急处理

一旦发生危险品急性中毒事故时,必须迅速抢救,保证人员生命安全。当现场没有特效解毒药,中毒原因还未清楚时,为挽救中毒者,除立即拨打急救电话外,应将中毒者转移到安静和空气流通的房间内,松开紧束的衣服,保证呼吸道通畅。如呼吸已经停止或发生障碍,应实施人工呼吸。具体急救方法如下:

(1)清除皮肤毒物

迅速使中毒者离开中毒场所,脱去被污染衣物。用温水反复冲洗皮肤,清除沾污的毒性物质。如为碱性物中毒,可用醋酸、1%～2%的稀盐酸或酸性果汁冲洗;如为酸性中毒,可用石灰水、小苏打水、肥皂水冲洗。

(2)清洗眼内毒物

迅速用0.9%的盐水或清水冲洗5～10 min。酸性毒物用2%的碳酸氢铀溶液冲洗,碱性毒物用3%的硼酸溶液冲洗,然后可使用0.25%的氯霉素眼药水或0.5%的金霉素眼膏以防感染。

(3)食入毒物的急救

食入毒物后,可催吐、洗胃、灌肠,还可以大量饮水,通过尿液排出毒物,或采用静脉注射排毒、换血排毒、透析排毒等方法。

2. 化学危险品烧伤急救处理

化学危险品烧伤后,要立即脱去致伤因素浸湿的衣服,迅速用大量清水长时间冲洗,尽可能去除创面上的化学物质。若为生石灰烧伤,应用干布擦净生石灰,再用水冲洗,以避免生石灰遇水产生大量热,造成创面进一步损伤。若为磷烧伤,要用大量水冲洗浸泡,或用多层湿布包扎创面(禁用油质敷料包扎),防止磷自燃。

冲洗完后可用中和剂,中和时间不宜过久,片刻之后可用流动水冲洗。及时确认是否伴有化学物质中毒,并按其救治原则及时治疗。如一时无法获得解毒剂或无法确定致毒物质时,可用大量高渗葡萄糖和维生素C静脉滴注,或给氧、输新鲜血液等,然后根据情况选择解毒剂。

【素养涵育】

企业安全生产常见标语

1. 生命只有一次,安全伴君一生。
2. 工作为了生活好,安全为了活到老。

3. 生产再忙，安全不忘，人命关天，安全在先。

4. 加强安全技术培训，人人学会保护自己。

5. 安全来自长期警惕，事故源于瞬间麻痹。

6. 简化作业省一时，贪小失大苦一世。

7. 安全生产莫侥幸，违章操作要人命。

8. 保安全千日不足，出事故一日有余。

9. 按章操作莫乱改，合理建议提出来。

10. 安全连着你我他，平安幸福靠大家。

想一想：安全生产对企业的重要性如何？

【课后测试】

一、判断题

1. 爆炸品、有毒气体都属于危险品。（　　）

2. 危险品库应根据危险品的种类、特性，采用妥善的建筑结构。（　　）

3. 危险品库库区应设置防火安全距离。（　　）

4. 感染性物品不属于危险品。（　　）

5. 自燃物品应置于阴凉、干燥、通风的库房内，库壁采用隔热材料。（　　）

二、填空题

1. 在危险品生产、储运过程中一旦发生泄漏，首先要疏散________，隔离________。

2. 危险品入库时，对不符合危险品保管要求的应与客户联系________。

3. 危险品入库时，要详细做好危险品入库的情况________，内容至少应包括入库检查情况、收货人签字、运货人签字等。

4. 危险品入库，当货物有问题时，应将会影响库场安全的货物置于________地点进行观察，待问题解决后方可入库。

5. 有毒物质应单独存放在库房内，且________条件要好。

【练习巩固】

请为某鞭炮生产企业编制入库作业须知。

【任务评价】

<table>
<tr><th colspan="2" rowspan="2">评价内容</th><th rowspan="2">总分值</th><th rowspan="2">分值</th><th rowspan="2">评价标准</th><th colspan="5">评价分值</th></tr>
<tr><th>教师评价</th><th>小组互评</th><th>小组自评</th><th>教学平台评价</th><th>综合评价</th></tr>
<tr><td rowspan="2">课前</td><td>知识学习</td><td rowspan="2">20</td><td>10</td><td>能完成课前学习</td><td></td><td></td><td></td><td></td><td></td></tr>
<tr><td>课前测试</td><td>10</td><td>能完成全部测试</td><td></td><td></td><td></td><td></td><td></td></tr>
<tr><td rowspan="4">课中</td><td rowspan="4">技能评价</td><td rowspan="4">60</td><td>10</td><td>能正确说出危险品的种类</td><td></td><td></td><td></td><td></td><td></td></tr>
<tr><td>10</td><td>能分析危险品库布局的合理性</td><td></td><td></td><td></td><td></td><td></td></tr>
<tr><td>10</td><td>能制定危险品泄漏的应急措施</td><td></td><td></td><td></td><td></td><td></td></tr>
<tr><td>20</td><td>能按照危险品库入库作业要求完成入库作业</td><td></td><td></td><td></td><td></td><td></td></tr>
</table>

续上表

<table>
<tr><th colspan="2" rowspan="2">评价内容</th><th rowspan="2">总分值</th><th rowspan="2">分值</th><th rowspan="2">评价标准</th><th colspan="5">评价分值</th></tr>
<tr><th>教师评价</th><th>小组互评</th><th>小组自评</th><th>教学平台评价</th><th>综合评价</th></tr>
<tr><td>课中</td><td>课堂表现</td><td>60</td><td>10</td><td>①课堂态度端正，积极参与活动，团队协作能力强；
②能灵活应用知识和技能、自主探究、协作完成任务；
③能熟练运用信息化技术手段和工具分析解决问题；
④出勤签到</td><td></td><td></td><td></td><td></td><td></td></tr>
<tr><td rowspan="2">课后</td><td>练习巩固</td><td rowspan="2">20</td><td>10</td><td>完成结果质量高，符合要求</td><td></td><td></td><td></td><td></td><td></td></tr>
<tr><td>课后测试</td><td>10</td><td>完成课后测试题</td><td></td><td></td><td></td><td></td><td></td></tr>
<tr><td colspan="5">合　计</td><td></td><td></td><td></td><td></td><td></td></tr>
</table>

注：“教学平台评价”栏可根据实际教学需求选用。

【案例阅读】

安全生产

某煤焦化有限公司化产回收车间冷鼓工段2号电捕焦油器发生燃爆事故，造成4人死亡，直接经济损失843.7万元。

发生原因：作业人员违反安全作业规定，在2号电捕焦油器顶部进行作业时，未有效切断煤气来源，导致煤气漏入2号电捕焦油器内部，与空气形成易燃易爆混合气体，作业过程中产生明火，发生燃爆。

主要教训：该煤焦化有限公司安全生产责任制、安全生产规章制度和操作规程不健全、落实不到位。对煤气设备组织检维修前未制定检维修方案，未进行安全风险分析，未办理特殊作业审批手续；检维修工作安排不合理，形成交叉作业；监测报警设施不完好，不能正常使用；安全培训教育不深入，从业人员安全素质不高。

想一想：危险品生产过程中，安全管理工作不当会带来哪些重大影响？

学习记录单

学生任务分配表			
小组名称		组　长	
小组成员及分工	姓　名	学　号	任务分工
学习过程			

课前：收集相关资料，做好预习，并完成课前测试。

1. 测试成绩：__________

2. 学习记录

课中：按照任务实施要求，完成任务学习。

1. 任务实施记录

2. 任务实施总结

课后：完成课后测试及练习巩固作业，诊断得失反思改进。

1. 课后测试成绩：__________

2. 课后巩固作业记录

3. 课后反思

任务 8-2　危险货物在库作业

【任务描述】

某仓储公司的汽油库现存储 500 桶汽油，每桶汽油油桶高 930 mm，直径 580 mm，容积约为 200 L。

请为该汽油库设计专门的在库作业方案，确保在库作业安全。

【任务实施】

课前：收集相关资料，做好预习，并完成课前测试（扫描二维码获取）。

课中：4～6 人分组，借助信息化技术手段，查资料并思考研讨，制定出汽油库在库作业方案。

课后：完成课后测试及练习巩固作业，并整理总结学习材料，诊断得失反思改进。

课前测试

8–2

【相关知识】

一、危险品库内堆垛

危险品的堆码方式与一般商品的堆码方式基本相同，但要求更加严格。货垛不宜过高过大，堆码要牢固，苫垫要妥善，否则容易造成倒垛和货物受潮，从而引起爆炸、燃烧等灾害事故。可以根据危险品的性质和包装来确定合适的堆垛形状和货垛大小，见表 8-2-1。

表 8-2-1　危险品堆码要求

要　素	要　求
堆垛高度	液体商品一般不超过 2 m，固体商品一般不超过 3 m，桶装危险货物不得超过 3 个桶高，袋装货物不得超过 4 m，如此便于操作且能防止倒垛
货垛间距	场内的危险货物之间及其与其他设备之间需要保持必要的间距，其中货垛顶距离灯具不小于 1.5 m；货垛距墙不小于 1.5 m；货垛之间不小于 1 m；消防器材、配电箱周围 1.5 m 内禁止堆货或放置其他物品
库内消防通道	仓库内消防通道不小于 4 m，货场内的消防主通道不小于 6 m
堆垛要领	危险货物堆垛要整齐、稳固，标志朝外，不得倒置
货垛标志牌	货垛明显位置要悬挂危险品编号、品名、性质、类别、级别、消防方法的标志牌
垫垛	危险品库内存放的怕潮货物，垛底要垫高，便于通风防潮，若露天存放，更应垫高防水；同时应根据货物性质，选择适宜的苫垫材料。如有腐蚀性的货物，不宜使用棉麻苫布苫盖，以用苇席苫盖为妥，下垫物料最好使用石条或水泥条；坛装酸类化工品应选用防腐蚀的陶瓷制品覆盖坛口。苫垫危险品的苫垫材料必须分类专用和分别存放，不能用于苫垫其他货物，需要调剂使用的，需谨慎选择并刷洗干净，晒干后使用

二、危险品装卸要求

危险品的装卸、搬运必须轻装轻卸，使用不发生火花的工具（铜质或用铜包的器具），禁止滚、摔、碰、撞、重压、震动、摩擦和倾斜。对怕热、怕潮的危险品，在搬运时应采取必要的防护措施。装卸场地和道路必须平坦、畅通，如夜间装卸，必须有足够亮度的安全照明设备。

在装卸、搬运操作时，应根据商品性质和操作要求，穿戴相应的防护服具（如工作服、风镜口罩、防毒面具、橡皮手套、橡皮围裙、套裙、橡皮鞋、鞋罩等），严防有害物质危害人体健康。用过的各种防护用具，须及时清洗干净。储存腐蚀性商品的仓库附近应设水池或冲洗设备，使操作中万一包装破裂、人身沾染时，便于迅速浸水、及时冲洗。

1. 危险品装卸前的基本要求

装卸人员应符合《危险货物道路运输规则　第 1 部分：通则》（JT/T 617.1—2018）的有关规定：

（1）企业或者单位应对新聘用的危险货物道路运输从业人员进行岗前培训和考核。

（2）企业或者单位应根据法律法规、技术标准或安全操作要求的变化，定期对危险货物道路运输从业人员进行复训。

（3）托运人、承运人、收货人、充装人等危险货物运输各参与方聘用的，从事危险货物运输业务的相关人员，在上岗作业前应接受危险货物道路运输专业知识培训。

（4）危险货物道路运输专业知识培训内容应至少包括基础知识培训和业务操作培训，部分岗位的人员还需接受安全应急培训和安保防范培训。

2. 装卸过程中的基本要求

车辆进入危险货物装卸作业区，应遵守作业区有关安全规定。

（1）车辆停靠货垛时，应听从作业区指挥人员指挥。车辆与货垛之间要留有安全距离，待装、待卸车辆与装卸货物的车辆应保持足够的安全距离，不得堵塞安全通道。驾驶员不能离开车辆。

（2）装卸过程中，车辆的发动机必须熄灭并切断总电源。在有坡度的场地装卸货物时，必须采取防止车辆滑坡的有效措施。

（3）装卸过程中，驾驶员负责监督装卸，办理货物交接签证手续时要点收点交。装车完毕时，驾驶员必须对货物的堆码、遮盖、捆扎等安全措施及影响车辆起动的不安全因素进行检查。

（4）装卸过程中需要移动车辆时，应先关上车厢门或栏板。若原地关不上时，必须有人监护，在保证安全情况下才能移动车辆，起步要慢，停车要稳。

（5）作业前应详细核对货物名称、规格、数量是否与托运单证相符，并认真检查货物包装标识的完整状况。包装不符合安全状况的，应拒绝装车。

（6）装卸作业时应根据货物的类型、体积、重量、件数的情况，并根据包装上储运图示标志的要求，轻拿轻放，谨慎操作，严防跌落、摔碰，禁止撞击、拖拉、翻滚、投掷。

（7）装卸的货物应堆码整齐，易于点数。堆码时，桶口、箱盖朝上，允许横倒的桶口及袋装货物的袋口应朝里。

（8）装载平衡，高出栏板的最上一层包装件，堆码时应从车厢两面向内错位骑缝堆码，超出车厢前拦板的部分不得大于包装件高度的二分之一。

（9）高出车厢栏板的货物，装车后必须用绳索捆扎牢固。易滑动的包装件需用防散失的网罩覆盖并用绳索捆扎牢固或用毡布覆盖严密，需用两块毡布覆盖货物时，中间间缝处需有大于 15 cm 的重叠覆盖，且车厢前半部分毡布需压在后半部分毡布上。

（10）装有通气孔的包装件，不准倒置、侧置，防止所装货物泄漏或进入杂质造成危害。

(11)机械装卸作业时,必须按核定符合量减载25%,装卸人员必须服从现场指挥,防止货物剧烈晃动、碰撞、跌落。

3. 压缩气体和液化气体装卸要求

(1)车厢内部不能沾有油脂污染及强酸残留物。

(2)装车时要旋紧瓶帽,注意保护气瓶阀门,防止撞坏。

(3)车下人员需待车上人员将气瓶放妥后,才能继续往车上装瓶。

(4)在同一车厢不准有二人同时在车上装瓶。

(5)除允许竖装的气瓶(如民用液化石油气)外,车上气瓶不得高于车厢栏板高度。

(6)卸车时,要在气瓶落地点铺上铅垫或橡皮垫,必须逐个卸车,严禁溜放。

(7)装卸操作时,不要把阀门对准人身,注意防止气瓶安全帽脱落,气瓶应竖立转动,不准脱手滚瓶或传接,气瓶竖放必须稳妥。

4. 遇湿易燃物品装卸要求

(1)对容易升华、挥发出易燃、有害或刺激气味的货物,装卸时,应注意现场通风良好,防止中毒或燃烧、爆炸。

(2)雨雪天装卸遇湿易燃物品时,不具备防雨雪条件的,不得进行装卸作业。

5. 氧化剂和有机过氧化物装卸要求

(1)装车前,车厢、机械、工具设备及操作现场,不得沾有酸类、煤炭、砂糖、面粉、油脂、磷、硫或其他松软、粉状的可燃物品。

(2)若货物外包装为金属容器,装车时应单层摆放,需多层装载时,应采用合适的衬垫。

(3)对添加稳定剂和需控制温度的烈性氧化剂和过氧化剂,作业时应认真检查包装,密切注意包装有无渗漏及变形(如鼓桶)情况,发现异常时,应拒绝装运。

(4)装卸时发生包装破损,撒漏物不得装入原包装袋,必须另行处理。操作时,不得踩踏、碾压撒漏物。

6. 毒害品装卸要求

(1)集装箱、封闭式车厢等要先通风,装卸时要站立上风处。必须佩戴好防毒面具、护目镜。

(2)装卸时要防止包装破漏,沾染人体或沾染其他货物。工作服沾染容易被皮肤吸收的毒害品时应及时更换。不得在毒害品包装上坐卧休息。

(3)作业人员皮肤破伤者不能装卸毒害品。工间或工后,手、脸未经清洗干净,不得饮水、吸烟、进食。

(4)对刺激性较强和散发异臭的毒害品,装卸人员应采取轮班作业。在夏季高温期,尽量安排在早晚气温较低时作业。

(5)忌水的毒害品(如磷化铝、磷化锌等)应防止受潮。

(6)毒害品严禁与食用、药用及生活用品等同车拼装,装运后的车辆及工具要严格消毒,未经安全管理人员检验批准,不得装运食用、药用及生活用品。

7. 腐蚀品装卸要求

(1)具有氧化性的腐蚀品不得接触可燃物和还原剂;有机腐蚀品严禁接触明火、高温或氧化剂;有机酸性腐蚀品不得与有氧化性的无机酸性腐蚀品配装;腐蚀品不得与一般货品配装;浓硫酸不得与任何其他物质配装;酸性腐蚀品不得与碱性腐蚀品配装。

(2)进行装卸作业前应穿戴能够防腐蚀的防护用品,并佩戴带有面罩的安全帽。对易散发有毒蒸气或烟雾的腐蚀品，应佩戴防毒面具。

(3)进行装卸作业前要仔细检查包装，严防渗漏，特别要避免内包装破损。

(4)装卸作业时，应轻装、轻卸，避免容器受损。

(5)液体腐蚀品不能肩扛背负，避免震动和摩擦。

(6)使用易碎容器包装的货品，不得拖拉撞击。

(7)外包装没有封盖的组合包装件不得堆码装运。

三、危险品库内保管

1. 一般要求

(1)妥善安排存放地点。

危险品与库墙之间的距离应大于 0.7 m，对怕热、怕潮、怕冻的货物要按天气变化及时采取密封、通风、降温和吸潮等措施。仓库管理员要根据国家标准、危险特性管理制度选择合适的存放位置。根据危险品对保管的要求，妥善安排相应的通风、遮阳、防水、控温等条件的库存或堆场货位。

(2)定期检查。

应对危险品仓库实行定期检查制度，检查间隔不宜超过 5 d；对检查中发现的问题应及时以填写“问题商品通知单”的形式上报仓库领导。仓库保管员需保持仓库内的整洁，特别是对残余化学物品应随时清扫。对于残损、质次、储存久的货物应及时向有关单位联系催调。

(3)货垛要保持五距。

五距即墙距、垛距、柱距、梁距和灯距。一般规定，货垛与梁、柱距离不少于 30 cm，与墙、灯距离不少于 50 cm，垛距不少于 1 m，底距不少于 10 cm。

2. 不同类别危险品的保管要求

(1)存放危险气体的场所应远离火源、热源，库场应保持阴凉通风，防止日光暴晒。

存放易燃气体的仓库照明应采用绝缘良好的防爆型灯具，禁止使用明火灯具。容器应平放，加楔垫以防滚动，如采用框架后可立放，但不可倒置，且需保持容器稳固。性质相抵触的气体，如易燃气体与助燃气体不得同库存放，氧气钢瓶和油脂不得同库存放。禁止与爆炸品、氧化剂、易燃物品、自燃物品和腐蚀品同库存放。在保管期间，除定时检查外，应随时查看有无漏气和堆垛不稳的情况。

(2)存放易燃液体的场所应保持阴凉、通风良好，避免日晒，隔绝火源和火种。

库场照明设备应采用防爆型灯具。高温季节应采取降温措施。禁止与氧化剂、强酸和自燃物品同库存放。

(3)易燃固体和遇水自燃物质应存放在阴凉、通风、干燥处。

禁止与氧化剂、强酸同库存放。能与水发生反应的货物禁止露天存放，易产生热量的货物堆码不宜过高，垛底应用清洁干燥的木板铺垫，以利于通风散热。对存储温度有要求的货物，库温应始终保持在规定温度范围内。堆放黄磷应注意防止黄磷桶漏水而引起燃烧。

(4)氧化剂应存放在阴凉、通风良好的处所，防止日晒、受潮、不得与酸类和可燃物同库存放，注意通风散热。

破损的包件禁止入库，撒漏地脚应及时收集，妥善处理。不得在库内或库房附近处理残损的包件。

(5)毒害品必须单独存放在专用库场内,专人保管。

存放处所应阴凉,通风良好,并具备相应的防护用品和急救药品。货物地脚应及时清扫,交客户处理。

(6)放射性货物应专库存放,如无专库存放时,应组织车船直取。

特殊情况也可选择干燥通风的普通仓库存放,但应划定专用货位,远离其他危险货物,派专人看管,禁止无关人员接近,严防失窃。包装件要合理摆放,辐射水平低的包装件摆放在辐射水平高的包装件周围。存放低比活度放射性物质(LSA)或表面污染物体(SCO)以及Ⅰ级白色标志包装件的数量可不受限制,存放Ⅱ级、Ⅲ级黄色标志的包装件或罐柜或集装箱数量,一间库房应视同船舶的一个货舱,其运输指数不得超过 50,整个仓库运输指数不得超过 200。其他运输方式下,一辆车或一架飞机同时摆放所有放射性货包的运输指数之和不得超过 50。装有运输指数 50 的放射性货包的飞机或车辆前后左右 6 m 范围内,不得有其他放射性物品。

(7)腐蚀品应存放在清洁、通风、阴凉、干燥的处所,防止日晒、雨淋。

堆放场所不得有稻草、木屑、油脂等有机物或可燃物,不得与有机物、氧化剂、金属粉末等同库存放。同类货物中性质相抵触的不得同库存放。

(8)油品保管要关注质量变化。

石油商品在储运和保管中,经常发生质量变化,因此在保管过程中应采取措施,延缓其变化速度,确保出库商品质量合格。油品的质量维护应把好"三关",即进货关,不让不合格油品进库;储存关,不让合格油品污染变质;出库关,不让不合格油品发到用户手中。为此,各环节应做好以下几方面工作:

①减少轻组分蒸发和延缓氧化变质。

一些油品,特别是汽油、溶剂油等,蒸发性较强。由于蒸发,除大量轻组分损失外,油品质量也随之降低。如在 7～48 ℃范围内在有透气阀的露天油罐中储存 70 号汽油,十个月后 10%流出温度高约 10 ℃,饱和蒸汽压也会下降;醇型汽车制动液(刹车油)中的乙醇蒸发会使黏度变大;皂化溶解油中的乙醇蒸发后会使乳化性能变差等。

油品在长期储存中还会氧化,使油质量变坏。如汽油柴油的胶质增多,润滑油的酸值增大,润滑脂的游离碱变小或产生游离酸等。减少油品轻组分蒸发和延缓氧化变质的主要措施见表 8-2-2。

表 8-2-2 减少油品轻组分蒸发和延缓氧化变质的主要措施

措　施	具体说明
降低温度,减少温差	温度高时蒸发量大,氧化速度也加剧,所以要选择阴凉地点存放油品,尽量减少或防止阳光暴晒,还要求在油罐外表喷涂银灰色或浅色的涂层,以反射阳光,降低油温。为减少油品与空气接触面积,减少蒸发,应多用罐装,少用桶装。在炎热季节应喷水降温。有条件尽量使用地下、半地下库房或山洞储存油品,以降低储存的温度,延缓氧化,减少油品胶质增长
减少不必要的倒装	每倒装一次油品,就会增加一次蒸发损耗。实践证明,倒装 1 t 汽油,仅呼吸损耗达 1.5～2.0 kg。倒装还会增加油品与空气接触,加速氧化
减少与铜等金属接触	各种金属特别是铜能诱发油品氧化变质。因此,油罐内部不要用铜制部件。油罐内壁涂刷防锈层,能较好地避免金属对油品氧化所起的催化作用(涂层还能防止金属氧化锈蚀),减缓油品变质的进程
减少与空气接触,尽可能密封储存	密封储存油品具有降低蒸发损失,保证油品清洁,延缓氧化变质,减轻容器修饰等优点。密封储存较为适宜存储润滑油。特别是高级润滑油和特种油品,应当采用密封储存,以减少与空气接触和防止污染物侵入

②防止混入水杂质造成油品变质。

油品中的水杂质，绝大部分是在运输、装卸、储存过程中混入的。在全部储存变质的油品中，由于混入水杂质而导致质量不合格的占绝大部分。混入油品中的杂质除了会堵塞滤清器和油路，造成供油中断外，还能增加机件磨损。混入油品中的水分能腐蚀机件（水分在低温下冻结后也能堵塞油路）；水分的存在会造成一些添加剂（如清净分散剂、抗氧抗腐剂、抗爆剂等）分解或沉淀，使其失效；有水分存在时，燃料氧化速度加快，其胶质生成量也加大。加有清净分散剂的润滑油和各种钠基润滑脂遇水会乳化，各种电器专用油品在混入水杂质后绝缘性能急剧变坏。因此，防止混入水杂质，是搞好油品质量管理工作的主要环节。

③防止混油或容器污染变质。

不同性质的油品不能相混，否则会使油品质量下降，严重时会使油品变质。特别是各种中高档润滑油，含有多种特殊作用的添加剂，当加有不同体系添加剂的油品相混时，就会影响它的使用性能，甚至会使添加剂沉淀变质。润滑油中混入轻质油，会降低闪点和黏度；食品机械油脂混入其他润滑油脂，会造成食品污染；溶剂油中混入车用汽油会使馏程不合格并增加毒性。

(9)爆炸品保管要关注质量变化。

在储存过程中，爆炸物品受自然条件和环境条件的影响所发生物理变化、化学变化和生物作用，都有可能引起质量变化。因此须做好保管养护工作，使这种变化造成的损失降低到最低限度。根据季节性变化，必须采取相应的措施，如防汛、防雨水、防高温、防霉变、防自燃、防虫、防鼠咬、防渗漏、防潮解等，就南方地区而言，主要措施有防止阳光直射和高温、加强通风、控制湿度、保证包装的完好等。

①控制爆炸品仓库的温度。

由于很多仓库没有采用自动调节控温设备，通常会采取自然通风降温，只要库外温度比库内温度低，就可进行通风。一天中气温最低的时间一般是凌晨，所以通风降温最好在夜间或早晨进行。通风时可将所有门窗打开，加快空气对流，提高通风降温效果。但雨天则应关闭所有的通风口（包括地窗）。夏季高温时段也可采用库顶喷水降温，但要防止水进入仓库内部。库房顶加一层石棉瓦，中间留 30 mm 左右的空间，利用中间的空气层隔热降温，也可以达到一定效果。

②控制爆炸品仓库的湿度。

库房内湿度过高，易使库存物品吸潮变质，通常也采用通风办法来调节湿度，库房相对湿度一般要求在 55%～80%，理想的湿度范围在 55%～65%之间。通风去潮湿时有以下注意事项：

a. 库外温度和相对湿度都低于库内时，可以进行通风。

b. 当库外温度高于库内温度，但高出范围不超出 3 ℃，库外绝对温度和相对湿度都低于库内时，可进行通风。

c. 库外温度虽然低于室内温度，但绝对湿度和相对湿度都高于库内时，不能进行通风，这种条件下通风会增加库内湿度。

d. 西北风较干燥，而东南风较潮湿，所以通常在刮西北风时通风去潮效果较好。

③定期检查爆炸品的质量。

合格的民爆器材在其特定的包装、储存条件下，也会缓慢地发生一些变化，当环境条件变差时，这些变化会迅速发生。因此库房储存保管不仅要保证出入库的物品数量准确，也应保证所储存物品的质量，以保证民爆产品在有效期内的正常使用。

对于常用民爆器材来讲，影响储存质量的外界因素主要是温度和湿度，如硝铵炸药，吸潮后其爆炸性能下降，直接影响到使用效果，吸潮严重的甚至会出现潮解和拒爆。含有大于0.3%水分的硝铵炸药，在储存温度变化时容易发生结块（硬化），也会使其爆炸性能下降，起爆后出现非正常的燃烧，甚至无法被起爆。含水炸药（乳化炸药、浆状炸药等）在温度较高时也特别容易发生破乳。工业雷管吸潮后也会出现起爆性能下降，延期雷管吸潮后其秒量大大增加，甚至发生拒爆。因此对储存两个月以上的工业炸药或储存半年以上的雷管，组织定期的质量检查是十分必要的。

④养护管理措施。

根据国家有关规定，结合爆炸品的具体情况，制定出储存养护的管理规定。

a. 每个仓库内应设置干湿温度计，对库房温度、湿度每日至少检查记录一次，通风前必须先检查室内外温度，条件合适时才进行通风。

b. 遇恶劣天气，如雷雨、大风、冰雹等情况，必须及时检查库存货物的情况。

c. 制定定期取样检查货物质量的制度。

d. 经常保持库容整洁，做好清洁卫生工作，消除害虫、鸟、鼠生存繁殖条件，要求做到库内库外垃圾、污水、杂草三不留。

e. 不应开包储存爆炸品，对已开包的产品或包装破损的产品应及时作防潮包装处理。

⑤爆炸品一般应直接提装，如临时存放应使用专用仓库，由专人保管。

仓库、场地应设置必要的通风、降温、防汛、避雷、消防等安全设施，并采取有效的防火隔离措施，所使用的电器应是防爆型的。在库、场保管期间不得打开包装件检查，确需检查时，应移至安全处所，严格遵守各项安全操作规程。存放爆炸品的仓库，必须加强库温控制，每日定时观测，做好记录。根据需要做好降温或防冻工作。爆炸品禁止与氧化剂、酸、碱、盐类以及易燃物和金属粉末等同库存放。铁路运输与海运相同，在承运爆炸品时取消了仓储环节，采用直装直提的方法。航空运输对时间要求精度高，运送飞行时应变能力差，所以规定航空运输禁运爆炸品。

【拓展知识】

爆炸品库的警卫和保管员的职责

警卫和保管员都须懂得所存爆炸物品的性能和发生事故后的紧急处置措施，而且要求具备一定文化程度，工作责任心强、身体健康。

警卫负责守卫库房，做好防火、防盗、防破坏和防止发生意外事故的发生，其主要职责有：

(1)坚守岗位，不准擅离职守，严防爆炸物品丢失被盗或使库房受到损坏。

(2)对出入库的人员、货物、车辆进行检查、验证、登记。

(3)严防无关人员进入库区。对进入库区的人员和车辆实施安全监督，严防将火具，火种，其他易燃、易爆危险物品带入库区。

(4)定期对库房的防盗报警装置进行检查，保证其有效。

(5)及时报告或消除库区内外的异常情况。

(6)负责库内巡查。

保管员的任务是负责对爆炸物品的收发和管理库房，主要职责有：

(1)收存爆炸物品要坚持“四不入”。

①没有公安机关签发的爆炸物品运输证或没有其他规定的手续不入库。

②爆炸物品的品种、数量不清不入库。

③库内混存、超量不入库。

④过期失效、变质的爆炸物品不入库。

(2)发放爆炸物品要坚持“四不发”。

①没有公安机关签发的爆炸品运输证或没有本单位的发料单据不发。

②运输爆炸物品的工具不符合规定和没有押运人员不发。

③品种、数量与单据不符不发。

④过期失效、变质的爆炸物品不发。

(3)收发爆炸物品做到准确无误,认真登记账目,做到日清月结,账物相符。发现爆炸物品丢失被盗,要立即报告。

(4)经常进行巡回检查,检查的主要内容如下:

①爆炸物品的堆垛是否牢稳,包装有无破损。

②库内温度、湿度是否正常。

③所存物品有无失效、变质现象。

④有无短少、丢失或被盗情况。

⑤消防用具是否齐全有效,水源是否充足。

⑥库房建筑、防护土堤、围墙是否完好。

⑦防雷系统、电气线路是否有异常。

(5)及时清理杂物,保持库内整洁。

(6)监督装卸作业,制止装卸过程中的不安全行为。

(7)及时报告或消除库区内外的异常情况。

(8)做好收发货记录、库房巡查记录,在收、发货单上签名。

【素养涵育】

储存危险品违规的相关处罚条例

《危险化学品安全管理条例》第二十四条第一款:“危险化学品应当储存在专用仓库、专用场地或者专用储存室(以下统称专用仓库)内,并由专人负责管理;剧毒化学品以及储存数量构成重大危险源的其他危险化学品,应当在专用仓库内单独存放,并实行双人收发、双人保管制度。”

《危险化学品安全管理条例》第八十条第一款第四项:“生产、储存、使用危险化学品的单位有下列情形之一的,由安全生产监督管理部门责令改正,处 5 万元以上 10 万元以下的罚款;拒不改正的,责令停产停业整顿直至由原发证机关吊销其相关许可证件,并由工商行政管理部门责令其办理经营范围变更登记或者吊销其营业执照;有关责任人员构成犯罪的,依法追究刑事责任:

(四)未将危险化学品储存在专用仓库内,或者未将剧毒化学品以及储存数量构成重大危险源的其他危险化学品在专用仓库内单独存放的。”

《中华人民共和国刑法》第一百三十四条之一第三项:“【危险作业罪】在生产、作业中违反有关安全管理的规定,有下列情形之一,具有发生重大伤亡事故或者其他严重后果的现实危险的,处一年以下有期徒刑、拘役或者管制:

(三)涉及安全生产的事项未经依法批准或者许可,擅自从事矿山开采、金属冶炼、建筑施工，以及危险物品生产、经营、储存等高度危险的生产作业活动的。”

想一想：为什么储存危险品违规会受到如此严重的处罚？

【课后测试】

一、判断题

1. 危险品堆垛高度，液体商品一般不超过 3 m，固体商品一般不超过 2 m。（　　）

2. 危险品库的消防器材、配电箱周围 1 m 内禁止堆货或放置其他物品。（　　）

3. 苫垫危险品的苫垫材料必须分类专用和分别存放，同时也可以用于苫垫其他货物。（　　）

4. 应对危险品仓库实行定期检查制度，检查间隔不宜超过 5 d。（　　）

5. 储存腐蚀性商品的仓库附近应设水池或冲洗设备，预防操作中万一包装破裂、人身沾染时，便于迅速浸水、及时冲洗解救。（　　）

二、填空题

1. 爆炸品一般应直接________，如临时存放应使用________仓库，由________保管。

2. 放射性货物应________存放，如无专库存放时，应组织车船________。

3. 各种空运危规都规定航空运输________爆炸品。

4. 易燃气体与助燃气体________同库存放。

5. 不应开包储存爆炸品，对已开包的产品或包装破损的产品应及时做________包装处理。

【练习巩固】

由于施工需要，物资采购人员采购了 48 kg 炸药、50 枚电雷管。为了省事，采购人员携带所购物品乘客运汽车返回施工现场。货物送达后，由仓库管理员负责仓储管理工作。管理员为了取用方便，将炸药和电雷管全部放在仓库入口处，并且堆放处没有明显的标志，也未做任何防火、防电、防雷措施。

(1)案例中民爆品的仓储存在哪些问题？

(2)正确的民爆品仓储应该注意哪些事项？

【任务评价】

评价内容		总分值	分值	评价标准	评价分值				
					教师评价	小组互评	小组自评	教学平台评价	综合评价
课前	知识学习	20	10	能完成课前学习					
	课前测试		10	能完成全部测试					
课中	技能评价	60	10	能正确说出危险品堆放、装卸、保管的基本措施					
			10	能分析确定危险品的堆垛参数					
			10	能制定危险品库内保管方案					
			20	能监督危险品的装卸作业					

续上表

<table>
<tr><th colspan="2" rowspan="2">评价内容</th><th rowspan="2">总分值</th><th rowspan="2">分值</th><th rowspan="2">评价标准</th><th colspan="5">评价分值</th></tr>
<tr><th>教师评价</th><th>小组互评</th><th>小组自评</th><th>教学平台评价</th><th>综合评价</th></tr>
<tr><td>课中</td><td>课堂表现</td><td>60</td><td>10</td><td>①课堂态度端正，积极参与活动，团队协作能力强；
②能灵活应用知识和技能、自主探究、协作完成任务；
③能熟练运用信息化技术手段和工具分析解决问题；
④出勤签到</td><td></td><td></td><td></td><td></td><td></td></tr>
<tr><td rowspan="2">课后</td><td>练习巩固</td><td rowspan="2">20</td><td>10</td><td>完成结果质量高，符合要求</td><td></td><td></td><td></td><td></td><td></td></tr>
<tr><td>课后测试</td><td>10</td><td>完成课后测试题</td><td></td><td></td><td></td><td></td><td></td></tr>
<tr><td colspan="5">合　计</td><td></td><td></td><td></td><td></td><td></td></tr>
</table>

注："教学平台评价"栏可根据实际教学需求选用。

【案例阅读】

违规储放危险品

2021 年 3 月 25 日，某县应急管理局执法人员对该县某村一居民家的仓库检查发现，该仓库储存固化剂、稀释剂等共计 824 桶，约 12 t，经专业机构抽样检验，均系危险化学品。仓库系砖瓦结构，四周为红砖砌墙，外表水泥粉刷，屋顶为木梁结构，外盖石棉瓦，仓库内无消防设施。仓库后方设有 1 间作业间、2 间卧室，附设 1 间厨房、1 间洗手间，卧室用于 2 名员工居住。仓库人货混居，为典型的"三合一"场所，存在重大事故隐患。

经查，该仓库系某建材贸易有限公司于 2020 年 12 月租用，用来储存公司经营的固化剂等危险化学品。该公司于 2019 年取得危险化学品经营许可证，经营方式为不带储存设施经营，许可范围包含聚氨酯树脂涂料、聚酯树脂涂料等。

该仓库属于普通仓库，不具备危险化学品储存条件。该公司将危险化学品储存在普通仓库的行为，涉嫌违法。应急管理局于 2021 年 3 月 29 日立案调查，对违法储存的危险化学品予以扣押。公司主要负责人谭某某未经依法批准或许可，擅自储存危险化学品的行为，涉嫌危险作业罪，应急管理局于 2021 年 4 月 12 日将谭某某涉嫌犯罪的案件移送该县公安局调查处理。2021 年 8 月 23 日，该县公安局决定对谭某某涉嫌危险作业罪立案侦查，并将此案移送县人民检察院审查起诉。2021 年 12 月 16 日，县人民检察院认定，犯罪嫌疑人谭某某犯罪情节轻微、且有自首情节，决定对谭某某不起诉。2022 年 6 月 27 日，该县应急管理局对该建材贸易有限公司下达《行政处罚告知书》，罚款人民币 6 万元。

想一想：普通仓库储存危险品有哪些危害？

学习记录单

<table>
<tr><th colspan="4">学生任务分配表</th></tr>
<tr><td>小组名称</td><td colspan="2"></td><td>组　长</td></tr>
<tr><td rowspan="7">小组成员及分工</td><td>姓　名</td><td>学　号</td><td>任务分工</td></tr>
<tr><td></td><td></td><td></td></tr>
<tr><td></td><td></td><td></td></tr>
<tr><td></td><td></td><td></td></tr>
<tr><td></td><td></td><td></td></tr>
<tr><td></td><td></td><td></td></tr>
<tr><td></td><td></td><td></td></tr>
<tr><th colspan="4">学习过程</th></tr>
<tr><td colspan="4">课前：收集相关资料，做好预习，并完成课前测试。
1. 测试成绩：＿＿＿＿＿＿
2. 学习记录</td></tr>
<tr><td colspan="4">课中：按照任务实施要求，完成任务学习。
1. 任务实施记录
2. 任务实施总结</td></tr>
<tr><td colspan="4">课后：完成课后测试及练习巩固作业，诊断得失反思改进。
1. 课后测试成绩：＿＿＿＿＿＿
2. 课后巩固作业记录
3. 课后反思</td></tr>
</table>

任务 8-3 危险货物出库作业

【任务描述】

某仓储公司的危险品仓库存储一批烟花爆竹，20××年 9 月 1 日该烟花爆竹的客户要求出库 100 箱。

请为该批烟花爆竹的出库制订合理的出库方案，确保货物出库作业安全。

【任务实施】

课前：收集相关资料，做好预习，并完成课前测试（扫描二维码获取）。

课前测试

8-3

课中：4～6 人分组，借助信息化技术手段，查资料并思考研讨，为烟花爆竹的出库制定合理的出库方案。

课后：完成课后测试及练习巩固作业，并整理总结学习材料，诊断得失反思改进。

【相关知识】

一、危险品的处置

对于废弃的危险品，危险品废弃物，货底，地角货，垃圾，仓储企业停业时的存货、容器等，仓库要采取妥善的处置措施，如随货同行、移交、封存、销毁、中和、掩埋等无害处理措施，不得留有事故隐患。剧毒危险品发生被盗、丢失、误用，应立即向当地公安部门报告。

二、危险品的出库

(1)外来人员必须穿戴合适。一般情况下需穿长袖长裤、平底鞋，禁止穿凉拖、短袖上衣、短裤等，进入库区必须穿戴合适的个人劳防用品，如安全帽。

(2)禁止火源进入库区，如打火机、火柴等，如需进入甲类库区，必须关闭手机。

(3)根据出库单证上所列名称、规格、等级、数量核对实物无误后，按“先进先出，后进后出，推陈储新”的原则，办理出库手续。

(4)危险品出库时，一次提货量超过 0.5 t 时，要发出场证，交通运输员陪送出场。仓库保管员应按“先进先出”原则组织货物出库，并认真做好出库清点工作。

(5)提货车辆和提货人员一般不得进入存货区，由仓库搬运人员将应发商品送到货区外的发货场。驾驶员、押运员必须听从库区操作人员安排，不得在库区随意闲逛，更不得随意进入库房。外来提送货人员未经仓库工作人员允许，不得擅自进行装卸操作。

(6)所有人员、车辆出入危险品库都应做记录或登记。详细做好危险品出库的情况登记。所记录的内容至少应包括提货单位、车型、车辆牌照号、司机及押运人员姓名、时间、货物名称、产品品种规格、生产日期、批号（若是工业雷管还要记录货物箱号及雷管起止顺序号）、货物数量。

(7)危险品出库交接时，双方人员应分别在对方的交（运）货单、收货单（记录）上履行签字手续。从事配送业务时，内部人员之间出现危险品的交接时也应履行交接手续和做好相关记录。

三、实例:某公司危险品出库规定

(1)生产车间根据生产安排由指定人员填写可追溯一式二联编码出料单,并经生产主管批准,派专人到仓库领料,由剧毒品保管员与生产车间对接。

(2)仓库接到领料单先审核,无误后查对库存是否能满足要求,若能,按正常程序领料,若不能,及时向供应部发出库存警报,同时告知生产车间,调整生产计划。

(3)领料人当面点清所领货物的数量、品种、型号、规格,领料人在收货后在领料单上签字生效。一联留仓库,一联由领料人回执备查。

(4)仓库出料后及时做好标识卡登记工作和账册记录,以做到账、卡、物相符。确保财务统计正确。要求生产车间所领物料由专人负责领料统计,以便与仓库对接。

(5)仓库以领料单为准每日登记入账,并在规定时间内上报财务部及相关部门。

(6)每日了解库存情况,发现问题及时处理和汇报。做到一切货物出库以单据为凭,不得任意以白条和口头形式通知出入库。每月与财务进行数据核对。

四、危险品的送货

车辆运送时,应严格按危险品分类要求分别装运,对怕热怕冻的货物需按有关规定办理。

例如,某公司对进入危险品库的车辆要求如下:所有提货车辆必须符合国家运输规定,并且遵守公司的安全规定。为保证仓库及货物的安全,公司会严格控制车辆并进行检查。具体执行标准见表 8-3-1。

表 8-3-1　某公司危险品库车辆控制标准表

检查项目	处理办法
司机/押运员是否持有有效的驾驶执照/押运证和从业资格证	若否,拒装
车辆是否有有效的行驶证和道路运输证	若否,拒装
如果是剧毒品,车辆是否有有效的剧毒品运输通行证	若否,拒装
随车是否携带有化学品安全技术说明书和道路运输危险货物安全卡	若否,拒装
是否有送/出货单	若否,拒装
货车是否按有关规定安装有危险货物顶灯	若否,拒装
货车是否满足危险货物安全标识要求	若否,拒装
如果运输一般危险品,车上是否配备灭火器(至少 2 个)	若否,自行配置
灭火器压力是否在工作区域且签封完好	若否,记录
车辆是否安装有机动车排气火星熄灭器	若否,自行配置
车辆是否装有全球卫星定位系统	若否,记录
车上是否配有急救箱	若否,记录
驾驶员和押运员是否配有安全帽	若否,自行配置
驾驶员和押运员是否配有化学品防护镜	若否,自行配置
驾驶员和押运员是否配备长袖工作服及工作裤	若否,拒装
驾驶员和押运员是否配备安全鞋	若否,拒装

续上表

检查项目	处理办法
驾驶员和押运员是否配备耐化学品手套	若否,自行配置
车辆总体外观是否良好,无跑、冒、滴、漏现象	若否,拒装
车辆是否安装反光带	若否,记录
驾驶座是否配有安全带	若否,记录
司机和押运员是否有酗酒、吸毒或服用处方药的症状	若是,拒装

【拓展知识】

民爆器材存储条件的一般性规定

(1)民爆器材仓库的设置、平面布置、围墙、道路、库房结构及防火、防爆、防雷、防静电、防潮、防盗、防汛("七防")设施应符合国家有关规范(规程、标准)的要求。

(2)民爆器材必须储存在专用仓库内,仓库在投入使用前应通过安全评价和行业管理部门组织的验收,并取得行业主管部门核发的存储许可。

(3)建立了完善的安全生产责任制、安全管理制度和操作规程,建立了安全生产事故的应急预案。

(4)民爆器材仓库应设置仓库负责人,配备足够的、固定的仓库管理人员和保卫人员,设置固定和流动的岗哨。

(5)仓库管理人员、库管员、警卫、驾驶员、押运员、装卸工应了解产品的性能,掌握相应的安全生产知识,并经培训考试合格后持证上岗。爆破器材生产经销单位的库管员、驾驶员、押运员属国家规定的特种作业人员,培训单位应具有国家认可的培训资质。

(6)仓库大门及区域内应设安全警示标志(如防火防爆、严禁烟火、轻拿轻放、禁止撞击、严禁野蛮装卸等),各库房入口右侧外墙的明显位置处应设置仓库标识(标明仓库名称、储存品种、建筑物危险等级、定员、建筑面积、允许储量、危害特性、责任人等)和危险品存放位置图。

(7)严禁将民爆器材分发给承包户或个人保管。使用单位临时存放民爆器材的仓库、储存点应得到当地公安机关批准。

【素养涵育】

危险货物运输

一辆自东向西行驶运载乙醇的轻型货车,与前方停车排队等候的大型普通客车发生追尾碰撞,轻型货车运载的乙醇瞬间大量泄漏起火燃烧,致使大型普通客车、轻型货车等 5 辆车被烧毁。事故造成 54 人死亡、6 人受伤(其中 4 人因伤势过重医治无效死亡),直接经济损失 5 300 余万元。

经调查,该事故直接暴露的主要问题有:

(1)轻型货车未取得危险货物"道路运输证",属于违法运输危险货物。

(2)轻型货车存在非法改装和伪装。非法加装可移动的塑料罐体用于运输乙醇。

(3)轻型货车核定载货量 1.58 t,实际装载乙醇 6.52 t,属于严重超载运输。

想一想:危险货物运输严格管理有何意义?

【课后测试】

一、判断题

1. 剧毒危险品发生被盗、丢失、误用,应立即向当地公安部门报告。 ( )

2. 对于废弃的危险品、危险品废弃物、货底、地角货、垃圾、仓储停业时的存货、容器等,仓库可以随意处理。 ( )

3. 危险品出库一定要做好清点工作。 ( )

4. 危险品出库时,提货车辆和提货人员可以进入存货区,一般搬运装车。 ( )

5. 危险品出库装车时,可以不考虑货物类别同装到一辆车上。 ( )

二、填空题

1. 危险品出库时装运车辆时,应严格按危险品分类要求________装运。

2. 对所有人员、车辆出危险品库都应做________。

3. 提货人员________在库区随意闲逛,更________随意进入库房。

4. 工作人员进入甲类危险品库区,必须________手机。

5. 进入危险品库区必须穿戴________的个人劳防用品,例如安全帽。

【练习巩固】

请为某危险品库制定关于货物装运车辆的管理制度。

【任务评价】

评价内容		总分值	分值	评价标准	评价分值				
					教师评价	小组互评	小组自评	教学平台评价	综合评价
课前	知识学习	20	10	能完成课前学习					
	课前测试		10	能完成全部测试					
课中	技能评价	60	10	能正确说出危险品处置办法					
			10	能正确说出危险品出库要求					
			10	能制定危险品出库方案					
			20	能完成危险品的出库作业					
	课堂表现		10	①课堂态度端正,积极参与活动,团队协作能力强; ②能灵活应用知识和技能、自主探究、协作完成任务; ③能熟练运用信息化技术手段和工具分析解决问题; ④出勤签到					
课后	练习巩固	20	10	完成结果质量高,符合要求					
	课后测试		10	完成课后测试题					
合计									

注:"教学平台评价"栏可根据实际教学需求选用。

【案例阅读】

违规运输危险品

20××年6月17日，执法人员在某物流基地对一辆挂车进行执法检查时，发现该车所运载的货物为“冰醋酸”。冰醋酸又名乙酸，易燃易爆，具有腐蚀性、强刺激性，可致人体灼伤，属于八类危险品。然而，当事驾驶员张某并不能出示危险货物运输相关证件，涉嫌非法运输危险化学品，目前正在进一步调查。

根据执法人员介绍，当天检查中发现问题后，便迅速对该车进行控制并开展进一步调查，“1件，2件，3件……207件！每件10桶！”通过清点发现，车内共装载规格为2.5 L的冰醋酸2 070桶，总计5.175 t。执法人员表示，运输危险化学品不同于一般物流，是一项技术性和专业性很强的工作，2 070桶冰醋酸，就是一个移动的安全隐患，稍有不慎，后果不堪设想。随后，执法人员现场立即联系了专业危险化学品运输车辆，将该批冰醋酸实施安全转运，消除隐患。

经调查，该趟次危险货物运输由某运业有限公司组织和经营，违反了《道路危险货物运输管理规定》第八条、第十条规定。按照《道路危险货物运输管理规定》第五十五条第一项规定，该运业有限公司将面临停止非法道路危险货物运输经营并处3万元以上10万元以下的罚款。

想一想：为什么要对危险品运输进行严格审查和管理？

学习记录单

<table>
<tr><th colspan="4">学生任务分配表</th></tr>
<tr><td>小组名称</td><td colspan="2"></td><td>组　长</td></tr>
<tr><td rowspan="7">小组成员及分工</td><td>姓　名</td><td>学　号</td><td>任务分工</td></tr>
<tr><td></td><td></td><td></td></tr>
<tr><td></td><td></td><td></td></tr>
<tr><td></td><td></td><td></td></tr>
<tr><td></td><td></td><td></td></tr>
<tr><td></td><td></td><td></td></tr>
<tr><td></td><td></td><td></td></tr>
<tr><th colspan="4">学习过程</th></tr>
<tr><td colspan="4">课前:收集相关资料,做好预习,并完成课前测试。
1. 测试成绩:________
2. 学习记录</td></tr>
<tr><td colspan="4">课中:按照任务实施要求,完成任务学习。
1. 任务实施记录

2. 任务实施总结</td></tr>
<tr><td colspan="4">课后:完成课后测试及练习巩固作业,诊断得失反思改进。
1. 课后测试成绩:________
2. 课后巩固作业记录

3. 课后反思</td></tr>
</table>

模块四

仓储商务管理

- 仓储商务管理
  - 项目九　仓储合同与仓单业务管理
    - 任务9-1　仓储合同管理
    - 任务9-2　仓单业务管理
  - 项目十　仓储成本与绩效管理
    - 任务10-1　仓储成本控制
    - 任务10-2　仓储绩效分析

项目九
仓储合同与仓单业务管理

通过仓储合同管理和仓单业务管理，能够有效防范仓储过程中产生的纠纷。通过学习仓储合同订立、生效和无效条件、仓单分割等内容，构建对仓储合同、仓单的认知结构和技能基础。

学习目标

素养目标

- 培养仓储成本意识和法律意识
- 培养灵活应用专业知识解决实际问题的能力

知识目标

- 掌握仓储合同的内容
- 掌握仓储合同的订立、生效和失效条件等
- 掌握仓单的法律意义、仓单签发、分割和转让

技能目标

- 能够根据企业实际拟定仓储合同
- 能够根据制定的仓储合同解决实际发生的问题
- 能够根据客户需求进行仓单签发、分割和转让业务等

任务 9-1　仓储合同管理

【任务描述】

2023 年 2 月 3 日，Y 公司拟与 M 仓储公司签订一份仓储合同，由 M 公司仓储精致面粉（高筋，50 kg/袋）10 000 袋，价值 80 万元。保管期限为 2023 年 2 月 10 日到 5 月 10 日，储存费为 5 万元，任何一方违约，均按存储费的 10%支付违约金。双方确定于 2023 年 2 月 8 日在

M 仓储公司的办公楼 105 会议室签订编号为 0120 的仓储合同。双方约定，货物入库和出库地点均为 M 公司仓库，货物检验期限为 1 d，地点在 M 公司的收货仓库，M 公司只负责外包装检验，不对其内部质量负责。仓储物要实施防霉防潮的保管措施。仓储物已办理保险，险种名称为平安险、财产保险，保险期限为 2023 年 1 月 1 日到 2023 年 10 月 20 日，保险人名称为胡某。合同期间若发生争议，由双方当事人协商解决，双方均可提交被诉方所在地法院裁决，一切经济损失由败方承担。逾期不提货或者超过合同所述存储量时，除缴纳仓储费外，还应增加费用，按照每月 10 000 元收取。提前提取的，不减收仓储费。提取货物结算仓储费时要结算完毕，且提取货物时，要求仓储物完好无损，如有损耗，保管人向存货人赔偿因此造成的损失。提取货物时，要进行实物检验，货物一经经办人签收，出库后出现的损坏、缺少等情况保管人不予承担责任。如遇不可抗力，致使合同所述条件不能实现，合同即可解约。

双方签约人信息如下：

甲方(存货人)代表章某；开户行：建行；账号：328884590；地址：石家庄市 R 路 100 号。

乙方(仓储人)代表顾某；开户行：建行；账号：328860903；地址：石家庄市 Q 路 89 号。

(1)请帮 M 仓储公司起草一份仓储合同。

(2)Y 公司到期提取货物时发现 100 袋面粉受潮，于是要求 M 公司赔偿，M 公司引用《民法典》第八百九十三条抗辩：“寄存人交付的保管物有瑕疵或者根据保管物的性质需要采取特殊保管措施的，寄存人应当将有关情况告知保管人。寄存人未告知，致使保管物受损失的，保管人不承担赔偿责任；保管人因此受损失的，除保管人知道或者应当知道且未采取补救措施外，寄存人应当承担赔偿责任。”请判断 M 公司的抗辩理由是否能够成立。

(3)Y 公司 2023 年 5 月 10 日来提取最后一批货物时，双方因为仓储费发生了争执，原因是 Y 公司虽然约定 2 月 10 日就将货物送到 M 公司仓储，实际上 Y 公司的货物是 2 月 25 日才存入仓库，所以 Y 公司认为应当少付仓储费 8 300 元。M 公司拒绝 Y 公司少付仓储费，理由是 M 公司早就在 2 月 10 日就腾空了仓库，准备 Y 公司的货物入库，但是 Y 公司货物一直未能入库，这和仓库没有关系。Y 公司认为已提前通知 M 公司 2 月 25 日货物入库，因此在 2 月 10 日到 2 月 24 日期间，仓库可不必闲置，因此 Y 公司拒绝支付 8 300 元的仓储费。M 公司于是拒绝 Y 公司提取剩余价值 15 万元的货物。

请问 Y 公司要求减少仓储费的行为是否合理？为什么？

M 公司在 Y 公司拒绝足额支付仓储费的情况下，是否可以拒绝其提取货物？为什么？

【任务实施】

课前：收集相关资料，做好预习，并完成课前测试(扫描二维码获取)。

课中：4～6 人分组，借助信息化技术手段，查资料并思考研讨，起草一份仓储合同，并分析完成【任务描述】中的要求。

课后：完成课后测试及练习巩固作业，并整理总结学习材料，诊断得失反思改进。

课前测试

9-1

【相关知识】

《民法典》第九百零四条指出：“仓储合同是保管人储存存货人交付的仓储物，存货人支付仓储费的合同。”提供仓储保管服务的一方是保管人，接受存储保管服务并支付报酬的一方是存货人。存货人交付存储物，并支付合同规定的存储费是仓储合同成立的必要条件。

一、仓储合同的特征

（1）保管人必须是拥有仓储设备并从事仓储保管业务的人。

仓储是一种商业行为，仓储保管人必须拥有用于储存和保管仓储物的设施。按照相关法律规定，保管人必须是经工商行政管理机关核准，依法从事仓储保管业务的法人。

（2）仓储保管的对象须为动产。作为仓储物的动产不限于特定物，也可以是种类物。若为特定物，则储存期限届满或依存货人的请求返还仓储物时须采取原物返还的方式；若为种类物，则只需返还该种类的相同品质、相同数量的替代物即可。

（3）存货人的货物交付或返还请求权以仓单为凭证。仓单具有仓储物所有权凭证的作用。作为法定的提取或存入仓储物的书面凭证，仓单是每一仓储合同中必备的，因此仓单是仓储合同中最为重要的法律文件之一。

（4）仓储合同是双务、诺成、有偿、不要式合同。仓储合同双方均担负义务，一方提供服务，一方给付报酬和其他费用。仓储合同自双方达成合意时起就成立，而不需存储物品的实际交付。仓储合同既可以书面形式，也可以口头形式。只要符合《民法典》关于合同成立的要求，合同即告成立，而无须交付仓储物。即意思表示一致后，双方当事人即受合同约束，任何一方不按合同约定履行义务，都要承担违约责任。

仓储合同与保管合同的区别见表 9-1-1。

表 9-1-1　仓储合同与保管合同的区别

项　　目	仓储合同	保管合同
保管人资格	具备仓储业务资格	无特定要求
生效时间	自合同成立之时起	发生实际交付之时
是否有偿	有偿	有偿或无偿
保管物	特定物或非特定物	特定物
承担责任	承担过错责任	存在重大过失时承担责任

二、仓储合同的主要条款

仓储合同的主要条款内容包括：

（1）仓储物的品名、品种、规格、数量和质量。

（2）货物包装。

（3）验收的资料、标准、方法和期限。

（4）保管条件、保管要求等。

（5）货物进出库手续、时间、地点、运输方式等。

（6）货物损耗标准和损耗的处理。

（7）计费项目、标准和结算方式、银行、账号、时间。

（8）责任划分、违约处理、不可抗力等。

（9）保管期限。

（10）变更和解除合同的期限。

（11）其他。

仓储合同范本可扫描二维码获取、学习。

阅读

仓储合同（范本）

三、仓储合同的生效与无效

根据《民法典》第九百零五条规定："仓储合同自保管人和存货人意思表示一致时成立。"但这并不意味着仓储合同的成立与生效是一回事。若当事人约定合同的生效须满足一定条件的，则仓储合同的生效时间应在合同成立后、条件达成时。已订立的合同若违反了法律规定，应被认定为无效，视为无效合同。合同无效由人民法院或仲裁机构、工商行政机关认定，可以认定合同整体无效或者部分无效，无效合同可采取变更或撤销的方式处理。合同无效可以在合同订立之后、履行之前、履行之中或履行之后认定，无论无效合同在何时认定，合同都是始终无效的，即无效合同所产生的民事关系无效，并且可依法对造成合同无效的一方给予处罚。合同生效与无效的条件见表 9-1-2。

表 9-1-2　合同生效与无效的条件

条　件	内　容
生效条件	当事人订立合同时具有相应的民事行为能力
	当事人各方意思表示真实
	合同不违反法律或社会公共利益
无效条件	一方以欺诈、胁迫手段订立
	恶意串通，损害国家、集体或者第三人利益
	以合法形式掩盖非法目的
	损害社会公共利益
	违反法律、行政性强制性规定
	无效代理的合同

四、仓储合同中的违约责任与免责

1. 仓储合同中保管人的违约责任

(1)保管人验收仓储物后，在仓储期间发生仓储物的品种、数量、质量、规格、型号不符合合同约定的，承担违约赔偿责任。

(2)仓储期间，因保管人保管不善造成仓储物毁损、灭失，保管人承担违约赔偿责任。

(3)仓储期间，因约定的保管条件发生变化而未及时通知存货人，造成仓储物的毁损、灭失，由保管人承担违约损害责任。

2. 仓储合同中存货人的违约责任

(1)存货人没有按合同的约定对仓储物进行必要的包装或该包装不符合约定要求，造成仓储物的毁损、灭失，自行承担责任，并由此承担给仓储保管人造成的损失。

(2)存货人没有按合同约定的仓储物的性质交付仓储物，或者超过储存期，造成仓储物的毁损、灭失，自行承担责任。

(3)危险有害物品必须在合同中注明，并提供必要的资料，存货人未按合同约定而造成损失，自行承担民事和刑事责任，并承担由此给仓储保管人造成的损失。

(4)逾期储存，承担加收费用的责任。

(5)储存期满不提取仓储物，经催告后仍不提取，存货人承担由此提存仓储物的违约赔偿责任。

3. 仓储合同违约责任的免除

仓储合同订立后，如果客观上发生某些情况阻碍了当事人履行仓储合同义务，这些情况如果符合法律规定的条件，违约方的违约责任就可以依法免除。

(1)不可抗力。

不可抗力是指当事人不能预见、不能避免并且不能克服的客观情况。它包括自然灾害和某些社会现象。前者如火山爆发、地震、台风、冰雹和洪水侵袭等，后者如战争、罢工等。因不可抗力造成仓储保管合同不能履行或不能完全履行，违约方不承担民事责任。

合同签订后因出现不可抗力的时间不同，会有几种不同的法律后果：当出现不可抗力以后，再要求义务人继续履行义务已无任何可能性时，可以全部免除当事人的履行义务；不可抗力的出现只对合同的部分履行带来影响，在此情况下只能免除不能履行部分的责任；如果不可抗力的出现只是对合同的履行暂时产生影响，等不可抗力的情势消失后，当事人应继续履行合同。

不可抗力的免责是有条件的，在不可抗力发生以后，作为义务方必须要采取以下积极措施才可以免除其违约责任：

①发生不可抗力事件后，应当积极采取有效措施，尽最大努力避免和减少损失，如果当事人有能力避免损失的加剧，但未采取有效措施致使损失扩大，扩大的损失不属于不可抗力造成的损失。

②发生不可抗力事件后，应当及时向对方通报不能履行或延期履行合同的理由。及时通报的目的是使对方当事人根据合同不能履行的具体情况，采取适当措施，尽量避免或减少由此而造成的损失。如果遭受不可抗力的一方没有及时通报，由此而加重了对方的损失，则加重部分不在免责之列。

③发生不可抗力事件后，应当取得有关证明。即遭遇不可抗力的当事人要取得有关机关的书面证明不可抗力发生以及影响当事人履行合同的情况，这样如果日后发生纠纷，也可以做到有据可查。

(2)仓储物自然特性。

根据《民法典》及有关规定，由于储存货物本身的自然性质和合理损耗，造成货物损失的，当事人不承担责任。

(3)存货人的过失。

由于存货人的原因造成仓储物的损害，如包装不符合约定、未提供准确的验收资料、隐瞒和夹带存货人的错误指示和说明等，保管人不承担赔偿责任。

(4)合同约定的免责。

基于当事人的利益，双方在合同中约定免责事项，对免责事项造成的损失，不承担互相赔偿责任。

五、仓储合同中的变更和解除

1. 仓储合同的变更

仓储合同的变更是指对已经合法成立的仓储合同内容在原来合同的基础上进行修改或者补充。如对仓储物数量的增加或减少，对履行期限的推迟或提前，对其他权利义务条款的修改、补充、限制等。

仓储合同的变更一般不涉及已经履行的部分，其效力仅限于未履行的部分。因此，仓储合同的变更并不改变原合同关系，而是在原合同关系基础上对有关内容进行修订，其目的在于便于合同的履行，从而更好地满足合同当事人对经济利益的要求。

仓储合同当事人一方因为利益需要，向另一方提出变更合同的需求，并要求另一方在限期内答复，另一方在期限内答复同意变更，或者在期限内未作答复，则合同发生变更，双方按照变更后的条件履行。如果另一方在期限内明确拒绝变更，则合同不能变更。

仓储合同变更后，被变更的内容即失去效力，存货人与仓储保管人应按变更后的合同来履行义务，变更对于已按原合同所做的履行部分无追索力，效力仅及于未履行的部分。所以任何一方当事人不得因仓储合同的变更而要求另一方返还在此之前所做的履行。仓储合同变更后，因变更而给对方造成损失的，责任方应当承担损害赔偿责任。

2. 仓储合同的解除

仓储合同的解除是指仓储合同订立后，在合同未履行或尚未全部履行时，一方当事人提前终止合同，从而使原合同设定的双方当事人的权利义务归于消灭。它是仓储合同终止的一种情形。仓储合同的解除分为协议解除和法定解除，见表 9-1-3。

表 9-1-3　仓储合同解除的方式

类　别	内　容
协议解除	存货人和保管人双方通过协商或者通过行使约定的解除权而导致仓储合同解除。解除合同协议可以在合同生效后、履行完毕之前双方协商达成；也可以在订立合同时订立解除合同的条款，当约定的解除合同的条件出现时，一方通知另一方解除合同
法定解除	仓储合同有效成立后，在尚未履行或尚未完全履行之前，当事人一方行使法律规定的解除权而使合同效力归于消灭。仓储合同一方当事人所享有的这种解除权是由法律明确规定的，只要法律规定的解除条件成立，依法享有解除权的一方就可以行使解除权

仓储合同解除后，尚未履行的部分，终止履行；已经履行的部分，根据履行情况和合同性质，当事人可以要求采取补救措施。如仓储保管人可要求存货人偿付额外支出的仓储费、保管费、运杂费等；而存货人则可要求仓储保管人恢复原状，返还原物。此外，仓储合同解除后，存货人或仓储保管人应当承担由于合同解除而给对方造成的损失。

【拓展知识】

仓储合同解除的法律后果

1. 终止履行

仓储合同解除的法律效力就是使仓储合同关系消灭，使一切基于该仓储合同而发生的权利、义务关系终止。因此，当仓储合同解除后，其尚未履行的部分要终止履行。

2. 采取补救措施

仓储合同的性质决定了保管人不可能在合同解除时要求存货人恢复原状，而只能要求对方采取折价补偿等方式来补救。如采取偿付额外支出的仓储费、保养费、运杂费等方式。对于仓储物来说，存货人可以要求保管人原物返还。

3. 赔偿损失

仓储合同接触后，存货人或者保管人应当承担因合同解除而给对方造成的损失，该项损失不能因为仓储合同的解除而免除。

【素养涵育】

《民法典》关于仓储合同的规定(部分)

第九百一十二条　保管人发现入库仓储物有变质或者其他损坏的，应当及时通知存货人或者仓单持有人。

第九百一十三条　保管人发现入库仓储物有变质或者其他损坏，危及其他仓储物的安全和正常保管的，应当催告存货人或者仓单持有人作出必要的处置。因情况紧急，保管人可以作出必要的处置；但是，事后应当将该情况及时通知存货人或者仓单持有人。

第九百一十四条　当事人对储存期限没有约定或者约定不明确的，存货人或者仓单持有人可以随时提取仓储物，保管人也可以随时请求存货人或者仓单持有人提取仓储物，但是应当给予必要的准备时间。

第九百一十五条　储存期限届满，存货人或者仓单持有人应当凭仓单、入库单等提取仓储物。存货人或者仓单持有人逾期提取的，应当加收仓储费；提前提取的，不减收仓储费。

第九百一十六条　储存期限届满，存货人或者仓单持有人不提取仓储物的，保管人可以催告其在合理期限内提取；逾期不提取的，保管人可以提存仓储物。

第九百一十七条　储存期内，因保管不善造成仓储物毁损、灭失的，保管人应当承担赔偿责任。因仓储物本身的自然性质、包装不符合约定或者超过有效储存期造成仓储物变质、损坏的，保管人不承担赔偿责任。

想一想：法律意识对仓储作业人员有何重要性？

【课后测试】

一、判断题

1. 仓储合同自成立时生效。（　　）
2. 仓储合同的成立与生效是一回事。（　　）
3. 合同无效必须是在合同履行之中。（　　）
4. 仓储期间，因保管人保管不善造成仓储物毁损、灭失，保管人承担违约赔偿责任。（　　）
5. 仓储合同的解除是指对已经合法成立的仓储合同内容在原来合同的基础上进行修改或者补充。（　　）

二、简答题

1. 仓储合同的主要特征有哪些？
2. 仓储合同解除的主要方式有哪些？
3. 仓储合同违约责任的免除条件有哪些？

【练习巩固】

2023年1月20日，R公司与M仓储公司签订《仓储合同》，合同约定：R公司在M公司仓库中储存纸浆，M公司仓库须保证仓库温度不能高于15 ℃、湿度不得高于70%，需配备相应的降温、除湿设备；存储时间为2023年2月1日至2023年5月30日。R公司按月支付仓储费2.5万元，不得允许未取得R公司签字的出库单的单位或个人提取纸浆，否则由M仓储公司承担一切经济损失。随后，R公司将共500 t纸浆的提单、保险单、发票等单证交付给M

仓储公司仓库，M公司仓库于2月1日收到R公司的货物并存放在仓库。2023年3月4日M公司仓库空调发生故障，直到3月10日故障才被完全排除。在这期间，R公司的纸浆一直存放在平均温度为23℃的环境中，致使纸浆纤维会发生降解，开始霉变。M公司仓库发现上述情况后，多次与R公司联系，但一直无法联系上。为防止双方损失的进一步扩大，M公司于3月30日自行将货物作为废品卖给了收购废品的人，卖得价款70万元。2023年5月30日，R公司向M公司仓库提取上述货物时，M公司不能提供并声称已经自行处理了。双方就赔偿事宜协商未果的情况下，R公司向法院提起诉讼，请求判令M仓储公司赔偿损失人民币256万元，并承担全部诉讼费用。

想一想：仓储合同中M公司仓库的违约责任有哪些？M仓储公司处置货物的方式是否妥当？

【任务评价】

<table>
<tr><th colspan="2" rowspan="2">评价内容</th><th rowspan="2">总分值</th><th rowspan="2">分值</th><th rowspan="2">评价标准</th><th colspan="5">评价分值</th></tr>
<tr><th>教师评价</th><th>小组互评</th><th>小组自评</th><th>教学平台评价</th><th>综合评价</th></tr>
<tr><td rowspan="2">课前</td><td>知识学习</td><td rowspan="2">20</td><td>10</td><td>能完成课前学习</td><td></td><td></td><td></td><td></td><td></td></tr>
<tr><td>课前测试</td><td>10</td><td>能完成全部测试</td><td></td><td></td><td></td><td></td><td></td></tr>
<tr><td rowspan="5">课中</td><td rowspan="4">技能评价</td><td rowspan="5">60</td><td>10</td><td>能说出仓储合同的特征</td><td></td><td></td><td></td><td></td><td></td></tr>
<tr><td>10</td><td>能草拟仓储合同</td><td></td><td></td><td></td><td></td><td></td></tr>
<tr><td>10</td><td>能分析仓储纠纷的简单案例</td><td></td><td></td><td></td><td></td><td></td></tr>
<tr><td>20</td><td>能运用仓储合同的法律知识解决实际问题</td><td></td><td></td><td></td><td></td><td></td></tr>
<tr><td>课堂表现</td><td>10</td><td>①课堂态度端正，积极参与活动，团队协作能力强；
②能灵活应用知识和技能、自主探究、协作完成任务；
③能熟练运用信息化技术手段和工具分析解决问题；
④出勤签到</td><td></td><td></td><td></td><td></td><td></td></tr>
<tr><td rowspan="2">课后</td><td>练习巩固</td><td rowspan="2">20</td><td>10</td><td>完成结果质量高，符合要求</td><td></td><td></td><td></td><td></td><td></td></tr>
<tr><td>课后测试</td><td>10</td><td>完成课后测试题</td><td></td><td></td><td></td><td></td><td></td></tr>
<tr><td colspan="5">合　计</td><td></td><td></td><td></td><td></td><td></td></tr>
</table>

注："教学平台评价"栏可根据实际教学需求选用。

【案例阅读】

提高法律意识

1. 仓储物毁损或灭失违约责任约定不明而引发争议

《民法典》第九百一十七条规定了仓储物在特定情境下毁损、灭失的处理方式，但是，在实践中，仓储物毁损、灭失的损失如何确定，以及当事人是否需要承担额外的惩罚性的违约责任是争议的热点。针对这种情况，建议当事人在合同起草阶段尽可能全面考虑各种情况，明确约定货物保管条件，注明货物合理损耗标准、损耗处理方式、货物保险的办理及损失赔偿计算方法。

2. 仓储物性质不明导致仓储物性状发生变化时引发争议

《民法典》第九百零六、九百一十二和九百一十三条规定了特殊的仓储物及仓储物变质时的处理方式，但是，在实践中，往往会出现当事人对于仓储物的性质约定不明、并未排除生鲜等特殊品类的物品作为仓储物的情况。在这种情况下，如果保管人的仓储条件不足以妥善储存相关特殊品类的物品，则可能对存货人造成损失；而在不知情的情况下储存相关特殊品类的物品，也可能导致保管人的其他存货乃至相关工作人员的安全遭受威胁。针对这种情况，建议当事人在仓储合同中明确列出需要排除的特殊品类的物品，以免后续产生争议。如果事实上确实涉及相关特殊品类的物品，则存货人需要向保管人事先说明，并且依法另行审查保管人的特殊仓储资质、仓储条件等。

想一想：增强法律意识对仓储合同管理有何重要性？

学习记录单

<table>
<tr><th colspan="4">学生任务分配表</th></tr>
<tr><td>小组名称</td><td colspan="2"></td><td>组　　长</td></tr>
<tr><td rowspan="7">小组成员及分工</td><td>姓　　名</td><td>学　　号</td><td>任务分工</td></tr>
<tr><td></td><td></td><td></td></tr>
<tr><td></td><td></td><td></td></tr>
<tr><td></td><td></td><td></td></tr>
<tr><td></td><td></td><td></td></tr>
<tr><td></td><td></td><td></td></tr>
<tr><td></td><td></td><td></td></tr>
<tr><th colspan="4">学习过程</th></tr>
<tr><td colspan="4">课前：收集相关资料，做好预习，并完成课前测试。
1. 测试成绩：＿＿＿＿＿＿
2. 学习记录</td></tr>
<tr><td colspan="4">课中：按照任务实施要求，完成任务学习。
1. 任务实施记录
2. 任务实施总结</td></tr>
<tr><td colspan="4">课后：完成课后测试及练习巩固作业，诊断得失反思改进。
1. 课后测试成绩：＿＿＿＿＿＿
2. 课后巩固作业记录
3. 课后反思</td></tr>
</table>

任务 9-2　仓单业务管理

【任务描述】

Y 公司和 M 仓储公司签订仓储合同(合同编号:0001),存储一批袋装一等玉米(50 kg/袋,货物代码 33390),共计 20 万袋,1 万 t,单价为 3 元/kg,总价值为 3 000 万元,存储日期为 2023 年 1 月 1 日到 2023 年 3 月 1 日,仓储费为 5 万元,自然耗损率为 0.1%。制单时间为存入日期的前一天。货物入库后,全部存入 1 号库 Q 区。合同签订后,Y 公司于 1 月 1 日将货物存入 M 仓储公司。

(1)请协助 M 公司为 Y 公司出具仓单。

(2)2023 年 1 月 15 日,Y 公司要求 M 仓储公司对该批货物的仓单分割为 900 万元和 2 100 万元两张仓单。请出具 M 仓储公司分割后的仓单。

【任务实施】

课前:收集相关资料,做好预习,并完成课前测试(扫描二维码获取)。

课中:4～6 人分组,借助信息化技术手段,查资料并思考研讨,协助 M 公司为 Y 公司出具仓单。

课后:完成课后测试及练习巩固作业,并整理总结学习材料,诊断得失反思改进。

课前测试

9-2

【相关知识】

仓单(warehouse receipt)是保管人收到仓储物后给存货人开付的提取仓储物的凭证。《民法典》第九百零八条规定:“存货人交付仓储物的,保管人应当出其仓单、入库单等凭证”。签发仓单是仓储保管人的法律义务。

一、仓单的法律特性

(1)仓单是提货凭证。在提货时,提货人必须向保管人出示仓单,仓储保管人按合同规定向仓单持有人交付仓储物,并在提货后将仓单收回注销。没有仓单不能直接提取仓储物。

(2)仓单是所有权的法律文书。保管人签发的仓单是仓储物所有权的法律文书,仓储保管人只是对仓储物负有保管责任,存货人对仓储物拥有所有权。

(3)仓单是有价证券。仓单是仓储物的文件表示。仓储保管人依据仓单返还仓储物,占有仓单表示占有仓储物,也意味着占有了被存储的财产和该财产所包含的价值。受让仓单就需要支付与该价值对等的资产或价值,因而仓单是表明仓储物价值的有价证券。

(4)仓单是仓储合同的证明。仓单本身并不是仓储合同,当双方没有书面订立仓储合同时,仓单作为仓储合同的书面证明,可以证明交易双方合同关系的存在,存货人和保管人按照仓单的记载承担合同责任。

(5)仓单可以作为金融工具。仓单代表着仓储物的所有权价值,这种所有权价值是可以作为担保的,因而仓单可以作为交易、质押、财产保证的金融工具和信用保证工具。

二、仓单的内容

《民法典》第九百零九条规定，仓单的内容应包括下列事项：

(1)存货人的姓名或者名称和住所。

(2)仓储物的品种、数量、质量、包装及其件数和标记。

(3)仓储物的耗损标准。

(4)储存场所。

(5)储存期限。

(6)仓储费。

(7)仓储物已经办理保险的，其保险金额、期间以及保险人的名称。

(8)填发人、填发地和填发日期。

《仓单要素与格式规范》(GB/T 30332—2013)明确了仓单必备要素的内容及用语，见表9-2-1。

表9-2-1　仓单必备要素的内容和用语

仓单类型	序　号	要素内容	可选择用语	填写要求
普通仓单、可流转仓单	1	“仓单”字样	仓单，入库单	可流转仓单使用“仓单”字样，普通仓单使用“入库单”字样
	2	仓单编号	编号，No.	—
	3	仓单填发日期	填发日期	汉字大写，如贰零壹贰年拾壹月壹日
	4	存货人名称	存货人，存货单位	存货人(单位)实名全称
	5	存货人住所	存货人地址	—
	6	保管人名称	保管人、保管单位并盖章	保管单位实名全称并盖章
	7	仓储物名称	名称、品种	—
	8	仓储物规格	规格、型号、等级	—
	9	仓储物包装	包装	—
	10	仓储物计量单位	单位	件、千克、立方米等
	11	仓储物数量	数量	—
	12	仓储场所	保管仓库地址	—
	13	交货人	交货人签字、送货人签字	填写“自然人”姓名
	14	收货人	仓库收货人、验收人，填发人	填写“自然人”姓名
可流转仓单	15	仓储物标记	标记、商标、生产厂家、生产日期、产地、含量	—
	16	仓储物损耗标准	损耗标准	—
	17	仓储费率	仓储费率	—
	18	仓储物价格	货物合计金额、货值	货物价值大写、小写同时填写

续上表

仓单类型	序　号	要素内容	可选择用语	填写要求
可流转仓单	19	凭证权利提示	凭单提货	—
	20	仓库发货日期	发货日期、提货日期	—
	21	被背书人签章	被背书人签章	采用电子化仓单的企业，应在系统内保留连续背书的记录，并可供查询确认
	22	背书人签章	背书人签章	—
	23	保管人背书签章	保管人签章	—
	24	背书日期	年、月、日	—
	25	仓单持有人提取货物盖章	仓单持有人提取货物	公章、人名章、手印
	26	发货人	仓库发货人	填写“自然人”姓名
	27	提货人	提货人签字	填写“自然人”姓名
	28	提货人有效证件	提货人有效证件名称及号码	—

三、仓单实务

1. 仓单的签发

当存货人将仓储物交给保管人，保管人验收仓储物完毕后，就应向存货人签发仓单。签发仓单时，应注意以下事项：

(1)必须在仓单上准确描述仓储物的实际情况，特别是不良状况。

(2)若仓储物的瑕疵不影响质量等级或价值，且存货人提供了担保，则保管人可以不在仓单上批注描述仓储物瑕疵；但若存货人不提供担保，则保管人应拒绝签发仓单。

(3)仓单联数应为三联，包括正本提货联、会计记账联和会计底卡联。仓单副本可根据业务需要复制，并注明“副本”二字。

2. 仓单的分割

仓单分割是货物销售转让的重要条件。一般来说，大宗货物的转让不可能是全部货物的交易，往往是部分货物的交易。存货人因为转让仓储物的需要，要求保管人签发分为几份的仓单，或者仓单持有人要求保管人将原先的一份仓单分拆成多份仓单以便向不同人员转让，这就涉及到仓单的分割业务。仓单的分割不仅只是单证的处理，还意味着保管人需要对仓储物的所有权进行分拆，这一般来说是仓储保管人提供的额外服务。

进行仓单分割的前提条件是仓储物必须能够被有效地分拆，且能够达成对仓储费、保险、残损、地脚货的分配协议，并对分割后的仓单持有人具有约束力。保管人对已签发的仓单进行分割时，必须将原仓单收回注销，并对仓单所有人重新签发交割后的若干份仓单。若仓单的分割涉及仓储物的分割，则因分割仓储物而产生的相关费用一般由存货人承担。

3. 仓单的转让

仓单持有人需要转让仓单时，可以通过仓单背书转让的方式进行交易。仓单转让有效的要点为背书过程内容完整，且经保管人签字。

仓单一般为记名仓单，仓单的转让必须采取背书转让的形式。背书转让的出让人为背书人，受让人为被背书人。按要求，背书的格式见表 9-2-2。

表 9-2-2　仓单背书的格式

兹将本仓单转让给×××（被背书人的完整名称） ×××（背书人的完整名称）盖章 背书经办人签名 年　月　日

仓单可以多次背书转让，第一次背书的存货人为第一背书人，第二次转让时，第一次被背书人就成为第二背书人，因而背书过程是衔接的完整过程，任何参与该仓单持让的人都在仓单的背书过程中有相应记载。仓单的转让需要保管人签署，这样仓单的转让才能生效，受让人方可凭仓单提取仓储物，一般来说，在存货人与保管人要约时会提及仓单转让与分割时的业务。

4. 凭单提货

在保管期满或者经保管人同意的提货时间，仓单持有人向保管人提交仓单并出示身份证明，经保管人核对无误后，保管人给予办理提货手续。

（1）核对仓单。保管人要核对提货人所提交的仓单和存底仓单，确定仓单的真实性；核查仓单的背书是否完整，过程衔接是否清楚；核对仓单上的存货人或者被背书人与其所出示的身份证明是否一致。

（2）提货人缴纳费用。如果仓单记载由提货人缴纳仓储费用的，提货人按约定支付仓储费。根据仓储合同约定并记载在仓单上的仓储物在仓储期间发生的仓储人的垫付费用、为仓储物所有人利益的支出、对仓储人或其他人所造成的损害赔偿等费用核算准确并要求提货人支付。

（3）保管人签发提货单证。安排提货，保管人收取费用、收回仓单后，签发提货单证，安排货物出库准备。

（4）提货人验收仓储物。提货人根据仓单的记载与保管人共同查验仓储物，签收提货单证，收取仓储物。如果查验时发现仓储物状态不良，现场编制记录，并要求保管人签署，必要时申请货物检验，以备事后索赔。

5. 仓单灭失后的处理

仓单因故损毁或灭失，原则上提货人不能提交仓单，保管人不能交付货物。因为保管人签发仓单的行为就代表只对仓单承担交货责任。

仓单灭失后的提货方法见表 9-2-3。

表 9-2-3　仓单灭失的提货方法

提货方法	说　明
通过人民法院的公示催告使灭失的原记名仓单失效	根据我国民事诉讼法的规定，原仓单持有人或者仓储合同人可以向人民法院申请对记名仓单进行公示催告 当 60 d 公示期满无人争议，人民法院可以判决原有记名仓单无效，确定有权提货人，并凭法院的判决书提货
提供担保提货	由保管人掌握提货人的担保财产，将来另有人出示仓单而不能交货需要赔偿时，保管人使用提货人的担保财产进行赔偿，在仓单失效后，方可解除担保

6. 不记名仓单的运用

如果交存货物时保管人和存货人达成协议只签发不记名仓单，则所签发的仓单的存货人名称项就可以为空白。在仓单上的存货人项不填写真正的存货人或所有人，而只是填写通知人或者经手人等非实际仓储物的所有人的仓单，也属于不记名仓单。

不记名仓单在转让时无须背书，存期届满由仓单持有人提交，并出示同样的身份证明就能提货。不记名仓单按规定不能提前提货。使用不记名仓单的存货人存在一定的风险，仓单持有人遗失仓单就等于遗失仓储物；同时仓储保管人不能控制仓单的转让，也不知道将来要向谁交货，不能有效地控制债务风险。

【拓展知识】

可转让仓单(样例)

可转让仓单样例如图 9-2-1、图 9-2-2 所示。

×××公司仓单

填发日期(大写)：　年　月　日　　　　NO. ________

存货人：________________　　账号：________________

存储期：________至________　　仓库地址：________________

仓储物名称	规格	单位	数量	包装	标记	仓储费率	备注
货值合计金额(大写)：					¥小写：		
保管人(签章)： 记账：　　复核：					注：仓储物(已/未)办理保险 保险金额¥________元 保险期限：________保险人：________		
……………………拍缝章加盖处……………………							
(附件粘贴处)							

正本提货联

图 9-2-1　可转让仓单正面

被背书人	被背书人	被背书人
背书人签章 年　月　日	背书人签章 年　月　日	背书人签章 年　月　日
保管人签章 年　月　日	保管人签章 年　月　日	保管人签章 年　月　日
持单人向公司 提示取货签章：		姓名： 身份证号码： 发证机关：

粘贴单处

图 9-2-2　可转让仓单背面

【素养涵育】

有法必依

《民法典》第五百四十六条规定："债权人转让债权，未通知债务人的，该转让对债务人不发生效力。债权转让的通知不得撤销，但是经受让人同意的除外。"仓单的转让可能仅仅涉及存货人债权的转让，也可能存在受让人支付仓储费等债务的转让，因而仓单转让需要保管人的认可，经保管人签字或盖章，仓单受让人才能获得提取仓储物的权利。

想一想：工作中严格依法办事有何好处？

【课后测试】

一、判断题

1. 仓单转让不需要保管人的认可。（　　）
2. 不记名仓单在转让时需要背书。（　　）
3. 仓单持有人遗失仓单就等于遗失仓储物。（　　）
4. 仓单分割仅仅是单证的分割。（　　）
5. 仓单签发时必须在仓单上准确描述仓储物的实际情况，特别是不良状况。（　　）

二、填空题

1. 在保管期满或者经保管人同意的提货时间，仓单持有人向保管人提交仓单并出示身份证明，经保管人________后，保管人给予办理提货手续。

2. 仓单是________，因为提货人必须向保管人出示仓单才能提货。

3. 仓单可以作为________，因为仓单可以进行交易、质押等。

4. 仓单签发时若仓储物的瑕疵不影响质量等级或价值，且存货人提供了________，则保管人可以不在仓单上批注描述仓储物瑕疵。

5. 进行仓单分割的前提条件是仓储物必须能够被有效地________，且能够达成对仓储费、保险、残损、地脚货的________协议，并对分割后的仓单持有人具有________。

【练习巩固】

某食品公司买入一批罐头，400 g×20 听/箱，商品编码是 040321，进仓单号 089。进入食品仓库 2 库的存储日期是 2023 年 1 月 3 日，共计 900 箱，全部存放到 Z 区 3 货位，每箱单价 300 元，纸箱装，制单时间是入库前一天。2023 年 2 月 10 日该批货物出库 400 箱，出仓编号 832。请为该批货物开具货物进仓单和货物出仓单，样例见表 9-2-4、表 9-2-5。

表 9-2-4　货物进仓单（样例）

编号：

供货单位：　　　　　　制单时间：　年　月　日　　合同号：

仓库/仓位：　　　　　　入库时间：　年　月　日

货物编码	品名规格	包　装	件　数	数　量		单　位	单　价	金　额
				原发数	实收数			

保管员：　　　　　　入库员：　　　　　　业务制单：

表 9-2-5　货物出仓单(样例)

编号：

仓位：　　　　　　　　　　　　　　制单时间：　年　月　日
仓位：　　　　　　　　　　　　　　入库时间：　年　月　日

进仓单号	货物编码	品名规格	包　装	件　数	数　量	单　位	单　价	金　额

保管员：　　　　　　　　　　　　入库员：　　　　　　　　　　　　业务制单：

【任务评价】

<table>
<tr><th colspan="2" rowspan="2">评价内容</th><th rowspan="2">总分值</th><th rowspan="2">分值</th><th rowspan="2">评价标准</th><th colspan="5">评价分值</th></tr>
<tr><th>教师评价</th><th>小组互评</th><th>小组自评</th><th>教学平台评价</th><th>综合评价</th></tr>
<tr><td rowspan="2">课前</td><td>知识学习</td><td rowspan="2">20</td><td>10</td><td>能完成课前学习</td><td></td><td></td><td></td><td></td><td></td></tr>
<tr><td>课前测试</td><td>10</td><td>能完成全部测试</td><td></td><td></td><td></td><td></td><td></td></tr>
<tr><td rowspan="5">课中</td><td rowspan="4">技能评价</td><td rowspan="5">60</td><td>10</td><td>能正确说出仓单的法律特性</td><td></td><td></td><td></td><td></td><td></td></tr>
<tr><td>10</td><td>能正确填制仓单</td><td></td><td></td><td></td><td></td><td></td></tr>
<tr><td>10</td><td>能对仓单进行分割业务</td><td></td><td></td><td></td><td></td><td></td></tr>
<tr><td>20</td><td>能审核仓单的转让单证、为仓单挂失等</td><td></td><td></td><td></td><td></td><td></td></tr>
<tr><td>课堂表现</td><td>10</td><td>①课堂态度端正，积极参与活动，团队协作能力强；
②能灵活应用知识和技能、自主探究、协作完成任务；
③能熟练运用信息化技术手段和工具分析解决问题；
④出勤签到</td><td></td><td></td><td></td><td></td><td></td></tr>
<tr><td rowspan="2">课后</td><td>练习巩固</td><td rowspan="2">20</td><td>10</td><td>完成结果质量高，符合要求</td><td></td><td></td><td></td><td></td><td></td></tr>
<tr><td>课后测试</td><td>10</td><td>完成课后测试题</td><td></td><td></td><td></td><td></td><td></td></tr>
<tr><td colspan="5">合　计</td><td></td><td></td><td></td><td></td><td></td></tr>
</table>

注：“教学平台评价”栏可根据实际教学需求选用。

【案例阅读】

仓储公司的增值服务

某油脂公司是省内较大的油脂经销企业，公司年销售额突破 3 亿元，公司每年需要大量采购大豆，资金支出较大。某银行经过分析后认为，该油脂公司为当地的龙头企业，资金运作能力较强，年销售规模较大，有较好的开发价值。大豆价值稳定，属于油脂加工的初级原材料，交易较为活跃，可以作为质押物。经过研究后，银行设计采用标准仓单质押方式融资。于是该银行接受油脂公司提出的用大豆标准仓单质押贷款的申请，授信金额为 800 万元银行承兑汇票。该行与某商品交易所一道，起草《仓单质押贷款担保协议书》，分别与借款人、经纪公司、担保回购方签订一式四份的《仓单质押贷款担保协议书》及一系列附属文件，对授信金额、期限、利率、质押率、标准仓单的质押冻结和解冻、保证金比率（不高于70%）、资金用途等均做了明确规定。

标准仓单的质押价格以“中华粮网”公布的同期同品质的平均价格为准。为控制质押仓单所列商品价格波动或因交易所品质鉴定、注销再生成标准仓单而按期货合约标准重新检验带来的风险，协议规定了警戒线和处置线。

警戒线：在质押标准仓单市值总和与贷款本息之比小于等于75%时，借款人在接到银行书面通知后七个工作日内，采取追加质押物、更换质押物或部分（或全部）归还贷款措施，否则银行有权宣布贷款提前到期。

处置线：在质押标准仓单市值总和与贷款本息之比小于等于70%时，银行有权宣布贷款提前到期，要求借款人立即偿还贷款本息，借款人不偿还，由担保回购方代其偿还。

想一想：仓储公司提供金融服务有哪些收益？

学习记录单

<table>
<tr><th colspan="4">学生任务分配表</th></tr>
<tr><td>小组名称</td><td></td><td>组　长</td><td></td></tr>
<tr><td rowspan="7">小组成员及分工</td><td>姓　名</td><td>学　号</td><td>任务分工</td></tr>
<tr><td></td><td></td><td></td></tr>
<tr><td></td><td></td><td></td></tr>
<tr><td></td><td></td><td></td></tr>
<tr><td></td><td></td><td></td></tr>
<tr><td></td><td></td><td></td></tr>
<tr><td></td><td></td><td></td></tr>
<tr><th colspan="4">学习过程</th></tr>
<tr><td colspan="4">课前：收集相关资料，做好预习，并完成课前测试。
1. 测试成绩：________
2. 学习记录</td></tr>
<tr><td colspan="4">课中：按照任务实施要求，完成任务学习。
1. 任务实施记录

2. 任务实施总结</td></tr>
<tr><td colspan="4">课后：完成课后测试及练习巩固作业，诊断得失反思改进。
1. 课后测试成绩：________
2. 课后巩固作业记录

3. 课后反思</td></tr>
</table>

项目十
仓储成本与绩效管理

仓储成本是企业物流成本的重要组成部分，仓储成本分析是企业绩效评价的重要手段。仓储绩效管理是对仓储成本管理的一种考核和检验，也是仓储成本管理结果的体现。高效合理的仓储成本核算和绩效管理对企业进行仓储管理现代化、提高管理水平和市场竞争力具有重要的意义。通过学习仓储成本核算与控制、仓储绩效评价等内容，构建对仓储成本和绩效评价的认知结构和技能基础。

学习目标

素养目标

- 培养成本节约习惯
- 培养持续改进的绩效观念

知识目标

- 掌握仓储成本构成与计算，成本分析等
- 掌握仓储绩效评价的指标体系及评价方法
- 了解提高仓储绩效的基本举措

技能目标

- 能够分析企业仓储成本
- 能够解决企业仓储成本控制中的相关问题
- 能够设计适应仓储企业的绩效评价指标体系
- 能够对仓储作业的相关部门和人员进行绩效考核

任务 10-1　仓储成本控制

【任务描述】

M 仓储公司这两年一直是盈利的，业务主要来自长期合同的大客户，公司的存储费率是 11.5 元/(t·d)。而今年需要续签合同时，M 仓储公司的几个大客户都一再推托，且听说这些客户在和其他仓储公司接洽。之前客户曾向 M 仓储公司反映过，存在存储费率高、发货错误率高、个别员工态度恶劣，时有刁难客户的情况。如果这些客户不再续约，M 仓储公司将面临亏损的局面。所以 M 仓储公司让财务处统计了公司上一年的成本数据(表 10-1-1)，看看公司的总成本状况是不是对客户流失影响很大。

表 10-1-1　M 仓储公司的成本情况

成本名称	金　额	成本名称	金　额
平均劳务装卸费	0.05 万元/t(货重)	平均招待费	0.01 万元/t(货重)
低值易耗品(捆扎绳购买费等)	0.01 万元/t(货重)	员工工资与福利	50 万元/年
平均叉车油费	0.12 万元/t(货重)	仓库租金	43 万元/年
平均设备修理费	0.06 万元/t(货重)	设备租金	20 万元/年
平均办公用品费	0.01 万元/t(货重)	设备折旧	1.2 万元/年
平均通信费	0.03 万元/t(货重)	安全管理费	2.4 万元/年
平均交通费	0.02 万元/t(货重)	企业保险费	3.1 万元/年

请协助 M 仓储公司分析仓储总成本，回答以下问题：

(1)M 仓储公司的成本中，哪些属于固定成本，哪些属于可变成本？

(2)M 仓储公司的这些成本中，固定成本是多少？每吨货物的可变成本是多少？

(3)该公司的仓储量达到多少吨就可以实现盈亏平衡？

(4)M 仓储公司应该如何改进才能改变当前的局面？

【任务实施】

课前：收集相关资料，做好预习，并完成课前测试(扫描二维码获取)。

课中：4～6 人分组，借助信息化技术手段，查资料并思考研讨，协助 M 仓储公司分析仓储总成本，完成【任务描述】中的问题回答。

课后：完成课后测试及练习巩固作业，并整理总结学习材料，诊断得失反思改进。

课前测试

10-1

【相关知识】

仓储成本是指仓储企业在储存物品过程中，包括装卸搬运、储存保管、流通加工、收发物品等各项环节和建造、购置仓库等设施设备所消耗的人力、物力、财力及风险成本的总和。仓储成本是衡量仓储企业经营管理水平和管理质量高低的重要标志。

一、仓储成本的构成

仓储成本的主要构成见表 10-1-2。

表 10-1-2　仓储成本的主要构成

<table>
<tr><th colspan="3">分　类</th><th colspan="2">说　明</th></tr>
<tr><td rowspan="7">仓储企业的仓储成本（因储存和保管货物而产生的成本）</td><td rowspan="3">固定成本（不随储存货物数量变化而变化的成本）</td><td>折旧费</td><td colspan="2">企业对仓库固定资产按年提取折旧，主要包括库房等基础设施的折旧和仓储机械设备的折旧</td></tr>
<tr><td>员工工资和福利</td><td colspan="2">包括工资、奖金、补贴、保险费、住房公积金、退休金等</td></tr>
<tr><td>大修基金</td><td colspan="2">仓储设施设备、运输工具等的大修费用</td></tr>
<tr><td rowspan="4">变动成本（随储存货物的数量变化而变化的成本）</td><td>资金占用成本</td><td colspan="2">即利息率或机会成本，一般用库存占用资金能获得的银行利息来衡量</td></tr>
<tr><td>仓储维护成本</td><td colspan="2">包括租赁费、货物保险费、取暖费、照明费、税金等</td></tr>
<tr><td>仓储运作成本</td><td colspan="2">装卸搬运货物所产生的机械或人工费用等</td></tr>
<tr><td>仓储风险成本</td><td colspan="2">因企业无法控制的因素而可能造成的货物损失，如货物变质、损坏、丢失等</td></tr>
<tr><td rowspan="7">生产型和流通型企业的仓储成本</td><td colspan="2">仓储持有成本</td><td colspan="2">与仓储企业的仓储成本一致</td></tr>
<tr><td colspan="2">订货或生产准备成本</td><td colspan="2">订货成本是从发出订单到收到存货整个过程中所付出的成本，如订单处理费用（包括办公费用和文书费用）、运输费、保险费以及装卸费等
生产准备成本是调整机器设备、准备模具等产生的费用，材料费、加工费、人工费等</td></tr>
<tr><td colspan="2" rowspan="4">缺货成本</td><td>安全库存持有成本</td><td>安全库存产生的费用</td></tr>
<tr><td>延期交货成本</td><td>因库存不足而紧急生产或订购所产生的费用</td></tr>
<tr><td>失去销售机会成本</td><td>因企业缺货，客户转而购买其他厂家的货物，导致企业失去销售机会而产生的成本</td></tr>
<tr><td>失去客户成本</td><td>因企业缺货而失去客户所造成的成本。一是失去未来的潜在收入，一是缺货损害企业商誉而带来的损失</td></tr>
<tr><td colspan="2">在途库存持有成本</td><td colspan="2">货物在运输过程中产生的相关费用，例如货物运输途中资金占用成本、运输时间成本、货物保险成本等</td></tr>
</table>

二、仓储成本计算

仓储成本的计算方法见表 10-1-3。

表 10-1-3　仓储成本的计算方法

分类标准	说　明
按支付形态计算仓储成本	分别按仓储搬运费、仓储保管费、材料费、人工费、仓储管理费、仓储专用资金利息等支付形态计算仓储成本，然后计算出仓储成本的总额
按仓储项目计算仓储成本	分别计算仓储各个环节所支出的成本，然后计算出仓储成本总额
按对象计算仓储成本	分别按货物、客户、货物发送地区等不同对象计算仓储成本，然后计算出仓储成本总额

三、仓储成本分析与控制

1. 储存成本分析与控制

储存成本分析与控制主要是对固定成本的分摊的分析。一定的储存量和稳定的储存规律性会影响储存成本的高低，它可以通过降低单位物品的储存成本来提高储存效益。因此，要提高仓库储存量，合理规划仓储空间。物品的重量和体积直接影响仓库的利用率和仓库设施设备的完好程度。仓库常以重量、体积作为制定收费标准的依据，物品所占用的空间和面积直接影响仓储费率的高低。体积大、重量轻的物品若是货架存放，应选择承载力相当的货格；货场堆码应选择地坪载荷较小的货位存放；若因物品本身特性或因其包装不规则而不能堆高，或批量小、规格杂而无法堆高储存，或需要利用仓库加工、整理、挑选、组配物品，需要占用一定仓库面积时，应按实际占用面积和每平方米地坪的设计载荷能力，折成计费吨收费。若客户要求对整个仓库进行包仓，仓储企业和客户要进行协商，一般按照不低于仓库实际面积的 80%计费。

2. 装卸搬运作业成本分析与控制

装卸搬运作业成本分析与控制主要包括装卸搬运机具的成本和费用，燃料、润料消耗费用，人工成本和时间费用等。主要的措施包括合理选择装卸搬运机具，如利用 AGV 小车、吊车等；提高物品装卸搬运的灵活性和可运性，如利用托盘将货物单元化；利用重力作用，减少能量消耗，如利用重力式货架储存货物；合理选择装卸搬运方式，如对颗粒化的散装货物不加包装直接机械化装卸；改进装卸搬运作业方法，如选择适合的装卸搬运设备等。

3. 备货作业成本分析与控制

备货作业是仓储作业中最繁杂的作业。为了降低备货作业成本，可以采取以下作业方式：合理选择备货作业方式，如采用播种法拣选；合理安排仓储空间，降低备货成本；加强货位管理，提高备货作业效率，如备货人员要熟悉物品存放的货位。

4. 流通加工作业成本分析与控制

(1)确定合理的流通加工方式。仓储企业要根据企业的加工能力和客户需求，选择适当的加工方法和加工程度。在确定加工方式时，必须进行经济核算和可行性研究，确定合理的加工成本。

(2)确定合理的加工能力。流通加工属于半变动成本，即设备的折旧一般不随加工量的变化而变化，但材料、能源、人工等费用却随着加工量的增加成正比增加。按照固定成本和变动成本的性质，流通加工的数量越大，流通加工的成本总额也相应增加，若加工数量超过加工能力，需要增加投入，如果加工作业量不均衡，就可能会给企业带来更大的损失。但是，加工批量过小，表现为加工能力过剩，会造成加工设备和加工人员的闲置，带来成本损失。所以，仓储企业应根据客户需要和企业的加工能力来确定加工批量和数量。

(3)加强流通加工的生产管理。生产管理水平越高，其成本越低。

5. 人工费用分析与控制

(1)时间利用率。

时间利用率计算公式如下：

时间利用率＝某一期间生产性活动的实际时间/同期全体员工制度工作小时数×100%

其值越接近 1，说明利用率越高；反之说明利用率越低。若减少非生产人员，就可以在提高时间利用率的同时降低工资费用。

(2)每项业务活动所耗用生产时间的百分比。

用收货、存放、拣选、发货等任何一项活动及其具体作业内容与时间的比率来说明劳动生产率。如用单位时间托盘的装载量和卸载量，单位时间托盘物品的入库量，单位时间包装量，单位时间拣选出库量等来衡量劳动生产率，利用这些作业量指标来核算成本支出的数据，进行成本控制并达到降低成本的目的。

6. 包装作业成本分析与控制

(1)使用物美价廉的包装材料。

(2)采用包装作业机械化，提高包装作业效率。

(3)采用大包装，尽量使包装简单化，节约包装材料。

(4)利用原有包装，加贴新标签。

7. 机具物料和燃料成本分析与控制

(1)制定合理的作业流程。

(2)尽量减少不必要的重复性作业。

(3)避免过度使用设备，提高设备完好率。

8. 提高仓储服务质量，降低仓储成本

一般而言，仓储服务质量越高，仓储成本就越高。但是，仓储服务质量的高低与仓储成本不成正比。当仓储质量达到一定高度时，仓储质量的增长速度低于仓储成本的增长速度。仓储服务水平应该是在合理的仓储成本之下的服务质量，达到以最经济的成本提供最佳的服务的目标。

9. 降低机会成本和风险成本

在仓储过程中，货物会因为各种原因被污染、损坏、腐烂、被盗或由于其他原因不适于或不能使用，直接造成货物的损失，这就构成了风险成本。客户未履约合同的违约金以及仓库支付的赔偿金也构成风险成本。保险费虽能预防灾害性损失，但也是风险成本。理论上，仓库应按货物价值收取费用，货物价值越高，仓储费用也越高。客户储存货物时应告知仓储公司货物价值，若隐瞒，就会增加仓储公司风险成本。若为了减少风险成本，仓储企业不经营易碎或易破损的货物，就会减少仓库吞吐量，提高了机会成本。

【拓展知识】

仓库中呆废料产生的原因

仓库中的呆废料是存货成本上升的重要因素，一般仓库中呆废料发生原因有下列几种：

(1)验收疏忽。

(2)产品变质。

(3)仓储管理不善，保管欠妥当。

(4)存量过多、过久。

(5)变更设计或企业产品结构变化(出现新物料，致使旧物料废弃不用)。

(6)废弃包装材料，经济价值较低，经常几种一处以废料处理。

(7)订单取消或客户退货。

(8)市场变化。

(9)采购不当。

【素养涵育】

通过减少作业环节降低仓储成本

每一个仓储作业环节都需要消耗一定的活劳动和物化劳动，采用现代技术手段和实行科学管理的方法，尽可能地减少一些仓储作业环节，既有利于加速仓储作业的进度，又有利于降低成本。采用“二就直拨”的方法可以一定程度上降低仓储成本。一是就厂直拨。企业可以根据订单要求，直接到厂家提货，验收后不经过仓库就将商品直接调运到各店铺或销售单位。二是就车直拨。对外地运来的货物，企业可事先安排好短途运输工具，在原车边即行分拨，装上其他车辆，转运收货单位，省去入库后再外运的手续。以上这两种方法既减少了入库中的一切作业环节，又降低了储存成本。

想一想：如何培养企业员工的成本节约意识？

【课后测试】

一、判断题

1. 因企业缺货，客户转而购买其他厂家的货物，导致企业失去销售机会而产生的成本，为失去客户成本。（　　）
2. 合理选择装卸搬运机具可以降低装卸搬运成本。（　　）
3. 仓储空间越大，备货时移动的距离就越长，一定程度会增加仓储成本。（　　）
4. 利用原有包装，加贴新标签，可以一定程度上降低包装作业成本。（　　）
5. 客户储存货物时应告知仓储公司，货物价值，若隐瞒，就会增加仓储公司风险成本。（　　）
6. 加工批量过小，表现为加工能力过剩，会造成加工设备和加工人员的闲置，带来成本损失。（　　）

二、填空题

1. 随储存货物的数量变化而变化的成本是________成本。
2. 保险费属于________成本。
3. ________成本是从发出订单到收到存货整个过程中所付出的成本。
4. 若客户要求对整个仓库进行包仓，仓储企业和客户要进行协商，一般按照不低于仓库实际面积的________面积吨计费。
5. 一般而言，仓储服务质量越高，仓储成本就越________。

【练习巩固】

某酿酒厂控制仓储成本的方法如下：

(1)将啤酒的包装由原来的玻璃瓶装改成小桶装，小桶重量与玻璃瓶重量相等，但是大大降低了装卸搬运过程中啤酒的损毁率，且小桶在仓储运输过程中所需要的维护措施少，不需要耗费太多人力物力。

(2)酒厂为了保持啤酒的新鲜度，确保啤酒在酿造后1周内直接运送到客户手中，提高了仓库货物的装卸搬运作业效率，仓库货物的周转率、配送效率，使得啤酒到市场后保持较高新鲜度，售价高，获得较高利润。

(3)酒厂为了提高货物的物流效率，选择了一家口碑好、服务质量高的物流企业做啤酒的配送服务，这家物流企业还提供货款代收等增值服务，实质上为酒厂节省了一大笔客户服务费用。

请思考酿酒厂从哪些方面采取了措施来控制仓储总成本？

【任务评价】

评价内容		总分值	分值	评价标准	评价分值				
					教师评价	小组互评	小组自评	教学平台评价	综合评价
课前	知识学习	20	10	能完成课前学习					
	课前测试		10	能完成全部测试					
课中	技能评价	60	10	能正确说出仓储成本的构成					
			10	能根据计算仓储成本					
			10	能分析仓储企业的成本构成					
			20	能采取合适的措施降低仓储成本					
	课堂表现		10	①课堂态度端正，积极参与活动，团队协作能力强； ②能灵活应用知识和技能、自主探究、协作完成任务； ③能熟练运用信息化技术手段和工具分析解决问题； ④出勤签到					
课后	练习巩固	20	10	完成结果质量高，符合要求					
	课后测试		10	完成课后测试题					
合　计									

注："教学平台评价"栏可根据实际教学需求选用。

【案例阅读】

高价值商品的储存

某品牌的酒属于高价值不易消耗品，因为毕竟价格比较高，一旦发生紧急情况，就会造成大量损失。因此，酒企要对可能产生的结果进行预测。

高价值产品不能异地仓储，应尽可能引进金融、保险、三方物流企业等。对于高价值的酒来说，不能采用异地仓储的方式，因为异地仓储带来的风险太大。企业要采取全程供应链管理模式，在运输、装卸、包装、储存、配送、流通加工、信息处理等各个环节中，做到协调统一。酒企尽可能引进三方物流企业，做到专业仓储，保证商品价值；或者引进资金、投入保险，对可能出现的突发状况有保障，不至于损失过重。

想一想：不同价值的货物是否需要不同类别的仓储方式？

学习记录单

<table>
<tr><th colspan="4">学生任务分配表</th></tr>
<tr><td>小组名称</td><td colspan="2"></td><td>组　长</td><td></td></tr>
<tr><td rowspan="7">小组成员及分工</td><td>姓　名</td><td>学　号</td><td colspan="2">任务分工</td></tr>
<tr><td></td><td></td><td colspan="2"></td></tr>
<tr><td></td><td></td><td colspan="2"></td></tr>
<tr><td></td><td></td><td colspan="2"></td></tr>
<tr><td></td><td></td><td colspan="2"></td></tr>
<tr><td></td><td></td><td colspan="2"></td></tr>
<tr><td></td><td></td><td colspan="2"></td></tr>
</table>

学习过程

课前：收集相关资料，做好预习，并完成课前测试。

1. 测试成绩：________
2. 学习记录

课中：按照任务实施要求，完成任务学习。

1. 任务实施记录
2. 任务实施总结

课后：完成课后测试及练习巩固作业，诊断得失反思改进。

1. 课后测试成绩：________
2. 课后巩固作业记录
3. 课后反思

任务 10-2　仓储绩效分析

【任务描述】

20××年末，W 企业要对仓储部门进行考核，通过考核来检验当年的绩效情况，如部门的年度目标是否实现，部门内员工表现如何等，并以考核结果来确定年终奖的奖励结果。

请为该公司设计部门和人员绩效考核的指标体系。

【任务实施】

课前：收集相关资料，做好预习，并完成课前测试(扫描二维码获取)。

课前测试

10–2

课中：4～6 人分组，借助信息化技术手段，查资料并思考研讨，最后设计部门和人员绩效考核的指标体系。

课后：完成课后测试及练习巩固作业，并整理总结学习材料，诊断得失反思改进。

【相关知识】

仓储绩效评价是指在一定的经营期间内仓储企业利用指标对经营效益和经营业绩以及服务水平进行考核，以加强仓储管理工作，提高管理的业务和技术水平。它是对仓储管理各项业务进行的综合评价，是仓储管理成果的集中反应，是衡量仓储管理水平的尺度，也是考核评价仓库各方面工作和各作业环节工作成绩的重要手段。

一、仓储绩效评价的内容

(1)对仓储企业内各功能部门的评价。通过评价，分析各部门对于仓储作业的效率、成本产生的影响，考核其是否实现既定的评价指标，进而制定各功能部门今后的任务目标和工作计划。

(2)对仓储作业人员的绩效评价。通过评价，分析仓储作业人员任务完成情况，以此对员工进行控制、引导和激励，提高员工的工作积极性。

(3)对仓储作业环节的绩效评价。通过评价，掌握各个作业环节的效率和成本，寻找效率低下、成本较高的作业环节，加强对此类作业过程的管理和控制，以此提高效率，降低成本，增强仓储作业的竞争力。

(4)对客户服务进行绩效评价。即对仓储企业与上下游客户之间的合作关系做出评价，主要从客户角度评价服务质量，即评价仓库所带来的业绩和满意度，并以此寻找提高客户服务水平的途径和方法，加强客户与企业间的合作关系。

二、仓储绩效评价标准

仓储绩效评价标准是对评价对象进行分析评价的标尺，是评价工作的准绳和前提，见表 10-2-1。

表 10-2-1　仓储绩效评价标准

标　　准	说　　明
计划(预算)标准	计划标准是仓储绩效评价的基本标准,以事先制定的计划、预算和预期目标为评价标准,将仓储绩效实际达到的水平与其进行对比。该标准反映了仓储绩效计划的完成情况,并在一定程度上代表了现代企业经营管理水平。但该标准人为因素较强,主观性较大,要科学合理地制定才能取得较好的激励效果
历史标准	以历史同期水平或历史最高水平为衡量标准,将仓储绩效实际达到的水平与其进行纵向比较,能够反映仓储绩效指标的发展动态和方向,为进一步提升仓储绩效提供决策依据
客观标准	以国际或国内同行业绩效作为评价本企业仓储绩效的标准。评价结果较为真实且具有横向可比性,便于了解企业本身在行业中所处的位置,有助于企业制定仓储发展战略
客户标准	以客户来衡量企业的仓储绩效。以客户的满意度来评价仓储企业运作服务水平。客户标准也是企业改进和提高仓储水平的重要依据

三、仓储绩效评价指标

仓储绩效评价指标见表 10-2-2。

表 10-2-2　仓储绩效评价指标

项　　目	指　　标	说　　明
反映仓储作业效率的指标	物品吞吐量	也叫物品周转量,指一定时期内入库和出库的仓储物品总量。通常以吨数表示,常以年吞吐量计算。是衡量仓储生产规模情况及其在物流业中所起作用的主要数量指标,也是进行仓库设计规划的主要依据 物品吞吐量＝一定时期内进库总量＋周期出库总量＋物品直拨量
	平均收发货时间	指仓库收发每笔物品(即每张出入货单据上的物品)平均所用的时间,收发时间总和一般按天计算。它既能反映仓储服务质量,同时也能反映仓库的劳动效率 平均收发时间＝收发时间总和/收发货总笔数
	物品及时验收率	表明仓库按照规定的时限执行验收物品的情况 物品及时验收率＝一定时期内及时验收笔数/同期收货总笔数
	全员劳动生产率	一定时期内,仓库全体员工平均每人完成的出入库商品的数量一般以年为单位 全员劳动生产率＝仓库全年吞吐量/年平均员工人数
	库存物品的周转率	在保证供应需求的前提下,尽量降低库存量,从而加快物品的周转速度,提高资金和仓储的效率 物品周转天数＝(全年物品平均储存量×360)/全年消耗物品总量 ＝全年物品平均储存量/物品平均日消耗量 物品周转次数＝全年物品消耗总量/全年物品平均储存量 ＝360/物品周转天数
	仓库作业效率	仓库作业效率用平均每人每天完成的出入库物品量来表示。出入库量指吞吐量减去直拨量 仓库作业效率＝全年物品出入库总量/仓库全体员工年制度工作日数

续上表

项　目	指　标	说　明
反映仓储作业效益的指标	工资利润率	一定时期内，仓库利润总额与同期工资总额的比例。反映了仓库所得与所费的比例，反映了仓库的经济效益 工资利润率＝利润总额/同期工资总额
	成本利润率	一定时期内，仓储企业利润和同期仓储成本支出的比例。反映成本支出的获利程度。成本利润越高，说明仓库收入大于支出，经济效益就越高 成本利润率＝利润总额/同期仓储成本总额
	资金利润率	一定时期内，仓库利润与同期全部资金占用的比例。反映了仓库资金利用效果的指标 资金利润率＝利润总额/（固定资产平均占用额＋流动资金平均占用额）
	利润总额	是利润核算的主要指标，表明利润的实现情况，是企业经济效益的总和指标 利润总额＝仓库营业收入－储存成本和费用－税金＋其他业务利润±营业外收支净额 利润总额＝报告期仓库总收入额－同期仓库总支出额
	收入利润率	指仓库利润总额与仓库营业收入总额的比例 收入利润率＝利润总额/仓库营业收入总额
	每吨物品保管利润	指报告期实现的利润总额与同期物品储存总量（t）的比例 每吨物品保管利润＝报告期利润总额/报告期物品储存总量
反映仓储作业设施设备利用程度的指标	仓库货物周转率	该指标是衡量货物周转速度的指标。一般用一定时间内出库量与平均库存量的比例来表示。主要是从总量上掌握仓储管理水平，衡量仓库的能力，能够反映仓库的作业规模，也能够反映出仓库的利用情况 仓库货物周转率＝一定时间内出库量/平均库存量
	单位面积储存量	该指标反映了仓库的平面利用效率。它一方面与仓库规划有关，另一方面也与物品的储位规划和堆放方式有关 单位面积储存量＝日平均储存量/仓库或货场使用面积
	仓库空间利用率	该指标是一定时间点上，存货占用的空间（m^3）与可利用的存货空间（m^3）的比例。反映了仓库的立体空间的利用效率。它是仓库管理重要的绩效指标，反映仓库空间的利用是否合理。仓库空间利用率越高，说明实际用于储存物品所占仓库面积越小，空间利用率越好，表明仓储成本越低 仓库空间利用率＝存货占用的空间/可利用的存货空间
	设备利用率	该指标指在一定时期内，设备实际使用台时数与制度台时数的比例，表明仓储设备的利用和节约的程度 设备利用率＝设备实使用台时数/制度台时数
反映仓储作业消耗的指标	材料、燃料、动力消耗指标	仓储企业所用设备不同，没有统一的标准，各企业考核大多与企业同期比较。这类指标有机械设备耗油量、苫垫物料重复使用率、月摊销额等
	平均储存费用	该指标指保管每吨物品旬、月、季、年平均所需要的费用开支。这些费用包括物品出入库、验收、储存、和搬运过程中消耗的材料、燃料、人工工资和福利费、固定资产折旧、修理费、照明费、租赁费、利息及应分摊的管理费等。这些费用的总和构成储存费用总额。平均存货费用可以综合反映仓库的经济成果、劳动生产率、技术设备利用率、材料和燃料节约情况以及管理水平等 平均存货费用＝储存费用总额/同期平均储存量

续上表

项　　目	指　　标	说　　明
反映仓储作业质量的指标	货损货差率	指在一定时期内，仓库由于作业技术和保管措施等原因而发生的实际差错笔数与同期入库、出库总笔数的比例 货损货差率＝收发货累计差错次数/收发货累计总次数
	设备完好率	指在一定时期内，仓库设备处于完好状态，并能随时投入使用的台时数与仓库所拥有的设备台时数的比例。它反映了仓库设备所处的状态 设备完好率＝完好设备台时数/设备总台时数 完好设备台时数是指设备处于良好状态的累计台时数，其中不包括正在修理或待修理设备的台时数
	保管损耗率	指在仓库保管期中的物品损耗总量或总额与账面库存总量或总额的比例 保管损耗率＝物品损耗额/同期物品库存总额 保管损耗率也可以按每一笔物品来计算，即某物品自然减量的数量占原来入库的数量比率 保管损耗率＝物品损耗量/同期物品库存总量 物品保管损耗或损失，是指因保管不善而造成的商品霉变、残损、变质、丢失、超定额损耗等所导致的损失。损耗总额是按直接受损物品的数量和物品受损程度计算的，包括修补损失物品所支付的费用 对于仓库中因存货人的原因长期积压超过保管期限的物品或合理范围内的损耗，所造成的不应计算在物品损耗总量中。对于那些易发挥、易破碎的物品，制定一个相应的损耗标准，通过损耗率与物品损耗标准相比较，凡是超过限度的属于超限损耗
	账物差异率	指在物品盘点时，仓库物品保管账面上的物品储存数量与相应库存实有数量的相互符合程度。一般在对仓储物品进行盘点时，要求逐笔与保管账面数字相核对 账物差异率＝账物相符单数/储存物品总单数 账物差异率＝账物相符件数(重量)/储存物品总件数(重量) 这两种算法结果有一定差异。如果一单中差异件数较大，若按单算差异率的值则偏低，按件算差异率的值则较高，所以按件算较真实
	收发货差错率	以收发货所发生差错的累计单数占收发货累计总单数的比例来计算，反映了收发货作业的准确度，用于保证仓储服务质量 收发货差错率＝收发货差错累计单数/收发货累计总单数 收发货差错率＝账货差错件数(重量)/期内储存总件数(重量) 这两种算法结果有一定差异。如果一单中差错件数较大，若按单算差异率的值则偏低，若按件算差异率的值则较高，所以按件算较真实
反映物品储存的安全性指标		用来反映仓库作业的安全程度。这类指标一般不需计算，只是根据实际出现事故的损失大小来划分等级。它主要可以用发生的各种事故的大小和次数来表示，包括人身伤亡事故，仓库失火、爆炸、被盗事故，机械损坏事故等几类

四、仓储绩效分析方法

1. 对比分析法

对比分析法是将两个或两个以上有内在联系的、可比的指标(或数量)进行对比分析，从而认识仓储企业的现状及其规律性。对比分析法是绩效考核指标分析法中使用最普遍、最简单和最有效的方法。使用对比分析法对指标进行对比分析时，一般都应首先选定对比标志来衡量指标的完成程度。根据分析问题的需要，主要有计划完成情况的对比分析、纵向动态对比分析、横向对比分析、结构对比分析四种，见表 10-2-3。

表 10-2-3　常见的对比分析方法

方　　法	说　　明
计划完成情况的对比分析	将同类指标的实际完成数或预计完成数与计划完成数进行对比分析，从而反映计划完成的绝对数和程度，分析计划完成或未完成的具体原因，肯定成绩，总结经验，找出差距，提出措施
纵向动态对比分析	将仓储企业的同类有关指标在不同时间上的对比，如本期与基期（或上期）对比、与历史平均水平对比、与历史最高水平对比等。这种对比能反映事物的发展方向和程度，说明当前状态的纵向动态，分析增长或降低的原因并提出建议
横向对比分析	将仓储企业的有关指标在同一时期相同类型的不同空间条件下对比分析。对比单位一般选择同类企业中的先进企业。此种对比更有利于找出差距、采取措施、赶超先进
结构对比分析	将总体分为不同性质的各部分，然后以部分数值与总体数值之比来反映事物内部构成的情况，一般用百分数来表示。如计算分析因保管养护不善造成的霉变残损、丢失短少、不按规定验收、错收错付而各占的损失比重

2. 因素分析法

因素分析法用来分析影响指标变化的各个因素以及它们对指标各自的影响程度。因素分析法的基本做法是，在假定影响指标变化的诸因素之中，当分析某一因素变动对总指标变动的影响时，假定只有这一个因素在变动，而其余因素假设为同度量因素（固定因素），将诸因素逐个进行单独变化，从而得到每项因素对该指标的影响程度。

在采用因素分析法时，应注意各因素按合理的顺序排列，并注意前后因素按合乎逻辑的衔接原则处理。如果顺序改变，各因素变动影响程度之积（或之和）虽仍等于总指标的变动数，但各因素的影响值就会发生变化，从而得出不同的结果。

在进行两因素分析时，一般是数量因素在前，质量因素在后。在分析数量指标时，另一质量指标的同度量因素固定在基期（或计划）指标；在分析质量指标时，另一数量指标的同度量因素固定在报告期（或实际）指标。在进行多因素分析时，同度量因素的选择要按顺序依次进行，即当分析第一个因素时，其他因素均以基期（或计划）指标作为同度量因素，而在分析第二个因素时，则是在第一个因素已经改变的基础上进行，即第一个因素以报告期（或实际）指标作为同度量因素。其他类推。

设某一分析指标 R 是由相互联系的 A、B、C 三个因素相乘得到，报告期（实际）指标和基期（计划）指标如下：

报告期（实际）指标 $R_1=A_1\times B_1\times C_1$

A_1、B_1、C_1 分别指报告期相互联系的三个因素。

基期（计划）指标 $R_0=A_0\times B_0\times C_0$

A_0、B_0、C_0 分别指基期相互联系的三个因素。

在测定各因素变动对指标 R 的影响程度时可按顺序进行：

基期（计划）指标：$R_0=A_0\times B_0\times C_0$　①

第一次替代：$A_1\times B_0\times C_0$　②

第二次替代：$A_1\times B_1\times C_0$　③

第三次替代：$R_1=A_1\times B_1\times C_1$　④

简化的差额分析法如下：

公式②－公式①→因素 A 变动对 R 的影响

公式③－公式②→因素 B 变动对 R 的影响

公式④－公式③→因素 C 变动对 R 的影响

把各因素变动综合起来，总影响$=R_1-R_0$

【例 10-2-1】 某货物的目标成本为 773 760 元，实际成本为 849 235 元，大于目标成本。该货物的成本由产量、材料单价、材料损耗率三个因素的乘积构成，具体内容见表 10-2-4，请分析成本增加的原因。

表 10-2-4 成本构成

项　目	目　标	实　际	差　额
产量/m^3	800	850	＋50
材料单价/元	930	970	＋40
材料损耗率/%	4	3	－1
成本/元	773 760	849 235	＋75 475

【解】

第一次替代：产量因素，以 850 替代 800，得 850×930×(1＋4%)＝822 120(元)。

第二次替代：单价因素，以 970 替代 930，得 850×970×(1＋4%)＝857 480(元)。

第三次替代：损耗率因素，以 3%替代 4%，得 850×970×(1＋3%)＝849 235(元)。

计算过程见表 10-2-5。

表 10-2-5 计算过程

项　目	产量/m^3	材料单价/元	材料损耗率/%	成本/元	成本差额/元
目标成本	800	930	4	773 760	—
第一次替代	850	930	4	822 120	48 360
第二次替代	850	970	4	857 480	35 360
第三次替代	850	970	3	849 235	－8 245

第一次替代与目标成本的差额＝822 120－773 760＝48 360(元)。说明因为产量的增加，成本增加 48 360 元。

第二次替代与第一次替代的差额＝857 480－822 120＝35 360(元)。说明因为材料单价的增加，成本增加 35 360 元。

第三次替代与第二次替代的差额＝849 235－857 480＝－8 245(元)。说明因为材料损耗率下降，成本减少 8 245 元。

综合全部因素的影响，有 48 360＋35 360－8 245＝75 475(元)。说明总成本增加了 75 475 元。

五、员工绩效评价

员工绩效评价不同于仓储整体绩效评价，它通过对员工在一定时期内在职务工作中所表现出来的能力、努力程度以及工作实绩进行分析，做出客观评价，给予员工公正合理的待遇以及与其贡献相应的激励，把握员工工作执行和适应情况，确定人才开发的方针政策及教育培训方向，合理配置人员，激发员工工作热情和提高工作效率，实现企业的可持续发展。

员工绩效评价的依据主要是员工的目标。员工目标是个人根据企业目标和部门目标结合个人分工制定的。企业员工绩效目标必然根据企业绩效目标和部门绩效目标层层分解设定，所有部门目标必须确保企业目标的实现，部门所有员工的目标必须确保所在部门目标的实现。

员工绩效评价维度主要有业绩维度、行为维度和其他维度。业绩维度包括任务绩效（包括定量和定性任务绩效）、周边绩效和管理绩效等指标；行为维度包括考勤、工作纪律性、服务态度和合作精神等指标。

【拓展知识】

绩效考核的起源

绩效考核起源于西方国家文官（公务员）制度。最早的考核起源于英国，在英国实行文官制度初期，文官晋级主要凭资历，于是造成工作不分优劣，所有人一起晋级加薪的局面，导致冗员充斥，效率低下。1854—1870 年，英国文官制度改革，注重表现、才能的考核制度开始建立。根据这种考核制度，文官实行按年度逐人逐项进行考核的方法，根据考核结果的优劣实施奖惩与升降。考核制度的实行，充分地调动了英国文官的积极性，从而大大提高了政府行政管理的科学性，增强了政府的廉洁与效能。英国文官考核制度的成功实行为其他国家提供了经验和榜样。

美国于 1887 年也正式建立了考核制度。强调文官的任用、加薪和晋级，均以工作考核为依据，论功行赏，称为功绩制。此后，其他国家纷纷借鉴与效仿，形成各种各样的文官考核制度。这种制度有一个共同的特征，即把工作实绩作为考核的最重要的内容，同时对德、能、勤、绩进行全面考察，并根据工作实绩的优劣决定奖惩和晋升。

【素养涵育】

绩效考核要有章可循

某公司大约 3 个月就要对其物流供应商进行绩效考核，如果某物流供应商的服务质量不能达到该公司所要求的水平，则该供应商就会收到来自该公司的限期纠正通知，如果不能有所改正，则该供应商就会被从该公司的供应链中清除。

想一想：持续改进的绩效观念对公司良性发展有何影响？

【课后测试】

一、判断题

1. 物品及时验收率是反映仓储作业效率的指标。（　　）

2. 收入利润率是指仓库利润总额与仓库营业收入总额的比率，它是反映仓储作业效率的指标。（　　）

3. 企业员工绩效目标主要依据自身职业发展需要设定，与部门绩效目标关联不大。（　　）

4. 能够反映仓储绩效指标的发展动态和方向是仓储客户绩效评价标准。（　　）

5. 对于仓库中因存货人的原因长期积压超过保管期限的物品或合理范围内的损耗，所造成的损耗也应计算在物品损耗总量中。（　　）

二、填空题

1. 仓储绩效评价的内容包括对仓储企业内各功能________的评价、对仓储________环节的绩效评价、对仓储作业________的绩效评价和对客户________的绩效评价。

2. 仓储绩效评价标准常见的主要有________标准、________标准、________标准和________标准。

3. ________法是将两个或两个以上有内在联系的、可比的指标(或数量)进行对比分析，从而认识仓储企业的现状及其规律性。

4. 员工绩效评价的依据主要是员工的________。

5. 员工绩效评价维度主要有________维度、________维度和其他维度。

【练习巩固】

请针对仓储入库作业岗位人员设计其年终绩效评价指标体系，并为各个指标赋值。

【任务评价】

<table>
<tr><th colspan="2" rowspan="2">评价内容</th><th rowspan="2">总分值</th><th rowspan="2">分值</th><th rowspan="2">评价标准</th><th colspan="5">评价分值</th></tr>
<tr><th>教师评价</th><th>小组互评</th><th>小组自评</th><th>教学平台评价</th><th>综合评价</th></tr>
<tr><td rowspan="2">课前</td><td>知识学习</td><td rowspan="2">20</td><td>10</td><td>能完成课前学习</td><td></td><td></td><td></td><td></td><td></td></tr>
<tr><td>课前测试</td><td>10</td><td>能完成全部测试</td><td></td><td></td><td></td><td></td><td></td></tr>
<tr><td rowspan="5">课中</td><td rowspan="4">技能评价</td><td rowspan="5">60</td><td>10</td><td>能正确说出绩效评价的内容</td><td></td><td></td><td></td><td></td><td></td></tr>
<tr><td>10</td><td>能根据实际选择适合的绩效评价标准</td><td></td><td></td><td></td><td></td><td></td></tr>
<tr><td>10</td><td>能制定部门绩效评价指标体系</td><td></td><td></td><td></td><td></td><td></td></tr>
<tr><td>20</td><td>能完成对部门和员工的绩效评价工作</td><td></td><td></td><td></td><td></td><td></td></tr>
<tr><td>课堂表现</td><td>10</td><td>①课堂态度端正，积极参与活动，团队协作能力强；
②能灵活应用知识和技能、自主探究、协作完成任务；
③能熟练运用信息化技术手段和工具分析解决问题；
④出勤签到</td><td></td><td></td><td></td><td></td><td></td></tr>
<tr><td rowspan="2">课后</td><td>练习巩固</td><td rowspan="2">20</td><td>10</td><td>完成结果质量高，符合要求</td><td></td><td></td><td></td><td></td><td></td></tr>
<tr><td>课后测试</td><td>10</td><td>完成课后测试题</td><td></td><td></td><td></td><td></td><td></td></tr>
<tr><td colspan="5">合　计</td><td></td><td></td><td></td><td></td><td></td></tr>
</table>

注：“教学平台评价”栏可根据实际教学需求选用。

【案例阅读】

某公司成品仓库绩效考核制度

1. 目的

为调动成品仓库管理人员的积极性，提高工作效率，通过制定相关评价标准，有计划地改进工作，以保证成品仓库工作的持续、健康、稳定、有序进行。

2. 适用范围

所有成品仓库成员。

3. 职责

(1)仓管:依据考核标准,实事求是反馈自己及工作关联人员的工作实绩并接受考核,对工作不足部分进行改善。

(2)销售部:对成品仓库进行有效管理,并依据实际考核结果对成品仓库执行奖罚。

(3)其他部门:根据成品仓库员工日常工作配合情况,协助如实评价工作实绩。

(4)总经理:对成品仓库考核实效进行指导与监督。

4. 内容和要求

(1)考核时间。

月度定期考核。在每月 5 日前评出上月考核结果并将考核结果以电子档形式提交至销售部。

(2)考核指标体系。

不同考核对象根据职务、岗位不同,选择的考核指标应有所区别和侧重。考核内容根据相关部门及工作关联人员对其工作要求项目进行评定。考核核心内容主要体现为工作正确性、工作及时性、工作执行程度和工作主动性。考核内容根据其工作重要性及影响程度定出不同权重。单项扣分应累计增加,直至单项总分扣完为止。

(3)考核办法。

由总经理室对销售部(含成品仓库)整体进行考核评分,得出销售部(含成品仓库)的整体绩效奖金,再根据成品仓库系统的考核表对各岗位进行考核评分。

成品仓库系统考核:根据不同岗位及职责制订出不同的考核项目,各项目根据对工作重要性定出不同权重和扣分标准。

体系管理、5S 管理:按公司检查考核的实际情况进行考核。

部门主管考核:由部门主管依据不同工种不同的考核标准、工作难易度,对所有下属进行全面考核和评价(主要体现在增加的临时工作、工作的难易度、工作的改进项)。

(4)考核结果的反馈与奖罚。

根据公司的薪酬制度,针对不同考核分值,得出各个岗位的绩效奖金,与固定工资同时下发。绩效考核作为定级、晋升、加薪、调动依据。部门主管应认真倾听被评人意见,相互讨论,工作重点放在寻找解决问题途径上,制定出有针对性的改善计划,激励、督促执行相关质量记录表格。

想一想:仓储部门和员工的绩效考核对仓储企业管理有何影响?

学习记录单

<table>
<tr><th colspan="4">学生任务分配表</th></tr>
<tr><td>小组名称</td><td colspan="2"></td><td>组　长</td></tr>
<tr><td rowspan="7">小组成员及分工</td><td>姓　名</td><td>学　号</td><td>任务分工</td></tr>
<tr><td></td><td></td><td></td></tr>
<tr><td></td><td></td><td></td></tr>
<tr><td></td><td></td><td></td></tr>
<tr><td></td><td></td><td></td></tr>
<tr><td></td><td></td><td></td></tr>
<tr><td></td><td></td><td></td></tr>
<tr><th colspan="4">学习过程</th></tr>
</table>

课前：收集相关资料，做好预习，并完成课前测试。

1. 测试成绩：＿＿＿＿＿＿

2. 学习记录

课中：按照任务实施要求，完成任务学习。

1. 任务实施记录

2. 任务实施总结

课后：完成课后测试及练习巩固作业，诊断得失反思改进。

1. 课后测试成绩：＿＿＿＿＿＿

2. 课后巩固作业记录

3. 课后反思

参考文献

[1] 薛威.仓储作业管理[M].北京:高等教育出版社,2014.

[2] 薛威.智慧物流实训[M].北京:高等教育出版社,2021.

[3] 北京中物联物流采购培训中心.物流管理职业技能等级认证教材[M].南京:江苏凤凰教育出版社,2019.

[4] 徐丽蕊.仓储作业管理[M].北京:北京理工大学出版社,2020.

[5] 王先庆.仓储作业与管理[M].哈尔滨:哈尔滨工业大学出版社,2017.

[6] 刘秋平,陈飞强.仓储管理[M].天津:天津大学出版社,2010.

[7] 浙江省教育厅职成教教研室.仓储作业实务[M].北京:机械工业出版社,2020.

[8] 张卓远,魏文波,吴满财.仓储管理实务[M].北京:航空工业出版社,2012.

[9] 弗布克管理咨询中心.仓库管理员精细化管理工作手册[M].北京:化学工业出版社,2021.

[10] 罗书林,刘翠芳.仓储管理实务项目化教程[M].沈阳:东北大学出版社,2014.

[11] 北京中物联物流采购培训中心.物流管理职业技能等级认证教材(中级)[M].南京:江苏凤凰教育出版社,2021.

[12] 刘晓燕.配送管理实务[M].北京:机械工业出版社,2022.

[13] 沈倩,吕亚君.现代物流综合技能实训教程[M].长沙:湖南师范大学出版社,2020.

[14] 刘晓燕,王晔丹,方秦盛.仓储与配送管理实务[M].北京:中国石油大学出版社,2018.

[15] 国家市场监督管理总局,国家标准化管理委员会.物流术语:GB/T 18354—2021[S].北京:中国标准出版社,2021.